TECHNICAL ECONOMICS
OF AERONAUTICS

航空技术经济学

陈中伟　郝爱民/主编

经济管理出版社
ECONOMY & MANAGEMENT PUBLISHING HOUSE

图书在版编目（CIP）数据

航空技术经济学/陈中伟，郝爱民主编 . —北京：经济管理出版社，2023. 11
ISBN 978-7-5096-9517-3

Ⅰ. ①航…　Ⅱ. ①陈… ②郝…　Ⅲ. ①航空工程—工程经济学　Ⅳ. ①F407. 5

中国国家版本馆 CIP 数据核字（2023）第 257575 号

组稿编辑：张巧梅
责任编辑：张巧梅
责任印制：许　艳
责任校对：张晓燕

出版发行：经济管理出版社
　　　　　（北京市海淀区北蜂窝 8 号中雅大厦 A 座 11 层　100038）
网　　　址：www. E-mp. com. cn
电　　　话：（010）51915602
印　　　刷：北京晨旭印刷厂
经　　　销：新华书店
开　　　本：720mm×1000mm/16
印　　　张：21. 25
字　　　数：429 千字
版　　　次：2024 年 5 月第 1 版　　2024 年 5 月第 1 次印刷
书　　　号：ISBN 978-7-5096-9517-3
定　　　价：88. 00 元

前　言

　　航空技术是新兴的高速发展的综合性技术，在我国经济体制改革的过程中，航空技术面临着进一步实现商品化及产业化的问题，对军事、政治、经济、科学、文化等领域均有着重大的影响，会产生巨大的社会效益和经济效益，带动和促进国民经济发展壮大。

　　随着我国经济体制改革的不断深入和航空技术的快速发展，航空技术经济学在我国的经济建设和社会发展中将发挥越来越重要的作用，因此我们在坚持"面向航空航天产业、面向区域经济社会"服务理念的同时，结合郑州航空工业管理学院"航空为本，管工结合"的办学特色，共同编写了《航空技术经济学》一书。本书主要是针对航空类院校经管类研究生培养使用，既提供航空技术类的知识点，也提供航空类的管理知识，实现航空管工结合，培养航空技术管理类人才。本书将经济分析的观点和方法引入航空技术的应用与发展过程中，主要从技术应用的效果、技术与经济的关系、技术进步与经济增长三方面展开研究，使航空航天事业可以运用正规的结构经济分析，实现技术与经济的合理匹配，从而达到资源有效配置，促进航空技术与社会经济共同繁荣发展。此外，本书对于完善学生学科交叉的知识结构，促进学生树立正确的市场观念、经济观念和效益观念等也具有重要意义。

　　本书共计十一章，主要章节内容如下：第 1 章绪论，主要讲述航空技术经济学的发展过程、研究对象、特点及基本原理等；第 2 章航空技术经济学基础，主要讲述航空技术经济效益、资金时间价值及经济预测基本原理等；第 3 章航空项目经济效果评价方法，主要讲述经济效果评价指标及航空项目方案的评价与决策；第 4 章不确定性评价方法，主要述不确定性分析的概念和基本方法等；第 5 章航空投资项目的可行性研究，主要讲述航空投资项目可行性研究的概念、内容、步骤及投资后评价等；第 6 章机场基础设施项目的经济分析，主要讲述机场基础设施的公共性和外部性、费用效益识别、经济评价方法等；第 7 章机场设备更新的经济分析，主要讲述机场设备磨损与赔偿、设备寿命的确定、设备更新及租赁的经济分析等；第 8 章飞行器租购的经济分析，主要讲述飞行器的租购、租购价格构成及租购的决策方法等；第 9 章价值工程，主要讲述价值工程的基本原理、内容、方案的创造与实施等；第 10 章航空项目可持续发展评价，主要讲述可持续发展的内涵、航空建设项目可持续发展评价及评价指标体系的构建等；第 11 章航空需求预测，主要讲述民用航空运输需求预测和通用航空技术需求预测等。此外，在相关的章节中本书还增加了典型案例，既提供了现实案例供学生学习和思考，也实现了教书育人和课程思政的目标。

在内容编写安排上，本书第 1 章、第 2 章由陈中伟编写，第 3 章、第 4 章由王岩编写，第 5 章、第 11 章由刘培编写，第 6 章、第 7 章由任同莲编写，第 8 章、第 9 章由申君歌编写，第 10 章由杜丽编写。

航空技术经济学的研究大量应用了经济学、金融学、预测学等相关学科理论与方法，将航空技术与经济发展有机结合，不仅分析了近期的技术、经济因素，还分析了远期的技术、经济因素，以及其成果在航空产业等领域的应用，具有基础性、系统性、综合性、实践性的特点，适合航空类院校经管类专业以及工科类院校经管类专业学生使用。

编者

2023 年 10 月 29 日于郑州龙子湖

目 录

1　绪论

航空技术经济学是应用经济学的一个分支，是技术经济学原理和方法在航空领域的应用，是一门与工程实践联系非常紧密，且研究航空领域工程实践中经济问题、经济规律以及项目评价理论和方法的科学。

1.1　技术经济学的发展过程及其经济价值

1.1.1　技术经济学的发展过程

技术经济学是指在社会再生产过程中，专门研究技术与经济的关系、技术领域的经济问题和经济规律、技术领域的资源最佳配置问题，以此寻找技术与经济最佳结合的应用性学科。技术经济解决的问题主要有投入产出问题、技术选择问题以及资源利用问题。下面主要从技术经济学产生的基础、技术经济学科的创立以及技术经济学的发展三个阶段简要阐述技术经济学的发展过程。

1.1.1.1　技术经济学产生的基础

技术经济学的产生与发展有实践基础。人类在技术经济活动中遇到的很多实际问题都推动着该学科的发展。人们在实现各种经济目标的同时，还要受到自然资源、经济条件、社会环境等多种条件的限制，如何有效配置资源以取得最佳经济效果成为必须解决的问题。同时，技术与经济存在着密不可分的内在联系，彼此之间相互依存、相互促进、相互制约。工程技术是实现经济目标的重要手段，同时也受到经济目标的制约。技术与经济的这种本质联系促进了技术经济学的产生和发展。而且，技术方案在实现一定经济目标的同时，还要满足安全可靠、环境保护、社会利益等方面的要求。技术方案的选择必须考虑技术、经济、社会、自然资源等多方面的因素，这都为技术经济学发展提供了实践基础。

技术经济学的发展也有理论和方法基础。1886 年，美国的亨利·汤恩（Henley Town）在《作为经济学家的工程师》（*The Engineer as an Economist*）一书中，提出要把对经济问题的关注提高到与技术同等重要的地位。1887 年，美国建筑工程师威灵顿（A. M. Wellington）在《铁路布局的经济理论》（*The Economic Theory of Railway Location*）一书中，首次将成本分析方法应用于铁路的最佳长度和路线的曲率选择问题上，并提出了工程利息的概念，开创了工程领域的经济评价工作先河。1920 年，戈尔德曼（O. B. Goldman）在《财务工程》（*Financial Engineering*）一书中，第一次提出用复利法确定方案的比较值、进行投资方案评价的思想，并且批评了当时研究工程技术问题不考虑成本、不讲究节约的错误倾向。1930 年，格兰特（E. L. Grant）出版了《工程经济学原理》（*Principles of Engineering Economy*）一书，这为工程经济学奠定了基础。在书中，格兰特比较系统地论述了工程经济分析的基本原理，指出了古典工程经济学的局限性，并以复利计算为基础，对固定资产投资的经济评价原理做了阐述，同时指出人的经验判断在投资决策中具有重要作用。20 世纪 30 年代，美国在开发西部的田纳西河流域中，创立了"可行性研究方法"。20 世纪 40 年代后期，美国通用电气公司组织如何开发物质替代、有效利用资源、降低成本的研究；1947 年，美国通用电气公司工程师迈尔斯（L. D. Miles）以"价值分析"为题发表其研究成果，提出了价值分析的一整套方法。20 世纪 50 年代，这一管理技术得到了极大发展，称为"价值工程"。同时，在苏联，技术经济分析论证也开始出现，并逐渐推广到规划、设计和工程建设项目中，之后被广泛应用于企业生产经营的各项活动中，逐渐形成了一套比较完整的技术经济论证程序与分析评价方法。1951 年，迪安（Joel Dean）在《投资预算》（*Capital Budgeting*）一书中，具体阐述了贴现法（动态经济评价方法）以及合理分配资金的某些方法在工程投资分析中的应用，贴现法也成为投资项目技术经济分析所采用的主要方法。此后，风险与不确定性分析、设备更新的经济分析、多方案评价方法与决策、公用事业项目的费用效益分析等理论与方法相继出现和发展。这些都为技术经济学科的产生奠定了坚实的理论基础。

1.1.1.2　技术经济学科的创立

20 世纪 60 年代初，我国学者在苏联技术经济分析的基础上，借鉴美国的工程经济、英国的业绩分析、法国的经济分析、日本的经济性工程等，形成了技术经济学这门具有显著中国特色的学科。并且，随着我国社会主义建设的实践，其理论与方法也在不断完善和发展。

中华人民共和国成立之初，在经济建设方面，除了引进国外的科学技术，还引进了一整套技术经济分析方法，并应用到重点建设项目的论证上，这些重点建设项目在建成投产后取得了很好的经济效果。以 156 项重点工程项目建设为核心的"一五"计划，不仅从当时国家的人力、物力、财力状况，空间布局和技术选择等宏观方面进行了实事求是、周密细致的分析论证，而且对项目具体的选址、产品、规模、原料供应、劳动组织、工艺流程、工艺参数和设备等方面都做了可靠的技术经济分析评价，为"一五"计划的成功实施奠定了坚实的基础。在引进和应用技术经济理论方法的过程中，也培育了技术经济方面的人才，这都为我国技术经济学的创立提供了有利条件。发展生产技术必须考虑经济规律，技术和经济必须相结合，有必要建立一门专门研究技术和经济相结合的学科来研究技术方案的经济效果。在《1963—1972 年科学技术发展规划》中，把技术经济研究与工业科学技术、农业科学技术、资源科学技术、医学科学技术、基础科学技术和科学技术研究并列写进规划，这是技术经济学科发展史上的里程碑。在以后的几年时间里，具有中国特色的技术经济学科理论方法体系初步形成。这一时期主要研究经济效果问题，应该说这是为了使生产技术更好地服务并推动当时社会生产力的发展，以符合当时社会主义建设实践的需要。但由于当时的时代背景，其理论方法及应用研究的深度和广度还远远不够。例如，对项目进行经济效果评价时，基本出发点和核心是国家宏观效益评价；在考虑投资效果时，更多地从静态出发，而没有考虑动态的时间因素。因此，随着国家经济建设的需要，技术经济学需要不断发展。从 20 世纪 60 年代后期到 70 年代中期，由于我国特定的历史环境，技术经济学的发展受到了抑制。

1.1.1.3 技术经济学的发展

党的十一届三中全会后，技术经济学进入了快速发展时期。在 1978 年的《技术经济和管理现代化理论和方法的研究规划（1978—1987）》中，明确提出了技术经济这门学科的性质，即技术经济学是一门介于自然科学和社会科学之间的边缘科学，是一个重要的科学技术研究领域；阐述了技术经济工作的概念，同时提出了技术经济工作的意义；分析了国内外技术经济研究工作现状和发展现状，也提出了技术经济研究工作的奋斗目标，确定了技术经济研究和应用的方法，明确了 15 个方面的重点研究课题；从组织上落实上述规划的具体工作，国务院成立了中国技术经济研究会，中国社会科学院成立了数量经济和技术经济研究所，中国科学院也成立了系统科学研究所，相关政府部门、企业、科研院所和高校等开展了学术活动、理论方法研究、人才培训及出版刊物等一系列工作，同时也引入和学习西方的技术经济分析方法。

进入 20 世纪 90 年代后，我国经济体制改革不断深入，特别是"科教兴国"和"可持续发展"等战略的实施，为技术经济学科的发展提供了新的条件。高新技术产业化的战略地位的确定，更为技术经济学科的发展提供了良好的机遇，促使技术经济学科更加深入发展。特别是进入 21 世纪后，信息技术和信息产业、网络经济等高速发展，又提出了许多新的技术经济问题。

可以说，随着我国经济体制改革的不断深入和科学技术的快速发展，技术经济学的理论方法及其应用也在不断丰富完善和发展，技术经济学在我国的经济建设和社会发展中发挥着越来越重要的作用。

1.1.2　技术的经济价值

技术的经济价值是该技术应用于经济系统对实现经济目标所做的贡献大小。经济系统的最终目标是以最小的消耗满足社会最大的需求，因此，技术经济价值的大小就取决于该技术应用于经济活动后所能产生的超额收益。所谓超额收益是指超过不应用这项技术的收益，或者说是从总收益中扣除资本和劳动应得收益部分后的剩余收益。这个剩余收益越大则表明这项技术的经济价值越大。

技术的经济价值主要表现在以下三个方面：

第一，提供了能够以更少消耗（资源、原材料、人力、时间等）生产和创造出相同数量和质量的产品或者劳务的手段或方法。例如，各种节能技术、自动控制技术等。

第二，提供了能够创造出原有技术所不能创造的产品和劳务的手段及方法。例如，利用声、电转换技术创造出了收音机、电话等新产品；利用声、磁、电转换技术创造出了电唱机、录音机等一系列新产品。

第三，提供了利用和产生新能源、新材料以替代日益稀少的自然资源的新方法。例如，核能技术和太阳能技术使人们减少了对煤、石油等化学能源的消耗；各种合成材料取代了木材、兽皮等天然材料等。

1.2　航空技术经济学的研究对象与研究内容

1.2.1　航空技术经济学的研究对象

航空技术经济学作为一门科学，必须要有明确的研究对象。对于研究对象的规律性认识，构成了航空技术经济学的科学理论体系。这种理论体系不是主观的意愿，也不是随意的堆砌，而是研究对象自身逻辑的科学反映，要经受科学发展的考验和实践的检验。航空技术经济学的研究对象主要包括技术应用的经济效果、技术与经济的关系、技术进步与经济增长三方面。

（1）研究航空产业领域内政府、企事业单位实施技术方案的经济效果，寻求提高经济效益的途径和方法。其中，相关单位包括民航机场、通用航空机场、航空公司、航空制造、航空投融资、航空物流等企业，还有制定航空相关领域政策的主管和决策部门等。在这个意义上，航空技术经济学又称为航空技术经济效果学。技术经济效果学是由我国的徐寿波教授首先提出的。他认为"随着社会科学的发展和进步，技术的定义也发生了变化""技术也有软硬之分""经济主要指节约""技术经济学中技术和经济的概念与技术经济学的研究对象相适应"。[①]

这里的技术是广义的技术，是人类在利用自然、改造自然的过程中取得的知识、能力和物质手段的集合。技术的使用涉及生产活动中的投入与产出。所谓投入，是指各种资源（包括设备、厂房、基础设施、原材料、能源等物质要素和具有各种知识和技能的劳动力）的消耗或占用；所谓产出，是指各种形式的产品或服务。人们在社会生产活动中可以使用的资源总是有限的，从这个意义上来说，技术属于特殊的资源，可以重复使用和再生。但在特定的时期内，相对于人们无限的需求而言，其无论是在数量上还是在质量上都是稀缺的。如何有效利用各种资源，满足人类社会日益增长的物质生活需要是经济学研究的最基本的问题。

技术经济效果学就是研究在各种技术的使用过程中如何以最小的投入取得最大产出的一门学问。投入产出在技术经济分析中一般被归结为用货币计量的费用和效益，因此技术经济效果学是研究技术应用的费用与效益之间关系的科学。

航空技术经济效果学还研究如何利用最低寿命周期成本实现产品、作业、服务的必要功能。就航空领域而言，比如航空发动机寿命周期成本就是指从产品的研究、开发、设计开始经过长期使用，直到报废为止的整个产品的寿命周期内所花费的全部费用。对于产品的使用者来说，寿命周期成本体现为一次性支付的产品购置费和整个产品使用期内经常性的费用之和。所谓的必要功能是指使用者实际需要的使用价值。用最低寿命周期成本实现产品（作业、服务）的必要功能是提高整个社会资源利用效益的重要途径。

技术经济分析能够帮助我们在一个投资项目尚未实施之前估算出经济效果，并通过对其他不同方案的比较分析，选出最有效利用现有资源的方案，从而使投资决策建立在科学分析的基础上。技术经济分析还能够帮助我们在日常经济活动中选择合理的技术方案，改进产品的设计和生产工艺，用最低的成本生产出符合用户需要的产品或提供有效的服务，以此提高生产的经济效益和社会效益。

（2）研究航空产业技术和经济的相互关系，探讨航空产业技术和经济如何相互促进、协调发展。航空产业是指与航空器研发、制造、维修、运营等活动直

---

① 徐寿波．技术经济学［M］．南京：江苏人民出版社，1998.

接相关的、具有不同分工的、由各个关联行业所组成的业态总称。广义的航空产业还包括为上述产业内容做配套支撑的科研教育、交通运输、公共管理、现代服务等经济活动内容，以及航空产业直接和间接带动的相关农业、制造业和服务业内容。国内很多学者，如李京文①认为，技术经济学的研究对象为技术和经济的关系。技术和经济是人类社会不可缺少的两个方面，存在着对立统一的关系。一方面，技术进步是推动社会经济发展的重要条件和手段；另一方面，技术的发展不能脱离一定的社会条件和经济基础。任何一项新技术的产生和发展都是社会经济发展的需要所引起的，且在一定社会经济条件下得到应用和推广。社会因素（如民族传统、人口状况、劳动者的素质、经济管理体制）和经济条件对科学技术的发展有很大的影响，它们既是技术发展的动力，又为技术发展指明了方向。然而，技术的进步和发展需要大量的资金、人力和物力。经济的发展为技术的发展提供了可能性和必要性，同时也制约着技术的发展。对于像我国这样的发展中国家而言，一方面，要发展本国经济，必须采用先进技术；另一方面，必须根据本国经济实力选择适用的技术，不能超越自己的实际能力选用价格昂贵的尖端技术。技术与经济之间的这种相互渗透、相互促进的关系，使任何技术的发展和应用都不仅是一个技术问题，而且是一个经济问题。研究技术和经济之间的关系，探讨如何通过技术进步促进经济发展，在经济发展中推动技术进步，是技术经济学的一项重要任务，也是技术经济学进一步丰富和发展的一个新领域。

在这一领域中，与工程技术人员的日常工作关系最密切的问题是技术选择问题，即在特定的经济环境下，选择什么样的技术去实现特定的目标。技术选择分为宏观技术选择和微观技术选择。宏观技术选择是指涉及面较广的技术采用问题，其影响的广泛性和深远性超出一个企业的范围，影响到整个国民经济的发展和社会进步。微观技术选择是指企业范围内的产品、工艺和设备的选择。企业生产什么产品，用什么样的方式生产，采用什么样的工艺过程，选用什么样的设备等，是影响企业市场竞争力和经济效益的关键问题，所以，技术选择是企业经营活动中的重要决策。微观技术选择虽然直接涉及的是各个企业的生存与发展，但最终也将影响到整个国民经济的发展。

每个企业应该根据自己的发展目标、资源条件和外部环境制定出企业的技术政策，在技术政策的指导下进行具体的技术选择，以适应竞争和发展的需要。航空业也应该根据国民经济对本部门的要求、本部门技术发展的趋势及各种客观条件，制定适合本部门的技术政策，以指导航空业的技术选择和发展规划。同样，国家也必须有明确的技术政策，用以指导、控制全国范围内各个层次的技术选

---

① 李京文. 技术经济学理论与方法［M］. 成都：四川科技出版社，1987.

择。国家的技术政策影响到整个国家长远的经济发展和技术进步。这些政策的制定必须建立在充分了解世界发展趋势，客观分析国情，深入研究技术和经济之间关系的基础上的。世界各国的经济、文化和科学技术的发展是不平衡的，自然条件和资源条件千差万别，这种不平衡和差别使得不同的国家不可能按照相同的模式进行技术选择，尤其是发展中国家不能照搬西方发达国家的技术选择模式。针对我国而言，也必须根据实际情况确定技术选择的原则。总的来说，我国的技术选择要注意经济效果，兼顾技术的适用性与先进性。另外，要特别防止两种极端的倾向：其一，不顾国情，忽视现有的技术现状，盲目追求技术先进性的倾向；其二，故步自封，片面强调现有基础，不考虑未来的发展潜力，不仅要敢于采用国际先进技术，同时要勇于自主发明创新更先进技术。我国现阶段的技术体系应该同时包含各种层次的技术，既要有国际先进水平的新技术、高技术，也要有与国情相适应的传统技术。随着我国经济技术水平的不断进步和发展，前一种比例会不断增加，后一种比例会不断下降。

（3）研究如何最有效地运用技术资源推动航空技术进步，从而促进经济增长。这里的航空技术是指广义上航空产业领域相关的技术。国内的傅家骥教授认为[1]，技术经济学属于经济学的范畴，是一门应用经济学，它的理论基础就是经济增长理论。其理论依据是"在现代社会里，技术已经成为一种需求，技术无论是在质量上，还是在数量上都是有限的、稀缺的"。因此，我们任何时候都无法解决技术资源的稀缺问题。我们所能够做的，仅仅是如何有效利用它，这是技术经济学所要研究的基本问题。而且傅家骥教授认为，技术经济学研究的主要是宏观因素，而不是微观因素。因为，如果宏观配置不合理，微观上再节约也只能是减少损失而已。所以，他认为技术经济学研究的根本问题是探讨资源优化配置的理论和方法，揭示技术资源配置与经济增长之间存在的关系。

在新的时代背景下，我国的学者对技术经济学的学科体系进行了深入研究，从新的角度和内涵对技术经济学的研究对象进行新的研究和表述，在一定程度上延伸了技术经济学研究对象的范畴，拓宽了技术经济学的研究领域，能更好地适用于我国经济发展的需要。其大体包括以下几个观点：

第一，主张技术经济学的研究对象以技术为主线。柳卸林[2]认为，技术经济学的研究对象是技术的产生、流通和消费，他按技术的再生产过程将技术经济学划分为技术创新经济学、技术流通经济学和技术消费经济学；同样有学者也认为，技术经济学属于应用经济学，如焦秀琦等[3]，他们认为其研究对象应该是过

---

① 傅家骥. 技术经济学 ［M］. 北京：中国经济出版社，1987.
② 柳卸林. 技术经济学的重建 ［J］. 数量经济技术经济研究，1993（9）.
③ 焦秀琦. 经济学研究对象新议 ［M］//董福钟. 技术经济学. 北京：中华工商联合出版社，1999.

程论，即研究技术这种特殊的生产要素在人类物质活动过程中的生产、交换、分配和消费的全过程。第二，有学者从新学科认识论和方法论角度出发，认为技术经济学的研究对象为技术与经济最佳结合的条件、规律及其效果。持这种观点的学者以胡宝华①为主。第三，有学者认为技术经济学以社会的技术经济活动为对象，并且这种社会的技术活动是全方位的多维结果系统，即包括横向、纵向、过程等全方位。国内学者姚君泽②主要持这种观点。第四，有学者认为，技术经济学可以划分为微观技术经济学和宏观技术经济学，微观技术经济学以技术商品为研究对象，宏观技术经济学以技术和经济之间的关系为研究对象。赵树宽③主要持该观点。第五，有学者从综合论的角度出发阐述技术经济学的研究对象。如张文泉④认为，技术经济学是以科学技术子系统、经济子系统为主，以社会子系统、生态子系统、文化子系统为辅而形成的主次分明、分工有序、相互协调的大系统。因此，其研究对象不仅是技术和经济及其相互关系问题，而是涉及上述五方面及其相互协调问题，他认为技术经济学是一门综合学科，其研究对象是技术经济系统。

1.2.2　航空技术经济学的研究内容

航空技术经济学研究的具体内容非常广泛，既涉及宏观层面，又涉及微观层面，具体分析如下：

从宏观的角度来看，航空技术经济学重点研究航空产业领域技术与经济发展相互促进、相互协调的关系。具体包括：国民经济发展速度、比例、效果；投资方向、结构、效果与最优规模；生产力合理布局和产业结构调整；资源合理开发和综合利用；能源结构与综合开发利用；技术引进方案的论证问题；外资的利用与偿还，引进前的可行性研究与引进后的经济效果评价问题；技术政策的论证、物资流通方式与渠道的选择问题；发展经济与保护环境及生态平衡等。

从微观的角度来看，航空技术经济学研究的具体内容包括：航空产业领域微观经济主体的技术发展与创新战略；产品方向的确定；产品研发、升级换代的规划与方案；技术选择、技术开发与技术整合；技术改造、设备更新与工艺革新；信息化建设；厂址选择的论证；企业规模的分析；原材料路线的选择；新技术、新工艺的经济效果分析；项目可行性研究与评价等。

---

① 胡宝华．技术经济学学科体系的探讨［M］．北京：中华工商联合出版社，1999．
② 姚君泽．论技术经济学学科的建设［J］．技术经济，1997（1）．
③ 赵树宽．技术经济学研究对象的探讨［J］．技术经济，1996（4）．
④ 张文泉．技术经济学发展的思考与探讨［J］．技术经济，1994（2）．

1.3 航空技术经济学的特点

1.3.1 航空技术经济学是一门实践性很强的应用型学科

航空技术经济学是研究与航空产业直接相关的技术与经济问题。技术经济学从产生到今天的飞速发展，无不与社会实践紧密相连。因此，航空技术经济学是一门实践性很强的应用型学科。

1.3.2 航空技术经济学是一门综合性学科

由于航空技术经济学研究涉及产业较多，研究中所使用的方法和手段也非常多，因此，航空技术经济学涉及的学科非常多。在航空技术经济学自身的理论中，许多方面的理论和知识不仅涉及数学、统计学、概率论、运筹学等学科，还涉及技术论、经济学、管理学、会计学、市场营销学、财务管理等学科。因此，航空技术经济学是一门综合性很强的学科。

1.3.3 航空技术经济学是一门系统性很强的学科

任何一项技术的应用都涉及资金、人力、设备等资源消耗，因此，任何技术的应用都需要进行经济效果的评价。在对技术应用的经济效果进行评价时，必须将影响经济效果的各项因素，包括资金、人力、设备、生态环境以及社会、文化等纳入一个统一的系统进行综合考虑，以全面的观点分析问题、解决问题、避免或克服狭义性与片面性，并分清主次、明确重点，以便做出正确的决策。

1.3.4 预见性

航空技术经济学研究的基本活动和对问题的论证，一般都在事件发生之前，因而具有明显的预见性。如为测算飞机跑道铺设采用某项技术的效果，判断是否值得采用该项技术，就必须在技术实施之前进行全面的技术经济论证。虽然技术经济学有时也对某些技术经济活动进行事后评价，但其主要目的是为了验证事前评价的正确性，或是总结经验教训，为更好地预见下一次技术经济活动做好准备。但是，预见性是相对的，它包含一定的假定性、近似性，其分析结果只能接近于实际。

1.3.5 数量性

在对某一问题进行技术经济分析时，不仅要进行定性分析，而且要进行定量分析。为了科学、准确地评价技术方案、技术政策、技术规划的经济效果，航空技术经济学采用了许多定量分析的方法。在计算技术和数学方法迅速发展的今天，定量分析的范围日益扩大，可以使许多定性分析因素定量化。因此，定量性是航空技术经济分析的一个突出的特点。但是，对于一项技术实践的综合评价，还要采用定性分析和定量分析相结合的方法。总体上，技术经济学主要是研究定量分析方法，而且要逐步把定性分析定量化。因此，在航空技术经济学中会广泛应用数学、数理统计、运筹学及计算机技术等各种科学方法和手段进行计算和分析。

1.3.6 优选性

航空技术经济分析所涉及的因素是很复杂的，往往一个项目在客观上存在着多种实施方案，方案之间又存在着此消彼长、互相制约的关系，且各有利弊。因此只有在对各种因素进行综合比较的基础上，才能选出较优的方案，这样势必使航空技术经济的分析和比较过程成为方案的优选过程。

1.4　航空技术经济的基本原理和方法

1.4.1　航空技术经济的基本原理

1.4.1.1　经济效果原理

所谓经济效果就是人们通过技术经济活动取得的效果与为之投入的费用之比。对于取得一定有效成果和所支付的资源代价及损失的对比分析，就是经济效果评价。

当效果与费用及损失为不同度量单位时，经济效果可表示为：

$$经济效果 = 效果 / (费用 + 损失) \tag{1-1}$$

当效果与费用及损失为相同度量单位时，经济效果可表示为：

$$经济效果 = 效果 - 费用 + 损失 \tag{1-2}$$

由于各种技术经济活动的性质不同，因而会取得不同性质的效果，如环境效果、投资效果、运营效果、产业融合效果等。但无论哪种效果，都要涉及资源的消耗，都有浪费或节约问题。由于在特定的时期和一定的地域范围内，人们能够支配的经济资源总是稀缺的，因此，需要在有限的资源约束条件下对所采用的技术进行选择，需要对活动本身进行有效的计划、组织、协调和控制，以最大限度地提高技术经济活动的效果，降低损失或消除负面影响，最终提高技术实践活动的经济效果。

劳动与资本作为技术经济活动两种主要的投入物，同一时期内其价格比在世界各国和地区中并不相同，因而劳动与资本的组合方式也就千差万别，采用的技术类别及水平也明显不同。发达国家劳动力成本较高，但资本比较充裕，因此发达国家倾向于在生产中多用便宜的资本要素，少用较贵的劳动要素，表现为机器代替人的劳动，生产过程中使用更多的先进技术和装备。发展中国家劳动力资源丰富，最优的要素组合方式不同于发达国家，必须根据国情确定技术选择的原则。我国是一个发展中的大国，各地区资源条件和经济发展水平很不均衡，这就决定了我国现阶段的技术体系应该同时包容新技术、高技术、中间技术和传统技术，以满足不同地区的经济条件。

1.4.1.2 机会成本原理

机会成本（Opportunity Cost）是指将一种具有多种用途的有限（或稀缺）资源置于特定用途时所放弃的收益。当一种稀缺的资源具有多种用途时，可能有许多个投入这种资源获取相应收益的机会。如果将这种资源置于某种特定用途，必然要放弃其他的资源投入机会，同时也放弃了相应的收益，在所放弃最佳机会可能带来的效益，就是将这种资源置于特定用途的机会成本。

例如，某企业欲投入 50 万元购置一台设备用于生产，当然这 50 万元也可用于购买债券、股票或存入银行生息。假定投资期限相同，购买债券的年收益率为12%，高于购买股票、存款生息和投资生产设备，则这 50 万元购置生产设备的年机会成本就是 $50 \times 12\% = 6$ 万元。

机会成本是技术经济分析中确定评价指标的重要依据。只有充分考虑投资用于其他用途时的潜在收益，才能对投资项目作出正确的判断和决策。

1.4.1.3 科学预计原理

人类对客观世界运动变化规律的认识使得其可以对自身活动的结果做出一定的科学预见。根据对活动结果的预见，人们可以判断一项活动目的的实现程度，并相应地修正或采取更好地从事该项活动的方法。如果缺乏这种预见性，就不可能了解一项活动是否能实现既定的目标、是否值得去做，因而，也就不可能做到有目的地从事各种技术实践活动。以机场扩建为例，如果不了解机场扩建工程建成后可以增加的客货吞吐量以及能在多大程度上促进区域经济发展等结果的话，那么机场扩建工程就成为了一种盲目的活动。因此，为了有目的地开展各种技术实践活动，就必须对活动的效果进行慎重、科学的估计和评价。

技术经济分析正是对技术经济方案付诸实施之前或实施之中的各种结果进行的估计和评价，属于事前或事中主动的控制，即信息收集—资料分析—制定对策—防止偏差的过程。只有提高预测的准确性，客观地把握未来的不确定性，才能提高决策的科学性。例如，通用机场工程建设项目前期可行性研究工作的重要前提就是要进行周密的市场调查工作，准确地估计项目的效果和费用及损失。通过技术分析、财务分析和费用效益分析，对各种方案的技术可行性和经济合理性进行综合评价，为决策提供准确的依据。可行性研究工作方式的提出使技术经济分析的预见性提高到一个新的水平。

当然，由于人的理性有限性，不可能对所有活动后果的估计都准确无误，总会产生一定的偏差，特别是对具有创新性的项目而言。正因为如此，人们才会不断地在风险分析和不确定性分析中进行大量的、旨在拓展人类知识范围、提高预见能力的研究工作。

1.4.1.4　条件可比原理

对各项技术方案进行评价和选优时，需要通过比较辨别其优劣，因此技术经济学应遵循条件可比原理，使各方案的条件等同化。由于各个方案涉及的因素极其复杂，加上难以定量表达的不可转化因素，所以不可能做到绝对的可比。在实际工作中一般只能做到对方案经济效果影响较大的主要方面达到可比性要求，包括：①产出成果使用价值的可比性；②投入相关成本的可比性；③时间因素的可比性；④价格的可比性；⑤定额标准的可比性；⑥评价参数的可比性。其中时间因素的可比性是经济效果计算中通常需要考虑的一个重要因素。例如，有两个建厂方案，产品种类、产量、投资、成本完全相同，但其中一个厂投产早，另一个厂投产晚，这时很难直接对两个方案的经济效果大小下结论，必须将它们的效果和成本都换算到一个时点后，才能进行经济效果的评价和比较。

1.4.1.5　和谐发展原理

人类社会发展至今，由于分工的细化和合作的加强，各个利益主体（如政府、社团、企业、家庭）在国民经济中的职能、作用、权利和追求的目标存在着一定的差异，而且同一利益主体的目标在时间上也存在可变性。一个国家的政府作为社会公众的代言人，需要站在宏观的层面上考虑国民经济长期、稳定和可持续发展，其基本目标是提供公共物品、消除外部不经济、改善收入的不平等、支持战略性新兴产业发展等。而从事商品生产和销售的企业，一般是站在微观层面上考虑生存和发展，其基本目标是实现利润或企业价值最大化，相应地考虑企业信誉、产品和服务质量、技术创新等方面。

正因为不同利益主体追求的目标存在差异，因此，对同一技术经济活动进行评价的立场不同，出发点不同，评价指标不同，因而评价的结论就有可能不同。例如，从企业自身的利益出发，很多地区的小造纸厂的经济效果显著，但生产活动却排出了大量废水，对附近河流、湖泊造成严重污染，当造纸厂不考虑污染成本时，造纸厂决定的最优产量一般会高于从全社会角度看的最优纸张产量。因此，为了防止一项技术经济活动在对一个利益主体产生积极效果的同时可能损害到另一些利益主体的目标，技术经济分析必须体现和谐发展原理，即：①每个建设项目都应站在局部和整体的立场上分别进行财务评价、社会评价和环境评价；②当财务评价结果与社会评价、环境评价结论不一致时，财务评价应服从社会评价及环境评价结论。

1.4.2 航空技术经济的方法体系

航空技术经济分析方法是建立在数学、工程技术、系统工程、运筹学、经济学、统计学、概率论、管理学、财务学、市场营销、计算机技术等学科基础上的经济分析方法。建立完善的航空技术经济分析方法体系对技术经济理论与实践至关重要。

1.4.2.1 根据项目性质确定分析方法

技术经济分析与评价源于项目，若项目的性质不同，其分析评价方法也有所不同。按照项目的目标，分为经营性项目和非经营性项目；按项目的产出属性，分为公共项目和非公共项目；按项目的投资管理形式，分为政府投资项目和企业投资项目；按项目与企业原有资产的关系，分为新建项目和改扩建项目；按项目的融资主体，分为新设法人项目和既有法人项目。应该根据项目的性质、目标、投资者、项目财务主体以及项目对经济、社会与环境的影响程度等确定分析方法与评价指标体系。

1.4.2.2 根据工作阶段确定分析方法

项目的技术经济分析工作一般可分为项目规划、机会研究、项目建议书编制、可行性研究、项目及资金申请、评估决策及项目后评价等工作阶段，不同的工作阶段对技术经济分析评价要求的内容及深度不同。项目可行性研究是技术经济分析的核心，该工作阶段系统分析计算项目的效益和费用，通过多方案经济比选推荐最佳方案，对项目实施的必要性、技术的可靠性及先进性、财务可行性、经济合理性、投资风险等进行全面的分析评价。其他工作阶段的技术经济评价可根据评价内容和要求适当简化。

1.4.2.3 根据技术经济分析工作要求确定分析方法

对项目的技术经济分析工作，要求做到：定性分析与定量分析相结合，以定量分析方法为主；静态分析与动态分析相结合，以动态分析方法为主；统计分析与预测分析相结合，以统计分析为基础，预测分析为目标。总之，应根据对项目评价的要求，选择适当的技术经济分析方法，得出客观科学的评价结论。

1.4.2.4 根据技术经济分析的工作内容确定分析方法

项目技术经济分析的工作内容主要包括企业战略分析、市场预测和项目评价三部分。

企业战略分析常用的方法包括五因素模型、投资组合分析（Boston 矩阵、GE 矩阵）、SWOT 分析、PEST 分析等方法。

市场预测常用的方法包括类推预测法、专家会议法、德尔菲（Delphi）法、因果分析法（回归分析、消费系数法、弹性系数法）、时间序列递推法（移动平均法、指数平滑法、成长曲线法、季节变动分析法）等。

项目评价常用的方法包括财务评价法（现金流量分析）、国民经济评价方法（费用效益分析）、社会评价方法（逻辑框架法）、方案比较与优化方法（对比分析法、线性规划、价值工程）以及风险分析方法（蒙特卡罗模拟法、概率分析法、平衡点分析法、敏感性分析法）等。

本章练习题

1. 航空技术经济学的研究对象。
2. 航空技术经济学的研究内容。
3. 航空技术经济学的特点。

2　航空技术经济学基础

航空技术经济学研究的问题通常涉及多目标、多因素问题，包括技术、经济、社会以及其他因素的指标；同时，既要分析近期的技术、经济因素，还要分析远期的技术、经济因素，以及其成果在航空产业等领域的应用。因此，航空技术经济学的研究大量应用了经济学、金融学、预测学等相关学科理论与方法。

为了更好地进行航空技术经济学的学习，本章对航空技术经济学常用的相关学科理论与方法做概括性介绍，主要内容包括经济效益与航空技术经济效益、资金时间价值、经济预测等内容。

2.1　经济效益与航空技术经济效益

2.1.1　经济效益

通常将经济活动中取得的有效劳动成果与劳动耗费的比较称为经济效益①。根据经济效益具体特征可将其划分为宏观与微观经济效益、直接与间接经济效益、短期与长期经济效益三种类型。

2.1.1.1　宏观与微观经济效益

宏观经济效益考察的视角是整个国民经济，涵盖范围较广，也可称为社会经济效益或国民经济效益。宏观经济效益包含的内容有：项目引起的社会最终产品的增减，以及对生态环境、就业、国家安定等方面的影响。微观经济效益考察的是个体或企业经济，微观经济效益主要由项目的直接投入和产出构成。其中，对项目的微观分析也称为财务分析或者财务评价。

---

① 刘晓东. 装备技术经济分析［M］. 北京：国防工业出版社，2017.

2.1.1.2　直接与间接经济效益

直接经济效益是指项目系统直接创造出来的经济效益，如投资的直接回报、增加就业机会、提高生产效率等。对于企业和政府而言，直接经济效益是评价一项经济活动是否成功的核心指标之一。间接经济效益是指由于某一经济活动和政策所产生的带动效应和其他间接收益，如提升供应链的效率、促进相关行业的发展、增加进出口贸易、提高环保标准等。间接经济效益产生于直接经济活动之外，在一定程度上是由其产生的技术溢出、资本积累、市场扩大等效应所致。

2.1.1.3　短期与长期经济效益

短期经济效益一般是指在较短的时期（如一年）内产生的经济利益，如销售额、利润、税收等。短期经济效益通常是比较容易观察和度量的，具有实时性和操作性，可以在较短的时间内得到反馈。长期经济效益则是指在相对较长时期（如5~10年）内产生的经济利益，如资产价值、人力资本、国家竞争力等。长期经济效益通常需要在更长的时间范围内观察和度量，需要更多的数据和模型、更深入的经济分析和研究。

2.1.2　航空技术经济效益

2.1.2.1　航空技术经济效益的概念

航空技术经济效益，是指航空产业领域内政府、企事业单位在研制、生产、采购、使用、储存、维修到报废的全寿命过程中各种技术活动所取得的成果与付出的资源耗费之间的关系。从质的方面看，航空技术经济效益是指航空技术活动劳动成果针对航空产业领域内政府、企事业单位、政策主管和决策部门等的有用性或有效性。从量的方面看，航空技术经济效益是航空技术活动劳动耗费与劳动成果之间的对比关系。其一般的基本要求有两点：一是在目标已定的情况下，力争以最低的耗费达到预期的目的；二是在投入已定的情况下，力求获得最大的产出成果。

航空技术经济效益主要体现在以下几个方面：

（1）提高航空运输效率。航空技术的不断进步可以提高航空装备的性能和效率，以达到更快、更稳定、更安全的航空运输目的，为航空运输带来良好的经济效益。

（2）降低生产成本。现代航空技术可以实现飞机零部件的标准化和模块化，提高生产效率和质量。航空工业的规模化、自动化和智能化生产可以降低生产成本，进一步提高经济效益。

（3）增加航空产业投资。航空技术的不断进步和突破吸引了大量投资，激发了航空产业的发展。投资的不断增加可以促进航空产业的规模扩大，带动相关产业的发展，并为经济增长贡献力量。

（4）促进国际贸易。航空技术的不断进步可以提高飞机的运载能力和安全性能，降低运输成本和货运时间，促进国际贸易的发展，是促进国际经济合作和全球化的重要手段。

（5）带动相关产业发展。航空技术的发展不仅促进了航空产业的发展，也带动了相关产业的发展，如材料科学、机械制造、电子技术、控制技术、信息技术等，形成了具有较高附加值的产业链。

2.1.2.2 航空技术经济效益的特点

航空技术经济效益具有以下几个特点：

（1）高效性。航空技术具有高速度、高安全性和高准确性等特点。通过不断的技术革新、飞行管理模式优化等手段，能够减少航班延误，提高出发、到达和服务时间，在很大程度上满足旅客和企业等各方面的需求，提高航空运输效率，为产业升级和经济增长做出重要贡献。

（2）多元性。航空技术经济效益的另一个特点是多元性，即航空技术的应用范围广泛，涉及交通运输、通信、制造和服务等多个领域，对经济的影响和贡献是多方面、多维度的。例如，航空技术的应用促进了旅游业和会议展览等大型活动的开展，同时为企业的投资、合作、招商和拓展全球市场带来了更多的空间和机遇。

（3）先进性。航空技术是高科技的代表之一，不断引领科技变革和产业升级。随着航空技术的不断突破和创新，航空技术的先进性得到了深刻的体现。如现在的航空技术已经逐步实现了数字化、智能化、自动化等多项目标，极大地提高了航空制造效率和工作效率。

（4）国际性。航空技术是国际性的技术，不受时间和空间的限制，可以在全球范围内实现交流和合作。因此，航空技术经济效益是极具国际性的。航空技术的较高水平不仅在国际贸易、旅游和文化交流中起到重要的促进作用，也是一个国家经济强盛和国际竞争力的体现。

（5）环保性。在高速发展的航空产业中，环保已经成为了一个重要的方针之一。当前，航空技术的环保性得到了更加广泛的认可和关注，例如，开展新型材料研发、生产能源优化、加强回收制度的执行等，都是为了降低对环境的负面影响，未来势必会出现更多的环保友好型、减排型的技术。

2.2 资金时间价值

2.2.1 资金时间价值概述

资金时间价值是技术经济分析的基本概念，是采用动态分析方法对投资方案进行科学评价的基础①。资金的时间价值是指资金在运动过程中，随时间的推移而发生的变化。原因在于时间对资金有着明显的影响。一方面，通货膨胀和物价涨幅，使得同样的资金在未来购买力减弱，例如，今天 100 元可以买 10 斤蔬菜，未来 1 年可能只能买 8 斤甚至更少。另一方面，资金可以通过投资变相增值，例如，通过利息、股息、赎回价值、未来价格涨幅等方式增加资金价值。因此，由于时间的推移，同一笔资金未来的价值将会发生变化。

2.2.2　现金流量及现金流量图

2.2.2.1　现金流量

（1）现金流量的概念。现金流量是投资项目全部经济活动的反映，指资金在使用过程中的流转数量，通常用 CF 表示。一般将现金流入定义为正值，现金流出定义为负值，二者的代数和称为净现金流量。净现金流量可以是正值，也可以是负值。

（2）现金流量的构成。现金流量包括两个方面：一是按现金流量发生的时间划分，包含初始现金流量、营业现金流量以及终结现金流量。初始现金流量是指项目起始投资时发生的现金流量。营业现金流量是指投资项目投入使用后，在其寿命周期内由生产经营所带来的现金流入和流出的数量。终结现金流量是指投资项目完结时所发生的现金流量。

二是按现金流量的方向划分，包含现金流入量、现金流出量以及净现金流量。现金流入量一般包括投资项目完成后每年可增加的销售收入、固定资产报废时的残值收入或中途的变价收入以及使用期满时，原有垫支在各种流动资产上资金的回收等，通常用 CIF 表示。现金流出量一般包括固定资产投资、流动资产投资、经营成本、销售税金及附加、所得税等，通常用 COF 表示。净现金流量是指同一时点的现金流入量与流出量的差额，通常用 NCF 表示，$NCF = CIF - COF$。对于营业净现金流量来说，$NCF =$ 税后利润 + 折旧。

2.2.2.2　现金流量图

（1）现金流量图的要素。

现金流量图是一种以时间为轴的图形显示方式，用于显示一项业务或投资在一段时间内的现金流入和流出情况，即把项目的现金流量绘入时间坐标图中，表示经济活动中各项现金的流入、流出与对应关系，反映资金在不同时间点上流入与流出的情况。

现金流量图包括大小、流向、时点三大要素。其中，大小指现金数额；流向

---

① 袁象. 航运技术经济学［M］. 上海：格致出版社，上海人民出版社，2010.

指现金流入或流出；时点指现金流入或流出所发生的时间。现金流量图的优点是：项目系统的现金流入或流出的发生时间、数量等都绘制在坐标图上，清晰可观，核查便利，可在一定程度上避免出错。

（2）现金流量图的绘制方法。绘制现金流量图的方法与规定如下：

以横轴为时间坐标，取坐标间隔相等，时间轴上的点称为时点，时点表示该期的期末以及下一期的期初，零时点即为第一期始点，时间单位可根据需要取年、季、月、周、日等。

以纵轴为现金流量坐标，单位可根据需要取元或万元。

以箭头表示现金流量，箭线向上表示现金流入，箭线向下表示现金流出，箭线长短表示现金流量，长短可不按比例绘制，只要能区别现金流量多少即可。

坐标原点通常取建设期始点，也可取投产期始点（即建设末期），而分析计算的起始时间一般都规定在时间坐标的原点。

为了统一绘制方法和便于比较，通常规定投资发生在各时期的期初，而销售收入、经营成本、利润、税金等，则发生在各个时期的期末，回收固定资产净残值与回收流动资金则在项目经济周期终了时发生。

［例 2.1］某机场建设项目的建设周期为 2 年，生产期为 8 年。第 1、第 2 年的年初固定资产投资分别是 800 万元和 600 万元，第 3 年开始投产，投入流动资金 500 万元。投产后，年经营成本和税金支出为 500 万元，年收益 1000 万元。生产期最后一年回收固定资产余值 200 万元和流动资金 400 万元。其现金流量如图 2-1 所示。

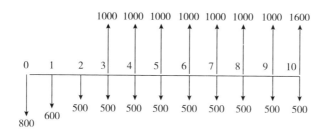

图 2-1　［例 2.1］对应的现金流量

2.2.3　利息与利率

利息是衡量资金时间价值的绝对尺度，利率是衡量资金时间价值的相对尺度。

2.2.3.1　与利息有关的术语

本金：用来获利的原始资金，通常称为本钱。

计息期：计算利息的整个时期。

计息周期：即计算 1 次利息的时间单位。计息周期的单位有年、半年、季、月、周或日等，通常用年或月来表示。

计息次数：根据计息周期和计息期所求得的计息次数，一般用 n 表示。若以月为计息周期，则 1 年计息次数为 12；若以年为计息周期，则一年计息次数为 1。

付息周期：即支付 1 次利息的时间单位，一般为 1 年。

2.2.3.2　利息的计算方法

（1）单利计算。指只对本金计算利息而对每期的利息不再计息，从而每期的利息是固定不变的。其计算公式为：

$$I_n = P \cdot i \cdot n \tag{2-1}$$

式中：P 表示本金；i 表示利率；n 表示计息次数；I_n 表示第 n 期的利息（下同，不再重述）。

n 期期末的单利本利和 F，即为：

$$F = P(1 + i \cdot n) \tag{2-2}$$

在计算 F 时，注意式中 n 和 i 反映的时期要一致。

（2）复利计算。指将前一期的本金与利息之和（本利和）作为下一期的本金，进而来计算下一期利息的一种计算方法。其计算公式为：

$$I_n = i \cdot F_{n-1} \tag{2-3}$$

n 期期末的复利本利和 F_n，即为：

$$F_n = P(1 + i)^n \tag{2-4}$$

由于复利计算比较符合资金运动过程中的实际情况，因此技术经济分析一般都采用复利计息。

（3）名义利率和实际利率。名义利率是指按年计息的利率，即计息周期为一年的利率。它是以 1 年为计息基础，等于每一计息期的利率与每年的计息期数的乘积。实际利率是指把各种不同计息时间的利率换算成以年为计息期的利率。

设名义利率为 r，一年中计息期数为 m，则每一个计息期的利率为 r/m。若年初借款 P 元，一年后本利和为：

$$F = P(1 + r/m)^m \tag{2-5}$$

根据利率定义可知，实际利率为：

$$i = I/P = (F-P)/P = (1 + r/m)^m - 1 \tag{2-6}$$

2.2.4 资金的等值计算

2.2.4.1 资金等值的概念

由于货币的币值和购买力存在通货膨胀等变化，不同时间或地点的货币币值和购买力不同，因此需要对货币值进行标准化处理，以便进行有效比较。资金等值，是指在考虑资金的时间价值因素后，不同时点上数额不等的资金，在一定利率条件下具有相等的价值。例如，现在的 1000 元与 1 年后的 1100 元，其数额并不相等，但如果年利率为 10%，则两者是等值的。因为现在的 1000 元，在 10% 利率下，一年后的本金与资金时间价值两者之和为 1100 元。

影响资金等值计算的要素有三个：资金金额的大小、资金发生的时点、计算所需的利率。在资金额与发生时点确定的情况下，利率成为决定资金等值的主要因素。在技术经济分析中，为了使项目或方案之间具有可比性，通常在等值计算中采用统一的利率。

资金的等值计算是指利用资金等值原理，把某一时间点上的资金值，按照所给定的利率换算为与之等值的另一时间点的资金值的换算过程。把未来某一时点的资金金额换算成现在时点的等值金额称为"折现"；折现后的金额称为"现值"，通常用 P 表示；与现值等价的未来某时点的金额称为"终值"，通常用 F 表示；进行资金等值计算时使用的反映资金时间价值的参数称为折现率，通常用 i 表示。

2.2.4.2 资金等值的基本计算

（1）一次支付类型。一次支付又称整付，是指所分析系统的流入或流出现金流量在某一个时点上一次发生。它包括两个计算公式：

1）一次支付终值复利公式。如果有一笔资金，按年利率 i 进行投资，n 年后本利和应该是多少？也就是已知 P、i、n，求终值 F。解决此类问题的公式称为一次支付终值公式，其计算公式为：

$$F = P(1+i)^n \tag{2-7}$$

其现金流量如图 2-2 所示。

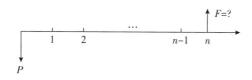

图 2-2 一次支付终值公式现金流量

在式（2-7）中，$(1+i)^n$ 为终值系数，记为 $(F/P, i, n)$。因此，式（2-7）可写为：

$$F = P(F/P, i, n) \tag{2-8}$$

2）一次支付现值复利公式。如果希望在 n 年后得到一笔资金 F，在年利率为 i 的情况下，现在应该投资多少？也就是已知 F、i、n，求现值 P。解决此类问题的公式称为一次支付现值公式，其计算公式为：

$$P = F(1+i)^{-n} \tag{2-9}$$

其现金流量如图 2-3 所示。

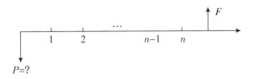

图 2-3　一次支付现值公式现金流量

在式（2-9）中，$(1+i)^{-n}$ 为现值系数，记为 $(P/F, i, n)$，它与终值系数 $(F/P, i, n)$ 互为倒数，可通过查表求得。因此，式（2-9）又可写为：

$$P = F(P/F, i, n) \tag{2-10}$$

（2）等额支付类型。等额支付是指所分析的系统中现金流入与流出可在多个时间点上发生，而不是集中在某一个时间点，即形成一个序列现金流量，这个序列现金流量数额大小相等。它包括以下四个基本公式：

1）等额分付终值公式。在一个时间序列中，在利率为 i 的情况下，连续在每个计息期的期末支付一笔等额的资金 A，求 n 年后由各年的本利和累计而成的终值 F。也就是已知 A、i、n，求 F。其现金流量如图 2-4 所示。

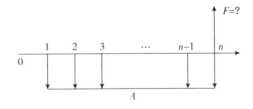

图 2-4　等额分付终值公式现金流量

利用一次支付终值式（2-7），可得：

$$F = A(1+i)^{n-1} + A(1+i)^{n-2} + A(1+i)^{n-3} + \cdots + A(1+i) + A$$

$$=A \frac{(1+i)^n-1}{i} \tag{2-11}$$

在式(2-11)中，$\frac{(1+i)^n-1}{i}$ 为等额分付终值系数，也称为年金终值系数，记为 $(F/A, i, n)$。因此，式(2-11)也可以表示为：

$$F=A(F/A, i, n) \tag{2-12}$$

2）等额分付偿债基金公式。为了筹集未来 n 年后需要的一笔偿债资金，在利率为 i 的情况下，求每个计息期末应等额存储的金额。也就是已知 F、i、n，求 A。其现金流量如图 2-5 所示。

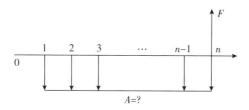

图 2-5　等额分付偿债基金公式现金流量

根据公式（2-11）可推导出：

$$A=F \frac{i}{(1+i)^n-1} \tag{2-13}$$

在式（2-13）中，$\frac{i}{(1+i)^n-1}$ 为等额分付偿债基金系数，记为 $(A/F, i, n)$。因此，式（2-13）可写为：

$$A=F(A/F, i, n) \tag{2-14}$$

3）等额分付现值公式。在 n 年内每年等额收支一笔资金 A，则在利率为 i 的情况下，求此等额年金收支的现值总额。也就是已知 A、i、n，求 P。其现金流量如图 2-6 所示。

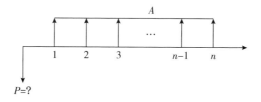

图 2-6　等额分付求现值公式现金流量

根据图 2-6，可以把等额序列视为 n 个一次支付的组合，利用一次支付现值式（2-9）可得：

$$P=\frac{A}{(1+i)}+\frac{A}{(1+i)^2}+\cdots+\frac{A}{(1+i)^n}=A\frac{(1+i)^n-1}{i(1+i)^n} \qquad (2-15)$$

在式（2-15）中，$\dfrac{(1+i)^n-1}{i(1+i)^n}$ 为等额分付现值系数，也称为年金现值系数，记为 $(P/A,\ i,\ n)$。因此，式（2-15）可写为：

$$P=A(P/A,\ i,\ n) \qquad (2-16)$$

4）等额分付资本回收公式。期初一次投资数额为 P，欲在 n 年内将投资全部收回，则在利率为 i 的情况下，求每年应等额回收的资金。也就是已知 P、i、n，求 A。其现金流量如图 2-7 所示。

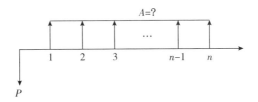

图 2-7　等额分付资本回收公式现金流量

等额分付资本回收公式可根据式（2-15）推导得出：

$$A=P\frac{i(1+i)^n}{(1+i)^n-1} \qquad (2-17)$$

在式（2-17）中，$\dfrac{i(1+i)^n}{(1+i)^n-1}$ 为等额分付资本回收系数，记为 $(A/P,\ i,\ n)$。因此，式（2-17）可写为：

$$A=P(A/P,\ i,\ n) \qquad (2-18)$$

（3）等差序列终值公式。等差序列现金流量是在一定的基础数值上逐期等差增加或等差减少的现金流量。一般将第 1 期期末的现金流量视作基础数值，然后从第 2 期期末开始逐期等差递增或等差递减，其现金流量如图 2-8 所示。图 2-8 中的现金流量又可拆解为两部分：第一部分是由第 1 期期末现金流量 A 构成的等额分付序列现金流量，第二部分是由等差额 G 构成的递增等差支付序列现金流量。

由 A_1 组成的等额分度序列的未来值 $F_{A1}=A_1(F/A,\ i,\ n)$，由 G，$2G$，$3G$，$\cdots$，$(n-1)G$ 组成的等差序列的未来值为：

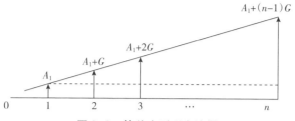

图 2-8 等差序列现金流量

$$F_{A2}=G(1+i)^{n-2}+2G(1+i)^{n-3}+3G(1+i)^{n-4}+\cdots+(n-1)G$$

$$=\frac{G}{i}\left[\frac{(1+i)^{n}-1}{i}-n\right] \tag{2-19}$$

在式（2-19）中，$\frac{1}{i}\left[\frac{(1+i)^{n}-1}{i}-n\right]$ 为等差序列终值系数，记为（F/G，i，n）。因此，式（2-19）可写为：

$$F_{A2}=G(F/G,\ i,\ n) \tag{2-20}$$

根据式（2-7）、式（2-16）可推导出：

$$P=\frac{G}{i}\left[\frac{(1+i)^{n}-1}{i}-n\right]\frac{1}{(1+i)^{n}} \tag{2-21}$$

在式（2-21）中，$\frac{1}{i}\left[\frac{(1+i)^{n}-1}{i}-n\right]\frac{1}{(1+i)^{n}}$ 为等差序列现值系数，记为（P/G，i，n）。因此，式（2-21）可写为：

$$P=G(P/G,\ i,\ n) \tag{2-22}$$

根据式（2-10）、式（2-16）又可推导出：

$$A=\frac{G}{i}\left[\frac{(1+i)^{n}-1}{i}-n\right]\left[\frac{i}{(1+i)^{n}-1}\right]=G\left[\frac{G}{i}-\frac{n}{(1+i)^{n}-1}\right] \tag{2-23}$$

在式（2-23）中，$\frac{1}{i}-\frac{n}{(1+i)^{n}-1}$ 为等差序列年值系数，记为（A/G，i，n）。因此，式（2-23）可写为：

$$A=G(A/G,\ i,\ n) \tag{2-24}$$

2.2.5 通货膨胀下资金的时间价值

2.2.5.1 通货膨胀与购买力

（1）通货膨胀。通货膨胀是经济运行中价格水平变化的术语。经济运行中商品和服务价格水平的升和降是多种因素共同作用的结果。作为一般性通货膨胀问题的探讨，为了使问题简化，通常假定通货膨胀率与物价上涨率相等。因此计算公式为：

$$f = g\overline{p} = \frac{\overline{p}_t - \overline{p}_{t-1}}{\overline{p}_{t-1}} \tag{2-25}$$

式中，f 为通货膨胀率；$g\overline{p}$ 为平均价格水平的年上涨率（%）；$\overline{p}_{t-1}$、$\overline{p}_t$ 分别为第 $t-1$ 年和第 t 年的平均价格（%），以物价总指数表示。

（2）货币的购买力。价格水平向上或向下运动，对货币的购买力有着不同的影响。价格水平向上运动时，货币的购买力下降；反之，则提高。

2.2.5.2　投资中通货膨胀因素分析

（1）市场利率。市场利率是指市场上真实的、由供需关系决定的、反映市场实际利率水平的利率，通常指的是借贷利率和债券收益率。在市场经济中，银行、债券市场等金融市场上的各项利率是由供求关系决定的，即市场上借入者和借出者之间的供需关系决定了市场利率的高低。市场利率具有高度的灵活性，具有较强的市场反应力和适应性。因此，市场利率的变动也往往成为金融市场和经济形势变化的重要信号。

（2）真实利率。真实利率指的是扣除通货膨胀因素后的利率水平，也称为实际利率。通俗来说，真实利率是指在把物价上涨等通货膨胀因素考虑进去后，实际获得的利率。在计算真实利率时，需要将名义利率减去通货膨胀率，也就是真实利率=名义利率−通货膨胀率。例如，如果某种金融产品的名义利率是 5%，而通货膨胀率是 2%，则该金融产品的真实利率为 3%。真实利率是评估投资风险和判断投资是否有价值的重要指标。当选择投资渠道和投资项目时，投资者应该考虑真实利率而非仅仅关注名义利率。

（3）通货膨胀率。通货膨胀率指的是物价水平的平均上涨速度，通常以百分数表示，它衡量的是物价变化的速率。通货膨胀率是一个重要的宏观经济指标，对于决策者和普通人都有非常重要的意义。通常用 f 表示通货膨胀率。若通货膨胀率为负值，即为通货紧缩。在通货膨胀下，只要运用市场利率 u，就能利用复利法公式正确地进行不同时点资金的价值换算。

2.3　经济预测基本原理

2.3.1　经济预测的概念与要素

2.3.1.1　经济预测的概念

（1）经济预测。预测的目的在于揭示事物的发展规律，准确把握事物的发展动态，为决策者进行决策提供必要的信息。科学的预测是以历史的发展和客观的现实为依据，综合各方面的信息，使用定性和定量的分析方法，系统揭示普遍事物的客观发展规律，并指出其可能存在的发展途径以及发展结果。类似地，经济预测是综合运用哲学、社会学、经济学、统计学、数学、系统工程以及电子计算技术等学科的相关理论和方法，对经济现象之间的联系以及影响机制作出科学分析，并对经济过程及其各要素的变动趋势作出客观描述，从而对未来经济发展的轨迹作出科学的判断或预见①。

（2）经济预测、计划与决策。经济预测是对经济现象未来的发展趋势进行推测和研究，以提供支持经济计划和经济决策的依据。经济预测的目的是尽可能准确地预测未来经济的变化，为随后的经济计划和经济决策提供依据。经济计划是以经济目标为导向，通过科学的规划和组织来实现整个经济体系的有序发展。经济计划根据经济预测的结果，制定经济目标、计划方案、执行措施和考核指标等，通过调节资源的配置和流转，调整经济结构、提高经济效益、促进经济增长等。经济决策是针对当前和未来的经济形势，通过制定相应的政策、方案、措施等来加以调整和引导经济发展。经济决策是建立在经济预测和经济计划的基础上的，根据实际情况的变化对经济计划进行调整，并在此基础上制定操作方案、具体措施，以实现经济发展的目标。

综上所述，经济预测、经济计划和经济决策相互影响、相互依存。经济预测的结果为经济计划提供依据，经济计划的制定为经济决策提供基础，在进行经济决策的同时需要不断进行经济预测和再调整经济计划，以满足经济发展的需求。

2.3.1.2　经济预测的分类

（1）宏观与微观经济预测。宏观经济预测是指针对全国性、地区性、国际性的宏观经济指标和政策走向展开的预测研究。它通常是基于国家统计局、财政部、中央银行、政府报告等公开信息和各类经济预测模型进行的，主要预测对象包括 GDP 增长率、通货膨胀率、经济周期、汇率、财政政策等宏观经济变量，以预测宏观经济的长期趋势和行业的发展方向，为宏观政策的研究和制定提供参考依据。

微观经济预测则是从市场和企业的角度展开的预测研究，重点是研究企业经营状况、市场需求、消费者行为和个别产品价格等微观经济变量。它通常通过市场调查、企业财务分析、行业调研等手段来收集和分析数据，主要预测对象包括企业盈利、销售额、市场份额、价格变化、竞争环境等微观经济变量，以便企业掌握市场变化和用户需求，有效地进行市场竞争和服务。

---

① 冯文权，付征．经济预测与决策技术［M］．武汉：武汉大学出版社，2018.

宏观经济预测和微观经济预测是经济预测中两个不同的角度，分别用于预测宏观经济和市场的趋势，两者的预测对象和研究方法不同。在实际的经济预测中，两种预测方法往往同时使用，相互协调，决策者们根据需要来决定使用哪一种或多种方法。

（2）定性与定量经济预测。定性经济预测是对某一经济现象未来经济状态可能变动的方向而非数量的大小所作出的预测。一般是通过专家的判断和经验，对经济指标进行非量化描述，并根据受访者的观点、思想、意见等因素，对未来的经济走势进行判断和预测。这种方法适用于那些缺乏具体数据的领域，通常依赖于经济专家、政策制定者、研究人员、学者等领域内的专业人员意见和观点。

定量经济预测是通过数学和统计方法，对经济指标进行量化，建立模型并进行数据分析和预测。它通常是基于统计数据、经济理论、历史趋势、市场环境等因素，利用回归分析、时间序列分析、结构方程模型等方法，将各种经济变量关系建立为数学模型，从而预测出未来的经济现象。定量经济预测按预测结果的数字表现形式，可以分为点预测（定值）和区间预测（确定置信预测区间和置信水平）。

在实际应用中，定量经济预测和定性经济预测往往是相结合的，通过多种手段和角度，综合分析得出更全面、更准确的预测结果。

（3）长期、中期、近期和短期经济预测。长期经济预测是预测经济发展趋势的一种方法，通常跨度为 5 年以上，甚至可达十年或更长。长期预测的目的是把握宏观经济的发展趋势，为政策制定者提供长期规划的依据。中期经济预测通常跨度为 1~5 年。它主要关注经济结构和宏观政策的变化，同时也考虑到周期性和季节性变化等因素。近期经济预测通常跨度为 6 个月至 1 年。近期预测的目的是尽可能准确地预测宏观经济短期变动，为企业、投资者和政策制定者提供决策参考。短期经济预测通常跨度为 1~3 个月，也有些预测少于 1 个月。短期预测的目的是对经济周期中的周期性和季节性变化进行预测，以提高经济活动的可预见性和管理效率。

（4）大数据与非大数据预测。大数据预测是对海量般的大规模、高噪声、低信噪比的原始数据进行的数据分析与提炼信息，从而预测未来趋势和变化的技术。这些技术是利用人工智能、机器学习或统计学等模式识别方法，从大量的原始数据中提取那些隐含的、事先不为人所知的有价值的数据，通过大数据预测可以帮助企业和组织把握市场动态、识别商机、优化运营，从而提高竞争力和盈利能力。非大数据预测通常是指使用传统的数据预测技术，其预测所用的数据来自随机抽样，数据规模不大，即使建模时说明是大样本，其样本数量也是很有限的。

（5）有条件和无条件预测。有条件预测指利用外部信息对未来趋势进行预测，也就是在预测时考虑了与时间序列有关的外部因素。这些因素通常称为自变量或预测变量，包括独立变量和时间变量。在有条件预测中，可以使用历史数据、行业趋势、经济环境、季节、天气等数据来预测未来的走势。无条件预测指在没有任何外部信息的情况下，对经济活动所进行的预测。该预测使用历史数据对未来进行推测，也就是说未来的趋势和现在的趋势保持一致。有条件预测通常比无条件预测更精确和可信，因为它考虑了与时间序列有关的外部因素，并在预测时加以考虑。然而，有条件预测需要更多的数据和更复杂的建模方法，也需要对外部因素的选择和使用进行合理的判断和分析。

2.3.1.3 预测的要素

（1）数据要素。数据要素是组成数据集合的基本单元或基本要素，它们描述数据集合中研究对象或现象的特征和属性。在数据管理和分析中，数据要素是从原始数据中提取出来、具有独立意义的最小数据单元，数据要素可以是数量、质量、时间、空间、属性等方面的特征。数据是科学预测的基础，数据有过去、现在和未来三种形式。过去的数据描绘历史，今天的数据表述现在，明天的数据展现未来。虽然未来的事尚不知道，但通过预测就可更清楚地看清未来。高质量的数据是搞好预测的关键。一般来说，预测者掌握的数据质量越高，数量越多，相关性越好，找出预测变量前因后果的可能性就越大，所求预测值的精度就越高。数据要素是数据分析和决策的基石，对于数据管理和分析中的各个环节都具有重要意义，例如数据采集、数据存储、数据清洗、数据建模等方面。数据要素的准确性和可靠性直接影响到经济预测分析和解决方案的有效性。

（2）方法要素。方法要素是研究某一问题或完成某一任务所需的基本方法和手段。在经济预测中，方法要素的合理使用和有效性对于预测成功完成和结果质量具有重要影响。这里所谈的方法（技术）是指进行经济预测时所采用的手段。经济预测的质量如何不仅依赖于所使用的数据，而且同选用什么样的方法密切相关。目前，在许多方法面前，预测用户面临着如何选择恰当的预测方法问题。能否迅速选择到合适的预测方法，乃是预测用户最关心的问题之一。在市场经济的环境中，由于竞争加剧，许多企业面临十分困难的局面，这使得企业不得不试图从预测中寻找满意的答案。因此，要尽可能避免选择不适当的预测方法。方法要素对于知识发现和实践创新具有至关重要的作用。合理的方法和技巧能够使问题更加清晰、关联更加紧密、推理更加严密，并提高领域专家的工作效率和创造力。

（3）分析（解释）要素。分析要素是在数据或信息处理中，用于分析和解释数据或信息的基本元素。在经济预测分析中，分析（解释）要素是通过杂乱无章的数据探索问题本质的关键步骤。通过恰当地应用分析要素，研究人员能够在复杂数据和信息中发现模式和趋势。分析要素在经济预测分析中是不可或缺的。研究人员利用分析要素分析数据和信息，可以从中获得合理的实践证明或与数据相关的业务见解，从而做出更好的预测和决策。

实际上，预测过程就是对预测事件进行分析和解释的过程。分析的内容主要有预测前的理论分析、预测后的检验与分析、对预测要发生的事件作出有说服力的解释等。具体来说，预测目标确定以后，要根据收集到的历史和现在的数据及准备选用的预测方法进行理论分析，以检验是否符合所建立模型的理论前提条件。预测结果作出以后，要对预测结果进行质与量的检验分析。为使预测用户能真正理解预测的结果，必须对预测的结果作出有说服力的解释，无论是成功的预测，还是失误的预测都是如此。尤其是对失误的预测，必须解释清楚该事件为何不发生，为何导致了预测失误，使用户感到满意。

（4）判断要素。判断要素是在经济预测过程中考虑的关键因素，这些因素会直接或间接影响到最终的决策结果。在经济预测过程中，正确的判断要素的选择和分析能够帮助决策者更快速地做出正确的决策，避免决策失误或决策结果不理想的情况。判断是预测四要素中最重要的要素，它对预测结果产生重要的影响，主要包括判断用于预测的数据选择、判断用于预测方法的选择、判断预测值是否需要修正等内容。无论是经济还是市场预测，可用的数据有许多种，这些数据来源不同，如果不进行分析判断，难免对预测的结果产生不正确的影响。

因此，数据的使用常常要靠预测者的经济理论修养和对预测经验的积累程度去进行判断。预测未来经济事件的方法需要根据预测事件的形态、本质、已有的数据和可能提供的费用作出判断。经济预测仅是对未来经济事件的一种陈述或估计。由于预测方法的不同，对未来经济状态所作的估计也不同，故而估计结果均需判断。

2.3.2 经济预测的步骤

（1）确定预测目标和预测期限。无论是宏观经济预测还是微观经济预测，确定预测目标和预测期限都是进行预测工作的前提。

（2）确定预测因子。根据确定的预测目标，选择可能与预测目标相关或有一定影响的预测因素，确定预测模型中的变量和参数。

（3）数据收集。进行经济调查，收集各因素的历史和现状的信息、数据、资料，并加以整理和分析。例如，GDP、就业率、物价指数、货币供应量等，以及其他可能会影响经济因素的数据，如政治、社会、环境等因素。这些数据可以通过调查、统计、研究等方式收集。

（4）选择合适的预测方法和模型。经济预测需要选择适当的模型来描述和预测经济活动的发展趋势。受到多种因素的影响，例如，宏观经济指标、人口、医疗、教育、政策等，经济模型一般会有很多变量，影响经济增长的方式也各不相同。同时使用多种预测方法独立地进行预测，然后对各预测值分别进行评估和判断，选择出合适的预测值。

（5）对预测的结果进行分析和评估。在经济模型和方法准备好后，可以利用该模型进行预测，预测未来一段时间内经济发展的趋势和变化，并指出其预测误差是正偏还是负偏，相对误差与绝对误差的大小、范围等。

（6）对预测结果进行评估和调整，并撰写预测报告。评估模型的准确性，并根据需要进行调整和改进，以提高预测的准确性，以及撰写和完善预测报告。

2.3.3 经济预测方法

2.3.3.1 定性预测方法

（1）专家预测法。专家预测法属于直观预测技术，它是利用各领域专家的经验和知识，通过对过去和现在发生的问题进行直观综合分析，从中找出规律，对事物的发展远景做出判断。常用的有专家个人判断法、专家会议法、头脑风暴法和德尔菲法等。

专家个人判断法是指在特定领域拥有专业知识和经验、有较高权威性的专家，根据自身的经验和判断，对所研究对象或者问题进行评价和决策的方法。这种方法通常是由专家对事物进行分析、研究和评价，从而给出可靠的结论和建议。这一方法的好处是方便易行，不受外界影响，容易发挥个人的创造性想象能力，也能够快速有效地对某些问题给出专业性的解决方案，但需要严格掌握专家判断的可靠性和适用性。

专家会议法是对专家个人判断法的一种改进，该方法旨在利用多名专家的知识、经验和意见，共同讨论和协商某个问题，进而进行分析、评估和决策的一种方法。通常，专家会议由多名相关领域的专家组成，共同讨论所研究问题的各个方面，通过讨论或辩论，互相取长补短，求同存异，然后达成最终的共识和决策。专家会议的优点在于可以充分利用各方专家的意见和经验，解决研究或决策过程中的问题，提供权威可靠的决策结果。

头脑风暴法是专家会议法的一种改进，用于产生创新思路和解决问题的创造性思维技巧，也称为"分组创意方法"。它既可以用于个人的思考，也可以用于团队的讨论，是一种广泛应用于企业、学校、政府机构等各个领域的方法。头脑风暴法的特点在于鼓励自由思维、重视创新思维、综合碎片信息以及鼓励多样化的想法。总之，头脑风暴法是一个非常灵活和创造性的思维方法，它可以解决各种类型的问题和挑战，帮助个人和团队探索新的思考方式和解决方案。

德尔菲法（Delphi Method）是一种广泛使用的专家预测方法，是一种关于未来事物或者理论问题的多轮交流、评估和预测的技术。该方法通常被用于对专业能力或者领域知识高度重要问题的研究。德尔菲法的实质是以匿名的方式，通过几轮咨询征集专家的意见，并通过有控制的反馈，取得尽可能一致的意见，从而对事件的未来做出预测。德尔菲法除用于技术预测外，它还广泛应用于政策的制定、经营管理、方案评估等，在预测趋势、主流意见和意见解析等方面非常有用。但是，它在收集更广泛的数据或估计风险等操作需求方面，可能更适合使用其他方法。

（2）逻辑判断法。逻辑判断法是通过简单的比较、分析、综合和推理等逻辑方法对研究对象的指标值进行直观的预测和推断的方法。它是当前较为受人关注、力图深入研究和发展的一类方法。其确切定义尚不统一，常用的方法包括对比类推法、相关推断法、情景分析法。

对比类推法是一种基于比较和类比的分析方法，利用事物之间的这种相似特点，把先行事物的表现过程类推到后继事物上去，从而对后继事物的前景或趋势做出预测的一种方法。该方法首先运用比较方法，将同一事物在不同时期的某一或某些指标进行对比（即时间上的比较），以动态地认识和把握该事物发展变化的历史、现状和趋势；或将某一时期不同国家、不同地区、不同部门的同类事物进行对比（即空间上的比较），以确定其差异点和共同点，然后运用类比推理方法进行预测。它通常被用于解决需要做出选择或决策的问题，具有较强的实用性。综合来看，对比类推法是一种比较灵活、简便、实用和常用的思维方法，可以帮助人们更好地解决问题和做出预测及决策。

相关推断法是一种基于概率统计学原理的分析方法，可以使用已知数据推断未知数据的数值或范围，通常用于建立两个事物之间的相互关系，例如某种因素或变数如何影响另一种因素或变数等。该方法依据相关性原理，利用所要预测目标同其他社会经济指标之间存在的相关关系，在已知后者的将来值的条件下，推算要预测指标的未来发展趋向。在实际运用时，首先要依据理论分析或实践经验，找出同预测目标相关的各种因素，分析研究这种相关关系的变动方向、密切程度及呈现的形态规律，尤其要抓住同预测目标有直接关系且影响较大的主要因素，然后依据事物相关的内在因果联系的具体情况进行推断。相关推断法能够为预测者提供客观、精确的信息。但是在使用该方法时，需要注意数据收集的质量和数量等问题，以确保推断结果的准确性。

情景分析法是一种系统性的分析方法，用于评估不同情景下的影响，并预测在不同情况下可能发生的结果。它是一种通过多种可能情景的分析来找到最佳决策方案的方法。这里的情景描述不是对未来的简单预测，而是对系统内外相关的各个方面的问题，做出事态自始至终发展的情景和画面。情景分析法的基本思路是：通过观察环境、评估利弊，并制定到达目标的最佳途径。

2.3.3.2　定量预测方法

（1）回归分析预测法。回归分析预测法是基于统计学原理的分析方法之一，它可以利用已有的数据建立模型来预测未来的数据变化。回归分析预测法的主要思路是，在已知自变量（一般为时间）和因变量（需要预测的变量）的前提下，找到二者之间的相关性，并运用回归分析方法建立数学模型，最终通过该模型对未来进行预测。在使用该方法时，要注意数据的质量、周期性和模型的准确性与可靠性等问题。常见的回归模型分类有：一元回归模型、多元回归模型、线性回归模型、非线性回归模型、加权线性回归模型、自回归模型、普通回归模型等。

回归分析法的基本步骤分为：

第1步：初步判断现象之间的相关性。根据理论和经验，对事物的现象进行定性分析，判断现象之间是否具有相关性，以及相关关系的大致类型。

第2步：绘制散点图。利用直角坐标系把变量间相对应的值绘制在坐标系上，再根据坐标上点的分布情况判断变量间关系的类型，初步推出回归模型。

第3步：进行回归分析。如果上述的分析表明变量之间有较为明显的相关关系，就可以进行回归分析，采用拟合处理，确定因变量对自变量的响应程度，以及剩余误差的方差等参数。

第4步：检验。检验回归模型的实际意义是否合理，还有拟合优度的检验等。

第5步：回归预测。如果通过分析确定回归模型能够有效地反映变量之间的相关关系，就可以利用该模型进行预测。

（2）时间序列平滑预测法。时间序列平滑预测法是基于时间序列数据的预测方法，其核心思想是对历史数据进行平滑处理，以探测出数据中的规律和趋势，进而预测未来时段的变化趋势。时间序列平滑预测法是应用最广泛的预测方法之一，广泛应用于经济和业务预测，包括股票市场预测、销售预测和对比指数分析等领域。常用的时间序列平滑预测法主要包括简单平均法、移动平均法、指数平滑法、自适应过滤法等。

简单平均法是一种基本的统计分析方法，是在对时间序列进行分析的基础上，计算时间序列观察值的某种平均数，并以此平均数为基础来确定预测模型或预测值的预测方法。需要注意的是，在某些情况下，由于数据的特殊性质，简单平均法可能不太适用，比如对极端值较多的数据集或存在大量噪声的情况，可能需要使用其他更加复杂的分析方法。

移动平均法是一种基于时间序列分析的统计方法，它是用来消除数据中的随机波动，使数据更加平滑的一种方法。移动平均法通过计算某个时间段内的数据的平均值，来预测未来一定时间内的趋势。它的优点是，能够平滑时间序列中的波动，使人们更容易看出数据的长期趋势。它可以很好地处理周期变化、季节性变化和随机性波动等多种因素，对于较平稳和同时期变化规律的数据集有较好的效果。但是，它也有一些缺点，比如不能忽略趋势的重大改变和季节性波动等因素，以及无法处理周期性溢出等情况。

指数平滑法是移动平均法加以发展的一种特殊加权移动平均预测方法，其主要原理是，将各时间点的数据按照某种权重分配比例进行平滑，使得最新的数据点对平滑值的影响较大，而早期的数据点对平滑值的影响逐渐降低。该方法的优点是能够消除时间序列中的随机波动，对于有趋势性的数据序列有较好的效果。同时，指数平滑法也可以自适应地调整平滑系数，从而能够处理非线性趋势和周期性变化等复杂情况。缺点是不能适用于存在周期性变化的序列，并且在设定平滑系数时需要考虑到数据的特征。

自适应过滤法与移动平均法、指数平滑法一样，也以时间序列的历史观测值进行某种加权平均来预测的。自适应过滤法的核心思想是建立一个反馈的滤波器系统，自动调整滤波器参数，以便根据输入信号的特性，实现信号增强或降噪。自适应过滤法的关键是通过误差反馈机制，对滤波器参数进行调整，以捕捉所需的信号特征，并削弱噪声的影响。自适应过滤法的优点是：具有良好的信号增强和噪声抑制能力；能够根据信号的特征自适应地调整滤波器参数，适用性广泛；针对不同的信号类型，采用不同的滤波器模型和参数。

本章练习题

1. 什么是经济效益与航空技术经济效益？

2. 如何理解资金的时间价值？有何重要意义？

3. 什么是现金流量？如何绘制现金流量图？

4. 什么是资金等值？影响资金等值的因素有哪些？

5. 经济预测有哪些方法？

6. 计算下列各值：

（1）年利率为 10%，8000 元存款存期 8 年，现在存款的一次支付将来值为多少？

（2）年利率为 9%，第 6 年年末的 5500 元，将来支付的现值为多少？

（3）年利率为 7%，每年年末支付 3500 元，连续支付 8 年，现在至少应存入银行多少现金？

（4）年利率为6%，每年年末存入银行500元，连续存12年，等额支付的将来值为多少？

（5）借款5000元，得到借款后的第1年年末开始归还，连续5年，分5次还清，利息按年利率4%计算，每年年末等额归还多少资金？

3 航空项目经济效果评价方法

3.1 经济效果评价指标

3.1.1 经济效果的概念与评价标准

3.1.1.1 经济效果的概念

各种技术活动都需要投入，以最少的投入获取尽可能多的产出，是各种技术活动追求的经济目标。因此，在选择各种技术方案时，既不能仅用取得成果的大小来判断，也不能仅用投入的多少来判断，必须从投入和产出两个方面综合判断，才能得出科学的结论。经济效果就是经济活动中取得的劳动成果与劳动消耗的比较，或产出与投入的比较。

正确理解经济效果的概念，需要注意以下几点：

（1）劳动成果和劳动消耗的比较是经济效果的本质。在进行经济效果分析时，必须将技术方案的成果与消耗、产出与投入结合起来综合考虑，而不能仅使用单独的成果或消耗指标，不把成果与消耗、产出与投入结合起来，无法判断方案的优劣。当然，在投入一定时，也可以单独用产出衡量经济效果，产出越多效果越好；产出一定时，投入越少效果越好。

（2）劳动成果必须是有用的。技术方案实施后的效果有优劣之分。经济效果概念中的产出是指有效产出，是对社会有用的劳动成果，即对社会有益的产品或服务。对社会无用或有害的成果，不符合社会需要的产品或服务，生产越多、消耗越大，经济效果就越差。

（3）劳动消耗是全部消耗。经济效果概念中的劳动消耗，包括技术方案实施消耗的全部人力、物力、财力，即包括生产过程中的直接劳动消耗、劳动占用和间接劳动消耗三部分。直接劳动消耗是指技术方案实施中消耗的原材料、燃料、动力等物化劳动消耗和劳动力等活劳动消耗；劳动占用通常是指技术方案为正常进行生产而长期占用的厂房、设备、货币资金和各种物料等；间接劳动消耗是指与技术方案实施相关联的单位或部门发生的消耗，在衡量经济效果时，这部分消耗也是必须要考虑的。

3.1.1.2 经济效益表达式

（1）差额表示法。用成果与劳动耗费之差表示经济效益大小，表达式为：

$$经济效益（E）= 劳动成果（V）-劳动消耗（C） \tag{3-1}$$

差额表示法要求劳动成果与劳动耗费必须是相同计量单位，其差额大于零。如利润额、净现值等都是以差额表示法表示的经济效益指标。但这种经济效益的缺点在于不能准确地反映出技术方案之间经济效益的高低与好坏。

（2）比率表示法。用成果与劳动耗费之比表示经济效益大小，表达式为：

$$经济效益（E）= 劳动成果（V）/劳动消耗（C） \tag{3-2}$$

比率表示法与差额表示法的要求不同，其劳动成果与劳动耗费的计量单位可以相同，也可以不同。若相同时，则比值大于 1 是技术方案可行的经济界限。反之，则不可行。在技术分析中，用比率法表示的指标有：劳动生产率和单位产品原材料、燃料、动力消耗水平等。

（3）差额比率表示法。将差额与比率两种表示方法组合起来，表达式为：

$$经济效益（E）=［劳动成果（V）-劳动消耗（C）］/劳动消耗（C） \tag{3-3}$$

这种表示法能准确地反映单位劳动消耗所取得的净收入的多少，即经济效益的好坏，如成本利润率、投资利润率等，是评价经济效益最适用的方法。

3.1.1.3 经济效果的评价标准

确定经济效果的概念及表达式，是为了分析与评价技术政策、技术措施及技术方案的经济可行性。但经济效果本身并不能说明项目经济效果的好与坏，而只能通过对经济效果指标与所确定的经济效果评价标准进行比较来予以说明。通常所说的"以最少的劳动消耗和占用取得最大的劳动成果"，实际上就是一个经济效果的评价标准，而不是概念本身。

经济效果的评价标准就是经济效果要达到的目标要求。经济效果评价标准既包括评价单一项目自身的经济效果（如投资回收期、内部收益率等评价指标），又包括项目之间比较的经济效果（如增量内部收益率、增量投资回收期等评价指标），还可分为具体评价标准、综合评价标准等。其中综合评价标准的综合性较强，且范围较大。例如，工业投资效果系数评价标准比机械工业投资效果系数评价标准的综合性要强，因为它考虑了整个工业的情况。到底选择什么样的评价标准，要根据实际问题的具体情况确定。

一般情况下，评价经济效果最起码的标准为劳动成果比劳动消耗要大，否则，生产和扩大再生产将无法进行，社会就不能发展。这就是说，在生产活动中所创造的价值必须大于投入的劳动价值。当然，劳动成果超出劳动消耗越多越好。

3.1.2 经济效果的评价原则

任何一项技术政策、技术措施或技术方案反映出来的效果都是多方面的。例如，有技术进步、经济效果、社会效果以及环境效果等各方面的反映，这些效果的好坏及其程度各不相同。因此，为了正确进行技术经济分析，就必须处理好某些关系，掌握技术经济分析的基本原则。

3.1.2.1 经济效果评价的基本原则

（1）正确处理微观效果与宏观效果的关系。企业的微观效果与国家的宏观效果既有统一的一面，也有矛盾的一面。提高企业或项目的微观经济效果是提高宏观经济效果的基础，而提高宏观经济效果是提高企业或项目微观经济效果的前提。一方面，国民经济活动按比例协调进行，既能提高宏观经济效果，又为提高微观经济效果创造条件，而如果国民经济比例关系不协调，产业间投入产出关系不适当，那么必然会有许多企业的产品因不符合社会需要而无法实现其价值；另一方面，国民经济效果并非企业经济效果的简单总和，在某些情况下，二者之间仍然存在矛盾，因此，必须在服从全局的前提下，充分兼顾各方面的利益，即不能空谈宏观经济效果而忽视和不顾企业经济效果的提高。一般来说，在市场经济条件下，企业作为独立的商品生产者，应该把提高企业经济效果作为生产经营的主要目标，国家必须通过经济的、法律的以及行政的多种手段，促使企业自觉地把微观经济效果和宏观经济效果统一起来。

（2）正确处理近期经济效果与长远经济效果的关系。考虑整个社会的长远经济利益，近期经济利益要服从长远利益。但这并不意味着可以借口长远利益而忽视近期利益，应该说，近期利益是长远利益的有机组成部分，只有不断提高近期的经济效果，才能逐步获得长远的经济效果。应以提高长远经济效果为目标，从提高近期的经济效果着手，脚踏实地，逐步达到提高全过程的长远经济效果的目的。

（3）正确处理直接经济效果与间接经济效果的关系。间接经济效果不像直接经济效果那样显而易见，因此，进行技术经济分析时，往往只重视直接经济效果的评价，而忽视间接经济效果的评价。技术经济效果是一个综合性概念，不仅反映在直接经济效果上，而且也反映在间接经济效果上，因此，真实的经济效果是两者的综合，即全面的经济效果。

（4）正确处理经济效果与社会环境的关系。正确处理经济效果与社会环境的关系是技术经济分析的一个重要原则。经济发展与社会环境存在相互依赖、相互促进和相互制约的关系。如果技术政策、措施、方案与社会环境相适应，经济效果与环境效果相一致，则能取得真正的经济效果；反之，则难以产生真正的经济效果。

3.1.2.2 经济效果的可比原则

技术经济分析的目的就是选出实现某一目标的最优或满意的技术方案，因此，就需要对各个技术方案的技术经济指标进行研究，确定其经济效果的大小，并与其他方案进行比较评价，以便从备选方案中选出具有最佳经济效果的方案，这就是比较问题。比较原则是技术经济分析应遵循的重要原则之一，没有比较就无从选优。要比较就必须建立共同的比较基础，使技术方案之间具有可比性。技术方案的比较通常可从满足需要上的可比、消耗上的可比、价格上的可比和时间上的可比四个方面进行。

（1）满足需要上的可比。任何一个技术方案都有一定的目的，都要满足一定的需要。从技术经济观点来看，如果有若干种可行方案供选择，那么就必须在它们之间进行比较优选。因此，各个方案都必须满足相同的需要，否则无法比较。满足同一需要上的可比是一个最重要的可比原则。各个技术方案一般都是以方案的产品数量、品种、质量等指标来满足社会需要的，所以，不同技术方案若要符合满足需要上的可比条件，就必须要求各技术方案的产量、质量和品种等指标可比。如果各对比方案的产品质量、品种、数量相同或基本相同，可直接比较各方案的经济效果。如果各方面有显著差别，则不能直接比较，必须进行修正后才能比较。

（2）消耗上的可比。对技术方案进行比较，实际上要比较的是不同方案的经济效果。而在评价经济效果时，既要满足需要，又要考虑消耗。所以，在对比若干可行方案时，必须具有消耗上的可比条件。这也是技术经济比较中不可缺少的原则。

任何一个技术方案的具体实施都必须消耗一定的社会劳动和费用，但由于对比方案的技术特征和经济性质不同，因而它们的消耗也不相同，这时要正确进行各方案的经济效果对比，就必须对各方案的消耗进行合理计算。需要特别强调的是，在计算对比方案的消耗时，需要使用同一个原则、同一种计算方法，而且要计算到同一个范围和同一个程度。在考虑对比方案的消耗时，必须从整个社会和整个国民经济观点出发，从综合的观点、系统的观点上予以考虑，也就是说，必须考虑对比方案的社会全部消耗，而不能只考虑方案本身的消耗。

（3）价格上的可比。对技术方案进行经济效果评价时，无论是投入还是产出，都要借助价格这一尺度，所以要正确评价项目的经济效果，价格必须具有可比性。要使价格可比，技术方案所采用的价格体系应相同，在财务评价中采用现行市场价格，在国民经济评价中采用影子价格。

（4）时间上的可比。在对技术方案进行经济效果比较时，还应考虑时间这个因素。例如，有两个对比方案，其总投资、产量等条件均相同，但由于投资时间不相同或产出时间不相同，因而其经济效果就不相同。显然，时间对技术方案的经济效果有重要影响。比较不同方案的经济效果，时间可比要包含以下两方面的内容：一是评价不同使用寿命方案的经济效果时，应采用相同的计算期作为比较基础；二是要考虑资金的时间价值，发生在不同时间的投入和产出，应根据资金时间价值进行折算后再比较。

3.1.3 经济效果评价指标体系

3.1.3.1 经济效果评价指标体系的概念与作用

评价任何技术方案的经济效果都很难用单一指标来衡量，而需要设置和运用一系列指标，从不同的方面全面、综合地反映其经济效果的大小。这些相互联系、相互补充、全面评价一个方案经济效果的一整套指标，就构成了经济效果评价指标体系。

经济效果评价指标体系具体有多种作用：

首先，可以对技术方案的经济效果进行全面和综合的评价，保证评价的科学性和准确性。

其次，不仅可以衡量技术方案经济效果的大小，而且可以揭示取得这种经济效果所需的物质技术要素和经济条件，直接反映技术方案投入和产出的成果之间的因果关系或函数关系。

再次，有助于比较系统地认识各种指标在技术经济评价中所处的地位，以及各个指标之间的相互关系，以便于针对不同的评价对象和目的选择适当的评价指标。

最后，建立合适的指标体系，能够使衡量和评价技术方案取得的经济效果有统一的标准和依据，有利于对技术经济理论和方法问题进行深入研究，拓展评价的视野和分析的深度，对提高技术方案的经济效果具有重要意义。

3.1.3.2 经济效果评价指标体系的种类

经济效果评价指标体系是由多种指标组成的指标体系，按各种指标形式的不同，可以分为以下六类：

（1）技术指标与经济指标。技术经济分析主要研究技术的先进性和经济的合理性，因此，设置的指标体系既要反映方案的技术特性，又要反映方案的经济特性。对方案进行评价时，技术指标和经济指标都是不可缺少的。

能够反映技术方案和特性的指标称为技术指标。技术指标具有专业性，不同的方案由于不同的技术特性，就有不同的技术指标。

能够反映技术方案经济特性的指标称为经济指标。例如，反映方案经济效果的指标有净现值、收益率、投资回收期等；反映定额的指标有单位产品原材料消耗量、原材料价格、工时定额等。经济指标具有通用性，不同的技术方案可以采用相同的经济指标。

（2）数量指标与质量指标。按照各种指标能否定量反映技术方案的技术经济特性，技术经济分析指标可以分为数量指标和质量指标。数量指标是以具体数值表示的指标，如成本、销售收入、利润、产量等，其特点是可以用来计算。质量指标是不能利用货币值表示的指标，如美观、舒适、清洁等。在进行技术经济分析时，要尽可能把质量指标转化为数量指标。

（3）价值指标与实物指标。按照各个指标的度量单位是货币单位还是实物单位，技术经济分析指标可以分为价值指标和实物指标。以货币作为度量单位的指标称为价值指标，例如，总产量、净产值、销售收入、成本等，以实物单位（如吨、千克、米等）作为度量单位的指标称为实物指标。实物指标代表了各种对象的使用价值，是计算各种价值指标的基础。

（4）综合指标和专项指标。按照反映技术方案特性的范围不同，技术经济指标可以分为综合指标和专项指标。能够反映技术方案某个方面或某个部分的技术经济特性指标称为专项指标，它便于计算和反映某个方面或者某个部分的技术经济情况，是综合指标计算必备部分，但各个专项指标之间经常发生矛盾。能够综合反映技术方案经济情况的指标称为综合指标，它能够协调各种专项指标之间的矛盾，比较全面地反映整个方案的技术经济情况。综合指标和专项指标是相对的，在一定情况下可以互相转化。对于技术经济分析而言，两者都是不可缺少的。

（5）使用价值指标与劳动消耗指标。根据经济效果的含义，反映技术方案经济效果的指标可以进一步分解为使用价值指标和劳动消耗指标，以便于在消耗一定的情况下追求最大使用价值，或者在使用价值一定时耗费最低。

（6）总量指标与单位指标。技术经济分析指标按其表现形式的不同，可以分为总量指标和单位指标。采用绝对数表示的指标称为总量指标，如净产值、利润等；采用相对数表示的指标称为单位指标，如收益率指标等。这两种指标在技术经济分析中都是不可缺少的，起着相互补充的作用。

3.1.3.3 反映有用效果的指标

反映有用效果的指标包括产量指标、质量指标、品种指标、时间因素指标、劳动条件改善指标等。

（1）产量指标。任何使用价值都有量的规定性，离开它就无法判明使用价值的大小。产量指标有实物量指标和价值量指标。

实物量指标能够直接、具体地反映技术方案在一定时期内向社会提供的使用价值量的大小，如飞机多少架、中转运输设备多少台等。有时，一个方案产出的几种产品虽然属于同一种类，但是它们的规格、性能却有所不同，这时为了确定这个方案的实物总产量指标，可以按折合系数把不同规格或性能的产品折合为一种标准的实物产量，然后再相加得到总实物产量。计算标准实物产量时，先确定标准产品，然后再确定不同规格或性能的产品与标准产品之间的折合系数。折合系数通常可以根据使用价值的大小确定。

实物量指标能够反映每种产品的使用价值量，但不能反映一个方案所产生的多种产品的使用价值量，这是因为不同质的使用价值在数量上是不可能相加减的。为了在较大范围内反映和表示有用效果的总量，必须利用和计算产量的价值指标。产品产值是指方案在一定时期内的产品价值，表示在本期内进行的工作总量。它反映一定时期内的生产规模和水平，是分析生产发展变化的依据。

（2）质量指标。产品质量的经济含义是指产品符合消费者需要的程度。不同产品有不同的质量要素，属于生活资料的产品质量，主要从使用可靠性、使用范围、使用寿命、轻便灵巧程度、美观程度、保存和维修的难易程度等方面衡量；属于生产资料的质量，主要从生产率、工作速度效率、尺寸精度、表面粗糙度、物理化学性能、使用范围、使用可靠性、使用寿命、重量、体积、外观、标准化程度等方面衡量。由于生产资料用于生产性消费，所以许多决定生产资料产品质量的要素，又综合地反映在生产资料发挥作用时所发生的劳动耗费方面，如减少停工损失、减少修理费用等。产品质量指标是反映产品能否适合社会需要的一个十分重要的指标，是衡量技术水平的重要标志。

（3）品种指标。产品的品种指标是经济用途基本相同的一类产品，根据它们在具体使用价值上的差别程度划分的产品品名。在工业部门或企业中，可以用生产的产品品种总数、试制成功的新产品品种数、重要产品的品种数以及它们各自在产品品种总数中所占的比例等，作为主要的品种指标。品种指标表明产品在品种方面满足社会需要的程度，可以反映专业化、协作化程度和技术水平情况。

产品质量指标表明既定品种下产品质量的好坏。同一品种而质量不同的产品在结构、尺寸、功能和技术标准上一般是相同的；而不同产品品种在结构、尺寸、功能和技术标准等方面一般有显著区别。因此，产品质量和产品品种是两个不同的范畴。但是，产品品种和数量、质量有密切关系，开发新品种往往相当于增加了产品的产量或提高了产品的质量。

（4）时间因素指标。时间因素指标是表明使用价值需要多少时间可以试制和生产出来，从而发挥其使用价值的指标。例如，产品的生产周期、设备成套周期、基建工程的建设时间、新建或改建企业投入生产后达到设计能力的时间、货物运输时间、运输的正点率、生产的均衡率等。对于许多大量或经常需要的产品（如钢材、纸张、煤炭等），改善时间因素指标可以尽快发挥使用价值的作用，满足社会需要；对于供应时间要求严格的产品，生产的时间因素关系着使用价值的实现，因此，这种指标具有极其重要的作用；对于生产周期较长的产品（如轧钢机、重型机床、航空设备等）和大型工业企业，缩短生产周期和建设时间，除了能提前发挥它的作用，还可以减少由于技术进步而造成的无形磨损。

（5）劳动条件改善指标。人是最宝贵的财富，改善劳动条件是与其一致的。技术经济分析的任务不仅要着眼于提高劳动生产率、降低成本，而且要努力减轻工人的劳动强度，改善劳动条件。在设计和确定技术方案时，绝不允许为了节省费用而加大工人的劳动强度、危害工人的安全，甚至污染环境；相反，对于那些能够改善劳动条件、降低劳动强度和提高生产安全性的方案应予以高度重视。

3.1.3.4 反映劳动消耗的指标

劳动消耗是技术方案实施和投产后，在生产过程中所耗费的人力和物力的总和。劳动消耗包括物化劳动消耗和活劳动消耗两方面。其中，物化劳动消耗可以分为直接物化劳动消耗和间接物化劳动消耗；而直接物化劳动消耗又可分为各道工序的物化劳动消耗。

（1）反映物化劳动消耗的指标。在工业生产中，耗费的原材料、燃料、动力和需要占用的机器设备、厂房等，都是过去的劳动结晶，是凝结在产品中的劳动，即物化劳动。反映物化劳动的指标有原材料消耗量和生产设备消耗量等。

1）原材料消耗量。工业生产中的原材料是工人进行生产活动的劳动对象。它的特点是在生产过程中全部消耗掉，将其价值一次或全部转移到新产品中，失去其原有的形态或原有的物理和化学性能，而转变为和原有使用价值性质、形态完全不同的新的使用价值。原材料消耗量可用实物指标和价值指标来反映。实物指标单位有千克、米等，用价值指标表示的原材料消耗量即材料费用。

2）生产设备消耗量。生产设备的消耗过程与原材料不同，它是一个不断消耗（磨损）的过程。生产设备在它的整个使用期间，逐渐把其本身的社会必要劳动量转移到所生产的新产品中，成为它所生产的产品实体的不可分割的组成部分。生产设备消耗量可以用设备实际开动时间或年折旧费用表示。

除上述指标外，反映技术劳动物化劳动消耗的指标还有燃料消耗量、工具消耗量（以实物或货币单位衡量）、设备总台数、生产面积总数等。

（2）反映活劳动消耗的指标。活劳动消耗是指劳动者在物质资料生产过程中的脑力和体力的消耗。活劳动消耗可分为生产中直接的活劳动消耗与间接的活劳动消耗（如生产管理工作的活劳动消耗），而直接的活劳动消耗又可分为各道工序的活劳动消耗。各道工序的活劳动消耗通常可用工时这一指标来衡量，但对整个产品的活劳动消耗则需用工资费用间接衡量。此外，其实现方案所需的活劳动消耗的指标还有职工总数、生产工人总数、工资总额等。

（3）反映劳动消耗的综合性指标。综合反映劳动消耗的指标主要有投资、产品成本和经营费用等。

1）投资。投资是从劳动占用方面反映技术方案消耗或资金占用的综合性价值指标。投资能否有保证是项目建设的前提。按用途不同，投资常可划分为固定资产投资和流动资金两部分。

2）产品成本。产品成本是生产单位产品耗费的货币表现，其实质是反映活劳动消耗和物化消耗的综合指标。项目评价确定产品总成本费用时，一般可按会计核算计算生产费用的方法计算成本。

3）经营费用。经营费用也称经营成本，是从项目总成本费用中扣除固定资产折旧费、无形及递延资产摊销费和利息支出的全部费用。经营费用是技术经济分析中为正确评价项目的经济效果而设置的指标。

3.1.3.5　反映综合经济效果的指标

衡量经济效果就是把生产中所获得的有用效果和为获得这种有用效果而消耗的劳动消耗相比较，因此，经济效果指标也就是由各种有用效果指标与各种劳动消耗指标相比较形成的。经济效果指标分为绝对经济效果指标和相对经济效果指标。而绝对经济效果指标根据劳动耗费的性质的不同，又划分为劳动消耗经济效果指标和劳动占用经济效果指标。

（1）绝对经济效果指标。包括劳动消耗经济效果指标、劳动占用经济效果指标、综合经济效果指标。

1）劳动消耗经济效果指标。劳动消耗经济效果指标表明了有用效果同创造有用效果时所发生的劳动消耗的比较。这类经济效果指标主要有如下几种：

单位产品（零、部件）原材料消耗量。单位产品（零、部件）原材料消耗量是原材料消耗总量与产品产量的比值。在计算这个指标时，指标值越小，经济效果越好。

劳动生产率。劳动生产率是指人们在生产中的劳动效率。它可以用单位时间内所生产的合格产品数量来表示，或者用生产单位产品所消耗的劳动时间来表示。它体现劳动者生产的产品数量与劳动消耗之间的对比关系，一般采用生产工人劳动生产率和全员劳动生产率两个指标。

单位产品生产设备折旧。单位产品生产设备折旧是指单位产品平均分摊到的用价值表示的生产设备消耗量。

产品单位成本。产品单位成本包括生产一个产品时的全部物化劳动消耗和一部分活劳动消耗。由于它反映了劳动生产率的高低、原材料消耗量的多少、生产设备利用的好坏以及其他各种生产费用支出的节约或浪费等，所以它是一个生产消耗的综合性经济效果指标。

材料利用率。材料利用率是指有效产品中所包含的材料数量与生产该产品的材料消耗总量的比值。

成本利润率。成本利润率是指产品利润额与产品成本的比值。

除上述劳动消耗的主要经济效果指标外，属于劳动消耗经济效果指标的还有单位产品燃料（动力）消耗量、工时利用率、单位产品工资费用等。

2）劳动占用经济效果指标。劳动占用经济效果指标用来反映技术方案在劳动占用方面的节约程度。属于这方面的指标主要有如下几种：

每百元固定资产提供的产值。每百元固定资产提供的产值是指报告期工业总产值与固定资产年平均值之比。每百元固定资产提供的产值指标表明了固定资产的利用程度，反映了资产占用的经济效果状况。

流动资金周转次数。流动资金周转次数是指在一定时期内的产品销售收入和同一时期内占用的流动资金平均占用额的比值。流动资金周转次数指标反映了流动资金的利用情况，流动资金周转次数越多，在同样的流动资金数额下所制造和销售的产品也越多。

年度每百元产值占用的流动资金。年度每百元产值占用的流动资金是指定额流动资金本年平均占用额与本年工业总产值之比。它表示一定时期内生产单位价值（每百元）的产品所需要的流动资金平均占用额。该指标的数值越小，经济效果越好。

资金利润率。资金利润率是指年利润量与年平均占用资金的比值。

投资效果系数。投资效果系数是指国民收入或纯收入的增长额与基本建设投资的比值。投资效果系数是一个综合性指标，它反映了一定时期单位投资额带来的国民收入或纯收入的增长额。单位投资额带来的国民收入的增长额越大，投资效果越好；反之，投资效果越差。

投资回收期。投资回收期是指基本建设投资额与纯收入增加额的比值。投资回收期表明了建设项目投产以后，能够在多长时间内把投入的建设资金收回。投资回收期越短，经济效果越好。

除上述生产占用经济效果指标外，还有单台设备的产量、单位投资的产量、设备利用率、生产面积利用率、固定资产利用率、流动资金盈利率等。

3）综合经济效果指标。净现值。净现值是指计算期内各年净现金流量的现值代数和。

内部收益率。内部收益率是指在考虑资金时间价值的基础上使方案现金流入等于现金流出的利率，反映了技术方案本身所能实现的最大收益率。

（2）相对经济效果指标。要从几种方案中找出最优方案，必须计算追加投资效果系数、增量投资回收期、增量内部收益率等相对经济效果指标。

1）追加投资效果系数。追加投资效果系数是指一个方案相对于另一个方案的产品成本节约额或收入增加额和相对增加投资的比值。

2）增量投资回收期。就是使积累的经济效益等于最初的投资费用所需要的时间或者通过资金回流量来回收投资的年限。

3）增量内部收益率。增量内部收益率是指两个方案各年净现金流量差额的现值之和等于零时的折现率。它反映了一个方案相对于另一个方案多支出的投资能够获得的最大收益率。

用相对经济效果指标评价方案时，若追加投资效果系数大于标准投资效果系数，增量投资回收期小于标准投资回收期，增量内部收益率大于标准投资收益率，则选取投资较大的方案为较优方案；反之，则选取投资较小的方案。

3.1.4　航空技术经济学指标评价方法

3.1.4.1　线性指标评价

从运行机理分析来看，航空技术经济的发展通过产业关联、产业集聚、政府和企业、政府和市场四个途径运行。以航空经济区的生产总值或者生产总值的增长率作为因变量（Y），以影响因素作为自变量，建立线性模型。

影响因素可以考虑以下几个：①产业集聚度（x_1）。产业关联程度和产业集聚程度紧密联系，相关程度较高，选取产业关联的结果产业集聚度作为因变量。产业集聚的程度越高，对航空经济区域的影响越大。②航空经济区域企业的数量（x_2）。企业的数量多少，反映航空经济区的影响力和发展潜力。③航空经济区机场流量（x_3）。航空经济区机场流量包括客运流量和货运流量。航空经济区是以机场为核心要素建立的特定区域，机场流量的大小直接影响区域的集聚程度和能力，是航空经济区及航空经济相关企业和市场发展的起点。④航空经济区机场的运营效率（x_4）。机场的运营效率是在既定投入条件下提供最大产出的能力，或在既定产出下最小投入的能力，包括技术、资源配置、人力、财力等方面的投入和产值、专利、利润等产出，一般采用数据包络分析（DEA）法来衡量机场的运行效率。⑤航空经济区的对外开放程度（x_5）。随着世界经济形势的发展，基于国内劳动力、土地、技术等优势，借助世界产业转移的契机，许多代工企业建立的航空经济区，能够满足航空经济区产品价值高、时效强、更新快的特点。区域的对外开放程度越高，航空经济发展的空间越大。区域的对外开放程度也反映市场的对外依赖程度，一般用进出口贸易总额占地方生产总值的比重表示。⑥航空经济区域产业结构（x_6）。第二、第三产业比重越高，航空经济区的综合能力越强。⑦航空经济区的就业结构（x_7）。由第二、第三产业的就业比重反映。

建立线性模型如下：

$$y = \alpha + \beta_1 x_1 + \beta_2 x_2 + \beta_3 x_3 + \beta_4 x_4 + \beta_5 x_5 + \beta_6 x_6 + \beta_7 x_7 + \xi \tag{3-4}$$

应用相应的计量方法估计上述模型中的参数，估计各影响因素对航空经济的影响程度。

3.1.4.2 数据包络分析（DEA）指标评价

数据包络分析（Data Envelopment Analysis，DEA）法是一种进行多目标决策的系统分析方法。DEA 模型是美国著名运筹学家查恩斯（A. Charnes）、库伯（W. W. Cooper）等学者在"相对效率评价"概念的基础上发展起来的一种新的系统分析方法，其主要功能是进行多个同类样本间的相对优劣性评价。该方法有两种最常用的模型，即 C^2R 模型和 BC^2 模型。

（1）C^2R 模型。假设规模效益不变，即假设投入增加一定的比例，产出也将增加相同的比例，它计算的是各个部门或者单位（称为决策单元 DMU，Decision Making Units）的综合相对效率值，即将纯技术效率和规模效率融合为一个综合效率值。假设有 h 个决策单位，这 h 个决策单元具有可比性，每个决策单元有 m 种投入要素和有 n 种类型的输出。输入越小越好，输出越大越好。x_{ij} 表示第 j 个单元的第 i 种输入的投入量，且 $x_{ij} > 0$；y_{rj} 表示第 j 个单元的第 r 种产出量，且 $y_{rj} > 0$；v_i 是对第 i 种输入的权重；u_r 是对第 r 种输出的权重。

对于第 j 个单元的效率评价指数 h_j 如下：

$$h_j = \frac{u'Y_j}{v'X_j} \tag{3-5}$$

可以选择合适的 v 和 u，使得 $h_j \leq 1$。h_j 值越接近于 1，表明使用相对较少的投入可以获得相对较大的产出。这只是对第 j 个单元的效率评价，在 n 个决策单元中不一定是最优的，因此，通过改变权数 v 和 u，考察第 j 个单元在所有决策中是否最优。令第 j 个单元对应的投入和产出分别为 X_0 和 Y_0，建立所有决策单元的效率指数的对偶规划，并引入松弛变量 S：

$$
\begin{cases}
\min\theta \\
\text{s. t. } \sum_{j=1}^{n} \lambda_j X_j = \theta X_0 \\
\sum_{j=1}^{n} \lambda_j Y_j = Y_0 \\
\lambda_j \geq 0,\ j = 1,\ \cdots,\ n
\end{cases}
\qquad
\begin{cases}
\min\theta \\
\text{s. t. } \sum_{j=1}^{n} \lambda_j Y_j + S^- = \theta X_0 \\
\sum_{j=1}^{n} \lambda_j Y_j - S^+ = Y_0 \\
\lambda_j \geq 0,\ j = 1,\ \cdots,\ n \\
S^- \geq 0,\ S^+ \geq 0
\end{cases}
\tag{3-6}
$$

λ 为权重，θ 为第 j 个单元的技术效率值，满足 $0 \leqslant \theta \leqslant 1$；$S$ 为松弛变量。当 $\theta = 1$ 时，称 DMU 为 DEA 有效；当 $\theta < 1$ 时，称 DMU 为非 DEA 有效。

（2）BC^2 模型。其与 C^2R 模型的不同之处是引入了规模效率，允许规模收益可变，比 C^2R 模型更具有灵活性，将技术效率（TE）分解为纯技术效率（PTE）和规模效率（SE），PTE 表示规模报酬不变时第 j 个单元的技术效率，SE 表示规模报酬可变与规模报酬不变时的距离，TE = PTE×SE。与 C^2R 模型相比，增加了对权重 λ 的约束条件：

$$\sum_{j=1}^{n} \lambda_j = 1, \ \lambda_j > 0 \tag{3-7}$$

假设有 p 个决策单位，单个决策单位对应 m 个输入量和 n 个输出量，输入权系数向量表示为 A 输出权系数向量为 B。对任意决策单位 BMU_j 的效率评价指数可表示为：

$$h_j = \frac{B^T y_i}{A^T x_j} \tag{3-8}$$

其中 x^T 为 DMU_j 的投入向量，y^T 为 DMU_j 的产出向量。

以权系数 A 和 B 为变量，以 DMU_{j0} 的效率指数为目标，以所有 DMU_j 的效率指数 $h_j \leqslant 1$ 为约束，构建模型：

$$\min \left[\theta - \varepsilon \left(e^T S^- + e^T S^+ \right) \right] \tag{3-9}$$

$$\sum_{j}^{n} X_{ij} \lambda_j + S^- = \theta X_{j0} \tag{3-10}$$

$$\sum_{j}^{n} y_j \lambda_i - S^+ = y_{j0} \tag{3-11}$$

$$\sum_{j}^{n} \lambda_i = 1 \tag{3-12}$$

$\lambda_j \geqslant 0, \ S^- \geqslant 0, \ S^+ \geqslant 0$

其中，θ 代表决策单位的纯技术效率 PTE。全要素生产率指数 = 技术进步指数×技术效率变化指数 = 技术进步指数×纯技术效率变化指数×规模效率变化指数。若某一指数值小于 1，表示该指数年度内出现负增长；若指数值大于 1，表示出现正增长，值越大，增幅越大。

（3）航空经济运行效率评价。航空经济运行是一个多投入多产出且量纲不尽相同的复杂投入产出系统，其输入指标主要是航空经济活动中需要消耗的某些量，包括人、财、物等指标；产出方面是经过一定量投入后表明的航空经济活动成效的某些量。考虑到指标的可获得性、连续性和准确性，这里选取了以下指标构成航空经济投入和产出的指标体系。

投入方面可以选取从业人员、机场流量、研发经费、固定资产投资、研发人员数量等作为投入指标，地方生产总值、地方居民收入水平、企业利润等作为产出水平，评价航空经济的运行效率。若某航空经济区的综合评价效率值等于 1，表明 DEA 有效，小于 1，表明 DEA 无效。

3.2 航空项目方案的评价与决策

3.2.1 航空项目方案评价的意义

航空项目技术方案经济性评价的核心内容是经济效果的评价。为了确保航空项目决策的正确性和科学性，研究经济效果评价的指标和方法是十分必要的。经济效果评价的指标是多种多样的，它们从不同角度反映航空项目的经济性。

目前的技术经济学侧重于煤炭、石油、天然气等化石能源的技术经济研究，忽视了新兴的航空技术经济学的发展问题。航空技术经济学以可持续发展经济学为基础，强调航空、经济、环境三者之间的协调与可持续发展。航空技术与项目进行经济评价是从国民经济需要与合理发展新兴产业的原则出发，利用技术经济分析方法，在一定的开发利用技术条件下，全面综合研究航空技术经济学各方面发展问题，分析航空技术经济学发展的经济意义和开发利用价值，经济评价的任务是回答航空技术发展合理性问题。

在上述背景下，研究航空项目的技术经济评价对促进我国新兴产业的发展具有重要的理论及现实意义。

首先，研究航空经济的发展潜力及风险，一方面，有利于为我国航空技术经济评价提供理论支撑；另一方面，有利于促进投资者优化投资策略以规避风险。

其次，研究航空项目的技术经济评价，对比航空项目的经济效益，分析不确定性条件下航空项目投资时序及阈值的影响，有利于为投资者提供正确的投资信号，激励航空项目的投资，推进经济的发展。

最后，研究我国航空产业的发展对策，有利于完善我国新兴产业激励政策体系，为政府部门及企业决策部门提供政策导向参考。新兴产业发展是我国一直以来大力推进经济发展的重要路径，因此，无论是从经济发展要求看还是从政策导向来看，对航空项目开展技术经济评价都具有非常重要的意义。

3.2.2 评价方法

航空技术方案属于工程技术方案的一种，它的技术经济分析的基本方法与工程技术经济分析方法一样，也是对不同技术方案实施所需要的投入与取得的经济效果进行计算、分析、比较和论证，对参选方案进行评价，从而得出方案取舍的一套方法。经济评价方法中有多种多样的评价指标，它们从不同角度反映工程技术方案的经济性。由于项目或者方案的复杂性，任何一种评价指标都只能反映项目的某一个侧面或者某些侧面，却忽视了另外的因素，因此正确的评价项目必须根据项目的目标，采用几种指标全面评价，从而确保投资决策的正确性和科学性。

　　3.2.2.1　经济评价方法和指标的分类

　　项目经济性评价的基本方法包括确定性评价和不确定性评价两大类，对于同一个项目需要同时进行确定性评价和不确定性评价。不确定性评价会在第 4 章详细介绍，在此不做赘述。确定性评价中按照是否考虑时间价值，可以分为静态评价方法和动态评价方法。静态评价方法包括投资回收期法、借款偿还期法和投资效果系数等。动态评价方法包括净现值法、费用现值法、费用年值法和内部收益率法等。确定性经济评价方法分类如表 3-1 所示。

表 3-1　确定性经济评价方法分类

方法类别	评价方法
静态评价方法	投资回收期、借款偿还期法、投资效果系数等
动态评价方法	净现值法、费用现值法、费用年值法和内部收益率法等

　　经济评价指标种类很多，按照项目对资金的回收速度、获利能力和资金的使用效率可以把指标分为时间型指标、价值型指标和效率性指标三类。第一类是以时间作为计量单位的时间型指标，如投资回收期、增量投资回收期和固定资产投资借款偿还期等。第二类是以货币单位计量的价值型指标，如净现值、净年值、费用现值、费用年值、投资增额净现值等。第三类是反映资源利用效率的效率性指标，如内部收益率、外部收益率、投资利润率、投资利税率、净现值率、费用—效益比等。详细的经济指标分类如表 3-2 所示。

表 3-2　经济评价指标分类

指标类型	具体指标
时间型指标	投资回收期、增量投资回收期、固定资产投资借款偿还期
价值型指标	净现值、净年值、费用现值、费用年值、投资增额净现值
效率性指标	内部收益率、外部收益率、投资利润率、投资利税率、净现值率、费用—效益比

　　（1）静态评价方法。投资回收期法。投资回收期是以项目的净收益抵偿全部投资（包括固定资产投资和流动资产投资）所需要的时间，简记 T。日常生活

中所说的某个投资可以在某年内收回，就是人们自觉地使用了这一指标来评价。投资回收期一般从项目开始建设年算起，如果用投产年算起，需要注明。根据是否考虑资金的时间价值，可以分为静态投资回收期和动态投资回收期。

第一，关于静态投资回收期。

静态投资回收期按年为计算单位的表达式为：

$$\sum_{t=0}^{T} (CI-CO)_t = 0 \tag{3-13}$$

式中，CI 为现金流入量；CO 为现金流出量；$(CI-CO)_t$ 为第 t 年净现金流量；T 为投资回收期。

如果项目投资 I 在期初一次性投入，当年产生收益，每年的净现金收入 NB 不变，则可以将式（3-10）简化为：

$$T = I/NB \tag{3-14}$$

式中，I 为投资额；NB 为年净收入，为收入减去支出。

投资回报期通常可以用列表法求得，计算公式为：

$$T = (累计净现金流量开始出现正值的年份数) - 1 + \left(\frac{上年累计净现金流量的绝对值}{当年净现金流量} \right) \tag{3-15}$$

用静态投资回收期对项目进行财务评价，需要将计算所得的静态投资回收期与行业基准投资回收期进行比较，判别准则为：当 $T \leqslant T_b$ 时，表明项目投资可在规定年限内通过年净收益收回，则项目可以考虑接受；当 $T > T_b$ 时，说明全部投资无法在规定年限内收回，则项目应予以拒绝。

[例 3.1] 某航空项目现金流量如表 3-3 所示，设 $T_b = 7$ 年，试用静态投资回收期指标评价项目的可行性。

表 3-3　某新能源项目现金流量　　　　　　　单位：万元

时间/年	0	1	2	3	4	5	6	7
投资	600	200						
净收益		100	300	300	300	300	300	300

解：为了计算静态投资回收期，由所给的现金流量表计算出净现金流量和累计净现金流量，并制成表 3-4。

表 3-4　净现金流量和累计净现金流量　　　　　　　单位：万元

时间/年	0	1	2	3	4	5	6	7
投资	600	200						

续表

时间/年	0	1	2	3	4	5	6	7
净收益		100	300	300	300	300	300	300
净现金流量	−600	−100	300	300	300	300	300	300
累计净现金流量	−600	−700	−400	−100	200	500	800	1100

由表 3-4 可见，累计净现金流量开始出现正值的年份为第 4 年，上年累计净现金流量绝对值为 100 万元，第 4 年的净现金流量为 300 万元，则该项目的静态投资回收期为：

$$T = \left(4 - 1 + \frac{100}{300} \right) = 3.33 \quad （年）$$

即所求的投资回收期约为 3 年 4 个月，小于行业投资回收期 7 年，因此项目可以考虑接受。

静态投资回收期已经在国际上使用多年并且仍在使用，主要就是因为它可以反映项目本身的资金回收能力，直观容易理解，便于衡量投资风险。但静态投资回收期也有自身的缺点：①它没有反映资金的时间价值；②没有考虑资金回收后项目的情况，所以并不能全面反映项目在寿命期内的真实效益。因此，必须将该指标与其他指标联合使用，否则可能导致错误的结论。

第二，关于动态投资回收期。

静态投资回收期没有反映资金的时间价值，为了克服这个缺点，可采用动态投资回收期。动态投资回收期是按照给定的基准折现率，用项目的净收益现值将总投资现值回收所需的时间，计算公式为：

$$\sum_{t=0}^{T_p} (CI - CO)_t (1 + i_0)^{-t} = 0 \tag{3-16}$$

式中，T_p 为动态投资回收期；CI 为第 t 年的收入，视为现金流入；CO 为第 t 年的支出或者投资，视为现金流出；i_0 为对项目的财务评价，i_0 取行业的基准收益率；i_0 取社会折现率，现行的社会折现率为 8%。

基准折现率是由部门或者行业自行测算控制并报国家发展和改革委员会审批。基准折现率的取值直接影响到动态计算的结果，是决定项目能不能通过的重要经济因素。

动态投资回收期的计算也可以根据财务分析中的现金流量表计算，计算公式为：

$$T_p = \left(\begin{matrix} 累计净现金流量折现值 \\ 开始出现正值的年份数 \end{matrix} \right) - 1 + \left(\frac{上年累计净现金流量折现值的绝对值}{当年净现金流量折现值} \right)$$

$$\tag{3-17}$$

按照［例3.1］给出的现金流量表，取折现率 i_0 为8%，则动态投资回收期的计算如表3-5所示。

表3-5　动态投资回收期的计算　　　　　　　单位：万元

时间/年	0	1	2	3	4	5	6	7
投资	600	200						
净收益		100	300	300	300	300	300	300
净现金流量	−600	−100	300	300	300	300	300	300
现值系数		0.9259	0.8573	0.7938	0.7350	0.6806	0.6302	0.5835
净现金流量折现值	−600	−92.59	257.19	238.14	220.5	204.18	189.06	175.05
累计净现金流量折现值	−600	−692.59	−435.40	−197.26	23.24	227.42	416.48	591.53

从表3-5中可见，累计净现金流量折现值出现正值的年份是第4年，上年累计现金流量折现值为−197.26万元，则该项目的动态投资回收期为：

$$T_p = \left(4-1+\frac{|-197.26|}{220.5}\right) = (3+0.9) = 3.9(\text{年})$$

动态投资回收期尽管弥补了静态投资回收期没有考虑资金时间价值的缺点，但是依然存在没有反映投资回收期以后方案或者项目的情况，不能反映项目在整个寿命期内真实的经济效果。所以不管是静态投资回收期还是动态投资回收期，一般只用于粗略评估，对新能源项目进行技术经济评价的时候还需要和其他指标结合起来使用。

（2）动态评价方法。

1）现值分析法。方案的净现值（Net Present Value，NPV）是指方案在寿命期内各年的净现金流量 $(CI-CO)_t$ 按照一定的折现率将各年净现金流量折现到期初的现值之和。净现值的表达式为：

$$NPV = \sum_{t=0}^{n} (CI-CO)_t (1+i_0)^{-t} \tag{3-18}$$

式中，NPV 为净现值；CI 为第 t 年的现金流入；CO 为第 t 年的现金流出；$(CI-CO)_t$ 为第 t 年的净现金流量；i_0 为基准折现率；n 为项目寿命年限。

净现值的经济含义是反映项目在寿命期内的获利能力。对于单一方案，$NPV>0$，表示项目的收益率不仅可以达到基准收益率的水平，而且还有盈余；$NPV=0$，表示项目的收益率恰好等于基准收益率；$NPV<0$，说明项目或者方案的收益率达不到基准收益率。因此，对于单一项目，用净现值指标评价的判别准则是：$NPV \geq 0$ 时，项目考虑接受；$NPV<0$ 时，项目拒绝接受。

[例 3.2] 某航空公司拟购置一台设备，购价为 38000 万元，该设备的年运行收入为 15000 万元，年运行费用为 3500 万元，4 年以后可以按照 5000 万元的价格转让，如果基准收益率为 15%，这项投资是否值得？

解：用净现值指标评价时，可以得出：

$$NPV(i_0 = 15\%) = [-38000 + (15000 - 3500)(P/A, 15\%, 4) + 5000(P/F, 15\%, 4)]$$
$$= (-38000 + 11500 \times 2.855 + 5000 \times 0.5718)$$
$$= (-38000 + 32832.5 + 2859)$$
$$= -2308.5(万元)$$

由于 $NPV(i_0 = 15\%) < 0$，则项目不值得投资，达不到 15% 的报酬率。

[例 3.3] 如果其他情况相同，基准收益率为 5%，这个项目是否值得投资？

解：$NPV(i_0 = 5\%) = [-8000 + (15000 - 3500)(P/A, 5\%, 4) + 5000(P/F, 5\%, 4)]$
$$= (-38000 + 11500 \times 3.546 + 5000 \times 0.8227)$$
$$= (-38000 + 40779 + 4113.5)$$
$$= 6892.5(万元)$$

$NPV(i_0 = 5\%) > 0$，这说明如果基准折现率为 5%，这项投资不仅可以获得 5% 的收益率，而且可以获得 6892.5 万元的超额收益。

从 [例 3.2] 和 [例 3.3] 中可以看出，净现值的大小与折现率有很大关系，当折现率变化的时候，净现值也随之变化，因此净现值和折现率之间存在函数关系，即 $NPV(i) = f(i)$。通常情况下，同一净现金流量的净现值随着折现率的增大而减小。如果以横坐标表示净现值，纵坐标表示折现率，上述函数关系可以表示为如图 3-1 所示。

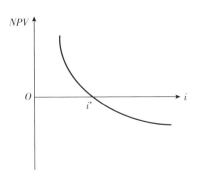

图 3-1　净现值函数曲线

由图 3-1 可以发现，净现值函数有以下两个特点：

一方面，对于一般投资项目，同一净现金流量的净现值随着折现率的增大而减小。这是因为一般投资项目的投资在前，收益在后，负现金流总是出现在正现金流的前面，负现金流折现的时间短，其现值减小得少，正现金流折现的时间长，其现值减小得多，这样现值的代数和就减小。因此，基准折现率定得越高，计算的 NPV 越小，方案越不容易通过评价标准，容易否定方案；反之，定得越低，越容易接受方案。

另一方面，净现值曲线与横坐标存在一个交点，表示该折现率下的净现值 $NPV=0$，当 $i<i^*$ 时，$NPV(i)>0$；$i>i^*$，$NPV(i)<0$。i^* 是一个具有重要经济意义的折现率临界值。

2）内部收益法。内部收益率（Internal Rate of Return，IRR）又称内部报酬率，指整个计算期内各年净现金流量现值累计等于零时的折现率，它反映项目所占用资金的盈利率，用来考察项目盈利能力。在所有的经济评价指标中，是最重要的评价指标之一。

内部收益率可以通过求解下述方程求得：

$$NPV(IRR)=\sum_{t=0}^{n}(CI-CO)_t(1+IRR)^{-t}=0 \tag{3-19}$$

式中，IRR 为内部收益率；其他符号意义同前。

设基准折现率为 i_0，内部收益率的判别准则是：若 $IRR \geqslant i_0$，则项目在经济效果上可以接受；若 $IRR<i_0$，则项目在经济效果上不能接受。

式（3-19）是一个非线性方程，不容易直接求解，因此可以用试算方法近似求得内部收益率。其步骤如下：

首先，计算各年的现金收入、现金流出，并得到各年的净现金流量（$CI-CO)_t$。

其次，列出净现值函数 $\sum_{t=0}^{n}(CI-CO)_t(1+IRR)^{-t}=0$。

最后，先取折现率 i_1（一般可以取 $i_1=i_0$），计算对应的 $NPV(i_1)$，若 $NPV(i_1)>0$，说明要求解的 $IRR>(i_1)$；若 $NPV(i_1)<0$，说明要求解的 $IRR<i_1$。然后继续取 i_2，求出 $NPV(i_2)$ 的值，如此反复试算，最终得到两个比较接近的折现率 i_m 和 i_n（$i_m<i_n$，两者之差不超过 5% 为宜），使得 $NPV(i_m)>0$，$NPV(i_n)<0$，然后用线性内插法求得 IRR 的近似解 i^*。计算公式为：

$$i^*=i_m+\frac{NPV(i_m)}{NPV(i_m)+|NPV(i_n)|}(i_n-i_m) \tag{3-20}$$

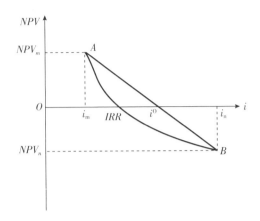

图 3-2　用内插法求解 *IRR* 图解

[例 3.4] 某航空公司项目的现金流量如表 3-6 所示，试用试算法求解该项目的 *IRR*。

已知 $i_0 = 10\%$，试评价该项目是否可行。

表 3-6　某航空公司项目的现金流量　　　　　　　　　　单位：万元

时间/年	0	1	2	3	4	5
现金流量	-3600	800	1000	1000	1200	1500

解：利用试算法求解，净现值函数为：

$$NPV(i) = [-3600 + 800(P/F, i, 1) + 1000(P/F, i, 2) + 1000(P/F, i, 3) + 1200(P/F, i, 4) + 1500(P/F, i, 5)](万元)$$

取 $i_1 = i_0 = 10\%$，$i_2 = 15\%$，可得：

$$NPV_1 = [-3600 + 800 \times 0.9091 + 1000 \times 0.8264 + 1000 \times 0.7513 + 1200 \times 0.6830 + 1500 \times 0.6209] = 455.93(万元)$$

$$NPV_2 = (-3600 + 800 \times 0.8696 + 1000 \times 0.7561 + 1000 \times 0.6575 + 1200 \times 0.5718 + 1500 \times 0.4972) = -58.65(万元)$$

由式（3-8）可得：

$$IRR = 10\% + \frac{455.93}{455.93 + 58.65} \times (15\% - 10\%) = 14.4\%$$

$IRR = 14.4\% > i_0$

所以，该项目在经济上是可行的。

内部收益率反映项目所占用资金的盈利率，是考察项目盈利能力的主要动态指标。与净现值相比，内部收益率更常用。

但是这种方法具有局限性，它只适用于有限寿命的收益费用型项目，并且必须是初期投资较大，中后期没有投资或者投资非常少，也就是说项目初期都是负现金流，项目后期是正现金流的项目。当内部收益率用作方案比较的时候，还要求各方案的初期投资相等或者相近，否则不能用或者不适宜用。

3）外部收益法。外部收益率（External Rate of Return，ERR）是与内部收益率相对的指标。它指项目在计算期内各年支出的终值与各年收入再投资的净收益终值累计相等时的收益率，其计算公式为：

$$\sum_{t=0}^{n} CO_t(1+ERR)^{n-t} = \sum_{t=0}^{n} CI_t(1+i_0)^{n-t} \tag{3-21}$$

从式（3-21）可以看出，ERR 与 IRR 的经济含义相似，都反映的是项目在计算期内的盈利能力。只不过 ERR 假设所回收的资金是以相当于基准收益率进行再投资的，而 IRR 是假设所回收的资金是以 IRR 收益率进行再投资的。一般情况下，$IRR \geqslant i_0$，因此，ERR 的值会在 IRR 和 i_0 之间。

外部收益率的判别准则：当 $ERR \geqslant i_0$ 时，方案可行；反之，方案不可行。

4）其他效率型指标。

一是净现值指数（NPVI）。前文介绍的净现值指标可以反映技术方案的盈利总额，但用于多方案比较时，没有考虑各方案投资额的大小，不能直接反映资金的利用效率。净现值指数又称为净现值率，是项目净现值与项目投资总额现值之比，它反映单位投资现值所获得的收益。当需要对有资金约束方案进行选择的时候，可以采用净现值率指标来反映资金的使用效率。净现值指数的计算公式为：

$$NPVI = \frac{NPV}{I_P} = \frac{\sum_{t=0}^{n}(CI-CO)_t(1+i_0)^{-t}}{\sum_{t=0}^{n}I_t(1+i_0)^{-t}} \tag{3-22}$$

式中，I_t 为第 t 年的投资额；I_P 为投资额折现总值。

二是判别准则。对于单一方案，净现值指数的评价准则与净现值的评价准则相同，即 $NPVI \geqslant 0$，方案是经济合理的，若 $NPVI < 0$，方案应予否定。这是因为 $NPV \geqslant 0$，则 $NPVI \geqslant 0$（因为 $I_P \geqslant 0$）；若 $NPV < 0$，则 $NPVI < 0$。

对于多方案比选时，如果被选方案的投资额相近则净现值指数最大，表示其投资的收益大，该方案为最佳方案。但值得注意的是，多方案比选时，以净现值指数最大准则选择方案，有利于投资额偏小的项目。所以，$NPVI$ 指标仅适用于投资额相近或者资金总额受限制的多方案比选。

5）投资收益率。投资收益率是指在项目正常生产年份的净收益与投资总额的比值，又称投资效果系数或者静态投资报酬率。其计算公式为：

$$R = \frac{NB}{I} \tag{3-23}$$

$$I = \sum_{t=0}^{m} I_t \tag{3-24}$$

式中，R 为投资收益率；I 为投资总额，根据不同的分析目的，I 可以是全部投资，也可以是投资者的权益投资；I_t 为第 t 年的投资额；m 为完成投资的年份；NB 为正常年份的净收益，根据不同的分析目的，NB 可以是利润，也可以是利润税金总额，也可以是年净现金流入。

投资收益率的经济含义是：每投 1 元钱，项目投产后的一个正常年份所能赚得的净利润额。投资收益率与静态投资回收期互为逆指标。

用投资收益率指标评价投资方案的经济效果，需要根据同类项目的历史数据和投资者意愿等确定的基准投资收益率 R_b 做比较。当 $R \geqslant R_b$ 时，该项目可以考虑接受；当 $R < R_b$ 时，该项目应予以拒绝。

在实际应用中，投资收益率可以细分为投资利润率、投资利税率、全部投资收益率和权益投资收益率。

投资利润率是项目达到正常生产规模的年利润总额与项目总投资的比率。如果生产期内各年的利润总额变化幅度较大，可计算生产期年平均利润总额与项目总投资的比率。其计算公式为：

$$投资利润率 = \frac{年利润总额或年平均利润总额}{项目总投资} \times 100\% \tag{3-25}$$

其中年利润总额 = 年销售收入 - 年销售税金及附加 - 年总成本费用 $\tag{3-26}$

投资利税率是指项目达到设计生产能力后一个正常年份的年利税总额或者项目生产期内年平均利税总额与项目总投资的比率。其计算公式为：

$$投资利税率 = \frac{年利税总额或年平均利税总额}{项目总投资} \times 100\% \tag{3-27}$$

其中年利税总额 = 年销售收入 - 年总成本费用 $\tag{3-28}$

或者年利税总额 = 年利润总额 + 年销售税金及附加 $\tag{3-29}$

全部投资收益率是指达正常年份的年息税前利润或运营期年均息税前利润占项目总投资的百分比。其计算公式为：

$$全部投资收益率 = \frac{年利润 + 折旧与摊销 + 利息支出}{总投资} \times 100\% \tag{3-30}$$

权益投资收益率是指投资者在项目达产期正常年份的投资中所投入的自有资本的收益率，它还考虑了还本付息对自有资金现金流的影响。

$$投资收益率 = \frac{年利润 + 折旧与摊销}{权益投资额} \times 100\% \tag{3-31}$$

差额内部收益率（ΔIRR）也称为增量内部收益率，是指两个不同的投资方案比较时，一方案与另一方案投资差额的内部收益率。或者说是两方案增量净现值等于零时的折现值。其计算表达式为：

$$\Delta NPV(\Delta IRR) = \sum_{t=0}^{n} (\Delta CI_t - \Delta CO_t)(1+\Delta IRR)^{-t} = 0 \qquad (3-32)$$

式中，ΔNPV 为增量净现值；ΔIRR 为差额内部收益率；ΔCI_t 为两个方案第 t 年的增量现金流入；ΔCO_t 为两个方案第 t 年的增量现金流出。

差额内部收益率主要用于互斥方案的选择，并且两个互斥方案必须有相同的寿命期或者计算期。其评价准则是将所求得的差额内部收益率与基准收益率 i_0 相比，当 $\Delta IRR \geq i_0$ 时，说明投资大的方案与投资小的方案相比有超额收益存在，应当选择投资大的方案；反之，则说明投资大的方案与投资小的方案相比是不经济的，应当选择投资小的方案。

3.2.2.2 多方案评价的比较与优选

（1）经济评价指标和方法的选择。航空方案经济性评价除了采用前述的评价指标分析该方案是否达到了标准之外，往往还需要在多个备选方案之间进行比选。方案比选的过程中应当注意指标的选用，不同的指标可能导致不同的结论，选择正确的指标至关重要。备选方案之间的关系影响评价指标和评价方法的选择。因此本节将在分析备选方案类型的基础上，讨论如何选择经济评价指标和评价方法。

（2）独立方案的经济评价。独立方案是指作为评价对象的各个方案的现金流是独立的，不具有相关性，任一方案的采用与否都不影响其他方案是否采用。单一方案是独立型方案的一种特例。在没有制约的条件下，多个独立方案的比选与单一方案的评价方法相同，即用经济效果评价标准（$NPV \geq 0$，$NAV \geq 0$，$IRR \geq i_0$ 等）直接判别该方案是否可行。

独立方案常用的静态评价指标有投资回收期和投资效果系数；常用的动态评价指标有净现值、内部收益率和动态投资回收期等。

（3）互斥方案的经济评价。当方案之间由于技术的或者经济的原因，接受某一个方案就必须放弃其他方案，即方案之间存在着相互不容、互相排斥的关系时，从决策角度来看，这些方案是相互排斥的，称为互斥方案，如航空项目选址方案的选择。

互斥方案的经济评价包含两部分内容：一是考察各个方案自身的经济效果，进行绝对经济效果检验；二是考察哪个方案最优，对这些方案进行优劣排序，进行相对经济效果检验。通常对互斥方案进行经济效果检验时，这两者缺一不可。

实际上，投资额不等的互斥方案比选的实质就是要判断增量投资的经济效果,即投资大的方案相对于投资小的方案多投入的资金能否带来满意的增量收益。

互斥方案进行经济评价的特点是要在多个方案之间进行比选,因此备选方案之间一定要有可比性,包括考察时间段及计算期的可比性;收益和费用的性质及计算范围的可比性;方案风险水平的可比性和评价所使用假设的合理性。

当备选的互斥方案寿命期相同时,选择寿命期当作计算期具有时间上的可比性的,可以利用净现值、净年值、费用现值、费用年值和内部收益率等指标进行评价。当备选的互斥方案寿命期不同时,这就需要各备选方案间在时间上具有可比性。对于寿命期不同的互斥方案,最简便的方法是净年值法,也可以设定一个共同的时间段用净现值法。这个共同的时间段,可以是一个较长的计算期,也可以"年度"为单位。通常按照研究期和最小公倍数确定计算期。研究期法通常取寿命期最短的方案的寿命期为研究期,但是这种方法仅限于考虑和比较方案在某一研究期内的效果。最小公倍数法是以不同方案使用寿命的最小公倍数作为共同的计算期,并假定每一方案在这一期间内反复实施,计算出计算期内各方案的净现值,净现值较大的为最佳方案。

互斥方案常用的静态评价指标有追加投资回收期和年费用;常用的动态评价指标有净现值和净现值率、费用年值和差额内部收益率。

(4)相关方案的经济评价。在多个方案之间,如果接受(或者拒绝)某一方案,会显著改变其他方案的现金流量,或者接受(或拒绝)某一方案会影响其他方案的接受(或拒绝),因此说这些方案是相关的。

互斥方案是相关方案的一种特殊类型,除了互斥方案还有相互依存型和完全互补型(如生产航空设备和与之配套的供电设备的两个项目)、现金流相关型、资金约束导致的方案相关。这里对现金流相关型和受资金约束方案选择做进一步介绍。

1)现金流相关方案的选择。现金流相关方案的选择可以采用"互斥方案组合法",即将各方案组合成互斥方案,计算各互斥方案的现金流量,再按照互斥方案的评价方法进行评价选择。

2)受资金限制的方案的选择。资金短缺是社会经济建设中一个普遍存在的问题。在资金短缺的情况下,如何选择方案使目标收益或者费用达到最优是资金限制下的方案选择问题。在资金有限的情况下,局部看来不具有互斥性的独立方案也成了相关方案。"净现值指数排序法"和"互斥方案组合法"是受资金限制的方案选择使用的主要方法。

净现值指数排序法。净现值指数排序法是在计算各方案净现值指数的基础上,将净现值指数大于或者等于零的方案按净现值指数大小进行排序,并以此次序选取方案，直至所需方案的投资额最大限度地接近或者等于投资限额为止。

净现值指数排序法所要达到的目的是在一定的投资额约束下使所选方案的净现值最大。

按净现值指数排序原则选择项目方案，其基本思想是单位投资的净现值越大，在一定投资限额内所能获得的净现值总额就越大。净现值指数排序法的主要优点是简便易算。但是，由于航空投资项目的不可分性，净现值指数排序法在许多情况下不能保证现有资金的充分利用，不能达到净现值最大的目标。只有在各方案投资占投资预算的比例很小，或者各方案投资额相差无几，或者各入选方案投资额累加起来的总额与投资预算相差无几时，净现值指数排序法才能达到或者接近于净现值最大目标。

实际上，在各种情况下都能保证实现净现值最大的更可靠的方法是互斥方案组合法。

互斥方案组合法。互斥方案组合法是把受资金限制的独立方案都组合成互斥方案，计算各互斥方案的总投资额和效益指标（如净现值和内部收益率等指标），保留投资额不超过投资限额的同时符合指标评价标准的方案，淘汰其余组合方案。

（5）评价指标和方法的选择。在进行航空项目经济评价的过程中，一般来说静态方法计算简便、形象直观，但是静态方法忽略了资金的时间价值，当各方案的使用寿命不等或者较长的时候，用静态评价方法得出的结论常常与动态的方法不一致，这种情况下要采用动态评价方法。

静态评价方法通常用于项目规划和投资期限很短或者收益率水平很低的项目。

采用动态评价方法的时候，各动态方法可以任选，但是最好根据各指标的特点进行有针对性的选择。例如，对于新建项目，通常投资者希望知道整个经济寿命周期的盈利水平，也要与本行业的盈利状况进行比较，一般采用内部收益率，当然，也可以采用净现值和净现值率；对寿命不等的多方案进行比较，多采用年值法；对于航空项目旧址改造或者设备更新项目，投资者关心的是能不能维持原有的盈利水平，多采用净现值（或净现值率）。

3.2.3　航空项目的决策

航空技术经济分析是一个不断深入、不断反馈的动态规划过程。对不同的项目、方案进行技术经济分析的内容有所不同，但对于不同项目、方案，技术经济分析的基本思路与基本方法是相近的，且具有一般的程序。具体如下：

3.2.3.1　认识问题

任何合理决策的确立都起始于对存在问题的认识。只有认识到存在着问题，才能按照正确合理的方向去解决问题。在一般情况下，认识问题比较明显直接，如航空设备机械故障等都会导致问题的产生，一旦发现问题的存在，就可以着手去解决它。但在很多情况下，有些问题属于企业不能控制的外部环境问题，如一项新的法规或政策的确立，对企业可能产生严重的影响。也有一些问题发生在企业内部，例如错误的生产方案的实施。总体而言，存在的事实必须由能够解决问题的人们去认识，认识到存在问题是解决问题的第一步。

3.2.3.2 确定目标

即确定项目、方案所要达到的技术目标与经济目标，通常用周转量、客运量、航空设备的主要功能与性能、项目所带来的利润等有用成果指标来表示。

3.2.3.3 分析相关因素

分析直接或间接影响项目、方案的所有因素，如国家政策、财力、人力、物力、生态环境、航道及其级别，项目所在区域的经济发展水平及相关企业的生产技术与管理条件等。

3.2.3.4 明确限制条件

在分析相关因素的基础上，找出影响项目、方案的主要的、直接的影响因素，明确限制项目、方案的条件，并尽量明确限制条件的具体数据。

以上几个步骤需要搜集大量的有关资料和数据，包括相关的技术经济发展信息、当前的情况和数据、有关的基础设施、航空设备的技术参数、运输周转量情况及其发展预测等资料。

3.2.3.5 制定可行的备选方案

在上述工作的基础上，初步制定一到两个或若干个可行的具体方案。这些方案是为了进行分析比较、选优用的。因此在制定备选方案时，思路应尽量广阔，论证应尽量严密，对那些可能成为最优方案的不可遗漏。在保证不遗漏最优方案的条件下，又希望尽量减少备选方案的个数，以简化后面的分析评价工作。

3.2.3.6 分析备选方案

对备选的若干个方案的有用成果、耗费及效益进行定性与定量分析。在定量分析中找出某些指标与参数之间的相互关系，建立数学模型，依据已知的有关资料，推算出所需要的指标数值。

3.2.3.7 综合评价与决策

根据定量与定性分析的结果，对备选的各个方案作出综合评价。所有的备选方案均不能满足所确定的目标时，要重新考虑目标的可行性，对目标进行适当调整，再重新进行上述的各个步骤，直至得到令人满意的方案，作出决策为止。

3.2.3.8 成果的事后审计

在任何一个项目的决策中，重要的是应使结果与计划一致。如果为了既节省劳动力，又能够提高质量，而购买了一台新设备，接下来要做的只是要查看一下是否实现了节约这一目的。如果实现了，经济分析决策就是正确的；如果没有达到节约的目的，应当考虑疏漏在哪里。这种事后审计可以帮助确保预期的营业利益。另外，经济分析计划可能过于乐观，要结合实际情况，避免错误发生。

3.2.4 案例分析

3.2.4.1 伦敦第三机场投资分析

《伦敦第三机场研究》采用的就是CBA方法，不过在本部分，由于假设新设施无论如何都是必要的，因而实际上认为，机场无论修建在哪里，收益都是相等的，也就是说，提出的问题是考虑应在何地和何时修建机场，而不是考虑是否应该修建机场。这就意味着，在某些方面它成了社会成本—效率研究，是要寻找社会成本最低的地点。表3-7对每个方案的不同成本与效益项目给出了折现的现值。虽然研究小组赞成库布林顿（Cublington）方案，认为比其他地点有边际优势，但随后的议会辩论否决了该方案而采用了福尔尼思（即马普林）方案。虽然这个修正了的建议后来也被放弃了，但是这种研究还是有用的，因为它可以告诉人们，用CBA方法对一个具有非常广泛和多种多样的影响的计划进行研究时会遇到哪些实际困难，其中很多影响会带来严重的估价问题。

表3-7 伦敦第三机场各可供选择的场址的社会成本和效益

单位：百万英镑

项目	库布林顿	福尔尼斯	努桑斯蒂德	瑟莱
资本成本				
机场建设	184.0	179.0	178.0	166.0
机场服务	14.3	9.8	14.5	11.6
卢顿机场的扩大/关闭	-1.3	10.0	-1.3	-1.3
公路和铁路建设	11.8	23.4	15.5	6.5
防务设施和公共科研机构重新安置	67.4	21.0	57.9	84.2
农田损失	3.1	4.2	7.2	4.6
对居住环境的影响	3.5	4.0	2.1	1.6
对学校、医院等的影响	2.5	0.8	4.1	4.9
其他	3.5	0.5	6.7	10.2
合计	288.8	252.7	284.7	288.3
经常性成本	—	—	—	—
飞机移动成本	960.0	973.0	987.0	972.0

项目	库布林顿	福尔尼斯	努桑斯蒂德	瑟莱
旅客成本	931.0	1041.0	895.0	931.0
货运成本	13.4	23.1	17.0	13.0
机场服务、运营成本	60.3	53.1	56.2	55.6
从/至机场的旅行成本	26.2	26.5	24.4	25.4
其他	12.4	7.5	8.5	7.2
合计	2003.3	2124.2	1988.1	2004.1
收益（与福尔尼斯有关）	—	—	—	—
普通/转移的交通量（扣除成本后净值）	—	—	—	—
新增的交通流量	44.0	—	27.0	42.0
总计（成本减收益）	2248.1	2376.9	2245.8	2250.5

3.2.4.2 某航空软件开发项目评价

某软件公司是一家综合性的航空软件开发公司，经过市场调查发现项目管理在企业中的应用日益普及，同时经过调查分析，大量应用项目管理方法的企业迫切需要一套适合中国国情的项目管理软件，然而国内在项目管理软件方面还没有成熟的产品。公司董事会在分析这一客观背景之后，认为项目管理软件前景广阔，并决定于 2019 年年初开始投入 50000 万元资金，用于开发一套商业化的项目管理软件，其目的是从产品化的角度上形成自主知识产权的具有国际水平的项目管理高级应用软件产品 Bank Office。初步的市场预测结果是，Bank Office 3 年后的市场占有率将达到国内项目管理软件销量的 10%～15%，销售数量每年将超过 10000 套。结合企业开发实力及软件开发基础，Bank Office 项目管理软件产品开发与产品定型需要半年时间，2019 年下半年即可小批量投入市场，当年预计销量 3000 套，预计 2020 年销量为 8000 套，以后每年销量增长 3000 套。Bank Office 软件生产与销售的年固定成本为 1000 万元/年，每套软件的销售价格为 50000 元/套，每套销售成本为 20000 元/套。

讨论题

1. 该软件公司在进行投资分析时采用的标准贴现率为 12%，为了计算方便，Bank office 项目管理软件产品的研制开发费用都在年末计算。根据上述条件，分析软件公司从 2019 年到 2023 年的现金流量情况，并将有关数据填入下表中。

航空软件公司现金流量　　　　　单位：元

项目＼年份	2019	2020	2021	2022	2023
投资					
销售量/套					
销售收入					
固定成本					
可变成本					
现金流量					
12%贴现系数					
净现值					
累计净现值					

2. 根据上表中的数据计算该软件产品自投资当年起计算的动态投资回收期。如果该公司所用资金全部为银行贷款，贷款利率为8%，那么该公司通过项目收益归还银行贷款的实际投资回收期与上述计算的动态投资回收期相比会有什么差异？

3. 在项目论证中通常需要计算项目的内部收益率，请说明项目内部收益率的计算方法及其经济意义。

🕴 本章练习题

1. 什么是经济效果？评价指标具体有哪些？

2. 航空技术经济学指标如何评价航空技术经济的发展？

3. 何谓确定性评价方法？指标如何具体分类？

4. 求下列投资方案的静态和动态投资回收期（$i = 10\%$）。

年	0	1	2	3	4	5	6
净现金流量	−60	−40	30	50	50	50	50
累计净现金流量	−60	−100	−70	−20	30	80	130
各年净现金流量折现值	−60.00	−36.36	24.79	37.57	34.15	31.05	28.22
累计净流量折现值	−60.00	−96.36	−71.57	−34.00	0.15	31.19	59.42

5. 某项目各年净现金流量如下表所示（$i = 10\%$）。

（1）试用净现值指标判断项目的经济性。

（2）计算该项目方案的净现值率。

年	0	1	2	3	4
净现金流量	−30	−750	−150	225	375

6. 某项目初始投资 80000 元，第一年末现金流入 20000 元，第二年末现金流入 30000 元，第三、第四年末现金流入均为 40000 元，请计算该项目的净现值、净年值、净现值率、内部收益率、动态投资回收期（$i = 10\%$）。

年	0	1	2	3	4
现金流量	−80000	20000	30000	40000	40000
累计净流量折现值	−80000.00	−61818.18	−37024.79	−6972.20	20348.34

7. 某企业现有若干互斥型投资方案，有关数据如下表所示。

方案	投资	年净入	NPV（10%）	IRR	IRR	结论
A	2000	500	434.209	16.33%	$IRR_{B-A} = 35.14\%$	$i_0 < 35.14\%$
B	3000	900	1381.577	22.93%	$IRR_B = 23.06\%$	$i_0 < 23.06\%$
C	4000	1100	1355.261	19.68%	$IRR_{C-B} = 9.22\%$	$9.22\% < i_0$
D	5000	1380	1718.418	19.81%	$IRR_{D-B} = 14.95\%$	$14.95\% < i_0$

以上各方案寿命期均为 7 年，试问：

（1）当折现率为 10%时，资金无限制，哪个方案最佳？

（2）折现率在什么范围时，B 方案在经济上最佳？

4 不确定性评价方法

4.1 不确定性问题概述

由于影响技术方案经济效果的各种因素（如价格、折现率等）的未来变化带有不确定性，同时，测算技术方案现金流量时各种数据（如投资额、产量等）缺乏足够的信息或在测算方法上存在误差，都会使方案经济效果评价指标值带有不确定性。不确定性的直接后果是技术方案经济效果的评价值与实际值相偏离，从而按评价值做出的决策带有风险。因此，为提高投资决策的可靠性，避免投资决策失误，必须进行不确定性分析与评价。

4.1.1 不确定性分析概念

不确定性（Uncertainty）是与确定性（Certainty）相对的一个概念，是指某一事件或某一活动在未来可能发生，也可能不发生，其发生状况、时间及其结果的可能性或概率是未知的。

1921 年，美国经济学家弗兰克·奈特（Frank Knight）对风险进行了开拓性的研究，他首先将风险与不确定性区分开来，认为风险是介于确定性和不确定性之间的一种状态，其出现的可能性是可以知道的，而不确定性的概率是未知的。由此，出现了基于概率的风险分析，以及未知概率的不确定性分析两种决策分析方法。

概括而言，确定性是指在决策涉及的未来期间内一定发生或者一定不发生，其关键特征只有一种结果。不确定性则是指不可能预测未来将要发生的事件。因为存在多种可能性，其特征是可能有多种结果。由于缺乏历史数据或类似事件的信息，不能预测某一事件发生的概率，因而，该事件发生的概率是未知的。风险则是介于不确定性与确定性之间的一种状态，其概率是可知的或已知的。在投资项目分析与评价中，虽然对项目要进行全面的风险分析，但其分析重点在风险的不利影响和防范对策研究上。

4.1.2 不确定性分析的意义

进行不确定性分析有助于投资决策者对工程项目各因素的影响趋势和影响程度有一个定量的估计，使得项目的实施对关键因素和重要因素予以充分的考虑和控制，以保证项目真正取得预期的经济效益。

进行不确定性分析更有助于投资决策者对工程项目的不同方案作出正确的选择，而不会只注重各方案对项目因素正常估计后求得的效果，其选择既要比较各方案的正常效果，还要比较各方案在项目因素发生变化和波动后的效果，然后再从中选出最佳方案。另外，不仅要比较方案的经济性，还需要研究其风险性。

项目的财务分析和国民经济评价通过各种评价指标来判断项目是否可行，如净现值、内部收益率等，但这些指标判断的前提是现金流、基准贴现率在未来是固定不变的。而现金流的分析是建立在分析人员对未来事件所做的预测与判断基础上的。相关变量和影响现金流的因素在未来难免会发生变化，如政治、经济形势、资源条件、技术发展情况等未来的变化，会导致投资、成本、产量、价格等基础数据的估算与实际值不可避免地有偏差，从而给投资者和经营者带来风险。例如，投资超支、生产能力达不到设计要求、产品售价波动、市场需求变化、贷款利率变动等都可能使项目达不到预期的经济效果，甚至发生亏损。

为了尽量避免决策失误，需要了解各种外部条件发生变化时对项目经济效果的影响程度，需要了解项目对各种外部条件变化的承受能力以及项目实施后偏离预期财务和经济效益目标的可能性，这就需要分析对项目影响较大的因素及其可能产生的风险，并提出相应的对策，为投资决策服务。

4.2 航空项目中的不确定性

4.2.1 航空项目评价中不确定性分析的基本方法

按照分析因素对经济效益指标的影响趋势、分析因素在不同估计值的情况下对经济效益指标的影响程度、分析因素在出现变化的各种可能情况下对经济效益指标的综合影响等，不确定性分析方法可归纳为以下三种具体方法。

盈亏平衡分析。适用于企业财务评价，运用产量—成本—利润的关系和盈亏平衡点，来分析项目财务上的经营安全性。

敏感性分析。适用于国民经济评价和企业财务评价。通过分析，找出影响经济效益的最敏感因素和数据，以便加以控制。

概率分析。适用于国民经济评价和企业财务评价。通过分析，获得经济效益目标（有关指标）实现的可能性（概率）的方法，如实现 NPV 的概率有多大、项目 IRR 的概率分布如何，等等。有关经济评价的文件要求"有条件时，应进行概率分析"。

4.2.1.1 盈亏平衡分析

各种不确定性因素（如投资、成本、销量、产品价格、项目寿命期等）的变化会影响投资方案的经济效果，当这些因素的变化达到某一临界值时，会影响方案的取舍。盈亏平衡分析的目的就是找出这个临界值，以判断投资方案对不确定因素变化的承受能力，为决策提供依据。

盈亏平衡分析既可对单个方案进行分析，也可用于对多个方案进行比较。

（1）盈亏平衡分析的概念。方案的经济效益受到诸多因素的影响，如销售量、成本、产品价格等。当这些因素的变化达到某一临界值时，就会影响方案的取舍。盈亏平衡分析的目的就是找出这种临界值，即盈亏平衡点（BEP），判断投资方案对不确定性因素变化的承受能力，为决策提供依据。

盈亏平衡是指项目既不盈利也不亏损的临界状态。盈亏平衡分析的目的是分析产量、成本和盈利三者之间的关系，判断某些不确定性因素的变化对方案经济效益的影响，为决策提供依据。

（2）线性盈亏平衡分析。线性盈亏平衡分析有如下四个假设：假设产量等于销售量，销售量变化时，销售单价不变，销售收入与产量呈线性关系，企业主管不会通过降低价格来增加销售量；假设项目正常生产年份的总成本可划分为固定成本和可变成本两部分，其中固定成本不随产量变动而变化，可变成本总额随产量变动呈比例变化，单位产品可变成本为常数，总可变成本是产量的线性函数；假设项目在分析期内，产品市场价格、生产工艺、技术装备、生产方法、管理水平等均无变化；假设项目只生产一种产品，或当生产多种产品时，产品结构不变，且都可以换算为单一产品计算。

盈亏平衡与预计的正常年份的产品产量或销售量、生产成本、产品售价等相关，可以用产品产量/销售量、销售收入或生产能力利用率等来表示。

1）以实际产品产量或销售量表示的盈亏平衡。

$$S = P \times Q \tag{4-1}$$

$$C = V_t Q + C_f \tag{4-2}$$

式中，S 为销售收入；C 为总成本；P 为产品价格；V_t 为单位产品的可变成本；C_f 为总固定成本。

在盈亏平衡时，销售收入等于生产总成本，设此时产量为 Q_0。此产量称为保本产量。

$$P \times Q_0 = V_c Q_0 + C_f \tag{4-3}$$

$$Q_0 = \frac{C_f}{P - V_c} \tag{4-4}$$

盈亏平衡点（Break-Even-Point，BEP），即销售收入等于生产总成本的点。当产量高于 BEP 时，项目盈利；当产量低于 BEP 时，项目亏损；当产量等于 BEP 时，项目处于盈亏平衡点。

盈亏平衡点越低，说明项目盈利的可能性越大，亏损的可能性越小，因而项目有较大的抗经营风险能力。在选择方案时，同等条件下应选择盈亏平衡点较低的方案。

2）以销售价格表示的盈亏平衡。P_0 表示在一定的生产条件下，销售总收入与总成本达到收支平衡时的产品售价。

由 $P_0 \times Q = V_t Q + C_f$，得到：

$$P_0 = V_c + \frac{C_f}{Q} \tag{4-5}$$

即盈亏平衡时的销售价格与固定成本、可变成本和产量相关。当项目的固定成本和可变成本不变时，盈亏平衡价格随产量的变化如图 4-1 所示。

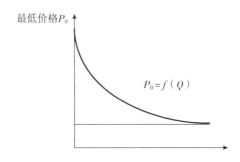

图 4-1　盈亏平衡价格的变化

3）以生产能力利用率表示的盈亏平衡。固定成本与产品的产量无关，在单位售价一定的条件下，为了维持收支平衡，必须有一个最低规模的产量，即设备的最低生产能力利用率。其计算公式为：

$$\Phi = \frac{Q_0}{Q_s} \times 100\% = \frac{C_t}{(P-V_t)Q_s} \times 100\% \tag{4-6}$$

式中，Q_s 为设计生产能力；Q_0 为盈亏平衡生产能力；Φ 为最低生产能力利用率。

实际上，最低生产能力利用率是盈亏平衡产量的另一种表现形式。

[例 4.1] 某航空物流企业作业区年收入为 3625.7 万元，装卸量为 1160 万吨，年装卸总成本为 2230.6 万元，其中基本折旧费为 318.2 万元，工资及附加费为 167.2 万元，大修折旧为 331.1 万元，管理费为 399.5 万元，年营业税为年收入的 3%，请计算该装卸企业的盈亏平衡点。

解：由题目条件可知：

年固定成本 = 318.2+167.2+331.1+399.5 = 1216（万元）

年可变成本 = 2230.6−1216 = 1014.6（万元）

单位装卸可变成本 = 1014.6/1160 = 0.875（元/吨）

单位装卸收入 = 3625.7/1160 = 3.126（元/吨）

单位装卸收入税金 = 3625.7×3%/1160 = 0.094（元/吨）

所以，盈亏平衡点的产量为 = 1216/（3.126−0.875−0.094）= 563.75（万吨）

计算表明，该装卸企业装卸量达到 563.75 万吨时即可保本。

4）多品种产品的盈亏平衡分析。对于大型的综合加工项目，往往生产和销售多种产品，生产中的总固定成本难以合理地分摊到每一种产品上，即使确定了每一种产品的盈亏平衡也不能反映总项目的盈亏平衡，因此采用临界收益法来进行分析。

临界收益 R_i 即产品的销售收入减去可变成本后的余额，反映了产品补偿总固定成本能力的大小。其计算公式为：

$$R_i = S_i - V_{c,i}Q_i \tag{4-7}$$

临界收益率 $r_i = \dfrac{R_i}{Q_i}$ \qquad(4-8)

表示单位产品 i 补偿总固定成本的能力。通常应该优先安排 r_i 大的产品生产。

临界收益法盈亏平衡分析的步骤如下：

首先，计算各产品的临界收益率，$r_i = \dfrac{R_i}{Q_i}$。

其次，各产品按照临界收益率大小进行排序，并计算累计销售量和累计临界收益。

再次，确定盈亏平衡点所在的产品区域。当累计临界收益首次大于或等于总固定成本时，该区域即为盈亏平衡点所在的产品区域。

最后，计算盈亏平衡点对应的产量。设盈亏平衡点所在产品区域的产品序号为 k ，则盈亏平衡产量为：

$$Q_0 = \sum_{i=1}^{k-1} Q_i + \frac{C_f - \sum_{i=1}^{k-1} R_i}{r_k} \qquad (4-9)$$

5）成本结构与经营风险。经营风险是指销售量、产品价格及成本等可变因素变化对项目盈利额的影响。可以通过成本分析，了解这种影响的程度。

设固定成本占总成本的比例为 E ，则固定成本：

$$C_f = C \times E \qquad (4-10)$$

单位可变成本： $V_c = \dfrac{C(1-E)}{Q}$ \qquad (4-11)

式中， C 为预期的总成本； Q 为预期的产品销售量。

将以上两式代入盈亏平衡产量计算公式 $Q_0 = \dfrac{C_f}{P-V_c}$ ，得盈亏平衡产量：

$$Q_0 = \frac{C \times E}{P - \dfrac{C(1-E)}{Q}} = \frac{C \times Q}{\dfrac{1}{E}(PQ-C)+C} \qquad (4-12)$$

可见，固定成本占总成本的比例 E 越大，盈亏平衡产量 Q_0 越高。这意味着在不确定因素发生变化时，出现亏损的可能性较大。固定成本的存在扩大了项目的经营风险，固定成本占总成本的比例越大，这种扩大作用越强。这种现象被称为运营杠杆（Operating Leverage）效应。

对于预期的产量 Q 和成本，项目的年收益为：

$$M = P \times Q - C_f - V_t Q$$
$$\quad = P \times Q - C \times E - \frac{C(1-E)}{Q_f} \times Q \qquad (4-13)$$

其中，为核算可变成本时的基准产量。

$$\frac{dM}{dQ} = P - \frac{C(1-E)}{Q_f} \qquad (4-14)$$

显然，当 E 较大时，年净收益受产量变化的影响较大。亦即固定成本占总成本的比例越大，市场需求变化可能导致亏损的风险也越大。

一般来讲，固定成本占总成本的比例取决于产品生产的技术要求及工艺设备的选择。工艺和技术先进、固定成本高、资金密集型的化工类项目经营风险也比较大。虽然这类项目在设计的规模产量范围内，能够获得较高的盈利额，但受不确定性因素影响的程度也大。因此，应尽可能准确地预测市场的供需状况，以减少经营风险。

4.2.1.2 敏感性分析

（1）敏感性分析的概念。项目方案的经济性总是受到各种不确定性因素的影响，如产品产量、产品价格、固定成本、可变成本、总投资、主要原材料及燃料、动力价格、项目建设工期等。不同因素对项目的影响程度是不同的。所谓敏感性分析，就是要找出对项目的技术经济指标影响程度较大的因素，并就其变化对项目技术经济性能的影响进行评估和分析，以减小不利影响，避免风险。常用的评价指标包括：净年值、净现值、内部收益率、投资回收期等。

（2）敏感性分析的步骤。一般来说，敏感性分析是在确定性分析的基础上，进一步分析不确定性因素变化对方案经济效果的影响程度。

1）确定敏感性分析的评价指标。敏感性分析的评价指标是指敏感性分析的具体对象，即方案的经济效果指标，如净现值、净年值、内部收益率、投资回收期等。各种经济效果指标都有其特定的含义，分析和评价所反映的问题也有所不同。对于特定方案的经济分析而言，不可能也不需要把所有经济效果指标都作为敏感性分析指标，而应根据方案特点、研究目的等进行选择。

敏感性分析评价指标一般与确定性分析所使用的经济效果评价指标相一致，如 NPV、IRR 等，确定其中一个或者两个指标进行。确定分析指标的原则有：首先，与经济效果评价指标具有的特定含义有关。如果主要分析方案状态和参数变化对方案投资回收快慢的影响，则可选用投资回收期作为分析指标；如果主要分析产品价格波动对方案超额净收益的影响，则可选用净现值作为分析指标；如果主要分析投资大小对方案资金回收能力的影响，则可选用内部收益率指标等。其次，与方案评价的要求深度和方案的特点有关。如果在方案机会研究阶段，研究深度要求不高，可选用静态的评价指标；如果在详细可行性研究阶段，则需选用动态的评价指标。

2）选择主要的不确定性因素，并设定它们的变化范围。不确定性因素有很多，与方案现金流量及其折现有关的因素都在不同程度上具有不确定性，因而影响方案经济效果的评价。从收益方面来看，这些因素主要包括销售量与价格；从费用方面来看，包括人工费、材料费及与技术水平有关的费用、建设投资、方案寿命期、折现率等。

选择敏感性分析的不确定性因素，一方面主要考虑选择的因素要与确定的分析指标相联系。否则，当不确定性因素变化一定幅度时，并不能反映评价指标的相应变化，达不到敏感性分析的目的。例如，折现率因素对静态评价指标不起作用。另一方面根据方案的具体情况，选择在确定性分析中采用的预测准确性把握不大的因素，或者未来变动的可能性较大，且其变动会比较强烈地影响评价指标的因素，作为主要的不确定性因素。例如，高档消费品的销售受市场供求关系变化的影响较大，而这种变化不是项目本身所能控制的，因此，销售量是主要的不确定性因素；生活必需品如果处于成熟阶段，产品售价直接影响其竞争力，能否以较低的价格销售，主要取决于方案的变动成本，因此，变动成本应作为主要的不确定性因素加以分析；对高耗能产品来说，燃料、动力等价格是能源短缺地区投资方案或能源价格变动较大方案的主要不确定性因素。

将选择的不确定性因素按一定幅度变化，计算相应的评价指标的变动结果对各个不确定因素的各种可能变化幅度，分别计算其对分析指标影响的具体值；在此基础上，建立不确定性因素与分析指标之间的对应关系，并可用图或表的形式表示。

3）确定敏感性因素，并对风险情况做出大致判断。敏感性因素是指能引起分析指标产生较大变化的因素。确定某因素敏感与否，可采用以下两种方式进行：一是相对测定法，即设定要分析的因素均从基准值开始变动，并且各因素每次变动幅度相同，比较在同一变动幅度下各因素的变动对经济效果分析指标的影响，就可以判断出各因素的敏感程度。二是绝对测定法，即设各因素均向降低投资效果的方向变动，并设该因素达到可能的"最坏值"，然后计算在此条件下的经济评价指标，看其是否已经达到使该项目在经济上不可行的程度。如果项目已不能接受，则该因素就是敏感因素。通常先设定有关经济评价指标达到其临界值，如令净现值等于零，内部收益率为基准折现率，然后计算待分析因素的最大允许变动幅度，并与其可能出现的最大变动幅度相比较，如果某因素可能出现的变动幅度超过最大允许变动幅度，则表明该因素是敏感性因素。

在技术方案的比较中，对主要不确定性因素变化不敏感的方案，其抵抗风险能力比较强，获得满意经济效果的可能性较大，优于敏感方案，应优先考虑接受。

（3）敏感性分析的方法。

1）相对衡量法。要分析的因素均以确定性经济分析中所采用的数值为基数，且各因素每次变动的幅度相同；比较在相同的变动幅度条件下，技术经济指标的变化程度，那些对指标影响较大的因素即为敏感性因素。

2）绝对衡量法。绝对衡量法的基本做法是：设定每个因素都朝对方案不利的方向变化，并取其有可能出现的对方案最不利的数值，据此计算方案的技术经济指标，看在这样的条件下方案是否可接受。

如果某一因素可能出现的最不利数据值使方案变得不能接受，表明该因素是方案的敏感性因素。判别方案能否接受取决于其技术经济指标是否达到临界值，例如净现值是否小于零，或内部收益率是否小于基准折现率。

运用绝对衡量法，也可以先设定拟考察的经济效益指标为其临界值。例如令净现值等于零,计算在此条件下分析因素的最大允许变动范围,并与其可能的最大变动范围进行比较。若某因素可能出现的最大变动范围超出最大允许变动幅度则表示该因素是敏感性因素。

3)单因素敏感性分析。单因素敏感性分析是假定其他因素不发生变化,只有一个不确定因素发生变化,分析这一因素变化对方案评价指标的影响程度。

保持其他因素数值不变,一次仅改变一个因素的大小,考察其对经济效益指标的影响程度。若有多个待考察因素,则依次进行考察。

4)多因素敏感性分析。单因素敏感性分析适合分析技术方案的最敏感因素,但忽略了各个变动因素综合作用的可能性。无论是什么类型的技术方案,各种不确定性因素对方案经济效果的影响,都是相互交叉综合发生的,而且各因素的变化率和发生概率是随机的。因此,研究分析经济评价指标受多个影响因素同时变化的综合影响,研究多因素的敏感性分析更具有实用价值。

多因素敏感性分析是将两个或两个以上不确定性因素同时变化一定的幅度,分析对评价指标的影响程度。多因素敏感性分析一般是在单因素敏感性分析的基础之上进行的,分析的基本原理与单因素敏感性分析基本相同。

假定其他因素保持不变,仅考虑两个因素同时变化对经济效果的影响,也称为双因素分析;若有三个因素同时发生变化,称为三因素分析。如果需要分析的不确定因素不超过三个,可以用解析法和作图法相结合的方法进行分析;如果不确定因素超过三个,可以参考采用正交试验设计的方法。

4.2.1.3 概率分析

(1)概率分析的概念。项目的风险来自影响经济效益的各种因素的不确定性,敏感性分析只能说明某种因素变动对经济指标的影响,而并不能说明这种影响的可能性有多大。如果对各因素发生某种变动的概率,事先能够客观或主观地给出,那么就可以借助概率分析法帮助决策。

概率分析法也称风险分析法,是指在对不确定性因素的概率大致可以估计的情况下,确定方案经济效益指标的期望值和概率分布,从而对方案的风险情况做出判断的一种方法。

通过概率分析,可以弄清各种变量出现某种变化时,技术方案获得某种利益或达到某种目的的可能性大小,同时借助这种分析还可以把不确定性变量变为具体数字,把"定性"因素"定量化",把"不确定"变为"确定"。

(2)期望值与标准差。在不确定性因素的影响下,项目经济效果评价指标不是一个确定值,而是不确定性因素的某种概率描述。期望值和标准差是描述这种分布特征的重要参数。

1)期望值。在大量重复事件中,期望值就是随机变量取值的平均值,也是最大可能取值，它最接近实际真值。设以 x 表示随机变量，$P(x)$ 表示该随机变量可能出现的概率，则期望值 $E(X)$ 的计算公式为：

$$E(X) = \sum_{j=1}^{m} X_j P_j(X) \tag{4-15}$$

在概率分析中，$\sum_{j=1}^{m} P_j(X) = 1$ $\tag{4-16}$

[例 4.2] 某飞行器项目的投资决策有两个方案：方案一就是大规模生产方案，该方案在没有竞争对手的情况下可获净现值 3000 万元；在有竞争对手的情况下净现值变为 500 万元。方案二就是小规模生产方案，该方案在没有竞争对手的情况下可获净现值 1800 万元；在有竞争对手的情况下可获净现值 1300 万元。通过多方征求专家意见，以为"有竞争"的概率率为 0.25，"没有竞争"的概率为 0.75。试求两个方案的期望值，并确定哪个方案较好。

解：对于大规模方案的净现值：

$E(X) = 3000×0.75-500×0.25 = 2125(万元)$

对于小规模方案的净现值：

$E(X) = 1800×0.75+1300×0.25 = 1675(万元)$

根据期望值最大准则，应该选择大规模方案。

表达不确定性的一种简单方法是通过对未来事件的各种可能的估计，往往进行最乐观的、最可能、最悲观的三种估计。在这三种估计之后，分别给予不同的权重，计算其期望值，由期望值判断项目是否可行。三种估计范围的结果会将相对权重分配给各种不同估计值，并且利用加权平均值求解算术期望值。

[例 4.3] 某航空产品项目根据市场前景估计的不同，有三种结果：①最乐观估计，该项目将有内部收益率 28%；②最可能估计，该项目将有内部收益率 18%；③最悲观估计，该项目将有内部收益率 11%，试求该项目的内部收益率期望值。

解：该项目的内部收益率期望值为：

$$E(X) = \frac{\sum Xf}{\sum f} = \frac{28\%×1+18\%×4+11\%×1}{6} = 18.5\%$$

应该指出，当某种情况（事件）多次重复发生时，在分析其长期结果时，期望值是有用的。而像建设项目投资之类的经济行为，大多是只发生一次的，此时期望值的作用就不大了，应配合其他指标。

2）标准差。标准差被用来表示随机变量的离散程度，即随机变量和真值之间的偏离程度。标准差可用下式计算：

$$\sigma = \sqrt{\sum_{j=1}^{m} (X_j - \bar{X})^2 P_j(X)}$$

3）期望值与标准差之间的权衡问题。期望值相同的情况分析，如两个方案期望值相等，则标准差大的方案，风险也大，由于人们对风险总是持回避态度，因此，标准差大的方案是不利方案。

期望值不相同的情况分析。期望值不相同时，可能有下列几种情况（甲、乙两方案比较）：

方案甲期望值 $E(X)$ 大，标准差小，则方案甲有利；

方案甲期望值 $E(X)$ 小、标准差大，则方案乙有利；

方案甲期望值 $E(X)$ 大，标准差大；或方案乙期望值 $E(X)$ 小、标准差小，则两方案取舍比较困难。风险厌恶者的决策者常常挑选方案乙，这样一来，风险是小了，但同时也失去了获得较高经济效益的机会。

如果认为项目的期望值服从正态分布，则可以建立项目期望值的置信区间：

$$E(X) \pm t\sigma$$

式中，t 为概率度，可根据正态分布表的概率 F（又称置信度）查表求得，如果置信度为 95%，则 $t=1.96$。

［例 4.4］某航空项目有两个方案可供选择。方案甲净现值为 4000 万元，标准差为 600 万元；方案乙净现值为 2000 万元，标准差为 400 万元。试以 95% 的置信度（即风险率不超过 5%）选择项目。

解：方案甲的置信区间为 4000±1.96×600 万元，即（2824 万元、5176 万元），方案甲的净现值在 2824 万~5167 万元的可能性为 95%。方案乙的置信区间为 2000±1.96×400 万元，即（1216 万元、2784 万元），方案乙的净现值在 1216 万~2784 万元的可能性为 95%。

通过置信区间比较，不难看出应该选择方案甲。

4）期望值代表性。期望值代表性的大小，可用标准差系数表示：

$$V_\sigma = \frac{\sigma}{X} \times 100\%$$

一般而言，标准差系数越小，则项目的风险越小。

4.2.1.4　风险决策

概率分析可以给出方案经济评价指标的期望值和标准差以及经济评价指标的实际值发生在某一区间的概率，这为人们在风险条件下决定方案取舍提供了依据。但是概率分析并没有给出在风险条件下方案取舍的原则和多方案比选的方法，下面将讨论这些问题。

（1）风险决策的条件。包括：

1）存在着决策人希望达到的目标（如收益最大或损失小）；

2）存在着两个或两个以上的方案可供选择；

3）存在着两个或两个以上不以决策者的主观意志为转移的自然状态（如不同的市场条件或其他经营条件）；

4）可以计算出不同方案在不同自然状态下的损益值（损益值指对损失或收益的度量结果，在经济决策中即为经济评价指标）；

5）在可能出现的不同自然状态中，决策者不能肯定未来将出现哪种状态，但能确定每种状态出现的概率。

（2）风险决策的原则。解决风险决策问题先要确定风险决策的原则，通常采用的风险决策原则有五种。

1）优势原则。在 A 与 B 两个备选方案中，无论在什么状态下，A 总是优于 B，则可以认定 A 相对于 B 是优势方案，或者说 B 相对于 A 是劣势方案。因而 B 方案就应从备选方案中剔除，这就是风险决策的优势原则。在有两个以上备选方案的情况下，应用优势原则一般不能确定最佳方案，但能减少备选方案的数目，缩小决策范围。在采用其他决策原则进行方案比选之前，应首先运用优势原则剔除劣势方案。

2）期望值原则。期望值原则是指根据备选方案损益值的期望值大小进行决策：如果损益值用费用表示，应选择期望值最小的方案；如果损益值用收益表示，则应选择期望值最大的方案。

3）最小方差原则。由于方差越大，实际发生的方案损益值偏离期望值的可能性越大，因而方案的风险越大，所以有时人们倾向于选择损益值方差较小的方案，这就是最小方差原则。在备选方案期望值相同或收益期望值大（费用期望值小）的方案，损益值方差小的情况下，期望值原则与最小方差原则没有矛盾，最小方差原则无疑是一种有效的决策原则。但是，在许多情况下，期望值原则与最小方差原则并不具有一致性。

4）最大可能原则。在风险决策中，如果一种状态发生的概率显著大于其他状态发生的概率，那么就把这种状态视作肯定状态，根据这种状态下各方案损益值的大小进行决策，而置其余状态于不顾，这就是最大可能原则。按照最大可能原则进行风险决策实际上是把风险决策问题化为确定性决策问题求解。

5）满意原则。对于比较复杂的风险决策问题，人们往往难以发现最佳方案，因而采用一种比较现实的决策原则，即满意原则。首先要定出一个足够满意的目标值，再将备选方案在不同状态的损益值与目标值相比较，损益值优于或等于满意目标值的概率最大的方案即为当选方案。

（3）风险决策的方法。从项目投资实务看，风险和不确定性很难严格区分。

当我们面临不确定情况时，仍然需要做出决策，不得不依靠直觉判断和预感设想几种可能并给出主观概率，使不确定性问题转化为风险问题。当我们进行风险决策时，需要根据历史资料确定每一后果的概率，它们并不是未来的准确描述，只是近似的估计，或多或少也带有主观性质，未来事件的概率总是不确定的。这就是说，从投资人面临的环境来看，未来发展总有或多或少的不确定性；从决策方法来看，我们必须先设定各种可能后果及其概率才能展开分析，从而使所有问题都变为风险问题，因此，风险决策大量地用于项目投资分析中。风险决策中常用的方法有：风险调整贴现率法、矩阵法和决策树法等。

1）风险调整贴现率法。如果两个方案的预期报酬率相同，一是肯定的（无风险），二是不肯定的（有风险），投资者当然会愿意选择前者，这种现象称之为"风险反感"。由于存在风险反感，促使投资人选择高风险项目的基本条件是它必须有足够高的预期报酬率，风险程度越大，要求的报酬率越高，风险投资所要求的超过货币时间价值的那部分额外报酬，称为风险报酬或风险价值。通常使用百分数来表示风险报酬的高低。如果假设没有通货膨胀，投资报酬率应当是货币时间价值与风险价值之和。风险时间价值是无风险的最低报酬率。如果假设风险程度与风险调整最低报酬率之间存在线性关系，则它们之间的关系可表示为：

风险调整最低报酬率＝无风险最低报酬率＋风险报酬

$$＝无风险最低报酬率＋风险报酬率×风险程度 \qquad (4-17)$$

风险调整贴现率法的基本思想是对于高风险的项目，采用较高的贴现率去计算净现值，然后再根据净现值法的规则来选择方案。

这种方法的关键是确定风险调整最低报酬率，用公式表示，则为：

$$K = i + bQ \qquad (4-18)$$

式中，K 为风险调整最低报酬率；b 为风险报酬斜率，反映风险程度变化对风险调整最低报酬率影响的大小；Q 为风险程度；i 为无风险贴现率。

风险调整贴现率法比较符合逻辑，不仅为理论家认可，并且使用广泛。但是这种方法，把时间因素和风险价值混在一起，假设了风险随着时间的推移而增长的趋势，有时与事实不符。

2）矩阵法。矩阵法也是风险决策常用的方法。这种方法是利用一个矩阵模型，分别计算各方案在不同自然状态下的损益值，再根据客观概率的大小、加权平均，计算出各方案的损益期望值，进行比较，从中选择一个最佳方案。

利用矩阵法进行风险决策，采用的决策原则是期望值原则。故当损益值为费用时，$\min\{E_i | i = 1, 2, \cdots, m\}$ 对应的方案为最优方案。当损益值为收益时，$\max\{E_i | i = 1, 2, \cdots, m\}$ 对应的方案为最优方案。

当备选方案数目都很大时，采用矩阵法便于利用现代化的计算手段，进行风险决策。

上面介绍的方法，是采用期望值原则。是将方案在各种自然状态下的收益与损失加权平均，它掩盖了偶然情况的损失，所以选择哪一个方案都有一定风险。因此，我们还可以采取最大可能标准的原则进行决策分析。即选择自然状态中概率最大的事件，再计算这种自然状态下，各个方案的损益值，再进行选优决策。

3）决策树法。利用矩阵表进行风险决策，虽是一种很有用的工具。但矩阵表的使用有一定的局限性，只能在决策方案同客观状态两者之间毫无关联的情况下使用。如果决策方案同客观状态有关联，一个方案执行后可能出现这一种客观状态，另一个方案执行后又可能出现另一种客观状态；或者虽然出现的客观状态是一样的，但概率分布不相同，这时矩阵表就难以使用，特别是在多目标决策和多级决策中，矩阵表就显得越不适应，这时，就需用决策树法进行分析。

决策树法是一种利用树型决策网络来描述与求解风险决策问题的一种方法。特别适用于多级决策的复杂问题分析，其采用的决策原则，也是期望值原则。

决策树的构成有四个要素：决策点、方案枝、状态结点、概率枝。决策树是以决策结点为出发点，引出若干方案枝，每一分枝表示一个可供选择的方案，方案枝的末端，有一个状态结点，从状态结点引出若干概率枝，每条概率枝表示一种可能发生的状态。概率枝上说明每种状态的概率，每一概率枝的末端，为相应的损益值。

利用决策树进行决策的过程是：由右向左，逐步后退，根据各种状态发生的概率与相应的损益值，分别计算每一方案的损益期望值，并将其标在相应的状态点上；然后，对这些期望值进行比较，淘汰不理想的方案，最后保留下来的就是选定的方案。

4.2.2 民航机场投资项目的主要风险

4.2.2.1 区域经济发展水平不同，各地民航机场发展差距较大

民航机场处于航空产业链中下游，受宏观经济形势、发展政策、新技术以及未来行业发展趋势等因素的影响较大，加之我国区域经济发展水平、消费者出行需求、各地民航机场运营效益均有较大差异，因此各地民航机场发展程度差距较大。

4.2.2.2 非机场业务的扩大，增加了盲目跨行投资的风险

民航机场非机场业务扩大，其投资主要是进行跨行经营，因盲目投资，使得所进入的行业无竞争优势，甚至可能出现"短板效应"；多数民航机场进行跨行经营多为同质化竞争，同时增加企业管理成本和费用，拖长管理链；再有民航机场进行跨行投资经营时，易"一拥而上"，遇宏观政策调整时又"首当其冲"，

缺乏投资的连续性和战略性。

4.2.2.3 新建民航机场前期投资较大，培育周期较长，且具有一定公益性

民航机场建设前期投资很大，一般选址于远郊，市场培育周期时间较长，票价定位受国家政策影响较大，具有一定公益性，市场盈利性受限。与之相关的投资决策主要取决于对未来需求的评估。因业务未来需求的不确定性，民航机场只能采取相应策略提高经营的灵活性。

4.2.2.4 高铁经济替代性较强，航空出行意愿一定程度上被削弱

我国高铁建设近年来得到快速发展，尤其在速度上，每小时速度可达350km/h，其便捷性日益提高了对航空的可替代性。高速铁路较航空拥有诸多明显优势：一是旅途全程时间短（节省往返机场、候机时间）；二是运送能力大；三是受气候变化影响小，正点率高。而民航运输只有旅程超过了 1000 千米，才可显露出快速、便捷的优越性。加之消费者出行成本较高，对其竞争优势也有一定削减。

4.2.3 案例分析——我国航空运输产业市场化改革：SCP 模型分析

自 20 世纪 30 年代产生的现代产业经济学"哈佛学派"，其中哈佛大学博士、在美国加州大学伯克利分校任教 36 年的贝恩（Joe S. Bain）教授与谢勒（Frederic M. Scherer）等人系统建立了产业经济分析的 SCP（Structure-Conduct-Performance）模型即"结构—行为—绩效"模型。该模型提供了一个既能深入其中具体环节，又有系统逻辑体系的市场结构（Structure）—企业行为（Conduct）—经营绩效（Performance）的产业分析框架。这一分析框架的基本含义是，市场结构决定企业在市场中的行为，而企业行为又决定市场运行在各个方面的经济绩效。通过 SCP 模型分析，可以比较全面系统地了解某一产业发展现状和问题。本节利用 SCP 模型分析我国航空运输产业市场化改革。

4.2.3.1 航空运输产业市场化改革现状

（1）法律政策。改革开放以前，我国航空产业基础相对薄弱，处于缓慢起步阶段，遭遇连年亏损，国家较少颁布和出台相关法律法规。直到 1980 年，国务院联合中央军委颁布《关于民航管理体制若干问题的决定》，规定我国民航局成为国家民航事业的行政管理机构，统一管理全国民航机构以及业务、人员等，逐步实现企业化管理，至此航空产业不再由空军代管。1980 年航空运输产业"军转民"为我国航空运输行业市场化奠定了坚实基础。随后国家出台了一系列航空基建、安全等管理规定，鼓励机场和航空公司进行基础设施建设，不断引入竞争因素以鼓励行业间竞争，但制约航空产业发展的体制机制障碍依旧存在。我国于 1996 年制定第一部规范民用航空活动的《民用航空法》，随后民航法规逐步完善。2002 年 3 月，国务院批准《民航体制改革方案》，我国航空运输产业产权改革步入实施阶段，2016 年民航局颁布《关于进一步深化民航改革工作的意见》，继续深入推进航空产业的市场化改革，不断提高航空运输产业的运行效率，如表 4-1 所示。

表 4-1　部分相关法律法规

年份	法律法规	发文部门或文号
1980	《关于民航管理体制若干问题的决定》	国务院、中央军委
1987	《关于民航系统管理体制改革方案和实施步骤的报告》	国务院批准中国民航局
1995	《国际航空运价管理规定》	民航财发〔1995〕268 号
1996	《中华人民共和国民用航空法》	主席令第 56 号
1998	《中国民用航空标准化管理规定》	民航总局令年第 78 号
2001	《航空器机场运行最低标准的制定与实施规定》	民航总局令年第 98 号
2002	《民航体制改革方案》	国发〔2002〕6 号
2004	《民用机场建设管理规定》	民航总局令第 129 号
2006	《民用航空空中交通管理设备开放、运行管理规则》	民航总局令第 172 号
2007	《通用航空经营许可管理规定》	民航总局令年第 176 号
2007	《中国民用航空总局职能部门规范性文件制定程序规定》	民航总局令年第 187 号
2009	《民用机场管理条例》	国务院令第 709 号
2015	《民用航空标准化管理规定》	民用航空局令第 227 号
2016	《关于进一步深化民航改革工作的意见》	国家民航局
2017	《民用航空国内运输市场价格行为规则》	民航发〔2017〕145 号
2019	《关于推进通用航空法规体系重构工作的通知》	民航发〔2019〕5 号
2020	《国际航空运输价格管理规定》	交通运输部令 2020 年第 19 号
2021	《中华人民共和国民用航空法》（2021 年修正）	主席令第 81 号
2022	《通用航空经营许可与运行许可联合审定工作程序》	民航规〔2022〕7 号

资料来源：中国民用航空局。

（2）运营能力。我国历经 40 余年的市场化改革成效显著，可借用全国航空运输产业总体情况、客货周转总量等运输能力作为衡量指标，对航空运输产业运营能力改革绩效做深入分析。随着经济社会的快速发展以及市场化改革的持续推进，我国航空运输产业获得了高速发展，尤其是全面市场化改革实施以来，航空运输产业运营能力显著提升。由表 4-2 航空运输产业总体运营情况可知，2004~2022 年 10 余年间，我国民用飞机数量和客货总周转量都大约增加为原来规模的

6 倍，民航产业发展实力大大增强。

表 4-2　民航运输量总体运营情况

年份	期末民航在册飞机数量（架）	民用航空客货总周转量（亿吨千米）
2004	661	231
2005	754	261. 27
2006	863	305. 8
2007	998	365. 3
2008	1134	367. 77
2009	1417	427. 07
2010	1597	538. 45
2011	1764	577. 44
2012	1941	610. 32
2013	2145	671. 72
2014	2370	748. 12
2015	2650	815. 65
2016	2950	962. 51
2017	3296	1083. 08
2018	3639	1206. 53
2019	3818	1293. 25
2020	3903	798. 51
2021	4054	856. 75
2022	4165	599. 28

资料来源：国家统计局。

（3）竞争改革。根据现有文献，可用航空运输公司数量来体现行业竞争程度，公司数量的增加在一定程度上体现了市场竞争程度的加剧。在产业发展初期，航空企业均为国有且企业数量相对固定或增长缓慢，1987～1997 年航空运输产业市场化改革不断深化，竞争机制引入引起航空企业数量开始增加，但并非所有新增企业都具备开展航空运输业务的资质，在此期间发生的系列安全事故迫使国家不断出台法律政策，不断加强对航空运输产业的安全监管。1997～2002 年，航空企业个数有所下降，主要原因是政府加强了对航空企业的资质审核。但总体上看，随着我国航空运输产业市场化改革不断深化，2002 年至今航空企业个数总体保持上升趋势，这表明推行市场化改革使得航空产业市场竞争程度不断增大。

4.2.3.2　我国航空运输产业市场行为分析

（1）价格行为。

1）航空运输产业价格管理体制变迁历程。政府统一定价阶段（1950~1996年）。1974年以前，民航实行统一票价，因处于特殊历史时期以及受需求不振等因素影响，民航票价多次下调，航空运输产业亏损数额巨大。1974~1992年，国家对航空运输产业境内外旅客实施差异化定价，受需求快速增长和汇率贬值等因素影响，航空运输服务成本上升，诱发票价多次上调，产业持续盈利。1992~1996年，民航管理体制改革全面推进，航空公司拥有一定的航线定价权。

政府监管主导定价阶段（1997~2003年）。1997~1999年处于政府价格监管下的市场化改革尝试阶段，推出"一种票价、多种折扣"的多阶票价政策，但航空运输市场却呈现出一种无序竞争的尴尬局面，行业长期持续盈利态势被打破。1999~2003年，国内航空运输市场秩序暂时得以维护，"禁折令""航线联营"等政策陆续出台，民航企业收益暂时提高，同时航空集团相继成立，民航经营市场化逐步放开。

政府指导定价阶段（2004~2014年）。2004~2014年，航空运输产业实施政府指导定价，政府职能逐渐从直接管理向指导性监管模式过渡。2004年3月，国务院批准《民航国内航空运输价格改革方案》，允许航空公司自行制定具体票价的种类、水平、使用条件，票价上浮不超过基准价的25%，下浮不超过45%。2013年，国内航线取消票价下浮限制，允许航空公司根据基准价自主制定票价。

全面推进价格市场化阶段（2015年至今）。票价市场化改革全面持续推进，明确改革时间表，显示全面开放票价上限已是大势所趋，价格逐步反映真实供需关系。

2）航空运输产业差别化定价策略。航空运输产业产品购买者具有不同的需求价格弹性，为了区分不同支付意愿的消费者，航空公司采取购买限制条件等激励相容策略，限制条件和价格水平的不同组合，构成了差别化产品。支付不同票价的旅客所接受的服务是同质的，成本是相同的，这表明航空公司在推行旨在鉴别不同支付意愿旅客的价格歧视。

低成本的"空中巴士"已经占据了美国市场的35%，亚洲市场的12%，而国内市场不到5%。据统计，在发达国家，机票的平均价格占人均年收入的0.5%，而在中国这一比例高达10%~15%。多年来，中国民用航空产业的利润占全球航空业利润的60%，而客运量和货运量只占全球的不到10%。航空运输服务应该深入到私人普通消费领域，然而在中国航空运输服务对普通民众而言依然是奢侈品。

（2）服务竞争与差别优势。航空运输产业的服务竞争包括为消费者提供更为细致的服务，拓展营销和服务网络，优化航班时刻，完善联航服务，提高特色服务等。随着国内航空运输产业价格战的偃旗息鼓，以及航空运输产业市场化改革的持续推进，航空运输产业竞争改革逐步体现在航空公司间服务质量竞争方面。各航空公司虽然在服务上基本做到"标准化、规范化、程序化"，但细分差距依然存在，具体包括每天平均飞行班次、中转衔接和地面服务等。各航空公司在不同机场的航班频率和航班时间差异较大，如国航、东航、南航分别在北京机场、上海机场、广州机场拥有高频率航班及黄金航班时段。另有一些航空公司注重深层次开拓市场，如海航与新华航联合在首都机场推出中转旅客引导服务；东航推出的飞机公务舱，在国际飞行航班上推行本土化服务来缩小与国外航空企业在细微服务上的差异。

在推行日常性服务质量竞争的同时，国内航空公司建立了"常旅客计划"，旅客在特定航空公司的行程积累到一定里程后，该公司会向旅客赠送礼物，这往往是免费机票的一种促销手段，消费者为获得额外效用，愿意长期购买同一家公司的机票。然而这种普遍性的、低门槛的服务竞争一旦群起效之，便没有任何独特性和特殊性可言。

4.2.3.3 我国航空运输产业运营绩效分析

（1）航空公司绩效。表4-3整理了2011~2020年三大航空公司主要财务数据，其中加权平均净资产收益率只获取了东航和国航数据。

表4-3　2011~2020年三大航空公司主要财务数据

航空公司	年份	营业收入（百万元）	总资产（百万元）	净利润（百万元）	基本每股利润（元/股）	加权平均净资产收益率（%）
南航	2011	92707	129260	5057	0.52	—
	2012	101483	142494	2628	0.27	—
	2013	98547	165207	1986	0.20	—
	2014	108584	189688	1777	0.18	—
	2015	111652	185989	3736	0.38	—
	2016	114981	200442	5044	0.51	—
	2017	127806	218718	5961	0.60	—
	2018	143623	246946	2895	0.27	—
	2019	154322	306928	2640	0.22	—
	2020	92561	326383	10847	0.77	—

续表

航空公司	年份	营业收入（百万元）	总资产（百万元）	净利润（百万元）	基本每股利润（元/股）	加权平均净资产收益率（%）
东航	2011	84504	112858	4644	0.42	35.33
	2012	86409	121671	3173	0.28	18.95
	2013	88109	137846	2358	0.20	10.97
	2014	89746	163542	3417	0.27	13.06
	2015	93844	195709	4541	0.36	14.73
	2016	98560	210051	4508	0.32	10.85
	2017	101721	227464	6352	0.4391	12.64
	2018	114930	236765	2709	0.1873	4.93
	2019	120860	282936	3195	0.2115	5.43
	2020	58639	282408	-11835	-0.7226	-19.60
国航	2011	97139	173324	7897	0.61	16.99
	2012	99841	185418	5397	0.4	10.19
	2013	97628	205362	3670	0.27	6.30
	2014	104888	212002	4299	0.31	6.98
	2015	108929	213704	6774	0.55	11.84
	2016	112677	224128	6814	0.55	10.61
	2017	121363	235718	7240	0.54	8.96
	2018	136774	243716	7336	0.53	8.17
	2019	136180	294253	6408	0.47	7.09
	2020	69503	284070	14409	1.05	16.86

据三大航空公司年报可知，2011~2016年，三大航空公司总体规模在不断扩大，营业收入和总资产均在持续增加，但净利润却经历了"过山车式"的增减。近年来，随着高铁线路的扩展完善和运营规模的发展壮大，我国高铁产业获得迅速发展，对航空运输产业产生了不小的冲击，甚至在北京南开往上海的线路上开通了首个双层高铁卧铺，由此可见，航空运输产业内外均面临着严峻挑战。

（2）行业绩效。由表4-4可见，近年来，中国航空运输产业呈现良好发展势头，具有较强的盈利能力。中国航空运输产业的利润总额也摆脱了2013年以前逐年下降的态势，迎来良好转机，但在2020年新冠疫情冲击之下，中国航空运输产业发展态势呈现低迷状态。

表 4-4　2013~2022 年我国航空运输产业经济效益　　单位：亿元

年份	全行业营业收入	利润总额	航空公司营业收入	利润总额
2013	5889.6	248.1	4049.9	162.4
2014	6189.6	288.9	4215.6	174.5
2015	6062.5	487.9	4363.7	320.3
2016	6393	568.4	4694.7	364.8
2017	7460.6	652.3	5333.8	408.2
2018	10142.5	536.6	6130.2	250.3
2019	10624.9	541.3	6487.2	261.1
2020	6246.91	−974.32	3755.02	−794.46
2021	7529.2	−842.5	4245.1	−670.9
2022	6328.9	−2174.4	3364.8	−1771.2

4.2.3.4　我国航空运输产业市场化改革中的不确定性及问题

在中国经济体制由计划经济转为市场经济的大背景下，作为典型自然垄断行业，航空运输的市场化改革需要经历一个长期而复杂的过程。目前航空运输产业市场化改革正处于全面推进和逐步深化阶段，其市场化过程中仍然存在许多亟待解决的问题。

（1）垄断色彩依旧浓厚。根据前面章节市场结构数据测算可知，我国航空运输市场仍旧属于高集中度寡头垄断结构。航空运输产业 CR_n 指的是前 n 位航空企业市场份额之和占整个航空运输产业市场总和的比值，在一定程度上反映航空运输产业的市场集中度，CR_n 数值越大，市场集中度越高。国有特大型航空集团公司对整个航空运输市场的影响力尤为突出，虽然近几年随着地方和低成本航空公司的进入，其垄断程度在逐渐降低，但整个行业的进入壁垒依然很高，垄断色彩依旧浓厚。

（2）进入退出机制不健全。进入壁垒指产业存在企业进入市场的难度或是限制。航空运输产业的进入壁垒来源于以下几个方面：第一，资金壁垒。新公司的成立虽然不必须购买飞机，可以选择融资租赁的方式，但是燃油、广告、薪酬、房屋租赁等费用仍是一笔巨额费用，构成了资金进入壁垒。第二，技术壁垒。航空监管部门提供飞行条件信息、中航信公司提供航空运输信息、航空维修与飞行员培训部门提供技能服务，各部门都有各自的专业化技能，潜在进入企业想要掌握某一项高新技术并非易事。第三，消费者偏好壁垒。在民航运输行业，消费者很容易受企业口碑、企业运输速率、企业规模等因素影响而产生消费者偏好，潜在进入企业却不易得到消费者的信赖。

在进入机制方面，随着市场化改革的深入推进，我国持续放松对航空运输产业的进入监管，行业进入壁垒不断下降。近些年，金融产品的丰富和信息技术的发展使得航空运输产业经济性进入壁垒也有所降低。但由于我国航空运输产业市场化改革还处于深化阶段，产业进入机制尚未健全，仍需不断加强完善。在退出机制方面，由于航空运输产业沉淀成本巨大，该领域缺乏政府补贴或政策优惠，企业倾向于维持经营现状而非退出市场。此外，中国现有的生产要素和产权交易市场仍不发达，这也是航空运输产业退出机制不完善的重要原因。

（3）产业发展过多依赖于政策导向。统计数据显示，完成全年80%以上旅客吞吐量的大、中型机场数量占全国总机场数量的比例不超过14%，而占全国总机场数量比例不到2.5%的北京、上海、广州三大城市机场却完成了全国1/4左右的旅客吞吐量。而这些大中型机场没有一个是在最近5年内建成或投入使用的。即使考虑到航空运输产业高投入、慢回报的特点，依然不能排除在欠发达地区，每年新增10个左右机场的背后，是受国家和地方政府的政策干预和资金支持的结果，而这种干预和支持是政府推动的成果而非市场机制内生。由此可见，我国现阶段旅客吞吐量的增长仍然是粗放式的，是依靠以国家和地方政策为驱动的"多投入多产出"的简单商业模式，而这种较大程度依靠多投入的产业发展模式，很可能会违背供给侧改革初衷，甚至在一定程度上造成航空产业局部产能过剩。

（4）价格监管体系不健全。我国航空运输产业价格监管的主管部门是国家发展改革委，发展改革委制定民航运输的法定价格，民航公司可在标的价格上下浮动规定范围内实施定价（见表4-5）。政府定价的目的是维持市场稳定、保持适度竞争，事实情况是航空运输产业投资巨大、回收期长，属于低盈利行业。加上近年来油料成本、人工成本连年上涨，加上昂贵的起降费压力，如果航空公司不能拥有自主定价权，则势必会造成航空公司的持续亏损，更不利于我国航空运输产业参与世界航空市场竞争。航空运输产业价格监管体系不健全主要表现在：第一，基准价缺乏科学依据，上限幅度规定有限。通过行业平均成本加利润率而设定的基准价格，不能体现航空公司对成本的把控。第二，征收机场管理建设费不合理。中国航空旅客除了要支付机票价格，还要额外缴纳机场管理建设费和燃油费，从而侵占了消费者剩余，加重了支付负担。第三，航油成本居高是导致高昂票价的主因。国内航油市场垄断经营，航油定价机制不合理，航油价格水平和航空公司燃油附加费收入受国际油价水平影响较大，由此导致的公司福利损失将间接转嫁给消费者。

（5）产权结构不合理。改革开放以前，我国航空运输产业完全由政府投资、政府管控，政府扮演了航空运输产业政策制定者和市场经营者的角色，虽然改革开放以来，政府长期致力于航空运输产业的产权改革，但政府垄断经营的影响依然存在。三大航空公司均属央企国资控股且国有资本参股均超过50%，国航和东方航空的国有资本参股率甚至在60%以上，国有股权占大型民航运输公司的绝大部分且产权的流动性缺失。我国航空运输产业产权特征主要表现为国家股比重大且股权单一。尽管我国三大航空公司已经上市，采用股份制进行融资，但国家股仍然占据最大份额。单一股权制和流动性缺失是这些大型国有企业的共同特征。一些地方航空公司，如海南航空、上海航空、厦门航空也实施了产权多元化改革，但国有股份仍然占据主导地位。此外，国有航空公司之间相互参股严重，呈"斑马现象"。因此，从某种意义上讲国企航空只是在形式上实现了产权多元化。

表4-5　两种定价方式

定价方式	主体	凭据	结果	目的
政府定价	民航局	市场需求以及航空运输产业客货运输成本等	提供基础价格、准许浮动的价格区间	维护公共利益、维持民航市场稳定
市场定价	民航运输公司	价格歧视、航班时间、航线区域等	在政府规定的价格区间定价	争取效益最大化

（6）服务竞争差别化小，服务质量有待提升。航空公司在部分航线领域竞争激烈，高铁对民航替代效应也在逐渐增强，产业内机队规模不断扩大，再加上新进入航空公司陆续成立，致使各家航空公司服务同质化现象严重。主要表现为：空中服务产品、营销产品的同质化；目标顾客群同质化；销售渠道以及促销手段同质化等。尽管中国航空运输产业发展势头迅猛，航空公司服务质量不断提升，但与世界一流航空企业相比仍有较大差距。航班正常率提升不大，旅客投诉事件处理不及时等问题层出不穷，消费者权益和利益受到严重侵害。

4.2.3.5　我国航空运输产业分类监管设计与协调政策

（1）航空运输产业分类监管设计。

1）空中交通监管服务部门。空中交通监管是利用航空管控中心和机场塔台对飞行器的飞行活动进行指导和管控服务，通过现行技术维护空中交通秩序，是整个航空运输产业的安全保障（见图4-2）。空中交通监管服务部门技术更新快、基础设施如塔台、通信设备等固定资产投资巨大，具有显著的自然垄断特征，需加强政府监管，建立高度集中的空中交通监管体系。空中交通监管服务部门的问题和建议如表4-6所示。

2）机场服务部门。机场服务主要分为两个方面：一方面是为航空器飞行提供起降场所服务，以此作为营业收入，单位时间内飞行器起降次数越多、客货吞吐量越大，机场的运营成本就越低，具有规模经济。机场建设需要购买大面积土

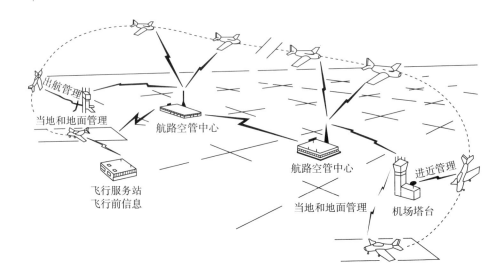

图4-2　空中交通监管系统中的飞机飞行示意

资料来源：中国民用航空网。

表4-6　空中交通监管服务部门的问题和建议

问题	建议
（1）空管服务部门仍然是一个半政府机构，效率不高，服务意识淡薄； （2）军民航在空域和航路的使用上存在一系列矛盾； （3）设备设施投入严重不足，技术进步缓慢，远远落后于发达国家的技术和服务水平。	（1）建立健全航线资源的有偿使用制度，逐步建立起主要由市场配置航线、航班资源的机制，确保航空公司的平等竞争； （2）建立军民航相互兼容、技术标准统一、高效灵活的空域管理体制，合理配置空域资源； （3）改组为专业化、专营化的空中交通管理服务公司，建立中性服务机制。

地、投入各种基础建设，沉淀成本巨大，需要政府参与投资，具有区域性垄断特点。对于国际民航运输机场，尤其是相同水平的机场，应相互竞争、学习优秀的技术和管理理念，以提高自身竞争力。机场建设在服务大型城市和小型城市具有明显不同表现，大型城市的机场建设拥有更全面的产业功能区规划，除建设核心机场外，还会大力发展临空经济，建设高新技术产业集群区，发挥规模经济效应。另一方面是为航空公司提供办理如值机、托运等飞行服务，以及其他如快递、城市清洁、商场等业务提供场所服务。对于该类业务应采取特许经营、引入竞争的管理方式。

3）航空运输服务部门。航空运输服务部门是提供客货在空间上的快速移动的服务部门，航空运输服务是航空运输公司最根本的业务环节。航空运输服务虽然也需要大规模资本投入，具有极高的技术和管理要求，但受技术进步以及高铁等其他可替代运输方式的迅速发展的影响，航空运输服务部门可在保证航运安全的前提下开展充分的市场竞争。换句话说，航空运输产业需要在政府设定严格进入壁垒的前提下有条件地在航空运输服务环节引入充分的市场竞争，最终实现类似于汽车行业的寡头垄断或垄断竞争格局。

4）航空保障服务部门。航空保障服务部门提供油料、航材、航空信息三大服务，这些服务均具有一定程度的自然垄断特质，需要适度推行放松监管的政策。2002年市场化改革之前，我国成立了中航油、中航材、中航信三大公司分管油料、航材、航空信息三大业务，全面市场化改革推行以后，其资产已交由国资委管理，民航总局仅提供航空保障服务管理职能。我国航空运输产业运营管理过程中燃油成本最高，近年三大航空公司财务年报数据显示，各航空公司的燃油成本均占总成本的28%以上，普遍高于世界平均水平，因此应适度推进竞争改革，借助市场机制影响航运燃油价格，降低航空运输燃油成本。我国航空运输产业信息服务的改革同样需要引入竞争，高度集中的产业结构导致垄断低效率，收费过高不利于相关中小型航空企业的发展。较合理的解决办法是引入国际上的先进信息系统，与国内有意图参与此项目的航空公司合伙成立新的信息服务公司，在国内形成垄断竞争格局。

5）航空延伸服务部门。航空延伸服务部门主要包括机场部门的下游产业部门，有值机、仓储、商场或商店、清洁、安保等行业，虽然这些行业不具有垄断性，但事实上目前航空延伸服务部门的市场份额被机场公司控制。机场公司拥有机场资源的管理权，其会选择将下属公司安排到机场的各个环节进行生产经营，这是机场政企不分的"纵向一体化"和机场内部利益所导致的，需要政府实施监管优化，实施引入竞争的政策措施，在更大程度上实现充分竞争的格局。

6）航空维修与飞行员培训部门。航空维修服务具有高技术性和一定的规模经济性，假设同一个机场只有一个航空维修服务公司，若该机场内航空公司越多、常规机型飞机数量越多、机场内起降次数越高，那么平均每个航空公司需要支付的飞行器维修费用就越少。因此航空维修服务部门需要以区域为服务单位，每个航空公司可保留几个专业维修人员应急，以保证航空维修服务环节的最优资源配置。另外，区域内对航空维修服务采取竞争方式、鼓励竞争与合作，同时加大对该业务环节的技术质量监管。

（2）促进航空运输产业分类监管的协调政策。对航空运输产业的各个部门、各个环节分类实施政府监管的同时，需加强产业各业务环节之间以及管理部门之间的相互协调，以保行业的高效运营（见表4-7）。

表 4-7　航空运输产业分类监管设计

民航运输部门	技术经济特征	资本来源	运营主体	监管与竞争政策
空中交通监管部门	规模经济、自然垄断	国有或上市资本	政府或企业	全国垄断
机场服务部门	规模经济	国有、民营、外资、合资	政府或企业	区域垄断或只存在两个企业的寡头垄断
航空运输服务部门	可竞争	国有、民营、外资、中外合资	企业	鼓励竞争
航空保障服务部门	规模经济	国有、民营、外资、中外合资	政府或企业	垄断竞争、适度竞争
航空延伸服务部门	可竞争	国有、民营、外资、中外合资	企业	鼓励竞争
飞机维修与飞行员培训部门	可竞争	国营、民营、中外合资	企业	鼓励竞争

1）各级航空主管部门的协调。2002 年，国家颁布文件开始对民航机场实行属地化管理，即将机场划归地方管理，但关于中央和地方在机场管理职能权责方面缺乏具体规定，因此需制定专门性法规对管理部门之间的职能权责进行规范，方便各司其职，理顺沟通衔接。其中，中央管理部门主要负责航空运输产业的价格监管、安全监管以及进入、退出壁垒监管等，地方民航管理部门应负责区域内航空公司的土地开发、租赁、投资等运营监管。

2）航空运输公司与空中交管部门的协调。空中交通监管部门负责制定航班时刻表，对航班起降时刻进行安排和调整，有效防止意外事故发生。我国航班安排通过"航班协调会"讨论制定，最终由政府参与并由民航总局批准，这种方式缺乏透明度，容易造成航线资源配置的低效率，因此有必要在间歇性调整和更改时刻表。目前，我国是每两年调整一次，一般采取公开招标的方式，引入竞争机制以提高运营效率。

3）机场与航空公司的协调。航空运输公司提供客货物空中运输服务，是航空运输产业的核心业务，机场为民航运输公司提供起降和飞行场所，是航空运输产业的基础载体。因此在机场与航空公司之间协调方面，最关键的是机场应做到中正无偏，为各航空公司提供公平的地面服务。政府应促进机场与航空公司之间的相互融资，防止出现机场给特定航空运输公司提供政策、价格、服务等方面的偏私与优待。

4）航空运输产业普遍服务政策。我国航空运输产业发展很不平衡，北、上、广、深等发达地区的航线通常是"一线难求"，是各航空运输公司争抢的主要地盘，逐步形成体现充分竞争的良好格局。西部地区和云贵高原等区域投资不足，基础设施不尽完善，若大规模引入竞争机制反而不如垄断经营更有效。同时政府应鼓励各航空公司发展支线，充分利用航线资源和旅游业资源，带动偏远不发达地区的航空运输产业的发展，实现政府普遍服务监管。

（3）我国航空运输产业市场化监管对策。

1）制定相关法律法规并完善监管法律体系。在改进立法方面，借鉴西方发达国家政府监管的成功经验，"先立法后改革"，稳步推进且不断深化航空运输产业市场化改革。健全和完善法律法规，填补改革过程中存在的政策真空；更新修改民航基础法，以适应航空运输产业快速发展的需要。在监管体系方面，应做到进一步推进政务公开，完善政府信息公开制度，不仅公开制定和执行监管改革方案，也公开改革原因、论证和结果等系统化信息；进一步完善监管法律体系，为有效落实航空运输产业政府监管改革提供强有力的政策保障。

2）完善市场准入和退出监管机制。在降低民营资本准入限制的同时，应进一步加强其资质审查力度，保证最低生产规模符合行业标准，让最具有竞争力的资质企业进入航空运输产业，提高行业运营绩效。对国内、国际航线运营权进行公开拍卖，倡导和引入竞争元素，取消对地方性航空企业的歧视性政策。针对机场地面服务项目，机场公司应加快由业务大包大揽向专职化管理转型，通过招标或特许经营吸引潜在进入企业经营地面服务业务。应逐步建立健全航空运输产业退出机制，建立优胜劣汰的良性竞争格局，同时保证航空运输服务生产和供给的持续性。

3）放松航空运输产业价格监管。虽然我国航空运输产业管理部门多次调整机票价格，但价格监管的范围仅局限于里程低于 800 公里以及跟高铁动车组竞争激烈的特定航线，并且要求航空公司的票价浮动范围不超过 10%；除民航票价适度放松监管之外，机场管理收费、航空保障服务等业务至今尚未引入市场化元素，因此需进一步放松航空运输产业机票的价格上限监管，逐步减少甚至取消征收机场建设管理费，或适度根据市场真实需求进行定价调整。同时应逐步削减和控制产业链上游原材料供给部门的垄断势力，航空煤油供应管理运营体制应适度引入竞争要素，实施不对称监管措施和产业扶植政策，鼓励具备航空煤油运营资质的优质企业同中国航空油料集团展开公平竞争，重塑竞争性行业定价机制，倒逼航空运输产业降低票价，节约管理运营成本，以提高行业运营效率。

4）深化航空运输产业产权改革。在航空运输产业市场化改革实践过程中，政企合一或政企不分的行政垄断现象确实有所好转，但是离完全的政企分离状态仍然存在较大差距，航空企业运营效率还有较大上升空间。应继续深化航空运输产业的产权改革，鼓励引入民间资本和国外战略投资资金，确保航空运输产业产权改革实至名归，避免流于形式。航空运输产业的产权改革重点突出且有针对性，那些关系到国计民生和国家安全的产业领域仍需保证国有资本的主体地位。鼓励航空企业依据市场规律实施兼并重组和自由进退，提高资源配置和使用效率。

5）提升差别化竞争能力和服务质量。面对多元化消费需求和选择压力，航空公司应加大服务创新和改进投入力度，调整优化产品服务设计、营销、品牌建设等，减少同质化，增强特色化，创造自身竞争优势，在激烈行业和企业竞争中不断巩固其市场地位。构建科学合理的服务质量评价体系，持续改进航空运输服务质量。进一步鼓励航空企业尝试推广"互联网+"产品或服务，利用业态创新和组织重塑拓宽并增值服务价值链。着力提高航班正常率，优化航班运行链条，系统提升协调飞行作业能力。提高天气预报和飞行控制能力，加强突发事件预警能力，提高灵活应对大面积航班延误能力等。

本章练习题

1. 盈亏平衡分析的作用是什么？常以哪些方式表示盈亏平衡？

2. 何谓非线性盈亏平衡分析？产品售价和单位产品可变成本随产量或销售量变化的经济含义是什么？

3. 实际工作中，是否产量高于盈亏平衡产量就一定能盈利，为什么？如何确定最佳设计或经营生产规模？

4. 对两个或两个以上方案进行盈亏平衡分析时，可采用什么方法？

5. 什么是敏感性分析？敏感性分析中的因素和指标各有什么不同？它们包括哪些常用的项目？

6. 概率分析中的期望值分析法和方差分析法各表示什么经济意义？

7. 某项目设计一年生产能力为 4 万吨，产品售价为 2000 元/吨，生产总成本为 1200 元/吨。其中，固定成本为 500 元/吨，可变成本为 700 元/吨。试求：

（1）以产量、销售价格、生产能力利用率表示的盈亏平衡点。

（2）如果当年实际生产量为 3 万吨，试分析该项目的盈亏情况。

（3）如果计划年盈利为 30 万元，应如何安排产量。

8. 某化工机械厂年产零件 200 万件，售价为 6.25 元/件，产品成本为 3.64 元/件，固定成本为 0.39 元/件，可变成本为 3.25 元/件。如果按年计，试求：

（1）盈亏平衡产量。

（2）盈亏平衡销售价格。

（3）如果售价由最初的 6.25 元/件降到 5.75 元/件，或升到 6.75 元/件，求各自的盈亏平衡产量。

（4）假定可变费用增减 10%，同时折旧和固定费用或固定成本均保持不变，求盈亏平衡产量。

9. 某产品的价格与销售量的关系为 $P=300-0.025Q$（元/吨），固定成本为 2 万元，单位产品的可变成本与产量的关系为 $V_c=90-0.01Q$（元/吨）。试求：

（1）该项目的盈亏平衡产量范围。

（2）最大的盈利额及相应的最佳产量。

5 航空投资项目的可行性研究

5.1 项目可行性研究概述

5.1.1 可行性研究的概念

可行性研究（Feasibility Study）是分析、计算和评价各种技术方案和项目投资效果的一种方法，是在投资项目拟建之前，对与项目有关的市场、资源、工程技术、经济和社会等方面的问题进行全面分析、论证和评价，目的是为拟建项目提供科学依据，从而保证所建项目在技术上先进可行，在经济上合理有利，使项目的决策建立在科学性和可靠性的基础上。目前，世界各国可行性研究的具体做法不完全相同，但均把它作为投资决策的重要程序，不仅发达国家如此，发展中国家也是如此。我国于 20 世纪 70 年代引进可行性研究，并于 20 世纪 80 年代开始实施，目前不同类型的项目已经有了各自的可行性研究报告指南，还有部分进行了修订，如 2007 年的《公共投资项目可行性研究指南修订》等，可行性研究已逐步科学化、规范化、程序化和制度化。根据联合国工业发展组织编写的《工业可行性研究手册》的规定，投资前期的可行性研究工作可分为投资机会研究、初步可行性研究、详细可行性研究和项目评估四个阶段，前三个阶段属于可行性研究阶段，而项目评估是对项目的可行性研究所做工作的再评价，这里有必要对项目可行性研究作简单的阐述。由于对基础资料的占有程度、研究深度及可靠程度要求不同，可行性研究各阶段的工作性质、工作内容、工作成果及费用、估算精度、费用占总投资的百分比、工作时间也存在差异。

5.1.2 可行性研究的用途

（1）作为项目投资者投资决策的依据。可行性研究是项目投资前期的首要工作，项目投资者需要在多方分析论证的基础上编制可行性研究报告，作为投资者投资决策的依据。任何一个投资项目的成立与否，投资效益如何，都要受到社会、技术、经济等多种因素的影响。对投资项目进行深入、细致的可行性研究，正是从这三个方面对项目进行分析、评价，从而积极主动地采取有效措施，避免因不确定性因素造成损失，提高项目经济效益，实现项目投资决策的科学化[①]。

（2）作为向金融机构申请贷款的依据。世界银行等国际金融机构以及国内银行在受理项目贷款申请时，都要根据可行性研究报告，对申请贷款的项目进行全面、细致的分析论证，在此基础上编制项目评估报告，根据项目评估报告的结论决定是否予以贷款。

（3）作为商务谈判和签订有关合同协议的依据。有些项目可能需要引进技术设备，在与外商谈判时要以可行性研究报告为依据；项目在实施时，需要供水、供电、供气、通信和原材料等部门协作配合。因此，要根据可行性研究报告的有关内容与这些部门签订有关协议或合同，以确保项目顺利实施并按预期投入运营。

（4）作为项目初步设计的依据。在项目可行性研究报告获得批准后，可依据可行性研究报告中已确定的项目规模、产品方案、厂址、生产工艺、设备选型等内容进行项目的初步设计。在现行的规定中，虽然可行性研究与项目设计文件的编制是分别进行的，但项目的设计要求是严格按照批准的可行性研究报告内容进行的，不得随意改变可行性研究报告中已确定的规模、方案、标准、厂址及投资额等控制性指标。项目设计中的新技术、新设备也必须经过可行性研究才能被采用。因此，我国建设程序规定，可行性研究是建设程序中的一个重要环节，是在设计前进行的，并作为项目实施的依据。

此外，可行性研究报告在必要的时候还可以作为项目申报立项和获得批准的依据，项目可行性研究结论审批立项，项目获得批准后方可实施。

5.1.3 项目评估与可行性研究的联系与区别

5.1.3.1 项目评估与可行性研究的联系

项目评估与可行性研究都处在项目拟建初期，是投资者进行科学决策的重要组成部分。它们之间是相辅相成、缺一不可的。具体联系体现在以下几个方面：

（1）可行性研究是项目评估的对象和基础，项目评估应在可行性研究的基础上进行。可行性研究是在拟定的项目建议书被批准之后，通过专业而全面的分

---

① 张宏志. 某移动分公司 GSM 网基站系统工程项目可行性研究［D］. 北京邮电大学，2009.

析论证来探究项目可行与否。项目评估则是在可行性研究进行之后，通过专业的视角对项目可行性研究进行审查和分析，进而得出项目是否可行的结论。两者都属于项目建设前期重要的准备工作。

（2）项目评估是使可行性研究的结果得以实现的前提。可行性研究的内容和成果必须要通过项目评估的抉择性建议来实现。因此，项目评估的客观评审结论是实现可行性研究所做的投资规划的前提。

（3）项目评估是可行性研究的延伸和再评价。由于项目评估是对可行性研究报告的各方面情况所做的进一步论证和审核，因此它是可行性研究工作的自然延伸和再研究。

5.1.3.2 项目评估与可行性研究的区别

项目评估与可行性研究在内容和目的等方面存在许多相同之处，但是从理论和实践上看，两者又存在诸多不同之处，主要表现在以下几个方面：

（1）执行单位不同。项目评估和可行性研究是由不同的机构分别承担的，主要是为了保证项目决策前的调查研究和审查评价活动相对独立。项目的可行性研究由项目投资者或项目的主管部门主持，他们也可以把这项工作委托给专业机构，但受托机构只对项目业主负责，而委托机构的工作是为投资主体和决策部门服务。项目评估则主要从第三方的视角，审查项目是否具有可行性。可行性研究的具体执行者一般是建设单位、设计院或咨询公司；项目评估的具体执行者一般是项目投资决策机构、项目贷款决策机构（贷款银行）或建设主管部门委托的工程咨询公司，它们负责对上报的可行性研究报告进行专业性的评审。

（2）在项目管理中所处的阶段不同。在项目建设过程中，可行性研究在前，项目评估在后。可行性研究工作处于投资前期的项目准备工作阶段，它是根据国家、地区和行业发展规划的要求，对拟建项目进行技术经济分析、社会与经济效益预测和方案论证比较，是项目投资决策的基础和项目评估的重要前提，但它不能作为项目投资决策的最终依据。项目评估处于投资前期的项目审批决策阶段，是在建设单位提交可行性研究报告后的，它以可行性研究报告为基础，对项目是否可行做出检查论证。从服务对象和地位方面考察，可行性研究为业主服务，是项目业主投资决策的依据；项目评估为决策机构服务，它实际上是可行性研究的再研究，其目的在于决策，通常比可行性研究更具有权威性。由此，两者在项目业主的最终决策过程中所处的阶段不同。

（3）分析的角度不同。可行性研究是从投资者的角度来考察项目的，项目评估则是从贷款银行或有关部门的角度来考察项目的；后者主要侧重于考察项目建设的可能性与借款可行性研究，一般要从企业的角度去考察项目的盈利能力，决定项目的取舍及其主要的偿还能力。立足于产品市场预测的可行性研究，主要对建设必要性、建设条件、技术可行性和财务效益合理性进行研究分析，着重考察投资项目的微观效益，据此进行取舍。而政府投资决策部门主持的项目评估是站在国家的立场上，对项目可行性研究报告的内容和质量进行评估，综合考察可行性研究的社会经济整体效益。贷款银行对项目所进行的评估，则主要从项目还贷能力的角度来评价项目融资主体的信用状况以及还贷能力。

（4）发挥的作用不同。项目评估和可行性研究都是进行投资决策的重要依据，可行性研究是投资者进行投资决策和政府职能部门审批项目（主要指政府投资项目）的重要依据；项目评估则是政府职能部门（对于大型项目而言）和上级主管部门审批项目的重要依据，更是金融机构确定贷款与否的重要依据，当然，随着政府"简政放权"等政策的实施，未来政府对市场主体投资项目的评估作用将逐步弱化。

（5）执行的目的不同。可行性研究既重视技术又重视经济方面的论证分析，除了对项目的合理性、可行性、必要性进行分析论证，还必须为建设项目规划多种方案，并从工程、技术经济方面对这些方案进行比较和选择，从中选出最佳方案作为投资决策方案。项目评估较为侧重于经济效益方面的论证分析，它是对项目可行性研究报告所进行的全面审核和再评价工作，一般可以借助可行性研究的成果，并且不必为项目设计多个实施方案，主要审查与判断项目可行性研究的可靠性、真实性和客观性，对投资拟建项目是否可行和确定最佳投资方案提出评估意见。由于目的不同，可能导致对同一问题的看法不同，结论也可能有所差异。

（6）报告撰写格式不同。可行性研究报告主要包括总论、产品市场预测、建设规模分析、建设条件和技术方案论证、项目经济效益分析评价和结论与建议等方面的内容。报告中还应附有研究工作依据、市场调查报告、场址选择报告、资源信息量报告、环境影响报告和贷款意向书等技术性和政策性文件。项目评估报告主要包括对项目建设必要性、建设与生产条件、技术方案、经济效益和项目总评估五个方面的评估；全面审核可行性研究报告中反映的全部情况是否属实，此外还要分析各种参数、基础数据、定额费率和效果指标的测算和选择是否正确；而且在报告中必须附上有关企业资信、产品销售、物资供应、建设条件、技术方案专利与生产协作、资金来源等一系列的证明和协议文件，以判断和证实项目可行性研究的可靠性、真实性和客观性，以有利于决策机构对项目投资提出决策性建议。

5.2 可行性研究的内容

5.2.1 项目背景及建设的必要性

5.2.1.1 项目提出的背景

项目提出的背景是指最初设计的或规划的投资项目的建设根据和理由。任何一个投资项目都是在一定背景下提出的。从整体上讲，项目提出的背景均可归纳为宏观背景和微观背景两个方面，相应地，项目提出背景评估也可分为宏观背景评估和微观背景评估。

项目宏观背景评估主要是考察项目是否符合国家一定时期的方针、政策、规划等，这是项目是否可行的基本依据。评估人员应掌握各级政府一定时期的方针、政策，分别论述其要点，把项目的动机与这些要点进行比较。同时，评估人员要充分研究政府的有关规划，以考察项目投资与这些规划的关系。另外，评估人员还要考察项目在规划中所处的地位和安排的投资时机等，并论述有关规划和项目的建设内容，以及项目对有关规划的影响。

项目微观背景评估主要是从项目本身提出的理由着手进行分析评估。通过分析投资该项目是否能给地方、部门和企业带来好处，考察投资项目的提出理由是否充分；是否可以充分利用资源，或增加加工产品的附加值；或增补本地区的空白，替代进口；或增加出口；或扩大就业等。

在实际进行项目评估时，通常从项目的产业背景、区位背景和项目定位三个方面入手，对投资项目的相关背景进行分析和评价。

（1）产业背景分析与评估。对于一个投资项目而言，进行背景分析，首先应对国家在当时的有关政策进行深入研究。因为产业政策是政府为了实现一定的经济和社会目标而制定的与产业有关的一切政策的总和，是政府对未来产业结构变动方向的干预，是为了弥补市场机制可能造成的"调节失灵"而采取的一些干预和补救措施。产业政策的主要功能就是协调产业结构，如扶持战略产业、调整和扶持弱小产业、培育和鼓励新兴产业等。因此，产业政策在某种意义上较集中地反映了政府希望通过调整投资结构以实现经济发展目标的强烈愿望，确定了国民经济中优先发展产业和抑制发展的产业。产业政策对项目的建设具有指导作用，引导投资者把资金投向鼓励发展的行业，而项目的建设也是实现国家产业政策的一个重要手段①。

对项目的产业背景进行分析和评估，需要分析国家的产业政策，包括产业结构政策、产业组织政策、产业布局政策，以及国家在这一时期的技术政策和投资政策，把项目的建设与国家同期的产业政策、技术政策和投资政策的要求进行对比分析。只有符合国家产业政策、技术政策和投资政策要求的项目，才可以认为是合理的，项目建设才是必要的。同时，不仅要考察项目建设与国家这一时期的产业政策、技术政策和投资政策的关系，还要分析产业政策与项目建设内容的相符程度，以及项目建设对产业政策的影响程度。

（2）区位背景分析与评估。任何经济活动都离不开特定的空间，不管这种经济活动的发展水平如何，最终都要在某一特定空间找到它的位置。投资项目建设也与一定地区紧密联系在一起。若区位条件优越，对投资者和生产者来说，可以用同样的投入获得更多的产出；对消费者来说，可以用同样的支出获得更大的效用。

投资者或生产者应尽可能寻找能使利益最大化的地点进行建设或生产，因为不同的投资项目对生产要素和相配套服务的要求是不同的，对市场距离、资源分析和环境等的依赖程度也有所差异。从区位角度来看，项目对生产要素、市场和环境的区位指向类型主要有市场指向型、资源地指向型、原材料供应地指向型、燃料及动力指向型、劳动力指向型、技术指向型以及集聚经济指向型等。

一是市场指向型。市场指向型也称消费地指向型，它指项目分布点趋于靠近消费地的倾向。具有这种布局倾向的项目通常包括：

1）产品易碎或易失重，经长途运输可能会发生较大途中损失的项目。

2）产品易腐，难以长久保存，经过长时间、远距离运输，不能保证产品质量的项目。

3）原料产地相当分散，而消费区分布相对集中的项目。

二是资源地指向型。这里的资源仅指自然资源。有些项目在布局时只能考虑建在有某种自然资源储量丰富的地区，一般是那些直接以自然资源的开采和利用为目的的项目，如采煤项目、采油项目、森林加工项目和水力发电项目等。这类项目在布局时几乎没有其他选择。

三是原材料供应地指向型。原材料供应地指向型指项目分布点趋于原材料产地的倾向。具有这种倾向的项目通常包括：

1）生产中所需要的原材料用量大且不易运输的项目，如制糖项目、钢铁项目和建材项目等。

---

① 宋丹戎. 核工程项目经济分析实证研究［D］. 四川大学，2003.

2）为便于某种重要原材料的运输而对其进行初步处理、加工的项目，如棉花打包厂项目。

3）生产过程与其主要原材料的生产过程之间存在着重要的生产联系与互补关系的项目。如果将这类项目设在原材料产地，可能会取得比较好的经济效益。例如，石油化工项目设在炼油中心，冶金机械项目设在钢铁产地等。

4）消费市场在地域分布上十分分散，没有明显的主次之分，而各种重要的生产原材料分布相当集中的项目，如矿产品加工项目等。

四是燃料及动力指向型。许多工业项目在布局时要侧重考虑接近原材料和动力产地，主要是指那些在生产过程中对燃料和动力依赖程度极强，且消耗量非常大的项目。例如，火力发电项目、有色金属冶炼项目、稀有金属生产加工项目等。这类项目在生产加工过程中，燃料和动力的消耗量往往占其生产总消耗的50%左右，靠近燃料和动力产地，可以大大节省动力消耗占其生产的巨大的成本费用和损耗，并且有助于燃料和动力供给的不可分性和稳定性。

五是劳动力指向型。劳动力指向型指某些项目具有密集使用廉价劳动力的倾向。有些生产活动受劳动力费用、劳动力供给数量和质量的影响程度比较高，在布局时需要重点考虑那些有条件节约劳动力费用或能提供相应劳动力资源的区域。劳动力指向型的项目，一般是劳动密集型的项目，但也可能是技术密集型的项目（如需要高素质劳动力的项目）。这类项目如纺织、服装、食品和造船等行业实施的项目。

六是技术指向型。技术指向型指随着新技术变革而产生的一系列新兴产业趋向文化教育、科技发达的地区分布，如电子、信息和生物基因工程等项目。

七是集聚经济指向型。在现代化大生产的条件下，不同企业间的经济联系日趋紧密，一些企业的产出常常是另一些企业的投入。如果这些互相联系、互相依赖的企业集聚在一起，就能够更好地协调其相互间的产供销关系，进行更有效更合理的分工协作，从而节约成本。同时，这些企业集聚在一起，即使它们之间没有直接的联系，也可以共同使用某些基础设施，以节省投资费用。如果一个投资项目在将来生产经营中的协作关系对其非常重要，或必须使用某种基础设施，且凭自身能力无法独自建设，因而在布局中必须首先考虑接近具备上述条件的工业基地，这个项目在布局上就是集聚经济指向型的项目。

综上所述，投资项目的建设要充分发挥项目所在地的地区优势，就是要在诸多绝对优势中强调最大的优势，在没有绝对优势的情况下选择劣势最小者，这符合地区作为相对利益主体的要求。只有这样，项目的提出背景才是合理的。

（3）项目定位分析与评估。在市场经济条件下，需求总量决定了产业调整的空间，需求结构牵动产业结构的调整，从而在根本上决定了项目的市场定位。

项目定位分析是从项目角度即微观角度对项目的建设背景进行分析。投资项目所生产的产品是否为社会所需要，确切地讲是否为市场所接受，从根本上决定了项目能否取得比较好的经济效益，也就决定了项目是否有建设的必要性。因此，企业必须生产市场需要的产品，这是企业生产的真谛，投资项目也是如此。市场的变化必然引起产业结构、产品结构的变化，同时也引起投资"热点"的变化。只有把资金投向适应市场需求的产品生产中去，才能使投资取得预期效益，投资才具有必要性①。

想要成功地为项目的产品定位，就必须了解项目在生产中所处的位置，必须清楚项目的强项和弱项，对竞争对手进行全面的分析，对项目所在地的行业进行透彻的分析，从而获得差异优势。因此，项目定位分析首先要研究市场的供需情况，调查目前的市场需求和供给情况，预测市场未来的发展态势，判断项目投产后生产的产品是否符合市场的要求。在此基础上，再制定策略，进行企业或产品的市场定位。

5.2.1.2 项目建设的必要性

项目建设的必要性分析是指项目评估者就是否应当组织有关投资项目的建设提出建议和评价的工作。项目建设必要性分析是在说明项目概况之后进行项目可行性研究的另一个基础环节，是对项目可行性研究报告中提出的项目投资建设的必要性的理由及建设的重要性和可能性进行重新审查、分析和评估。一般从宏观、微观两方面对项目建设必要性分析的具体内容进行阐述。

（1）项目建设的宏观必要性分析。从宏观上对项目建设的必要性进行分析，就是从国民经济发展的角度出发，站在全局的角度，衡量项目对国民经济和社会发展的影响，分析项目是否符合国民经济总量平衡发展和经济结构平衡发展的需要；项目是否符合国家一定时期内的产业政策；项目是否符合国家布局经济的要求，能否促进国民经济地区结构优化；项目产品在国民经济和社会发展中的地位与作用。具体的分析内容如下：

1）项目是否符合国民经济总量平衡发展和经济结构平衡发展的需要。国民经济总量的平衡是指社会总供给量和总需求量的基本平衡。社会总供给量由投资品供给和消费品供给组成；社会总需求量由投资需求和消费需求构成。项目建设投资直接构成投资需求，在消费供求平衡条件下，如果投资需求规模过大，将使社会总需求大于总供给，会引起财政和信贷收支不平衡，引发通货膨胀和经济波动；如果投资需求规模过小，将导致社会总需求小于总供给，使经济出现萧条和衰退。所以，应根据国民经济总量平衡的需要决定项目的压缩、停建、缓建或者

---

① 宋丹戎．核工程项目经济分析实证研究［D］．四川大学，2003.

相应扩大规模①。

国民经济结构的平衡主要是指国民经济各部门之间的比例关系协调、产业结构合理。经济结构包括产业结构、地区结构、企业结构和投资结构等。项目建设应充分考虑投资对经济结构的影响。在社会主义市场经济条件下，国家各级政府要利用国民经济发展计划和各种经济杠杆，根据获取资源的可能性和社会的需求实现资源的合理配置，主动寻求实现国民经济结构优化的途径。

2）项目是否符合国家一定时期内的产业政策。国家产业政策可以指导投资项目的建设，也可以引导投资者把资金投向鼓励发展的产业。当前，我国产业政策总的原则是"依靠科技进步，促进产业结构的调整和优化，在改造和提高传统产业的基础上，发展新兴产业和高新技术产业，推进国民经济信息化"。产业结构优化的重点是高度重视农业，调整和改造加工工业，加快发展基础设施建设、基础工业和第三产业②。项目评估者应当深入研究国家在一定时期内的产业政策，把产业政策的要求与项目建设进行对比分析，考察项目在宏观上是否符合国家的产业政策，只有符合产业政策的项目才有建设的必要性。

3）项目是否符合国家布局经济的要求，能否促进国民经济地区结构优化。布局经济是指在一个国家或一个地区范围内，根据生产力最佳配置的要求，选择最适宜的地理位置和最佳的组合形式安排投资建设而产生的经济效益。每个国家在一定时期内都有相应的布局构想，根据我国区域政策的要求，要积极推进西部大开发，促进区域经济协调发展。对投资项目进行考察评估时，必须考察项目是否符合布局经济的需要，将拟建项目放入国家或地区的经济布局中，从而判断项目是否符合国家的产业政策与区域政策，是否符合布局经济的要求。

4）考察评估项目产品在国民经济和社会发展中的地位与作用。根据项目产品的品种、类别、特性及采用的生产工艺，评估项目产品在国家或行业产品中的地位，评估产品在国计民生中所起的作用及在国民经济中所处的地位，并分析项目产品在社会经济发展中的作用。如果项目产品的投产能促进国民经济的发展、提高人们的生活水平、促进社会和谐稳定发展，则该项目产品的投产是必要的。

（2）项目建设的微观必要性分析。从微观上对项目建设的必要性进行分析，主要是从企业自身发展的角度，以投资者的角度衡量项目对市场需求、企业发展、科技进步和投资效益等微观方面的影响，重点分析项目产品（或提供的服务）是否符合市场需求，项目建设是否符合企业发展战略，是否考虑合理生产规模的要求，能否取得较好的经济效益、社会效益和环境效益，是否有利于促进科技进步。

---

①② 王白瑞．中国农业发展银行商业性中长期贷款项目评估［D］．内蒙古大学，2012.

1）项目所生产的产品（或提供的服务）是否符合市场的需求是项目建设的基础，也是企业生存和发展的基本前提。评估项目的微观必要性，必须首先研究市场的需求情况，调查分析项目产品的市场需求和产品的竞争能力。投资项目所生产的产品（或提供的服务）是否符合市场需求，从根本上决定了投资项目能否取得良好的经济效益，也决定了项目是否有建设的必要性。通过对与项目产品有关的生产资料和消费资料以及项目产品在国内外的供应与需求量的调查和预测，判断和评估项目产品的市场需求可靠性，进一步分析产品在质量、性能、成本和价格等方面在国内外市场上的竞争能力和占有率。只有满足市场和社会需求的项目产品（或提供的服务），才具有投资的必要性。

2）项目是否符合企业的发展战略。企业的发展是社会发展的基础，而企业的发展是企业追求剩余产品、追求利润的结果，这个过程是通过满足市场需要来实现的。企业的发展目标包括产品结构的调整、生产能力的扩大、经营范围的拓宽等，企业围绕自己的发展目标开发相关的项目，又通过项目的投资建设来实现企业的目标，两者之间是相辅相成的。进行评估分析时，首先要了解承担项目投资的企业单位的发展规划和要求，并且分析企业的发展规划与国家经济发展规划和地区或行业发展规划的结合是否合理，判断企业的发展是否与大环境相吻合，然后再将拟建投资项目的目标与企业的发展规划和要求进行对比分析，判断两者是否一致。当项目的投资实施能对企业的发展起到推进作用时，则该项目的投资是必要的。

3）项目是否考虑合理生产规模问题直接影响企业的经济效益。同样地，生产规模也直接影响对项目建设条件的要求、技术方案的选择和生产产品的成本与效益。合理生产规模是在产品市场需求与市场竞争能力充分的前提下，根据行业规模经济原则和自身所需的原材料、能源及配套条件等因素确定的。在进行评估分析时，要重点分析项目的设计生产能力是否与产品的市场需求和竞争能力相适应，是否与资金、原材料、能源及外部协作配套条件相适应，是否与项目的合理经济规模相适应，是否符合本行业的产业结构变化趋势。当项目符合市场需求并符合合理经济规模的要求时，该项目的投资建设就是必要的。

4）项目是否有利于促进科技进步。当今生产力的发展离不开科学技术的投入，科学技术对社会生产力发展的推动作用已经上升为第一位。投资建设的项目要能够对社会的进步起到推动的作用，要能够促进生产力的发展，而科学技术是第一生产力，因此在评估分析时，要分析项目是否有利于促进科技进步。无论是新建项目还是改扩建项目，应尽可能地采用先进适用的新技术、新工艺和新设备，满足项目在技术上的先进性和适用性要求，并能把这些新的科研成果尽快运用于产品的设计与生产，使其转化为社会生产力，使项目能生产出社会所需要的高质量的新产品。对这类项目进行必要性评估时，首先要分析评估科研成果转化为社会生产力的必要性和可能性[①]。考察评估拟建项目，如果能够促进科技进步，把科研成果转化为社会生产力，并推动社会发展，则该项目的建设就是必要的。

5.2.2　市场的可行性

市场预测是在市场调查取得一定资料的基础上，运用已有知识、经验和科学方法，通过对市场资料的分析研究，对市场未来的发展状态、行为、趋势等进行分析，推测市场未来的发展前景。市场预测是项目可行性研究中不可缺少的组成部分[②]。

市场调查和预测的主要作用是说明项目建设的必要性。拟建项目的实施和项目产品的投产要以市场预测的结果为依据和依托，对市场进行预测，能够避免项目的重复建设，减少不必要的浪费，杜绝盲目建设。根据市场预测的分析结果，可以保证社会供需平衡的实现、提高项目的投资效益、促进国民经济协调发展等。可以说，市场预测分析是项目投资效益分析指标正确的重要保证。

5.2.2.1　市场预测的内容及步骤

（1）市场预测的内容。市场预测主要围绕与项目产品相关的市场条件展开。由于项目产品存在多样性、复杂性，既包括为特定使用人提供的有形产品、无形产品，还包括为社会大众群体提供的公共物品，如交通运输设施等、城市基础设施等，造成了市场预测内容的差异化，但是市场预测的基本内容和方法是相互联系的。

市场预测的内容主要有：市场现状调查、产品供应与需求预测、产品价格预测、目标市场与市场竞争方分析以及市场风险分析。同时，市场预测的范围应包括国内市场和国外市场，并应进行区域市场分析。

由于项目生产产品的生命周期不同，市场预测的时间跨度也应与之相适应，并考虑市场变化的规律以及数据资料的实效性等。对于竞争性项目的产品，其预测跨度一般为10年左右；对于更新换代快、生命周期短的产品，预测的时间跨度可适当缩短；对于大型交通运输、水利水电、机场建设等基础设施项目，预测时间跨度可以适当延长。

（2）市场预测的步骤。

1）确定目标，拟定预测计划。首先确定预测的目标，有明确的目标，其余的预测工作才能够顺利展开。预测目标的内容主要有：明确预测对象、预测目

---

①　王白瑞. 中国农业发展银行商业性中长期贷款项目评估［D］. 内蒙古大学，2012.

②　王扬. 宏观因素对项目可行性研究与项目评估影响的研究分析［D］. 山东科技大学，2004.

的、预测范围等。预测目标明确详细，才能保证预测结果的准确性。

2）收集数据，分析和整理信息。确定预测目标后，要收集相关的数据，包括预测对象自身发展的历史信息、影响其发展的各种因素等。收集数据后，要对相应的信息进行分析、整理，判断信息的可靠度，去伪存真，使预测结果的误差减少到最低程度，保证预测结果的可靠性。

3）选择适当的预测方法，建立预测模型进行预测。根据预测对象的特点和预测结果的要求选择适当的预测方法，同时根据数据变化的趋势建立相应的预测模型，适当的方法和科学的模型能够使预测工作更加科学、准确。

4）对预测结果进行合理分析。通过对预测结果的判断，得到的评价可能是肯定的，也可能是否定的，一般情况下需要对预测结果进行修正。对预测结果进行分析的重点要放在预测误差的分析上，找出误差产生的原因，修正预测结果。

5.2.2.2　市场预测方法的分类

（1）按预测方法的类型分类。预测方法按类型可以分为定性预测方法和定量预测方法。定性预测方法是建立在经验判断的基础上，对判断结果进行有效处理的预测方法，如德尔菲法；定量预测方法是建立在数学模型基础上的预测方法，如时间序列法、回归分析法、投入产出法、弹性系数法和产品终端消费法等。

（2）按预测的范围分类。预测方法按预测的范围可以分为宏观预测和微观预测。宏观预测是从国民经济的角度出发进行预测，一般是对一个国家或一个地区的市场进行预测；微观预测则是指对一个小范围的市场进行预测。

（3）按预测的时间跨度分类。预测方法按时间跨度可以分为短期预测方法、中期预测方法和长期预测方法。适合短期预测的方法有简单移动平均法、简单指数平滑法、霍特双参数线性指数平滑法、序列分解法等；适合中期、长期预测的方法有德尔菲法、回归分析法、投入产出法、弹性系数法和产品终端消费法等，其中回归分析法和弹性系数法也可用于短期预测。

（4）按预测的内容分类。预测方法按预测内容可以分为购买力预测、需求预测、供给预测、资源预测、价格预测、市场占有率预测等。

5.2.3　工程与技术的可行性

项目的建设规模与产品方案确定后，应进行技术方案、设备方案和工程方案的具体研究论证工作。技术、设备与工程方案构成项目的主体，体现项目的技术和生产力水平，也是项目是否经济合理的重要条件。所以必须先进行方案的比较和论证，然后综合分析，最终选择技术先进、经济合理的最佳建设方案。

所谓工艺技术方案选择，是根据项目性质、产品大纲和建设规模的具体要求，对项目拟选的主要工艺技术、生产流程、设备选型和配备及其配套公用工程等，进行综合比较和选择。

5.2.3.1 技术的分类

技术方案，主要是指生产方法、工艺流程（工艺过程）等，是根据生产实践的经验和自然科学的原理发展而成的。从资源的占用或节约、科技和信息的含量角度，可以把技术分为以下几种：

（1）资金密集型技术。这类技术对资金的占用与消耗比较多，一般占用的初始投资较多，技术装备的先进程度较高，例如机械制造、石油、冶金等行业的技术大多属于这一类型。资金密集型技术具有两个特点：一是占用资金较多、资金周转速度较慢、投资回收期较长；二是相对来说，这类技术由于其先进性，能容纳的劳动力较少，对劳动力的要求也较高。但同时这类技术也具有劳动生产率高、资源消耗低、成本低、市场竞争能力强的优点。该种类型的技术发展要求有较高的社会物质技术基础和较充裕的资金条件，对该类技术的选择要考虑当地的社会基础和自身的资金实力。

（2）劳动密集型技术。这类技术对劳动力占用与消耗较多，一般每单位劳动所占用的资金较少，技术装备的先进程度也相对较低，如轻工、纺织、饮食等行业的技术多属于这一类型。劳动密集型技术也具有两个特点：一是往往需要占用大量的劳动力；二是相对来说对资金的占用较少。在技术选择中，适当地引进一些劳动密集型技术，能充分发挥我国劳动力资源优势，既可弥补资金不足和改造现有技术，又能增加社会产品，取得较好的投资效益。

（3）技术密集型技术。这类技术的机械化、自动化程度较高，一般占用劳动力较少。如高效组合机床、合成材料技术、自动加工生产线等。这种技术的突出特点有两方面：一是对劳动力的技术熟练程度和科学技术知识掌握程度要求较高，因而可以完成传统技术、新材料、新能源、常规技术无法完成的生产技术活动；二是可以为国民经济各部门提供新技术、新工艺、新设备，并把劳动生产率提高到一个崭新的水平。

（4）知识密集型技术。这类技术高度凝结先进的现代化技术成果，如电子计算机、宇航技术、原子能技术等。这种技术的特点包括：一是从事这种技术活动的都是中高级科研人员、技术人员和经济管理人员，即操作人员也需要较高的科学技术知识与管理知识；二是技术装备复杂、投资费用高。但这种技术具有占用劳动力少、消耗材料少、环境污染少等优点。

5.2.3.2 技术的获得方式

一般来说，获得技术的方式主要有以下几种：

（1）技术开发，即在基础研究和应用研究的基础上不断开发新产品，采用新工艺和新设备。

（2）技术许可贸易，即从专利技术或专门知识的拥有者那里购买所需的专利技术或专门知识。

（3）购买成套技术，即购买的是从设计到生产所有有关的技术资料。

（4）合作经营，即通过合作经营的方式，由对方提供所需的技术。

5.2.3.3 技术评估的必要性

（1）技术在项目中所占地位决定了必须对拟建项目进行技术评估。科学技术是第一生产力，对一个建设项目，技术是它的生命力，用先进适用的技术装备我国的各产业部门，是加速国民经济发展，提高社会生产力水平的根本途径，也是固定资产投资的重要任务。先进适用的技术必然使企业的生产经营蓬勃发展，使企业的产品具有强大的市场竞争力。反之，采用落后的技术必然生产效率低下，使企业无法经营而被市场淘汰。一个拟建项目的技术方案也基本上决定了项目建成后的技术装备和生产技术水平，以及企业的产品产量、质量、成本和经济效益。因此，为合理确定拟建项目的技术构成，保证采用先进适用的技术，在项目评估时，必须把技术评估作为核心来看待，这是关系项目成效的关键环节。

（2）建设项目的技术问题具有多层次性、相关性和复杂性。随着当代科学的迅猛发展，技术进步的速度大大提高了。新技术出现的周期越来越短，越来越多的新技术涌现使得能满足同一功能要求的技术方案日趋多样化。由于技术的多层次性，在为项目的技术决策提供了更多选择余地的同时也增加了项目技术问题的复杂性。此外，项目的技术选择也不是一项孤立的事情，不能仅从本企业的目前利益出发，而应与本行业，甚至整个经济系统的条件相适应。一个项目特别是大中型项目，常有一系列相关项目与之配套。因此，仅分析项目本身的技术问题是不够的，必须结合相关项目的技术问题进行全面的、多层次的技术分析，以便按照项目各组成部分的最佳结合选出适宜的技术方案。

（3）技术评估在整个项目评估中处于承上启下的重要地位。技术评估是项目建设必要性评估与建设生产条件评估的继续和深化，同时又是后面各环节评估工作的前提。只有当技术方案出来后，才能以此为依据进行投资、产品成本和各项技术经济指标的计算。利用这些指标和其他经济参数，才能进行项目的财务评估和经济评估。一个项目的技术方案不可行，也就没有必要进行财务评估和经济评估。如果投资决策时对项目通过技术评估的技术方案进行了更改修正，则项目的一系列经济指标也需更改，再重新进行财务评估和经济评估。如果技术评估不充分、不全面，甚至不正确，那么项目的财务评估和经济评估是毫无意义的。

（4）技术评估是独立、客观、公正的评估。技术评估是从全局的角度，对备选的技术方案给予比较客观和公正的评估，既不抱有某种倾向，也不受任何部门的限制。只是依据项目的实际情况，审查原有基础参数的客观真实性。分析和发现存在的技术问题，并提出自己的建议，使技术方案更加完善合理，促使项目的建设卓有成效。

5.2.3.4 技术方案选择的原则

（1）先进性。项目应尽可能采用先进技术和高新技术。衡量技术先进的指标，主要有产品质量性能、产品使用寿命、单位产品物耗能耗、劳动生产率、自动化水平、装备现代化水平等。应尽可能接近国际先进水平或国内领先水平。一项技术的先进性主要表现在以下几个方面：

1）在产品水平上，采用该项技术生产的新产品要比原来的产品在"性能费用比"上更优越。衡量产品性能优越性的指标主要包括结构合理、重量轻、占地面积少、功能齐全程度高、运行维护费用低、可靠性高、使用寿命长等，这些都反映了产品水平的高低。

2）在工艺水平上，采用该项技术能够保证产品质量而且稳定性高，该项技术运用的是节省能源的新工艺、新材料。比如机械加工项目采用精锻、精铸、无切削加工；原材料工业项目采用回收率高，质量能够得到保证，能综合利用的冶炼、加工工艺。

3）在装备水平上，该项技术应该是包含技术专利和诀窍，能生产出先进产品的设备装备。衡量装备水平高低的标准之一是设备装备的自动控制程度能生产出先进产品。

（2）适用性。项目所采用的技术应与国内的资源条件、经济发展水平和管理水平相适应。技术的适用性体现在以下几个方面：

1）采用的技术与可能得到的原材料、燃料、主要辅助材料或半成品相适应。项目的工艺路线往往与原材料的资源条件密切相关，在引进国外设备时，就必须弄清它所适用的原材料，如果没有提供国内的原料成分，或者提供的设计样品成分缺乏代表性，按此设计出的装备和选择的技术往往会造成很大的失误。

2）采用的技术与可能得到的设备相适应，包括国内和国外设备、主机和辅机。如果与采用的技术相配套的设备国内不能生产，而且由于种种原因无法从国外进口或者进口成本非常高，则该项技术是不能采用的。

3）采用的技术与当地劳动力素质和管理水平相适应。劳动力素质的高低对于能否很快掌握先进技术密切相关，有些设备自动化程度较高，用计算机监控和辅助管理，软件研制和维护要求比较高。如果当地缺乏必要数量的专业技术人员和操作工人，或者技术培训或技术援助措施跟不上，则会直接影响先进技术装置的安装及使用。

4）采用的技术与环境保护要求相适应，尽可能采用环保型生产技术。有些技术虽然资源消耗量少，能够节省投资成本，但如果会造成环境污染，污染的危害性较大，也不能够采用。

（3）可靠性。项目所采用的技术和设备质量应可靠，且经过生产实践检验，证明是成熟的。不能把科研实验，没有把握的技术问题，或者遗留的技术难题，放到项目投资中去解决。在引进先进技术时，要特别注意技术的可靠性、成熟性以及相关配合的条件。

（4）安全性。项目所采用的技术在正常使用过程中应能保证安全生产运行。对于有毒有害气体的项目尤其应注重技术的安全性研究。对于生产过程中产生的有害的废水、废气、废渣要有处理措施，达到安全排放标准和环境保护要求，对工作人员要没有伤害，对工厂设备没有水灾、爆炸、毒气扩散等危险因素存在。确保自然环境、生态平衡和人类的健康与安全，做到事先防范和采取积极措施避免不利影响。

（5）经济合理性。在注重所采用的技术先进适用、安全可靠的同时，应着重分析其是否经济合理，是否有利于降低项目投资和产品成本，提高综合效益。技术的采用不应为追求先进而先进，要综合考虑技术系统的整体效益，对于影响产品性能质量的关键部分、技术指标和工艺过程必须严格要求。如果专业设备和控制系统目前国内不能生产或不能保证产品应有的质量，那么成套引进先进技术和关键设备就是必要的。在考虑引进技术时，要受到财力、国力的限制，应顾及国家和企业的经济承受能力，视具体情况量力而行。

5.2.4　经济效益的可行性

项目的经济效益是指项目为社会创造的社会福利的经济价值，即按经济学原理估算出的社会福利的经济价值。

与经济费用相同，项目的经济效益也包括三个层次的内容，分别为直接获得的效益、受项目影响的利益群体获得的效益以及项目可能产生的环境效益。第一项称为直接效益，第二项、第三项称为间接效益。

（1）直接效益。直接效益是指由项目产出物直接生成并在项目范围内计算的经济效益，一般表现为增加项目产出物或者服务的数量以满足市场需求的效益；替代效益较低的相同或类似企业产出物或者服务，使被替代企业减产（停产）从而减少社会有用资源耗费或者损失的效益；增加出口或者减少进口从而增加或者节支的外汇等。

（2）间接效益。间接效益是指项目对国民经济做出的贡献中，在直接效益中未得到反映的那部分效益。它是由于项目的投资兴建和经营，使配套项目和相关部门因增加产量和劳务量而获得的效益。例如，民航机场、通用机场建设除了带动客运、货运相关产业发展，也要促进当地会展业、现代农业、旅游业等发展。

5.2.4.1 需要进行经济效益分析的项目判别准则

符合以下准则之一的，都需要进行经济费用效益分析：

（1）自然垄断项目。对于电力、电信、交通运输等行业的项目，存在着规模效益递增的产业特征，企业一般不会按照帕累托最优法则进行运作，从而导致市场配置资源失效。

（2）公共产品项目。即项目提供的产品或服务在同一时间内可以被共同消费，具有消费的非排他性（未花钱购买公共产品的人不能被排除在此产品或服务的消费之外）和消费的非竞争性（一人消费一种公共产品并不以牺牲其他人的消费为代价）特征。由于市场价格机制只有通过将那些不愿意付费的消费者排除在该物品的消费之外才能得以有效运作，因此市场机制对公共产品项目的资源配置失灵。

（3）具有明显外部效果的项目。外部效果是指一个个体或厂商的行为对另一个个体或厂商产生了影响，而该影响的行为主体又没有负相应的责任或没有获得应得报酬的现象。产生外部效果的行为主体由于不受预算约束，因此常常不考虑外部效果承受者的损益情况。因此，这类行为主体在其行为过程中常常会低效率甚至无效率地使用资源，造成消费者剩余与生产者剩余的损失及市场失灵。

（4）涉及国家控制的战略性资源开发及涉及国家经济安全的项目。这些项目往往具有公共性、外部效果等综合特征，不能完全依靠市场配置资源。

（5）政府对经济活动的干预。如果干扰了正常的经济活动效率，也将导致市场失灵。

5.2.4.2 经济效益的鉴别与测算

（1）项目的产出物用以增加市场的供应量，其效益就是所满足的市场需求，项目的直接效益表现为增加该产出物数量满足市场需求的效益。

（2）项目投产以后所生产的产品，替代了其他企业的相同或者类似产品，使得其他产品减少了同等数量，即从整个社会来看，产品的数量没有增加。在这种情况下，项目的直接效益为被替代企业因为减少产量而节省的资源价值，这些资源价值应采用支付意愿价格度量。

（3）增加出口或者减少进口的产出物。增加出口是指因项目投产后生产的产品数量而增加了国家出口产品的数量，项目效益可以看作增加出口所增收的国家外汇。

5.2.5 社会意义的可行性

社会评价是分析拟建项目对当地社会的影响和当地社会条件对项目的适应性

和可接受程度，是评价项目的社会可行性。除了通过分析项目涉及的各种社会因素，还要提出项目与当地社会协调关系、避免社会风险、促进项目实施、维持社会和谐稳定的方案和建议。政府部门非常重视拟建项目的社会评价，我国国家发展和改革委员会于 2002 年开始，要求投资项目可行性研究报告中应该包括社会评价的内容。

社会评价是项目可行性研究中的重要组成部分，与财务评价、国民经济评价和环境影响评价相互补充，构成了项目可行性研究的主要内容，这些评价从不同的角度分析、考察了拟建项目的可行性。

社会评价的特点主要是宏观性和长期性；评价分析的多目标性和行业特征明显；外部效益较多，定量分析难度较大。

5.2.5.1　宏观性和长期性

项目社会评价必须从全社会的宏观角度考察项目的存在给社会带来的贡献和影响，考察投资项目建设和运营对实现社会发展目标的作用和影响及对社会发展目标的促进作用。在进行拟建项目的社会评价时，要综合考察与项目建设相关的各种可能的影响因素，不仅要考虑正面的、直接的影响，还要考虑负面的、间接的影响，因此这种评价必须是全社会性质的，具有广泛性和宏观性。另外，社会评价又具有长期性，一般情况下，项目的社会评价要考虑一个国家、一个地区的中期和远期发展规划和要求，评价的项目对社会的影响往往不是几十年，而是近百年，甚至关系到几代人的生活。因此，项目的社会评价又具有长期性的特点。

5.2.5.2　评价分析的多目标性和行业特征明显

拟建项目的社会评价需要涉及社会各个领域的发展目标，具有多目标分析的特点。社会评价的目标分析是多层次的，是以国家、地方和当地社区各层次的发展目标以及各层次的社会政策为基础展开的。因此，要综合分析考虑多种社会效益与影响的需要，必须采用多目标综合评价的方法做出项目社会可行性的判断。因为各行业各类不同性质的投资项目的社会效益存在多样性，而且各行业项目的特点不同，反映社会效益指标的差异也很大，所以社会评价指标的行业特征比较明显。一般情况下，各行业能通用的指标较少，而专业性的指标较多。

5.2.5.3　外部效益较多，定量分析难度较大

项目社会评价涉及的间接效益和外部效益通常比较多，如产品质量和生活质量的提高、人民物质文化水平和教育水平的提高、自然环境和生态环境的改善、社会稳定和国防安全等。尤其是农业、水利和交通运输等基础设施项目和公益性项目的社会评价，主要表现在项目的间接与相关效益方面，而且这些效益大多是难以定量分析的无形效益，没有市价能够衡量，如对文化、社会秩序稳定、人民

素质的提高、增加闲暇时间的影响等，一般只能进行文字描述，以及定性分析，很难采用定量分析[①]。

5.3 可行性研究的步骤

我国于 1983 年颁发了《建设项目进行可行性研究的试行管理办法》，该办法对我国基本建设项目的编制程序、内容、审批等进行了规定。该办法虽然于 2016 年 1 月 1 日中止，但仍具有一定的代表性。参考该办法建设项目的可行性研究应包括以下方面的内容：

5.3.1 总论

总论包括综述项目概况、可行性研究的主要结论概要和存在的问题与建议，阐明对推荐方案在论证过程中曾有的重要争议和不同意见与观点，并对建设项目的主要技术经济指标列表说明；还应说明建设项目提出的背景、投资环境，项目建设投资的必要性和经济意义、项目投资对国民经济的作用和重要性；提出项目调查研究的主要依据、工作范围和要求；项目的历史发展概况，项目建议书及有关审批文件。

5.3.2 市场需求预测和拟建规模

调查国内外市场近期产品供需情况；估计国内现有产品生产能力；销售预测、价格分析，产品竞争能力、进入国际市场的前景；产品方案是否符合行业发展规划、技术政策、产业政策和产品结构的分析，提出产品方案的设想和进行建设的规模。

5.3.3 资源、原材料、燃料及公用设施情况

有关资源储量、品位、成分以及开采、利用条件的评述所需原材料、辅助材料、燃料的种类、数量、质量及其来源和供应的可能性与可靠性有毒、有害及危险品的种类、数量和储运条件；材料试验情况；所需动力（水、电、气等）、公用设施的数量、供应方式和供应条件、外部协作条件、交通运输状况以及签订协议和合同的情况等。

---

① 孙怡. ZY 集团 CNG 加气站投资项目评价［D］. 电子科技大学，2008.

5.3.4 建厂条件和厂址方案

建厂地点的自然条件和社会条件描述；建厂地点的地理位置与原材料产地和产品市场的距离；根据建设项目的生产技术要求，在指定的建设区内，对气象、水文、地质、地形条件、地震、洪水情况和社会经济现状进行调查研究，收集基础资料；厂址面积、占地范围、厂区总体布置方案、建设条件、地价、拆迁及其他工程费用情况；对厂址选择进行多方案的技术经济分析和比选，提出优选意见。

5.3.5 技术、设备及工艺选择评价和工程设计方案

拟建项目采用技术和工艺方案论证，包括技术的来源、工艺路线和生产方法，主要设备选型方案和技术、工艺的比较；若为引进技术及设备，应说明引进的必要性，来源的国别、厂商、设备的价格和技术转让费用，并就多种来源途径进行比较选择；列出所选主要设备和辅助设备的名称、型号、规格、数量及价格，并附所选工艺的工艺流程图；确定拟建项目工程设计方案，方案主要包括在选定的建设地点内进行总图和交通运输的设计，进行多方案比较和选择；确定拟建项目的构成范围，主要单项工程（车间）的组成，厂内外主体工程和公用辅助工程的方案比较论证，项目土建工程总量估算，土建工程的场地平整，主要建筑和构筑物与厂外工程的规划等。

5.3.6 环境保护与劳动安全

环境现状调查、拟建项目"三废"（废气、废水、废渣）种类、成分和数量，对环境影响的预测；治理方案的选择和回收利用情况；对环境影响的预评价；劳动保护与安全卫生；城市规划，防震、防洪、防空、文物保护等要求及相应采取的措施方案。

5.3.7 生产组织、劳动定员和人员培训

全厂生产管理体制、机构设置的方案选择论证工程技术和管理人员的素质和数量的要求；劳动定员的配备方案；人员培训的规划和费用估算。

5.3.8 项目实施计划和进度要求

根据勘察设计、设备制造、工程施工、安装、试生产所需时间与进度要求和指定的建设工期，选择整个工程项目的实施方案和总进度，并用线条图或网络图表述最佳实施计划方案的选择。

5.3.9 经济效益的分析与评价

各项基建投资、流动资金和项目总投资的估算；项目资金来源和筹措方式与还款计划；企业生产成本估算；项目财务评价、国民经济评价和不确定性分析。

5.3.10 评价结论

建设方案的综合分析评价与方案选择，运用有关数据，从技术、经济、社会、财务等方面论述建设项目的可行性，推荐可行方案，提供决策参考，指出项目存在的问题；结论性意见和改进建议。

上述可行性研究的内容主要是对新建项目而言的，对于改建、扩建项目的可行性研究，还应增加对企业现有概况的说明和利用原有固定资产及其他条件产生增量效益的分析。鉴于建设项目的性质、任务、规模及工程复杂程度不同，可行性研究的内容应随行业不同而有所区别并各有侧重，深度和广度也不尽一致，内容也可根据实际情况而有所增减。

综上所述，项目可行性研究的基本内容可概括为三大部分：

第一部分是产品的市场调查和预测研究，这是项目成立的重要依据。因为产品方案、建设规模以及企业的效益都是根据市场供需和销售预测确定的，因此市场调查和预测是项目可行性研究的前提，其主要任务是说明项目建设的必要性问题。

第二部分是技术方案和建设条件，这是指有关资源投入、厂址、技术、设备和生产组织等方面的问题。它是可行性研究的技术基础，决定了建设项目在技术上的可行性。

第三部分是经济效益的分析和评价，这是决定项目投资命运的关键。它是项目可行性研究的核心部分，由此说明项目在经济上的"合理性"。可行性研究就是从这三大部分对建设项目进行研究，并为项目投资决策提供科学依据的。

5.4 投资项目后评价

5.4.1 项目后评价的含义

项目后评估也称为事后评价，是在项目建成投产或投入使用一段时间以后，依据项目运营过程中实际发生的数据和资料，测算分析项目技术经济指标，通过与项目前评估报告等文件的对比分析，确定项目是否达到原设计和期望的目标，重新估算项目在经济和财务等方面的效益，并总结经验教训的一项综合性工作[①]。它是对项目立项、准备、决策、实施直到投产运营全过程的总评估，对投资项目取得的经济效益、社会效益和环境效益进行评价，从而判断项目投资目标实现程度的一种方法[②]。项目后评估是相对于建设项目决策前的项目评估而言的，它是项目决策前评估的继续和发展。

项目后评估产生于 19 世纪 30 年代的美国，直到 20 世纪 70 年代才广泛地被许多国家和世界银行、亚洲银行等双边或多边援助组织用于世界范围的各种项目的结果评估中。如世界银行成立了专业的业务评价局，英国的石油公司也下设后评估部，负责项目后评估工作。

项目后评估在提高项目决策的科学化水平、改进项目管理水平、监督项目的正常生产经营、降低投资项目的风险、提高投资效益等方面发挥着非常重要的作用。对项目进行后评估，对提高项目投资决策的科学化、规范化和合理化具有重要的意义。

具体地说，项目后评估的作用主要表现在以下五个方面：

（1）有利于总结项目建设和管理过程中的经验教训，以提高未来项目建设的管理水平。

项目管理是一项十分复杂的综合性工作活动。它涉及主管部门、贷款银行、物资供应部门、勘察设计部门、施工单位、项目和有关地方行政管理等单位和部门。项目能否顺利完成并取得预期的投资经济效果，不仅取决于项目自身因素，而且取决于这些部门能否相互协调、密切合作、保质保量地完成各项任务。投资项目后评估通过对已建成项目的分析研究和论证，较全面地总结项目管理各个环节的经验教训，指导未来项目的管理活动。

（2）有利于提高项目决策的科学化水平，以降低项目投资的风险程度。

建立完善的项目后评估制度和科学的方法体系，一方面可以增强项目前评估人员的责任感，促使评估人员努力做好项目前评估工作，提高项目评估的准确性；另一方面可以通过项目后评估的反馈信息，及时纠正项目决策中存在的问题，从而提高未来项目决策的准确程度和科学化水平，并对相似的投资项目决策起到参考和示范作用，降低项目投资的风险。

（3）有利于完善国家项目建设的各类参数指标，以提高项目的建设和管理水平。

通过投资项目的后评估工作，国家可以及时地修正某些不适合经济发展的技

①　廖烈勇．上林县拉约庄精准扶贫示范点建设项目全过程管理研究［D］．广西大学，2016．
②　孙越．水利建设项目后评价研究［D］．山西财经大学，2009．

术经济政策，修订某些已经过时的指标参数。同时，能够发现宏观投资管理中存在的某些问题，国家还可以根据项目后评估所反馈的信息，合理确定投资规模和投资方向，协调各产业、各部门之间及其内部的各种比例关系。

（4）有利于提高项目资金的利用水平，为贷款银行及时调整贷款政策提供依据。

通过开展项目后评估，可以审查资金从决策阶段的筹集到资金运用、再到资金的回收和积累的全过程，可以从中总结规律性的经验，以指导财务分析和核算工作①。同时，也可以从中分析研究贷款项目成功或者失败的原因，从而为贷款银行调整信贷政策提供依据，并确保贷款的按期回收。

（5）有利于对项目建设进行监督与检查，促使项目运营状态的正常化。

项目后评估是在运营阶段进行的，因而可以分析和研究项目投产初期和达产时期的实际情况，比较实际情况与预测状况的偏离程度，探索产生偏差的原因，提出切实可行的措施，提高项目的经济效益和社会效益。

建设项目竣工投产后，通过项目后评估，针对项目实际效果所反映出来的从项目的设计、决策、实施到生产经营各个阶段存在的问题，提出相应的改进措施和建议，使项目尽快实现预期目标，更好地发挥效益。对于决策失误或者环境改变致使生产、技术或者经济等方面处于严重困境的项目，通过项目后评估可以为其找到生存和发展的途径，并为主管部门重新制订或优选方案提供决策依据。

5.4.2 项目后评价的特点

项目后评估的特点表现为：现实性、系统性、反馈性和修正性。

5.4.2.1 现实性

项目后评估分析研究的是项目投产后的实际情况，搜集分析项目实际运营过程中的真实数据，总结经验和教训，并据此采取对策措施。而项目前评估分析研究的是项目的预测情况，所用的数据都是预测的数据。项目后评估的现实性决定了其评估结论的客观可靠性。

5.4.2.2 系统性

项目后评估是一项系统性的工作，它不仅要分析项目的投资过程，还要分析其生产经营过程；不仅要分析项目的经济效益，还要分析其社会效益、环境效益；不仅要综合考虑各方面的因素，还要分析项目的经营管理水平和项目的发展后劲及潜力。

5.4.2.3 反馈性

项目后评估的目的是对现有情况进行总结和回顾，作为新项目立项和评估的

---

① 廖烈勇. 上林县拉约庄精准扶贫示范点建设项目全过程管理研究 ［D］. 广西大学, 2016.

基础、调整投资规划和政策的依据，并将有关信息反馈给项目经营单位和政府有关部门，以利于提高投资项目决策和管理水平，为以后的宏观决策、微观决策和项目建设提供依据和借鉴[①]。

5.4.2.4 修正性

项目后评估要在分析项目投产运营现状的基础上，分析查找与项目前评估存在的差异，并研究造成差异的原因，提出有针对性的措施建议，以修正项目前评估出现的偏差，为指导以后的项目建设和项目的未来经营打下基础，所以它可以重新评估和测算项目在未来剩余年限内的经济效益，可以探索项目未来的发展方向和发展趋势。

5.4.3 项目后评估与项目前评估的差异

5.4.3.1 评估的目的不同

项目前评估的目的是评估项目技术上的先进性和经济上的可行性；分析项目本身的条件对长远效益的作用和影响；为项目投资决策提供依据，直接作用于投资决策。而项目后评估侧重于项目的影响和可持续性分析，目的是总结经验，改进投资质量，间接作用于投资决策[②]。

5.4.3.2 评估所处的阶段不同

项目前评估是在项目决策前的前期工作阶段进行的，属于项目前期工作，决定项目是否可以实施。项目后评估是项目投产后进行一段时间内的再评估，是对项目全过程（包括建设期和生产期）的效益进行评估，在项目周期中处于"承前启后"的位置。

5.4.3.3 评估的内容不同

项目前评估主要是对项目建设的必要性、可行性、合理性及技术方案和生产建设条件等进行评估，包括市场评估、技术评估、财务评估、国民经济效益评估、风险评估、环境评估等内容。项目后评估除了对上述内容进行再评估，还要对项目决策的准确程度和实施效率进行评估，对项目的实际运营状况进行深入细致的分析，包括对已经完成项目的整个过程、机构及效益、环境影响和项目的可持续性等内容进行评估。

5.4.3.4 评估的依据不同

项目前评估主要以历史资料和经验性资料，以及国家和有关部门颁发的政策、规定、方法、参数等文件为依据。项目后评估则主要依据建成投产后项目实施的现实资料，并把历史资料与现实资料进行对比分析，其准确程度较高，说服

---

① 孙越. 水利建设项目后评价研究 [D]. 山西财经大学，2009.

② 唐丹. 产能建设项目的经济后评价 [J]. 油气田地面工程，2012，31（6）：72.

力较强①。

5.4.3.5　评估的侧重点不同

项目前评估的目的是决定项目是否可行，主要采用预测技术和数据来分析评估项目未来的成本收益，以定量指标为主，侧重于项目的经济效益分析与评估。项目后评估是对项目的生产和经营进行回顾和总结，以现有实施为依据，以提高经济效益为目的，一般是结合行政和法律、经济和社会、建设和生产、决策和实施等各方面的内容进行综合评估的。

总之，项目后评估是依据国家政策、法律法规和制度规定，对项目的决策依据、管理平台、应用实施结果进行严格的检验和评估，通过与项目前评估的比较分析，总结项目建设过程中的经验教训，发现问题并提出对策措施，促使项目更快更好地发挥效益。

5.4.4　项目后评估的程序

项目后评估是多层次、全方位的技术经济论证过程，具有严格的程序，应根据项目的具体情况，采取科学的工作程序，做到有条理、分层次，这样才能达到评估的预期目的。项目后评估一般遵循如下程序：

5.4.4.1　制订项目后评估计划

项目后评估是一项非常重要的工作，既要注意其规范性，又要注意项目自身的特点。在针对项目提出问题之后，要根据现有资源、条件去解决问题，这就需要专家的意见和指导，进而提出相应的计划。其内容主要包括项目后评估技术路线、项目后评估人员配备、组织机构、时间进度、方法等。项目后评估计划的制订一般应遵循以下三个步骤：

（1）提出项目后评估的工作计划。

（2）组建项目后评估工作小组。评估小组成员一般应包括经济技术人员、工程技术人员、市场分析人员，还应包括直接参与项目实施的工作人员。

（3）拟定项目后评估的工作大纲，安排时间进度和人员分工。

5.4.4.2　收集资料阶段

在正式评估开始之前，对评估内容进行细致、严格的调查。同时，要对评估对象所涉及的资料进行收集和整理，获取第一手真实有效的资料，以便于未来评估工作能够高效、有序地进行。资料涉及的范围主要是从筹建到施工、竣工到生产经营方面的各类研究报告、设计、验收、管理、财务信息以及国家政策等方面的数据和资料。

---

① 孙越．水利建设项目后评价研究［D］．山西财经大学，2009.

项目建设期资料。①项目决策期资料：项目背景资料；市场分析资料；项目建议书；可行性研究报告；前项目评估报告；设计任务书；批准文件；其他配套项目资料；资金筹集及来源机构资料等。②项目实施期资料：初步设计；施工图设计；工程概算、预算、决算报告；施工合同；设备采购招标、投标文件；工程监理文件；质量监督机关评审资料；原材料订货合同及与建设生产条件有关的协议和文件等。

项目竣工及生产期资料。①项目竣工资料：工程竣工验收报告；材料或者产品检测证；工程遗留项目及后续续建工程清单等。②项目生产期资料：人员配置；机构设置；领导班子；生产期历年生产；财务计划。

其他资料。①有关本行业、生产同样产品的主要企业或同类企业的信息资料。②国内、省内该项目产品的长期发展规划和发展方向、发展重点和限制对象等资料。③优惠政策及国家有关经济政策资料；贷款项目档案资料。④涉外项目有关的询价、报价资料；招标、投标文件；谈判协议、合同附件以及设备存储、运输、开箱检验、商检及索赔方面的资料。

5.4.4.3 评估阶段

项目后评估中最重要的工作就是对评估内容的分析和研究，通过前期的准备和资料收集，评估人员已经对评估对象做到基本了解。这时就需要根据现有资料对评估内容进行研究，分析研究的主要内容包括以下几点：

一是项目最终的总体结果。①项目总体上是否达到预期效果。项目的经济效益、社会效益的影响力如何及其原因。②项目的投入与产出是否成正比，是否与项目前评估的预测保持一致，出现差距的原因是什么。③项目是否按时建设施工并竣工投产，项目的预算是否超支及其原因。④项目的运营状况如何，主要的经验及教训。

二是项目的可持续性。①项目在建设过程中是否存在重大问题。这些问题产生的原因、解决的措施或者途径是什么。②项目在维持长期运营方面是否存在重大问题。造成这些问题的原因是什么，以后如何采取措施加以解决。

三是项目方案的比较。主要是针对项目进行的多方案比较，判断是否有更好的方案来实现上述成果。

四是项目的经验教训总结。细致地总结项目的经验教训，合理规划未来，形成对未来决策的参考建议。

5.4.4.4 撰写项目后评估报告及反馈阶段

在进行完上述过程之后，评估人员可以根据分析结果撰写评估报告，项目后评估报告的内容包括摘要、项目概况、评估内容、主要变化和问题、原因分析、经验教训、结论和建议、评估方法说明等。报告的结论要与问题和分析相对应，经验教训和建议要把评估的结果与未来规划和政策的制定、修改联系起来。

反馈机制是后评估体系中的一个决定性环节，反馈过程有以下两个要素：一是评估信息的报告和扩散，项目后评估的成果和问题应该反馈到决策、规划、立项管理、评估、监督和项目实施等部门。二是反馈项目后评估成果及经验教训，以改进和调整政策的分析制定。

5.4.5　项目后评估的方法

5.4.5.1　对比分析法

对比分析法是项目后评估的主要分析方法之一，它是根据项目后评估调查得到的项目实际情况，对照项目立项时所确定的直接目标和宏观目标进行分析研究。分为有无对比分析法和前后对比分析法，这里主要介绍前后对比分析法[①]。

经济效益评估是项目后评估的重点内容，采用对比分析法对经济效益进行评估时，可以将可行性研究阶段所预测的效益指标和项目竣工投产运营后的实际指标进行比较，进而找出差异并分析原因。

5.4.5.2　逻辑框架法

逻辑框架法采用系统研究和分析问题的思维框架模式，有助于对关键因素和问题做出系统的合乎逻辑的分析。

运用逻辑框架法需要明确事物层次之间的因果关系，即项目"如果"提供了某种条件，"那么"会产生某种结果，通过将几个内容相关并且同步考虑的动态因素组合起来，分析它们之间的逻辑关系及其目标、实际结果来评估一个项目或者工作。通常需要明确四个层次的内容：

（1）项目宏观目标：项目宏观目标包含于项目投资决策的总体目标中，往往体现为项目的发展计划、规划等。项目宏观目标要求项目必须与国家发展规划、产业政策和行业规划等要求相联系，由多个具体目标组合而成，只有多个具体目标实现后总体目标才能实现。

（2）项目直接目标：项目直接目标是指实施这个项目的原因，是项目达到的直接效果和作用，也是项目后评估的重要依据，一般应考虑项目为企业和社会群体带来的效益。

（3）产出或者建设内容：这里的项目产出或者建设内容是指项目"干了什么"，即项目的建设内容或者直接产出物，一般要提供可计量的直接结果，要简

---

① 郭其龙. 东航云南公司昆明至巴黎航线后评估研究［D］. 云南大学，2018.

单指出项目所完成的实际工程。各项成果是项目具体目标的实现，应考察这些成果对总体目标而言是否合适、必要和足够。

（4）投入或者活动：投入或者活动是指项目实施过程中投入的各项具体内容，包括人、财、物和时间等的投入。项目投入一般要有具体的计划、实施步骤、工作安排等。

5.5 案例分析——白云国际机场打造全球航空物流中心可行性分析

2020 年 9 月，习近平总书记在中央财经委员会第八次会议上强调，流通体系在国民经济中发挥着基础性作用，构建新发展格局，必须把建设现代流通体系作为一项重要战略任务来抓。航空物流作为现代流通体系的重要组成，对于畅通国内国际双循环、稳定产业链供应链和保障国家经济安全发挥着重要作用。近年来，随着我国航空物流业的蓬勃发展和战略地位的不断提高，白云国际机场已成为我国华南地区最大的航空交通枢纽，中转和通航能力在国内处于领先地位。为了更好地支撑航空物流业的发展和应对全球化竞争，构建以白云国际机场为核心的大湾区世界级机场群、高水平建设国际航运枢纽、全球航空物流运输中心，对推动我国航空物流业发展，高质量创造一流水准的现代航空物流营商环境，优化现代航空物流产业链、修炼"智造"内功，提高原始创新能力、强化空铁融合发展，优化资源智能整合，创新推动重塑航空物流供应链，构建国内国际双循环战略支点，建设跨境电商国际枢纽港，推进全球航空物流中心建设具有重要战略意义。

5.5.1 基于内部环境的分析

5.5.1.1 资源要素分析

（1）人。人力资源方面，截至 2022 年末，白云机场共有职工 10168 人，其中具有初级职称以上人数为 1085 人，占比 10.7%；拥有大专学历的人数 3551 人，占比 35%；拥有本科及以上学历的人数达到 3230 人，占比 32%。白云机场在人力资源方面优势明显，然而对于机场长远发展来看，公司缺乏适应现代航空物流发展的行业经营，相关的人力资源制度和流程也有待规范和改善。

（2）财。财力资源方面，白云国际机场财力资源储备良好，根据 2022 年广州白云国际机场股份有限公司年度报告来看，经营性活动产生的现金流量为 8.7

亿元，比上年同期增加 2.8%，这为白云机场航空物流业的进一步发展提供了良好的基础。

（3）物。硬件设施方面，目前白云机场是中国南方航空公司、海南航空、中国东方航空公司、深圳航空公司、九元航空公司、中原龙浩航空公司和浙江长龙航空公司等基地机场；与近 80 家中外航空公司建立了业务往来，航线通达国内外 230 多个通航点，其中国际及地区航点超过 90 个，航线网络覆盖全球五大洲。2020 年 9 月 27 日，广州白云国际机场三期扩建工程正式开工，主要包括机场工程、空管工程、供油工程。此外，三期扩建还新建超过 190 个机位的机坪，以及货运、生产生活辅助用房及公用配套设施等。根据新修编的总体规划，白云机场按照近期 2030 年飞机起降 77.5 万架次、旅客吞吐量 1.2 亿人次、货邮吞吐量 380 万吨，终端 2045 年飞机起降 87 万架次、旅客吞吐量 1.4 亿人次、货邮吞吐量 600 万吨进行规划建设。

5.5.1.2　价值链分析

（1）企业文化。多年的积累和沉淀，白云国际机场逐渐形成了"天地人为本，和合求共兴"的企业文化体系。白云机场是国家对外窗口，也是地区和城市名片，致力于打造"亮丽空港"，展现"美丽中国"。通过现代化、人性化的规划建设，以及"花城"四季花开等氛围营造，给过往旅客留下美好独特的第一印象，展现机场环境之美。践行真情服务理念，提供真心、细心、贴心服务，为顾客带来不一样的全新体验，展现机场服务之美。全面推进文化机场建设，融入岭南特色，弘扬传统文化，展现机场文化之美。一直以来，白云国际机场要求员工形成与企业文化积极互动的习惯，致力于做到企业文化落地生根。

（2）组织结构。白云机场成立于 1992 年，次年完成广东省工商管理局注册，在 1999 年更名为广州白云国际机场集团公司，2004 年开始实行属地化管理，由广东省直接进行管理。同年组建广东省机场管理集团公司，由广东省人民政府国有资产监督管理委员会直接监管。由于组织关系特殊，白云机场的发展得到了政府的大力扶持。

（3）经营状况。2022 年广州白云国际机场股份有限公司年度报告显示，2022 年机场开通国内航线 20 条、新增国内客运通航点 10 个，国内主要民航机场基本全覆盖；升级国内快线品质，推动国航发布广州—北京快线、南航升级旅客权益；推动开通、恢复 29 条国际航线，新进 3 家承运人，新增拉各斯、阿布扎比 2 个国际通航点，国际及地区客运通航点恢复至 2019 年的约 50%；2022 年客改货航班起降约 1.6 万架次，同比增长约 2%；积极争取新一轮时刻放量获批；京广大通道启用，为今后 5 年航班放量奠定基础；优化跨航司中转衔接，机场代理中转旅客同比增长约 60%。

5.5.2 基于 PEST 方法分析

5.5.2.1 政治环境分析

从政治环境来看，我国已经进入全面建设小康社会阶段，航空领域的法律法规日益健全，各级政府部门连续出台多项支持白云机场物流建设成为枢纽型现代物流园区的相关政策和文件，促进了航空企业行为规范化、维护了市场公平交易环境，进一步加强了国际物流市场的开放性，提高了航空物流运输能力。同时，航空物流业务权限不断放开，建立货运枢纽的航空公司在运力、机型、飞行权以及地面服务等方面的限制也在放开。

此外，中国民用航空发展第十二个五年规划表示，将不遗余力地推进航空货物运输物流化，鼓励航空物流企业与水路、铁路和公路物流企业展开合作，完善地面交通网络建设，发展水陆空多式联运，促进航空物流企业向现代物流转型；引导建立航空物流公共信息平台、电子商务平台和货运信息系统，促进航空物流企业与其他企业实现信息共享。同时，广东省、广州市政府也在进一步加大开拓国际新航线的扶持力度，提出以广州白云机场为枢纽机场建设，进一步强化了白云机场作为国家级航空枢纽中心的核心地位。与此同时，近些年，国家竭尽全力去实现中华民族伟大复兴，积极响应绿色革命的诉求，努力在绿色能源和高科技产业进行发展，对高污染、劳动密集型产业进行优化升级，引进和创造更多的高新技术产业。而这一切都需要强大的物流体系保障。航空物流的竞争在某种程度上也是未来的国家竞争。国际航空物流中心的发展也将引领高科技和高附加值产业的积聚，也将吸引更多高知人群的聚集。

5.5.2.2 经济环境分析

从经济环境来看，2022 年广州市生产总值 GDP 达到了 28839.00 亿元，同比增长 1.0%，继续平稳增长的态势。白云机场位于经济发达的珠江三角洲经济区域，改革开放 40 多年，机场客货运输量高速增长。广州市政府也高度关注白云机场临空经济区的发展，并被列入广州市"南拓、北优、东进、西联"发展策略方案之中。海关总署外贸数据资料显示，2022 年，广州一般贸易进出口增长17.6%，保税物流进出口大幅增长 23.2%，有力拉动广州外贸增长。其中，进口规模持续扩大，全年实现进口贸易额 4753.6 亿元，同比增长 5.3%，占广东省进口总值的 16%，农产品、消费品进口增长均超过 23%。广州市政府通过扩大对外开放和区域合作力度、大力发展实体经济、加大有效投资力度、促进消费潜力释放、加快实施创新驱动战略等政策措施，实现经济增长的预定目标。

此外，广州空港经济区总共规划为九个功能分区，分别是维修制造、航空物流、公共服务、产业制造、总部商务区、机场综保、生态保护、生活服务和机场控制。广州空港经济区地理位置优越，综合交通便利，是山水交融、活力创新的未来之城。同时，广州空港经济区依托白云国际机场、广州北站和大田铁路集装箱中心站形成"三港"，打造出全球综合航空枢纽，以其辐射带动珠三角，带动华南地区的经济发展和产业形成，是全球综合航空枢纽、亚洲物流集散中心之一、中国重要的临空经济中心、临空经济示范区和华南地区重要的发展引擎和增长极。

5.5.2.3 社会环境分析

从社会环境来看，中国社会的稳定保证了经济的可持续发展，必将为华南地区的航空物流发展提供有利的社会环境。广州作为历史文化名城，有着包容深厚的人文底蕴，以及良好的治安环境，充分的就业机会，成为首选的宜居城市。城乡居民社会保障一体化持续进行，人民生活水平持续提高。广州大量的人口基数和普遍的良好教育，既保证了工业和商贸对技术人才的需求，也构成了巨型的消费市场，产业结构和消费结构向良好的方向调整。白云国际机场作为空港经济区的发展轴心，积极同地方政府和海关等执法机关合作，加快工作效率，改革和进步都为广州市成为国际化都市，吸引国际性人才，发展国际航空枢纽打下了坚实的基础。

持续的人口流入、人口城镇化率的增长，可支配收入的提升为航空货物运输提供了提升空间，继而也为空港物流的发展提供了支持。与此同时，中国民航运输量连续十年保持强劲增长势头，迎来了一个持续航空客运货运需求旺盛期。目前，我国物流成本约占 GDP 总量的 20%，物流市场的不断扩大使航空物流的发展潜力变得巨大。航空物流的主要货源是高科技电子、鲜活货、医药、贵重物品等价值高、事件敏感性高和安全性要求高等特点的产品。相对于其他运输方式，航空物流运输具有灵活、快速、安全等特点，能更好地减少企业库存，降低供应链成本。随着我国的高科技电子产品、医药等相关产业的高速发展，带来大量的航空物流需求增量。

5.5.2.4 技术环境分析

从技术环境来看，信息化建设和飞机制造技术为白云机场成为国际空港重要枢纽提供了有力的技术支撑。航空物流业是科技程度非常高的行业，国外航空物流企业通过开发飞行管理、网上分校、收益管理等系统，充分利用计算机网络技术收集、分析、共享数据来实现航班收益最大化。中国政府近年来一直致力于推动信息化建设，并积极推进电子商务和政务建设工作。我国民航系统在"七五"期间已正式开始信息化建设，目前民航信息化建设已经取得相当的成果；日前，民航局及下属七个管理局的硬件及网络建设工作已经圆满告一段落，航空安全、飞行标准以及网络互联等应用标准已正式实施。航空物流对新科技运用反应快、要求高，国外航空物流企业借助网络分销、收益管理等实现对电子商务网络新技术的高效利用，国内企业目前与国外航空物流企业之间差距明显。

伴随着先进生产理念的诞生，高速发展的计算机技术，不断改进的飞机制造技术，不断创新的材料、结构加工成型技术，成就了集数字化制造和整体结构技术为一体的下一代飞机先进制造技术。此外，PDA 手持移动设备、RFID、货物条形码以及 IATA 推行的无纸化项目都给予了空港物流货物处理能力提升的技术支撑，大大提高了空港物流企业地面操作的效率和质量。互联网+大数据的发展使得 3PL 企业发展 4PL 业务得到了强有力的武器。随着新型材料的运用，IT 信息技术在航空制造业也迅速推广，新一代的飞机制造技术为航空运输性能的提升创造有利条件。在新技术的支持下，飞机的可靠性显著提升，飞行品质、监控系统标准化程度、维修管理和机场运行管理得到了更加安全的保障，这都将促进中国航空物流业的稳步快速发展。

5.5.3 基于 SWOT 方法分析

5.5.3.1 优势分析

（1）地理区位。白云机场位于广州市北部的白云区和花都区交界处，该区域是广州市规划在北部地区的航空运输中心，在我国东南亚全部运输中居绝对领先地位，是我国南方地区最大的航空交通枢纽。2007 年中国民用航空总局提出重点培育白云机场为国际枢纽，增强其国际竞争力，充分发挥中枢机场航线网络优势和航空枢纽港的地位优势。广州拥有华南地区规模最大的铁路枢纽和密度最高的公路网络，铁路、国道、高速遍布四周，能够将珠三角地区的客货流快速运输到机场，四通八达的交通网使白云机场具备发展地区物流中心和海陆空多式联运的优势。

（2）资源禀赋。白云机场拥有强大的品牌资源优势，90 余年的历史发展使白云机场拥有丰富的大型机场运营管理经验，再加之白云机场和南方航空两家核心企业在我国的机场规模和航空运输中具有一定的品牌效应。基地航空优势为白云机场发展提供了强有力的市场支持，其中南航占有绝对优势。南航是目前国内客货运量最大的航空公司，近 3 年的旅客运输量、每周定期航班数量、飞翔小时及挤兑规模均在国内各航空公司中排名前列，拥有最大的航线网络，在同行业竞争中优势明显。此外，作为人口流动大省，白云机场具有劳动力成本低、后进者学习和政府的政策优势。

5.5.3.2 劣势分析

（1）市场占有率低。白云机场虽拥有较多的优势，但东亚地区枢纽型机场众多，竞争激烈，相比于其他机场，白云机场有着众多的先天和后天的劣势。香港国际机场货邮吞吐量多年来稳居世界机场之首，是全球最繁忙的机场之一。为了谋求发展，香港机场一方面内部挖掘，持续提高自身运营能力，另一方面通过打造超级中国干线等产品，吸引内地的物流资源。虽然我国的航空物流开始步入高速发展期，航空货邮量大幅增长，然而，国内航空物流企业增长不多的运力以及偏低的运载率导致市场的份额不升反降，若遇到旅游旺季还需给行李让步，极难形成规模效应，再加上国际航线能提供的舱位远不能实现国际贸易需求，导致市场占有率偏低。

（2）规模化不足。相比于其他国家机场航空物流运营，白云机场当前仍实行简单的销售代理人制度，缺乏明确航空物流运营模式、定位模式，难以形成规模。航空物流方面专业人才缺乏，信息技术水平不足，物流企业分销渠道不足，智能化和自动化的物流设施缺乏，仓储、包装等供应链上增值服务能力不足，服务意识和水平高，航空物流企业合作形式简单，货运航线网络中枢建设速度较慢，缺乏多式联运体系等问题阻碍了白云机场航空物流进一步发展。机场航空物流运输必须要充分认识到问题的严重性，提高对供应链管理整合的理解能力，提升信息技术的发展速度，降低运输成本，提高运营效率。

5.5.3.3　机遇分析

（1）经济发展。广东省是沿海地区对外开放大省，进出口总额多年居全国首位，是我国经济实力最强大、发展最迅速的区域。经济发展带来了贸易总量的增长，在这样经济快速发展的时代背景下，伴随着珠江三角洲经济发展光明前景，国际贸易带来了大量的物流需求，进一步扩大了航空物流服务范围。现阶段，鲜活品、精密机械、高新电子、通信器材等是我国航空物流主要服务的产品类型。

（2）市场规模。现代物流的发展进一步促进了航空物流业的发展。尤其是广东自贸区的建立，极大促进了区域内贸易、物流、加工等服务，提高了白云机场国际货运的魅力，不断吸引货物在白云机场集聚，凭着标准化管理，完成设施、便捷的金融服务将吸引国内外知名企业在自由贸易区开展业务，增加了白云机场航空物流贸易额，吸引航运高端人才，提高配送信息水平，促进了白云机场航空物流业的发展。与此同时，快递市场的火爆也给航空物流市场带来了飞速发展的机遇，随着网购规模的不断扩大，快递业务规模随之增长，加大了对航空物流运输的需求。

5.5.3.4　威胁分析

（1）区域枢纽竞争。白云机场虽然具有先天的地理区位优势，但是地区附近200千米范围内有深圳、珠海等机场，邻近香港、澳门机场。从大环境来看，东北亚地区分别有中国北京首都机场、韩国仁川机场、中国香港机场、新加坡樟宜机场、泰国曼谷机场等，均对白云机场构成一定程度的竞争。深圳机场近几年来发展运输，对白云机场运营构成直接的竞争压力，香港机场宽松的航空管制、齐全的国际航线、高效的运输处理和完善的货运物流服务都具有较强的竞争优势。此外，随着国家逐渐放宽航权管理，多家大型跨国物流企业已开始抢占我国市场，为我国航空物流业带来充足的资金、技术、理念和经营的同时，也给国内航空物流产业带来不少竞争压力。激烈的区域航空物流枢纽竞争在所难免。

（2）运输工具竞争。除了激烈区域枢纽竞争，白云机场还面临着其他运输工具竞争。白云机场处在华南地区最为发达的城市，四通八达的交通体系对航空物流的发展具有明显的促进作用，但是随着我国高铁系统的迅猛发展，白云机场的航空物流不得不面临着挑战。航空物流具有明显的高速和安全的特点，适合长距离运输，然而对于中短途运输方面，却不占明显优势。根据 2012 年高铁对民航业影响监测报告，800 千米是高铁与飞机竞争的一个节点，低于 800 千米时高铁运输占优势，高于 800 千米时飞机运输占优势。在中短途运输方面，高铁运输具有运输能力较大、受气候变化的影响小、正点率高等特点。随着高铁网络的逐步完善，民航运输及机场业面临日趋激烈的竞争。

5.5.4 对策建议

5.5.4.1 增强自身核心竞争力

努力加强企业核心竞争力，加大基础设施的资金投入力度，增加航空物流硬件和设备、场地的投资力度。努力提升企业软实力，提高服务意识，深化人力资源管理理念，健全现代化企业管理制度，突出创新意识，创造独树一帜的航空物流产品。努力健全一套从航空物流理论到实际操作行之有效的培训体系，通过服务技能、业务技能的全方位培训，培养出一支高素质的航空物流业专业队伍。充分调动员工的能动性和团队精神，科学评价员工综合绩效，建立起一支能打硬仗的队伍，确保白云国际机场航空物流业稳定发展。

5.5.4.2 加大外部合作力度

白云机场航空物流的发展离不开航空公司的大力支持，航空物流中的关键货运环节必须由航空公司完成，因此，要有效发挥出基地航空公司在航空物流中的巨大作用，促进机场货运代理公司与南航、深航、海航、东航等基地公司大力合作，双方明确各自职责，做好自己擅长的领域，发挥各自的资源优势。提升与联邦快递亚太转运中心合作能力，努力提高机场经营管理能力；在航空物流建设环节，强化链式合作，增强整体竞争优势，建立牢固的业务合作平台。尝试与国内大型的第三方物流企业建立广泛深入的合作关系，全力促进白云机场的航空货运规模做大做强。

5.5.4.3　完善配套设施建设

借鉴先进物流园区经验，完善航空物流园区建设，大力发展现代化航空物流中心，积极争取政府支持，打造航空物流园区，加强综合交通体系建设，形成以航空为基础、以城际轨道、高速铁路、城市地铁、高速公路等多种交通方式相结合的一体化、无缝衔接的综合型交通枢纽，高标准建设现代航空物流基础设施，制定并完善投资政策管理体系，建立多元化、市场化的投融资机制，推进全球航空物流中心有序建设。完善服务配套功能，提升航空物流发展软环境，加强对外宣传力度，树立并展示良好的国际航空物流中心品牌形象。

本章练习题

1. 请简述项目评估与可行性研究的联系与区别。
2. 为什么要进行可行性研究。
3. 技术方案选择的原则有什么。
4. 项目后评估与项目前评估有何差异。
5. 社会评价有哪些特点。

6 机场基础设施项目的经济分析

机场是世界运输网络当中的重要环节，在迅猛发展的全球经济中发挥着越来越重要的作用，对现代社会的整体进步有着巨大的贡献。作为航空航线基础设施的提供者，机场为其所在地区的经济和社会发展提供了一个极为重要的通道。

国际民航组织将机场定义为：供航空器起飞、降落和地面活动而划定的一块地域或水域，包括域内的各种建筑物和设备装置。一般而言，机场可分为军用机场和民用机场（见图6-1），民用机场主要分为民航运输机场和通用航空机场，民航运输机场是指为从事旅客、货物运输等公共航空运输活动的民用航空器提供起飞、降落等服务的机场，功能全、规模大、使用频繁；相对而言，通用航空机场是指专门为民航的"通用航空"飞行任务起降的机场，专门承担除个人飞行、旅客运输和货物运输以外的其他飞行任务，比如科研探险、公务出差、空中旅游、空中表演、空中航拍、空中测绘、农林喷洒等特殊飞行任务，一般功能单一，规模较小，对场地的要求不高。

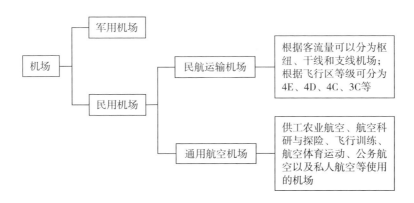

图 6-1　机场的分类

资料来源：王剑雨. 民航机场社会经济效益分析及其评价方法研究［D］. 暨南大学，2007；孙淑芬. 民航运输机场社会经济效益评价研究［D］. 天津大学，2012.

机场是公共基础设施，负责飞行区跑道、机坪、灯光和净空区的维护和检查，负责机坪运作的组织和协调，为航空公司提供飞机起降与客货过港服务，并直接向航空公司收取一定的费用。机场基础设施分为空侧和陆侧两个部分：空侧为隔离区，也是飞行区，是空运作业的主要场所，核心设施是跑道（含滑行道和联结道）、停机坪和通信导航设施；陆侧是候机楼、货站、停车场等商业设施；国际机场还有海关、移民局等口岸设施。

6.1　机场基础设施项目的公共性和外部性

6.1.1　机场基础设施项目的公共性

6.1.1.1　公共性的内涵

一个项目所能提供的产品或服务，按其使用或受益的性质可以区分为两类：公共品和私有品。公共品与私有品是相对而言的，区分它们的基本标志是使用或受益的排他性。私有品的使用具有明显排他性，即一旦某人使有了消费某物品或服务的权利，就排除了他人拥有这种权利，正如一人的衣物、饮食不能同时被他人所使用。相反，公共品不具有使用权上的排他性，而具有明显的公共性，即某人的使用不排除他人对同一物品或服务的使用权，如一条市区道路和一座公园可同时为多人服务。即公共性主要指项目建成以后所面向的使用者的范围，如果是面向全社会，无论其是否是投资方，还是建设方，只要有相应的使用意愿，都可以从该项目中获得使用效益，这样的投资项目就具有公共性。一般而言，公用事业项目所提供的产品或服务往往具有较强的公共性，公共性是此类项目的显著特点之一。

6.1.1.2　机场基础设施项目的公共性

2009 年 7 月 1 日开始实施的《民用机场管理条例》第三条指出："民用机场是公共基础设施。各级人民政府应当采取必要的措施，鼓励、支持民用机场发展，提高民用机场的管理水平。"这一从法规层面对机场的公共性定位对机场发展的影响是深远的。

机场与公众利益紧密相连，是社会公共性明显的地区基础设施。机场的公共性首先表现在它所提供产品的公共性，机场是民航运输市场体系中的一个重要组成部分，是衔接民航运输供给和需求间的纽带。就其功能而言，机场是为社会公众和社会经济活动提供便利交通的服务性公共产品，体现的是社会价值。与所有的公共产品一样，机场的消费和受益对象之间是公平的，一部分旅客和货主使用机场并不排斥另一部分人对机场的消费，一部分旅客和货主从这一产品中受益也不会影响其他人从这一产品中受益。但机场在使用或消费上的非竞争性和收益上的非排他性是受限的，现实中为了部分弥补巨大的建设投资，机场建设后的日常运营一般采用"以设施养设施"的原则向使用者收取一定的费用，机场的使用在进入上存在选择性，是兼有公共消费与私人消费特点的准公共产品，但这一特点并没有改变机场是为社会公众服务的公共性质。

6.1.2 机场基础设施项目的外部性

6.1.2.1 外部性的内涵

外部性（Externalities），也称外在效应或溢出效应，是指一个人或一个企业的活动对其他人或其他企业的外部影响，这种影响并不是在有关各方以价格为基础的交换中发生的，因此其影响是外在的。外部性问题最早是由著名福利经济学家庇古发现并提出的，萨缪尔森和诺德豪斯进一步发展，并将外部性定义为："当生产或消费对其他人产生附带的成本或收益时，外部经济效果便发生了，也就是说，成本或收益被加于其他人身上，然而施加这种影响的人却没有为此付出代价或为此而获得报酬。更为确切地说，外部经济效果是一个经济主体的行为对另一个经济主体的福利所产生的效果，而这种效果并没有从货币或市场交易中反映出来。"

根据外部性的影响，可以分为正的外部性和负的外部性。正的外部性是指一个经济主体的经济活动导致其他经济主体获得额外的经济利益，也称为外部收益。例如，某投资主体兴建了一座水电站，它可以通过电能出售获得收益，而电站下游居民也从电站大坝的修建中获得了减少洪水灾害的收益，这种收益尽管可能很大，但下游居民却是免费获得的。负的外部性是指一个经济主体的经济活动导致其他经济主体蒙受的额外的经济损失，也称为外部成本。例如，烟尘和污水的排放损害生态环境进而损害他人，但受损害者却难从污染制造者那里获得等价赔偿。

对于外部性的处理主要经历了三个阶段，主流方法主要有征税和补贴、企业合并以及产权界定：

第一阶段，庇古（1971）提出了修正性税收方案以解决外部性问题，当存在外部不经济时，征收税额为边际外部成本（边际私人成本与边际社会成本的差额）的税；当存在外部经济效应时，给予额度为边际外部收益的奖励和津贴，这种政策后来被称为"庇古税"。

第二阶段，鲍莫尔继承了庇古的部分观点，对于外部性问题的处理，他一方面强调用政府机构代替市场机制的效果不见得更好；另一方面也强调，如果社会成员自己举办的价值超过了用强制措施要求他出资的价值，他就会心甘情愿地服从强制措施，从而得出"假定政府的任务是帮助社会成员用最大的效率去达到他们的目的，制定统驭市场的政策就成为政府的工作了"的结论。

第三阶段，沿着负外部性的发展，科斯提出了产权交易理论，交易费用为零时，在产权明确界定的情况下，自愿协商可以达到最优污染水平、实现和庇古税一样的效果，故庇古税根本没有必要；当交易费用不为零时，解决外部性问题需要通过各种政策手段的成本收益比较才能确定。沿着正外部性的发展，建立以人力资本的正外部性为基础的新经济增长理论。

6.1.2.2 机场基础设施项目的外部性

机场作为一项公共基础设施，具有较强的正外部性。机场的建设与发展不仅满足了旅客、货主以及社会经济活动日益增长的交通运输需求，并在周边地区或相关产业没有付出成本的情况下增加了区域就业机会，带动了旅游、物流、现代服务、高新技术等相关产业的快速发展，促进了当地的社会和谐，推动区域经济的可持续发展，在国家战略、民族团结、经济布局、文化交流、社会稳定、提升人民生活质量等方面具有突出的作用。民航业内的研究表明，民航投入和地方经济的可计算回报约为 1：8，而无形回报更是难以计算。机场的非经济作用如图6-2 所示。

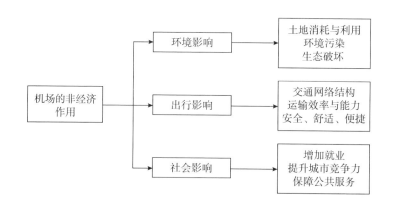

图 6-2 机场的非经济作用

资料来源：孙淑芬. 民航运输机场社会经济效益评价研究［D］. 天津大学，2012.

相关学者从学术层面探究机场的外部性影响，Bruinsma（2000）通过对欧洲主要机场（如阿姆斯特丹、法兰克福、伦敦以及巴黎机场）的比较研究，考察了机场区域面积、居住人口以及机场容量之间的关系，最终发现机场周边公路、铁路的开发状况、服务水平、航空运载能力、交易成本和时间价值都会受到机场建设的影响，从而形成规模经济。倪海云（2004）采用实证方法对美国航空业与国民经济增长的关系进行了研究，发现航空业通过对 GDP、就业率、税收三方面对经济产生整体影响，进而以美国民航业为例考察其对旅客运输和货物运输的影响，得出航空业对美国的国民经济具有不可替代的作用。Edwarda（2005）研究发现，机场建设的一个重要作用就是能够带动相关产业的发展，如旅游业和零售业等产业都会因此受到提振和深度开发。

但是，机场也有一定的负外部性，其发展也可能给周边社区带来一定的噪声与排放污染。机场的发展可以给人们带来出行的便利和城市的发展，但不可避免地会对环境造成一定程度的破坏和污染，如造成土地资源消耗、改变小区域生态环境、社区的隔离障碍效应、带来尾气和噪声污染等。实际上，无论是哪种交通基础设施都会产生类似问题，与铁路、公路等其他交通运输方式相比，机场建设占用土地资源相对较少。根据统计，民航单位客运量占地面积分别是公路、铁路的 1/29.2 和 1/4.5，极大地节约了土地资源。

6.2 机场基础设施项目的费用效益识别

6.2.1 经济费用效益分析概述

在市场经济条件下，大部分工程项目财务分析结论可以满足投资决策要求，但由于存在市场失灵的情况，项目还需要进行经济费用效益分析，也就是站在全社会的角度判别项目配置经济资源的合理性，经济费用效益分析的结论作为项目评估的重要组成部分，是项目投资决策的重要依据。

6.2.1.1 经济费用效益分析的内涵

（1）经济费用效益分析的概念。经济费用效益分析是按合理配置资源的原则，采用社会折现率、影子汇率、影子工资和货物影子价格等参数，分析项目投资的经济效率和对社会福利所做出的贡献，考察项目的经济合理性。经济费用效益分析的理论基础是新古典经济学有关资源优化配置的理论。

（2）重视经济费用效益分析的原因和目的。

1）重视费用效益分析的原因。费用效益分析是项目评价方法体系的重要组成部分，市场分析、技术方案分析、财务分析、环境影响分析、组织结构分析和社会评价都不能代替经济费用效益分析的功能和作用。

费用效益分析是市场经济体制下政府对公共项目进行分析评价的重要方法，是市场经济国家政府部门干预投资活动的重要手段。国家对项目的审批和核准重点放在项目的外部效果、公共性方面，费用效益分析强调从资源配置经济效率的角度分析项目的外部效果，通过经济费用效益分析及费用效果分析的方法判断建设项目的经济合理性，是政府审批或核准项目的重要依据。

2）重视费用效益分析的目的。费用效益分析的主要目的包括：

全面识别整个社会为项目付出的代价，以及项目投资的经济效益和对社会福利所做出的贡献，评价项目投资的经济合理性。

分析项目的经济费用效益流量与财务现金流量存在的差别，以及造成这些差别的原因，提出相关的政策调整建议。

对于市场化运作的基础设施等项目，通过经济费用效益分析来论证项目的经济价值，为制订财务方案提供依据。

分析各利益相关者为项目付出的代价及获得的收益，通过对受损者及受益者的经济费用效益分析，为社会评价提供依据。

6.2.1.2　经济费用效益分析的范围

对于财务价格扭曲，不能真实反映项目产出的经济价值，财务成本不能包含项目对资源的全部消耗、财务效益不能包含项目产出的全部经济效果的项目，需要进行经济费用效益分析。

（1）具有垄断特征的项目。例如，自然垄断项目。电力、电信、交通运输等行业的项目，存在着规模效益递增的产业特征，企业一般不会按照帕累托最优规则进行运作，从而导致市场配置资源失效。

（2）具有公共产品特征的项目。例如，公共产品项目，即项目提供的产品或服务在同一时间内可以被共同消费，具有"消费的非排他性"（没有花钱购买公共产品的人不能被排除在再次消费产品或服务之外）和"消费的非竞争性"（一个人消费一种公共产品并不以牺牲其他人的消费为代价）。由于市场价格机制只有通过将那些不愿意付费的消费者排除在该物品的消费之外才能得以有效运作，因此，市场机制对公共产品项目的资源配置失灵。

（3）具有明显外部效果的项目。外部效果是指一个个体或厂商的行为对另一个个体或厂商产生了影响，而该影响的行为主体没有负担相应的责任或没有获得应有报酬的现象。产生外部效果的行为主体由于不受预算约束，因此常常不考虑外部效果承受者的损益情况。这样，这类行为主体在其行为过程中常常会低效率地使用资源，造成消费者剩余与生产者剩余的损失及市场失灵。

（4）资源开发和涉及国家经济安全的项目。国家控制的战略性资源开发和涉及国家经济安全的项目，往往具有公共性、外部效果等综合特征，不能完全依靠市场配置资源。

（5）受行政干预的项目。政府对经济活动的干预，如果干预了正常的经济效益，也是导致市场失灵的重要因素。

6.2.1.3 费用和效益的识别原则

建设项目的费用与效益的划分，是相对于项目的目标而言的。由于国民经济分析是从整个国民经济增长的目标出发，以项目对国民经济的净贡献大小来考察项目，因此，费用和效益的识别原则是：凡项目对国民经济所作的贡献，均计为项目的效益；凡国民经济为项目付出的代价，均计为项目的费用。项目的费用与效益的计算范围应相对应。

项目的费用和效益可分为项目的直接费用与直接效益、项目的间接费用与间接效益。

6.2.2 直接费用和直接效益

直接费用是项目使用投入物所形成，并在项目范围内计算的费用。一般表现为：其他部门为本项目提供投入物，需要扩大生产规模所耗费的资源费用；减少对其他项目或者最终消费投入物的供应而放弃的效益；增加进口或者减少出口从而耗用或者减少的外汇等。

直接效益是由项目产出物直接生成，并在项目范围内计算的经济效益。一般表现为：增加项目产出物或者服务的数量以满足国内需求的效益；替代效益较低的相同或类似企业的产出物或者服务，使被替代企业减产（停产）从而减少国家有用资源耗费或者损失的效益；增加出口或者减少进口从而增加或者节支的外汇等。

项目的直接费用和直接效益大多在财务分析中能够得以反映，尽管有时这些反映会有一定程度的价值失真。对于价值失真的直接效益和直接费用，在经济费用效益分析中应按影子价格重新计算。直接效益、直接费用的概念和表现如表 6-1 所示。

表 6-1　直接效益、直接费用的概念和表现

名称	概念	表现方式
直接费用	在项目计算范围内计算，项目使用投入物所产生的经济费用，一般表现为投入项目的人工、资金、物料、技术以及自然资源等所带来的社会资源的消耗。	社会扩大生产规模满足项目对物的需求，项目直接费用表现为社会扩大生产规模所增加耗用的社会资源价值。 当社会不能增加供给时，导致其他人被迫放弃使用这些资源来满足项目的需要，项目直接费用表现为社会因其他人被迫放弃使用这些资源而损失的效益。 项目的投入物导致进口增加或出口减少时，项目直接费用表现为国家外汇支出的增加或外汇收入的减少。

名称	概念	表现方式
直接效益	项目直接效益是指由项目产出物产生的并在项目范围内计算的经济效益。一般表现为项目为社会生产提供的物质产品、科技文化成果和各种各样的服务所产生的效益。	项目产出物满足国内新增加的需求时，项目直接效益表现为国内新增需求的支付意愿。 项目的产出物替代其他厂商的产品或服务，使被替代者减产或退出，从而使国家有用资源得到节约，项目直接效益表现为这些资源的节省。 项目的产出物使国家增加出口或减少进口，项目直接效益表现为外汇收入的增加或支出的减少。 不可能体现在财务分析的营业收入中的特殊效益。例如，交通运输项目产生的表现为时间节约的效果，教育项目、医疗卫生和卫生保健项目等产生的表现为对人力资本、生命延续或疾病预防等方面的影响效果。

6.2.3 间接费用和间接效益

6.2.3.1 外部效果的概念

经济费用效益分析中把外部效果称为间接费用和间接效益，即由于项目的外部性所导致的项目对外部的影响，而项目本身并未因此而获得收入或支付费用。

间接费用是指由项目引起而在项目的直接费用中没有得到反映的费用。包括项目对自然环境造成的损害；项目产品大量出口，从而引起该种产品的出口价格下降等。

间接效益是指由项目引起的而在直接效益中没有得到反映的效益。包括项目使用劳动力，使非技术劳动力经训练而转变为技术劳动力；技术扩散的效益；城市地下铁道的建设使得地铁沿线附近的房地产升值的效益等。

6.2.3.2 外部效果的识别

外部效果的识别通常从间接费用和间接效益两个角度进行，通常可以考察以下四个方面，如表6-2所示。

表6-2 外部效果的识别

考察的方面	识别的方法
环境影响即生态影响效果	参照环境价值评估方法进行估计。环境影响不能定量计算时，应做定性描述。例如，发电厂排放的烟尘可使附近田园的作物产量减少，质量下降，化工厂排放的污水可使附近江河的鱼类资源骤减。
技术扩散效果	技术扩散和示范效果是由于建设技术先进的项目会培养和造就大量的技术人员和管理人员。他们除了为本项目服务，由于人员流动、技术交流，对整个社会经济发展也会带来好处。这类外部效果难以定量计算，一般只做定性说明。

考察的方面	识别的方法
"上、下游"企业相邻效果	在很多情况下，相邻效果可以在项目的投入和产出物的影子价格中得到反映，不再计算间接效果。对于难以反映在影子价格中的，需要做项目的外部效果计算。例如，建设一个水电站，一般除发电、防洪灌溉和供水等直接效果外，还必然带来养殖业和水上运动的发展，以及旅游业的增进等间接效益。此外，农牧业还会因土地淹没而遭受一定的损失（间接费用）。
乘数效果	乘数效果是指项目的实施使原来闲置的资源得到利用，从而产生一系列的连锁反应，刺激某一地区或全国的经济发展。在对经济落后地区的项目进行经济费用效益分析时，可能需要考虑这种乘数效果，特别应注意选择乘数效果大的项目作为扶贫项目；须注意不宜连续扩展计算乘数效果；如果拟同时对该项目进行经济影响分析，该乘数效果可以在经济影响分析中体现。

在识别计算项目的外部效果时必须注意不能重复计算。在直接费用和效益中已经计入的不应再在外部效果中计算，还要注意所考虑的外部效果是否应归于所评价的项目。

可以采用调整项目范围的办法，解决项目外部效果计算上的困难。将项目范围扩大，把项目的外部效果变为项目内部的，可以将这些项目之间的相互支付转化为项目内部的，从而相互抵消。

项目的外部效果往往体现在对区域经济和宏观经济的影响上。对于影响较大的项目，需要专门进行经济影响分析，同时适当简化经济费用效益分析中的外部效果分析。

6.2.4 转移支付

转移支付是指在国民经济内部各部门发生的、没有造成国内资源的真正增加或耗费的支付行为，即直接与项目有关而支付的国内各种税金、国内借款利息、职工工资等。这些转移支付伴有货币收支活动的发生，在项目财务评价中属于项目费用和效益，但在经济费用效益分析中，这种转移支付并不能形成国民收入的增减，不属于项目费用和效益的范畴。在经济费用效益分析中，转移支付主要有以下五种形式：

（1）税金。项目为获得某种投入物，需要缴纳一定的税金（如进口关税），企业要销售某种产品或提供劳务也要缴纳一部分税金（如消费税、所得税等）。税收是国家凭借政治权力，强制、无偿、固定地参与企业收益分配和再分配而取得一部分收入的行为，是一种财务上的"转移性"支出，即由企业转移至国家的支付行为，没有造成国家经济上的损失。因此，在进行经济费用效益分析时，应将其从"成本费用"中剔除。

（2）工资。工资也是一种财务上的转移支付，因为工资是作为国民收入的一部分而由企业支付给职工以体现项目占用劳动力的财务代价，所以在经济费用效益分析中工资不能作为费用，作为费用的应是影子工资（包括劳动力的机会成本和国家为安排劳动力而新增的资源耗费）。另外，项目的建设投资和其他物料投入中包含的工资，应看成其他行业和项目对国民经济的贡献，在国民经济评价时可不予调整扣除。

（3）国内借款利息。项目在使用国内借款时所支付的利息，是由企业转移给国家的一种转移性支出。因此，在计算时也应从"成本"中剔除，不应作为项目的费用。但项目使用国外借款支付的利息则不属于国内转移支付，应作为国民经济的代价，作为项目的费用。

（4）土地费用。为项目建设征用土地（主要是可耕地或已开垦土地）而支付的费用，是由项目转移给地方、集体或个人的一种支付行为，故而在经济费用效益分析时不列为费用，应列为费用的是被占用土地的机会成本和使国家新增的资源消耗（如拆迁费用等）。

（5）补贴。项目所获得的补贴实质上是与项目所缴税金流向相反的一种转移支付，它是国家将资源支配权转移给项目组织的一种转移支付，所以在项目的经济费用效益分析中这种补贴不应被列为项目的经济效益。

在进行经济费用效益分析时，应认真复核是否已从项目原效益和费用中剔除了这些转移支付，以及影子费用形式作为项目费用在计算上是否正确。一些税收和补贴可能会影响市场价格水平，导致包括税收和补贴的财务价格可能并不反映真实的经济成本和效益。在进行经济费用效益分析时，转移支付的处理应区别对待：

（1）剔除企业所得税或补贴对财务价格的影响。

（2）一些税收、补贴或罚款往往是为了校正项目"外部效果"的一种重要手段，这类转移支付不可剔除，可以用于计算外部效果。

（3）项目投入与产出中流转税应具体问题具体处理。

6.2.5 机场基础设施项目的费用和效益

机场基础设施项目的费用主要表现为线路（包括构造物）、枢纽（包括站、场）、运输工具以及相关配套的固定资产投资、流动资金投入、维修养护费、运营费等。

机场基础设施项目的效益主要表现为所涉及的运输系统在客货运输过程中发生的各种运输费用的节约、运输时间的节约、通行拥挤程度的缓解、运输质量的提高、包装费用的节约、设施设备维修养护费用的减少、交通事故损失的减少等的效益。运输基础设施项目的效益有其特殊性，通常采用有无对比方法计算其国民经济的效益，具体的计算内容和方法如下：

6.2.5.1 运输费用节约效益 B_1

运输费用节约效益按正常运输量、转移运输量、诱发运输量三种运输量运费节约之和计。正常运输量是指无此项目时在现有运输系统上也会发生的运输量（包括正常增长的运输量）；转移运输量是指项目实施后从本运输方式的其他线路或其他运输方式转移过来的运输量；诱发运输量是指项目实现的，没有该项目便不会发生的运输量。

（1）按正常运输量计算。运输费用节约效益 B_{11} 的公式为：

$$B_{11} = (C_w L_w - C_y L_y) Q_N \tag{6-1}$$

式中，B_{11} 为按正常运输量计算的运费节约效益，单位为万元/年；C_w、C_y 分别为无项目和有项目时的单位运输费用，单位为元/（吨·千米）（元/（人·千米））；L_w、L_y 分别为无项目和有项目时的运输距离，单位为千米；Q_N 为正常运输量，单位为万吨/年（万人次/年）。

（2）按转移运输量计算。公式为：

$$B_{12} = (C_z L_z - C_y L_y) Q_z \tag{6-2}$$

式中，B_{12} 为转移运输量的运费节约效益，单位为万元/年；C_z 为原相关线路的单位运输费用，单位为元/（吨·千米）（元/（人·千米））；L_z 为原相关线路的运输距离，单位为千米；Q_z 为转移过来的运输量，单位为万吨/年（万人次/年）。

（3）按诱发运输量计算。公式为：

$$B_{13} = \frac{1}{2}(C_m L_m - C_y L_y) Q_g \tag{6-3}$$

式中，B_{13} 为诱发运输量运费节约效益，单位为万元/年；C_m、L_m 为无项目时，各种可行的方式中最小的单位运输费用及相应的运输距离；C_m 的单位为元/（吨·千米）（元/（人·千米））；L_m 的单位为千米；Q_g 为诱发运输量，单位为万吨/年（万人次/年）。

6.2.5.2 运输时间节约效益 B_2

（1）旅客时间节约效益分别按正常客运量和转移客运量中的生产人员数计算。

计算时需考虑节约的时间只有一半用于生产目的。

1）按正常客运量计算。公式为：

$$B_{211} = \frac{1}{2}b T_n Q_{np} \tag{6-4}$$

式中，B_{211} 为按正常客运量计算的旅客时间节约效益，单位为万元/年；b 指旅客的单位时间价值（按人均国民收入计算），单位为元/小时；T_n 指节约的时间，单位为小时/人，$T_n = T_w - T_y$，T_w、T_y 分别为无项目和有项目时的旅行时间；Q_{np} 指正常客运量中的生产人员数，单位为万人次/年。

2）按转移客运量计算。公式为：

$$B_{212} = \frac{1}{2} b T_z Q_{zp} \tag{6-5}$$

式中，B_{212} 指按转移客运量计算的旅客时间节约效益，单位为万元/年；T_z 指节约的时间，单位为小时/人，$T_z = T_0 - T_y$，T_0 为其他线路时的旅行时间；Q_{zp} 指转移客运量中的生产人员数，单位为万人次/年。

（2）运输工具的时间节约效益。运输工具的时间节约效益是指运输工具在站、场中因减少停留时间而产生的效益，计算公式为：

$$B_{22} = q C_{sf} T_{sf} \tag{6-6}$$

式中，B_{22} 指运输工具的时间节约效益，单位为万元/年；q 指运输工具数量，单位为万车；C_{sf} 指运输工具每天维持费用，单位为元/天；T_{sf} 指运输工具全年缩短停留时间，单位为天。

（3）缩短货物在途时间效益。计算公式为：

$$B_{23} = \frac{PQ\, T_s i_s}{365 \times 24} \tag{6-7}$$

式中，B_{23} 为缩短货物在途时间的效益，单位为万元/年；P 为货物的影子价格，单位为元/吨；Q 为运输量，单位为万吨/年；T_s 为缩短的运输时间，单位为小时；i_s 为社会折现率。

计算该项效益时，应从运输量中扣除那些不因在途时间长短而影响正常储备的货物，如粮食等类货物。

6.2.5.3　减少拥挤的效益 B_3

减少拥挤效益是指有项目时原有相关线路和设施拥挤程度缓解而产生的效益，计算公式为：

$$B_3 = (C_z - C_{zy}) L_z (Q_{zn} - Q_z) \tag{6-8}$$

式中，B_3 为减少拥挤的效益，单位为万元/年；C_{zy} 为有项目时有相关线路及设施的单位运输费用，单位为元/（吨·千米）；Q_{zn} 为原有相关线路的正常运输量。

6.2.5.4　提高交通安全的效益 B_4

计算公式为：

$$B_4 = P_{sh}(J_w - J_y) M \tag{6-9}$$

式中，B_4 为提高交通安全的效益，单位为万元；P_{sh} 为交通事故平均损失费，单位为元/次；J_w、J_y 分别为无项目和有项目时的事故率，单位为次/（万车·千米）；M 为交通量（单位为万车千米或万换算吨千米）。

交通事故损失费可以参照现行事故赔偿及处理情况来确定。无项目和有项目时的事故可以参照统计资料及预测数据确定。但无项目时的事故不应套用统计数字，而应考虑未来交通量条件下无项目时的事故增长因素。

6.2.5.5 提高运输质量的效益 B_5

提高运输质量的效益是指由于基础设施改善、运输质量提高而减少货损的效益，计算公式为：

$$B_5 = aPQ \tag{6-10}$$

式中，B_5 为提高运输质量的效益，单位为万元/年；a 指货损降低率，即无项目和有项目时的货物损耗率之差。

6.2.5.6 包装费用节约效益 B_6

包装费用节约效益是指由于运输条件改善，可以实行散装运输、成组运输或集装箱运输，或提供其他方便条件，从而避免或减少包装费用的效益。计算公式为：

$$B_6 = V_p \times Q_c \tag{6-11}$$

式中，B_6 为包装费用节约效益，单位为万元/年；V_p 为每吨袋装货或件装货包装物的价格，单位为元/吨；Q_c 为有项目时，货运量中袋装货或件装货改为散装运输或集装箱运输的货物数量，单位为万吨/年。

除上述各项效益外，公路、机场等基础设施项目的实施还将提高人民的生活福利、改善经济和自然环境、创造新的就业机会和促进沿线地区的经济发展等，对于这些难以量化的效益，应作定性描述。

6.3 机场基础设施项目的经济评价方法

为了正确计算项目对国民经济所做的贡献，一般在进行费用效益分析时，原则上采用影子价格。影子价格又称为效率价格、最优计划价格、计算价格和预测价格等，是一个含义广泛的经济范畴，这个范畴产生于数学方法对经济问题的深入研究。影子价格最早来源于荷兰经济学家丁伯根（Jan Tinbergen）的定义，并得到康托洛维奇线性规划的对偶解，是线性规划对偶解的经济解释，是现代数学与经济学相互渗透的产物。影子价格是指当社会经济处于某种最优状态时，能够反映社会劳动的消耗、资源的稀缺程度和最终产品需求情况的价格。也就是说，影子价格是人为确定的，是比交换价格更为合理的价格。这里所说的"合理"的标准，从定价原则来看，应该能更好地反映产品的价值、市场供求状况、资源稀缺程度；从价格产出的效果来看，应该能使资源配置向优化方向发展。

影子价格是进行项目经济费用效益分析专用的计算价格，依据经济费用效益分析的定价原则测定，反映项目的投入物和产出物真实的经济价值，反映市场供求关系、资源稀缺程度、资源合理配置的要求。进行项目的经济费用效益分析时，项目的主要投入物和产出物的价格，原则上应采用影子价格体系。

6.3.1　影子价格

6.3.1.1　货物分类

（1）根据货物（广义的货物是指项目的各种投入物和产出物）的可外贸性，将货物分为可外贸货物和非外贸货物。

（2）根据货物价格机制的不同，将货物分为市场定价货物和非市场定价货物。可外贸货物通常属于市场定价货物，非外贸货物中既有市场定价货物也有非市场定价货物。

（3）由于土地、劳动力和自然资源的特殊性，它们被归类为特殊投入物。

将投入物和产出物区分为可外贸货物和非外贸货物，并采用不同的思路确定其影子价格。

6.3.1.2　具有市场价格的货物或服务——可外贸货物的影子价格计算

（1）对于可外贸货物，其投入物或产出物价格应基于口岸价进行计算，以反映其价格取值具有国际竞争力。其计算公式为：

出口产出的影子价格(出厂价)＝离岸价(FOB 价)×影子汇率－出口费用

$$(6-12)$$

进口投入的影子价格(到厂价)＝到岸价(CIF 价)×影子汇率＋进口费用

$$(6-13)$$

这里的 FOB 和 CIF 严格意义上应该用于海运，但在实际操作中亦可适用于空运。

1）离岸价（FOB 价）是指出口货物运抵我国出口口岸交货的价格，也称为船上交货价或装运港船上交货价。它是国际贸易中以卖方将货物装上运输工具为条件的价格。按照这种价格，卖方须负责在合同规定的港口及规定的期限内将货物装到买方自派或指定的运输工具上，向买方提供货运单据，缴纳出口税，承担货物装上运输工具前的一切费用和风险；买方负责租订运输工具和付运费，办理保险手续和支付保险费，缴纳进口税，接受货运单据和支付货款，承担货物装上运输工具后的一切费用和风险。

2）到岸价（CIF 价）是指进口货物运抵我国进口口岸交货的价格，包括货物进口的货价、运抵我国口岸之前所发生的境外的运费和保险费，也称成本加保险费和运费价格。到岸价是国际贸易中以卖方将货物装上运输工具并支付启运港至目的港的运费和保险费为条件的价格。按照这种价格卖方负责租订运输工具，在合同规定的港口和规定的期限内将货物装上运输工具，支付运费，向买方提供货运单据，办理保险手续并支付保险费。缴纳出口税，承担货物装上运输工具前的一切费用和风险；买方负责缴纳进口税，接受货运单据并支付货款，承担货物装上运输工具后的一切风险和运费、保险以外的一切费用。

3）影子汇率是指外汇的影子价格，由国家指定的专门机构统一发布。影子汇率是用于对可外贸货物和服务进行经济费用效益分析的外币的经济价格，应能正确反映外汇的经济价值。应按照下面的公式计算：

影子汇率＝外汇牌价×影子汇率换算系数   （6-14）

目前我国的影子汇率换算系数取值为 1.08。

4）进口或出口费用是指货物进出口环节在国内所发生的所有相关费用，包括运输费用、储运、装卸、运输保险等各种费用支出及物流环节的各种损失、损耗以及资金占用的机会成本，还包括工厂与口岸之间的长途运输费用等。

注意：进口费用和出口费用应采用影子价格估值，用人民币计价。

［例 6.1］货物 A 进口到岸价为 100 美元/吨，货物 B 出口离岸价也为 100 美元/吨，用影子价格估算的进口费用和出口费用分别为 50 元/吨和 40 元/吨，影子汇率 1 美元＝6.86 元人民币，试计算货物 A 的影子价格（到厂价）以及货物 B 的影子价格（出厂价）。

解：

货物 A 的影子价格为：100 美元/吨×6.86 元/美元+50 元/吨＝736 元/吨

货物 B 的影子价格为：100 美元/吨×6.86 元/美元−40 元/吨＝646 元/吨

（2）如果可外贸货物以财务成本或价格为基础调整计算经济费用和效益，应注意以下两点：

1）如果不存在关税、增值税、消费税、补贴等转移支付因素，则项目的投入物或产出物价值直接采用口岸价进行调整计算。

2）如果在货物的进出口环节存在转移支付因素，应区分不同情况处理。

6.3.1.3 具有市场价格的货物或服务——非外贸货物的影子价格计算

（1）基本确定方法。若该货物或服务处于竞争环境中，市场价格能够反映支付意愿或机会成本，应采用市场价格作为计算项目投入物或产出物影子价格的依据，并按下式换算为到厂价和出厂价：

投入物影子价格(到厂价)＝市场价格+国内运杂费   （6-15）

产出物影子价格（出厂价）＝市场价格－国内运杂费　　　　　　　　（6-16）

如果项目的投入物或产出物的规模很大，项目的实施将足以影响其市场价格，导致"有项目"和"无项目"两种情况下市场价格不一致，在项目评价实践中，取二者的平均值作为测算影子价格的依据。

投入物与产出物的影子价格中流转税按下列原则处理：

对于产出物，增加供给满足国内市场供应的，影子价格按支付意愿确定，含流转税；顶替原有市场供应的，影子价格按机会成本确定，不含流转税。

对于投入物，用新增供应满足项目的，影子价格按机会成本确定，不含流转税；挤占原有用户需求满足项目的，影子价格按支付意愿确定，含流转税。

对不能判别产出或投入是增加供给还是挤占（替代）原有供给的，可简化处理为：产出的影子价格一般含实际缴纳的流转税，投入的影子价格一般不含实际缴纳的流转税。

（2）税金的处理。产出物的影子价格是否含增值税销项税额（以下简称含税），投入物的影子价格是否含增值税进项税额（以下简称含税），应分析货物的供求情况，采取不同的处理方式。

1）项目产出物。如果项目产出物的需求空间较大，项目的产出对市场价格影响不大，影子价格按消费者支付意愿确定，即采用含税的市场价格。如果项目产出物用以顶替原有市场供应的，即挤占其他生产厂商的市场份额，应该用节约的社会成本作为影子价格。这里节约的社会成本是指其他生产厂商减产或停产所带来的社会资源节省。对于市场定价的货物，其不含税的市场价格可以看作其社会成本。

对于可能导致其他企业减产或停产，产出物质量又相同的，甚至可以按被替代企业的变动成本分解定价（即定位于不合理重复建设的情况）。

2）项目投入物。如果该投入物的生产能力较富余或较容易通过扩容来满足项目的需要，可通过新增供应来满足项目需求的，采用社会成本作为影子价格。这里社会成本是指社会资源的新增消耗。

对于市场定价的货物，其不含税的市场价格可以看作其社会成本。

对于价格受到管制的货物，其社会成本通过分解成本法确定。若通过新增投资增加供应的用全部成本分解，而通过挖潜增加供应的，用变动成本分解。

如果该投入物供应紧张，短期内无法通过增产或扩容来满足项目投入的需要，只能排挤原有用户来满足项目的需要的，影子价格按支付意愿确定，即采用含税的市场价格。

如果无法判别出产出物是增加供给还是挤占原有供给，或投入物供应是否紧张，此时也可简化处理为：产出物的影子价格一般采用含税的市场价格，投入物的影子价格一般采用不含税的市场价格，但这种方法要慎重采用。

6.3.1.4　项目的产出效果不具有市场价格

当项目的产出效果不具有市场价格，或市场价格难以真实反映其经济价值时，对项目的产品或服务的影子价格要进行重新计算。

（1）按照消费者支付意愿的原则，通过市场价格的其他相关信号按照"显示偏好"的方法，寻找揭示这些影响的隐含价值，对其效果进行间接估算。如项目的外部效果导致关联对象产出水平或成本费用的变动，通过对这些变动进行客观量化分析，作为对项目外部效果进行量化的依据。

（2）根据意愿调查评估法，按照"陈述偏好"的原则进行间接估算。一般通过对被评估者的直接调查，直接评价调查对象的支付意愿或接受补偿的意愿，从中推断出项目造成的有关外部影响的影子价格。应注意调查评估中可能出现的以下偏差：

1）调查对象相信他们的回答能影响决策，从而使他们实际支付的私人成本低于正常条件下的预期值，这时调查结果可能产生策略性偏差。

2）调查者对各种备选方案介绍得不完全或使人误解时，调查结果可能产生资料性偏差。

3）问卷假设的收款或付款方式不当，调查结果可能产生手段性偏差。

4）调查对象长期免费享受环境和生态资源等所形成的"免费搭车"心理，导致调查对象将这种享受看作天赋权利而反对为此付款，从而导致调查结果的假想性偏差。

6.3.1.5　特殊投入物影子价格

项目的特殊投入物主要包括劳动力、土地和自然资源，其影子价格需要采取特定的方法来确定。

（1）劳动力的影子价格——影子工资。影子工资是项目占用的人力资源，是项目实施所付出的代价。如果财务工资与人力资源的影子价格之间存在差异，应对财务工资进行调整计算，以反映其真实经济价值。影子工资是指建设项目使用劳动力、耗费资源而使社会付出的代价，在建设项目经济费用效益分析中以影子工资计算劳动力费用。劳动力影子价格即为劳动力的影子工资。影子工资按下式计算：

$$影子工资 = 劳动力机会成本 + 新增资源消耗 \tag{6-17}$$

1）劳动力机会成本。劳动力机会成本是拟建项目占用的人力资源由于在本项目使用而不能再用于其他地方或享受闲暇而被迫放弃的价值。它应根据项目所在地的人力资源市场及劳动力就业状况，按下列原则进行分析确定：

第一，过去受雇于别处，由于本项目的实施而转移过来的人员，其影子工资应是其放弃过去就业机会的工资（含工资性福利）及支付的税金之和。

第二，对于自愿失业人员，影子工资应等于本项目的使用所支付的税后净工资额，以反映边际工人投入到劳动力市场所必须支付的金额。

第三，非自愿失业劳动力的影子工资应反映他们为了工作而放弃休闲愿意接受的最低工资金额，其数值应低于本项目的使用所支付的税后净工资并大于支付的最低生活保障收入。当缺少信息时，可以按非自愿失业人员接受的最低生活保障收入和税后净工资率的平均值近似测算。

2）新增资源耗费。新增资源耗费是指劳动力在本项目新就业或由其他就业岗位转移到本项目而发生的经济资源消耗，而这种消耗与劳动者生活水平的提高无关。在分析中应根据劳动力就业的转移成本测算。新增资源耗费包括迁移费、新增的城市交通和城市基础设施配套等相关投资与费用。

影子工资换算系数是项目经济费用效益分析的参数，是影子工资与财务分析中的职工个人实得货币工资加提取的福利基金之比。几种影子工资换算系数的取值是：对于技术劳动力，采取影子工资等于财务工资，即影子工资换算系数为1；对于非技术劳动力，推荐在一般情况下采取财务工资的 0.2~0.8 作为影子工资，即影子工资换算系数为 0.2~0.8；随着我国农村剩余劳动力减少，其就业机会成本上升，因此在项目的经济费用效益分析中，劳动力的影子工资也将有所提升。

（2）土地的影子价格。土地是一种重要的经济资源，项目占用的土地无论是否需要支付财务成本，均应根据土地用途的机会成本原则或消费者支付意愿的原则计算其影子价格。

项目使用了土地，就造成了社会费用，无论是否需要支付费用，都应根据机会成本或消费者的支付意愿计算土地的影子价格。土地的地理位置对土地的机会成本或消费者支付意愿的影响很大，因此土地的地理位置是影响土地影子价格的关键因素。

1）非生产性用地的土地影子价格。对于非生产性用地，如住宅、休闲用地等，应按照支付意愿原则，根据市场交易价格测算其影子价格。市场不完善或无市场交易价格的，应按消费者支付意愿确定土地的影子价格。

2）生产性用地的土地影子价格。项目占用生产性用地，主要是指农业、林业、牧业、渔业及其他生产性用地，其影子价格按照这些生产用地未来可以提供的产出物的效益及因改变土地用途而发生的新增资源消耗进行计算。即为：

土地影子价格＝土地机会成本+新增资源消耗　　　　　　　　　（6-18）

土地机会成本应按照社会对这些生产用地未来可以提供的消费产品的支付意愿价格进行分析计算，一般按照项目占用土地在"无项目"情况下的"最佳可行替代用途"的生产性产出的经济效益限制进行计算。

新增资源消耗应按照在"有项目"情况下土地的征用造成原有土地上附属物财产的损失及其他资源耗费计算，土地平整等开发成本应计入工程建设成本中，在土地经济成本估算中不再重复计算。

3）在经济费用效益分析中，应根据项目计算期内未来土地用途的可能变化合理预测项目占用土地的影子价格。对土地机会成本的计算应按以下要求进行：

a. 通过政府公开招标取得的国有土地出让使用权，以及通过市场交易取得的已出让国有土地使用权，应按市场交易价格计算其影子价格。

b. 未通过正常市场交易取得的土地使用权，应分析价格优惠或扭曲情况，参照当地正常情况下的市场交易价格，调整或类比计算其影子价格。

c. 当无法通过正常市场交易价格类比确定土地影子价格时，应采用收益现值法或以土地开发成本加开发投资应得收益确定。

d. 由于土地开发规划许可的取得，会对土地市场价格产生影响，土地价值的估算应反映实际的或潜在的规划批准情况，应分析规划得到批准的可能性及其对土地价值的影响。如果土地用途受到限制，其影子价格就会被压低。应分析这些限制被解除的可能性，以及解除限制对土地价值的影响。

e. 项目征用农村用地，应按土地征用费调整计算其影子价格。其中耕地补偿费及青苗补偿费应视为土地机会成本，地上建筑物补偿费及安置补偿费应视为新增资源消耗。这些费用如果与农民进行了充分协商并获得认可，可直接按财务成本计算其影子价格；若存在征地费优惠，或在征地过程中没有进行充分协商导致补偿和安置费低于市场定价，应按当地正常征地补偿标准调整计算土地的影子价格。

f. 在征地过程中收取的征地管理费、耕地占用税、耕地开垦费、土地管理费和土地开发费等各种税费，应视为转移支付，不列入土地经济费用的计算。

（3）自然资源的影子价格。项目投入的自然资源，无论是在财务上是否付费，在经济费用效益分析中都必须测算其经济费用。不可再生自然资源的影子价格应按资源的机会成本计算，可再生自然资源的影子价格应按资源的再生费用计算。

自然资源是指自然形成的，在一定的经济、技术条件下可以被开发利用以提高人们的生活福利水平和生存能力，并同时具有某种"稀缺性"的实物性资源的总称，包括土地资源、森林资源、矿产资源和水资源等。项目经济费用效益分析将自然资源分为资源资产和非资产性自然资源，在影子价格的计算中只考虑资源资产。

资源资产是指所有权已经界定，或随着项目的实施可以界定，所有者能够有效控制并能够在目前或可预见的未来产生预期经济效益的自然资源。资源资产属于经济资产范畴，包括土地资产、森林资产、矿产资产和水资产等。在经济费用效益分析中，项目的建设和运营需要投入的自然资源，是项目投资所付出的代价，这些代价要用资源的经济价值而不是市场价格表示，可以用项目投入物的替代方案的成本对这些资源资产用于其他用途的机会成本等进行分析测算。

（4）人力资本和生命价值的估算。某些项目的产出效果表现为对人力资本、生命延续或疾病预防等方面的影响，如教育项目、医疗卫生和卫生保健项目等，应根据项目的具体情况测算人力资本增值的价值、可能减少死亡的价值，以及减少疾病增进健康等的价值，并将量化结果纳入项目经济费用效益分析的框架之中。如果因缺乏可靠依据难以货币量化，可采用非货币方法进行量化，也可只进行定性分析。

对于教育项目，其效果可以表现为人力资本增值，例如，通过教育提高了人才素质，引发了工资提高。在劳动力市场发育成熟的情况下，其人力资本的增值应根据"有项目"和"无项目"两种情况下的所得税前工作的差额进行估算。世界银行的一项研究表明，每完成一年教育可以给受教育者增加5%的月收入。

对于医疗卫生项目，其效果常常表现为减少死亡的价值。可根据社会成员为避免死亡而愿意支付的费用进行计算。当缺乏对维系生命的支付意愿的资料时，可采用人力资本法，通过分析人员的死亡导致为社会创造收入的减少来评价死亡引起的损失，以测算生命的价值；或者通过分析伤亡风险高低不同工种的工资差别来间接测算人们对生命价值的支付意愿。

对于卫生保健项目，其效果表现为对人们增进健康的影响效果时，一般应通过分析疾病发病率与项目影响之间的关系，测算由于健康状况改善而增加的工作收入，发病率降低而减少的看病、住院等医疗成本及其他各项相关支出，并综合考虑人们对避免疾病而获得健康生活所愿意付出的代价，测算其经济价值。

（5）时间节约价值的估算。交通运输等项目，其效果可以表现为时间的节约，需要计算时间节约的经济价值。应按照有无对比原则分析"有项目"和"无项目"情况下的时间耗费情况，区分不同人群、货物，根据项目的具体特点分别测算人们出行时间节约和货物运送时间节约的经济价值。

1）出行时间节约的经济价值。出行时间节约的经济价值可以按节约时间的受益者为了获得这种节约所愿意支付的货币数量来度量。在项目经济费用效益分析中，应根据所节约时间的具体性质分别测算。

如果所节约的时间用于工作，时间节约的价值应为因时间节约而进行生产从而引起产出增加的价值。在完善的劳动力市场条件下，企业支付给劳动者的工资水平，可以看作劳动者的边际贡献，因此可以将企业负担的所得税前工资、各项保险费用及有关的其他劳动成本用于估算时间节约的价值。

如果所节约的时间用于闲暇，应从受益者个人的角度，综合考虑个人的家庭情况、收入水平、闲暇偏好等因素。

2）货物运送时间节约的经济价值。货物运送时间节约的经济价值应为这种节约的受益者为了得到这种节约所愿意支付的货币数量。在项目经济费用效益分析中，应根据不同货物对运送时间的敏感程度以及受益者的支付意愿测算时间节约的经济价值。

（6）环境价值的估算。环境工程项目，其效果表现为对环境质量改善的贡献，可采用前面章节提到的环境价值评估方法估算其经济价值。

（7）几种主要的政府调控价格产品及服务的影子价格，如表6-3所示。

表6-3　几种主要的政府调控价格产品及服务的影子价格

货物	作为投入物		作为产出物
电价	按成本分解法测定。一般情况下应按当地的电力供应完全成本口径的分解成本定价。存在阶段性电力过剩的地区，可以按电力生产的变动成本分解定价。		按照电力对当地经济的边际贡献测定。
航空运价	一般情况下按完全成本分解定价	在航空运输能力过剩的地区可按照变动成本分解定价。	采取专门方法，按替代运输量运输成本的节约、诱发运输量的支付意愿以及时间节约的效益等测定。
		在航空运输紧张的地区应当按照被挤占用户的支付意愿定价。	
水价	按后备水源的成本分解定价，或者按照恢复水功能的成本定价。		按消费者支付意愿或者按消费者承受能力加政府补贴测定。

6.3.2　经济评价基本报表的编制

6.3.2.1　经济评价效益费用数值调整

（1）在财务评价的基础上进行国民经济效果的评价，其效益和费用范围的调整内容为：

1）剔除已计入财务效益和费用中的转移支付包括销售税金及附加、增值税、国内借款利息，国家或地方政府给予的补贴。

2）识别项目的间接效益和间接费用，对能定量的应进行定量计算；不能定量的，应作定性描述。

（2）效益和费用的数值调整。

1）固定资产投资的调整：

a. 剔除属于国民经济内部转移支付的引进设备、材料的关税和增值税，并用影子汇率、运输费用和贸易费用对引进设备价格进行调整；对于国内设备价格则用影子价格、运输费用和贸易费用进行调整。

b. 根据建筑工程消耗的人工、三材、其他大宗材料、电力等，用影子工资、货物和电力的影子价格调整建筑费用，或用建筑工程影子价格换算系数调整建筑费用。

c. 若安装工程中的材料费用占很大比重，或有进口的安装材料，也应按材料的影子价格调整安装费用。

d. 用占用土地的影子费用代替土地的实际费用。

e. 剔除价格增长预留费。

f. 调整其他费用。

2）流动资金的调整：流动资金中的应收、付项及现金（含行和存现金）占用，只是财务会计账目上的资产或负债占用，并没有实际耗用经济资源（其中库存现金虽确是资金占用，但因数额很小，可忽略不计），国民经济评价应从流动资金中剔除。如果财务评价流动资金是采用扩大指标法估算的，国民经济评价仍应按扩大指标法，以调整后的销售收入、经营费用等乘以相应的流动资金指标系数进行估算；如果财务评价流动资金是采用分项详细估算法进行估算的，则应用影子价格重新分项估算。

3）经营费用的调整：可以先用货物的影子价格、影子工资等参数调整费用要素，然后再加总求得经营费用。

4）营业收入的调整：先确定项目产出物的影子价格，然后重新计算销售收入；对于没有市场价格的产出效果，以支付意愿或接受补偿意愿的原则计算其影子价格。

5）在涉及外汇借款时，用影子汇率计算外汇借款本金与利息的偿还额。

6）对于可货币化的外部效果，应将货币化的外部效果计入经济效益费用流量；对于难以进行货币化的外部效果，应尽可能地采用其他量纲进行量化。难以量化的，进行定性描述，以全面反映项目的产出效果。

6.3.2.2　直接做国民经济效果评价时的调整

（1）识别和计算项目的直接效果：对那些为国民经济提供产出物的项目，首先应根据产出物的性质确定是否属于外贸货物，再根据定价原则确定产出物的影子价格。按照项目的产出物种类、数量及其逐年的增减情况和产出物的影子价格计算项目直接效益。对那些为国民经济提供服务的项目，应根据提供服务的数量和用户的受益情况计算项目的直接效益（国民经济内部的转移支付不计）。

（2）用货物的影子价格、土地的影子费用、影子工资、影子汇率、社会折现率等参数直接进行项目的投资估算。

（3）对流动资金进行估算。

（4）根据生产经营的实物消耗，用货物的影子价格、影子工资、影子汇率等参数计算经营费用。

（5）识别项目的间接效益和间接费用，对能定量的要进行定量计算；对难于定量的应作定性描述。

6.3.2.3　经济评价基本报表的编制

项目投资经济效益费用流量表是站在项目全部投资的角度，或者说是在假定项目全部投资均为国内投资条件下的项目国民经济效益费用流量系统的报表格式反映，报表格式如表6-4所示。

表6-4　国民经济效益费用流量表　　　　　单位：万元

序号	项目	合计	计算期				
			1	2	3	…	n
1	效益流量						
1.1	项目直接效益						
1.2	资产余值回收						
1.3	项目间接效益						
2	费用流量						
2.1	建设投资						
2.2	维持运营投资						
2.3	流动资金						
2.4	经营费用						
2.5	项目间接费用						
3	净效益流量						

计算指标：

经济内部收益率（%）；

经济净现值（i_s=%）。

报表的年序设置及规定与财务评价中现金流量表相同。栏目设置与财务评价的现金流量表相比主要是剔除了反映转移支付的税金等项目，同时增加了项目间接效益和间接费用项。

6.3.3　经济评价指标

国民经济评价包括国民经济盈利能力分析和外汇效果分析，以经济内部收益率和经济净现值为主要评价指标。产品出口创汇和替代进口节汇的项目，要计算经济外汇净现值、经济换汇成本和节汇成本等指标，并应对难以量化的外部效果进行定性分析，还应作敏感性分析和概率分析。

6.3.3.1 经济内部收益率

经济内部收益率（$EIRR$）是反映项目对国民经济净贡献的相对指标。它是项目在计算期内各年经济净效益流量的折现值累计等于零时的折现率，其表达式为：

$$\sum_{t=0}^{n} (B-C)_t (1+EIRR)^{-1} = 0 \tag{6-19}$$

式中，B 指效益流入量；C 指费用流出量；$(B-C)_t$ 指第 t 年净效益流量；n 指项目计算期。

$EIRR > i_s$，表明项目对国民经济的净贡献超过或达到了要求的水平，可以考虑接受项目。

6.3.3.2 经济净现值

经济净现值（$ENPV$）是反映项目对国民经济净贡献的绝对指标。它是用社会折现率 i_s 将项目计算期内各年的净效益流量折现到建设期初的现值之和，其表达式为：

$$ENPV = \sum_{t=0}^{n} (B-C)_t (1+i_s)^{-1} \tag{6-20}$$

当 $ENPV \geq 0$ 时，表示国家为拟建项目付出代价后，可以得到超过或符合社会折现率的社会盈余，故可以考虑接受项目。

6.3.3.3 国民经济外汇效果分析

对于产出物出口（含部分出口）或替代进口（含部分替代进口）的项目，应进行外汇效果分析。外汇效果分析需要编制经济外汇流量表及国内资源流量表，计算经济外汇净现值、经济换汇成本或经济节汇成本指标如表 6-5 所示。

表 6-5　经济外汇流量表　　　　　　　单位：万元

序号	项目	建设期			投产期		达到设计能力生产期			合计
		0	1	2	3	4	5	…	n	
	生产负荷（%）									
1	外汇流入									
1.1	产品销售外汇收入									
1.2	外汇借款									
1.3	其他外汇收入									
2	外汇流出									
2.1	固定资产投资中外汇支出									

序号	项目	建设期			投产期		达到设计能力生产期			合计
		0	1	2	3	4	5	...	n	
2.2	进口原材料									
2.3	进口零部件									
2.4	技术转让费									
2.5	偿付外汇借款本息									
2.6	其他外汇支出									
3	净外汇流量（1-2）									
4	产品替代进口收入									
5	净外汇效果（3+4）									

计算指标：

经济外汇净现值（$i_s=\%$）；

经济换汇成本或经济节汇成本。

（1）经济外汇净现值。经济外汇净现值是反映项目实施后对国家外汇收支直接或间接影响的重要指标，用以衡量项目对国家外汇真正的净贡献（创汇）或净消耗（用汇）。经济外汇净现值可通过经济外汇流量表求得，其计算公式为：

$$ENPV_F = \sum_{t=0}^{n} (FI-FO)_t (1+i_s)^{-t} \tag{6-21}$$

式中，FI 指外汇流入量；FO 指外汇流出量；$(FI-FO)_t$ 指第 t 年的净外汇流量；n 指项目计算期。

当有产品替代进口时，应按净外汇效果计算经济外汇净现值。

（2）经济换汇成本和经济节汇成本。当有产品直接出口时，应计算经济换汇成本；当有产品替代进口时，应计算经济节汇成本。经济换汇成本和经济节汇成本的定义及计算方法如下：

1）换汇成本。对于有产品直接出口的项目，应计算其经济换汇成本。它是用货物影子价格、影子工资和社会折现率计算的为生产出口产品而投入的国内资源现值（以人民币表示）与生产出口产品的经济外汇净现值（通常以美元表示）之比。其计算公式可表示如下：

$$\text{经济换汇成本} = \frac{\sum_{t=0}^{n} DR'_t (1+i_s)^{-t}}{\sum_{t=0}^{n} (FI'-FO')_t (1+i_s)^{-t}} \tag{6-22}$$

式中，DR'_t 指项目第 t 年为生产出口产品投入的国内资源，单位为元；FI' 指生产出口产品的外汇流入，单位为美元；FO' 指生产出口产品的外汇流出，单位为美元；i_s 指社会折现率。

经济换汇成本（元/美元）小于等于影子汇率，则项目产品出口有利。

2）节汇成本。对于有产品替代进口的项目，应计算其经济节汇成本。它是用货物影子价格、影子工资和社会折现率计算的为生产替代进口产品所投入的国内资源的现值与生产替代进口产品的经济外汇净现值之比。其计算公式为：

$$经济节汇成本 = \frac{\sum_{t=0}^{n} DR''_t (1 + i_s)^{-t}}{\sum_{t=0}^{n} (FI'' - FO'')_t (1 + i_s)^{-t}} \tag{6-23}$$

式中，DR'' 指项目在第 t 年为生产替代进口产品投入的国内资源，单位为元；FI'' 指生产替代进口产品所节约的外汇，单位为美元；FO'' 指生产替代进口产品的外汇流出，单位为美元。

经济节汇成本（元/美元）小于等于影子汇率，则项目产品替代进口有利。其外汇流量数据和国内资源流量数据分别来自经济外汇流量表和国内资源流量表。经济换汇成本或经济节汇成本小于等于影子汇率时，表示项目产品出口或替代进口是有利的。

6.4　案例分析

6.4.1　案例1：温哥华机场

温哥华国际机场（Vancouver International Airport）是服务加拿大温哥华的国际机场。温哥华国际机场距离温哥华市 15 千米，是加拿大第二大机场，仅次于多伦多机场。温哥华机场管理层分别于 1994 年、1997 年、2000 年和 2006 年委托专业机构对温哥华机场进行了社会经济效益评价。

在评价中，把社会经济效益划分为直接效益、间接效益和引致效益。直接效益包括驻场企业和非驻场但依附于机场的企业所产生的经济效益，主要指机场运营和服务活动产生的影响。因而，直接就业人员包括机场与航空公司的雇员、航空器维修人员、基地管理人员以及其他驻场人员。间接效益主要指与机场活动密切相关的前后向关联产业的经济活动所作出的经济贡献，如地面交通运输业、旅游业、食品制造业以及相关机械设备制造业等。间接就业人员相应主要产生于为机场提供服务的相关产业的从业人员。引致效益则是直接就业人员和间接就业人员的支出在经济系统中所产生的各种需求引致的经济贡献,例如,航空器维修企业的工作人员决定扩大或改善他的住房,由于购买住房的需求将推动建筑行业与建材行业的就业增长,从而产生引致经济效益和就业机会。在具体研究过程中,研究机构首先通过对机场就业情况展开调查,确定与机场直接相关的经济增加值与就业人数,然后再使用 Statistics Multipliers 推算得出间接效益和引致效益,其中,间接和引致效益的乘数代表由于机场运输活动所导致的相关产业发展的最大潜在社会经济效益。直接、间接和引致三类效益分别采用就业量、工资、总产出以及 GDP 四个指标进行计量。

温哥华机场于 2006 年 3 月发布的最近一次评价报告中,研究主要采用调查统计与推断相结合的方法进行,直接效益和直接就业采用调查问卷的方法统计得到,间接和引致效益同前面几次研究一样,采用统计乘数推算获得。除就业量、工资、总产出和经济增加值四个指标外,报告还对机场运营产生的税收以及机场所带来的引致、催化效益等进行了详细研究,内容主要包含概述、就业影响、税收影响、经济效益以及附录五个方面。该报告重点研究了温哥华机场对地区经济的贡献,其中尤其对机场运营产生的就业贡献进行了特别关注,将就业效益作为经济效益最重要的一个方面。具体在就业人数、工资报酬、总产出和经济增加值四个指标中,研究机构格外看重温哥华机场为当地所创造的就业机会,并采用机场每架飞机每次航班所创造的就业量指标进行详细分析。报告研究结果显示,一架区域性一日两次起降的喷气式飞机一次航班将产生 82 小时的工作量或者每年可以总共产生 38 个就业岗位;一架国内航空公司运营的跨境班机一次航班将产生 218 小时的工作量,如果一天按四个航班计算,每年可以带来 194 个就业岗位。根据温哥华机场整体经济效益评价结果,机场运行产生的总效益为:约 52400 人的就业量、31 亿美元的经济增加值、6 亿美元的总产出和 20 亿美元的工资总额。

6.4.2 案例 2:布里斯托尔机场

英国业务量增长最快的区域性民用机场——布里斯托尔机场,是服务于英格兰布里斯托及周边地区的商业机场。2008 年布里斯托尔机场是英国第九大繁忙的机场,客运量为 6267114 人次,比 2007 年增长了 5.7%,成为了 2008 年英国十大发展速度最快的机场之一。布里斯托尔机场的最近一次社会经济效益评估是 2005 年 10 月。

研究报告主要从就业与产业关联效益、机场运营对布里斯托尔及英国西南部城市竞争力的影响以及预期 2015 年与 2030 年的社会效益等方面对布里斯托尔机场的社会经济效益进行了综合评价。在充分考虑英国航空运输政策、预测英国航空运输需求和区域发展规划等因素的基础上，报告对布里斯托尔机场带来的经济效益和就业贡献进行了定量测算，同时，报告还分析了布里斯托尔机场运输量增长对当地旅游产业的影响，最后，报告从国家和区域两个层面，针对机场扩容及所产生的社会经济效益、机场及相关企业业务发展等方面提出了政策建议。研究思路同加拿大温哥华机场类似，把机场所产生的总效益划分为直接、间接和引致三类效益，侧重从就业方面展开研究，三类效益的定义分别为：直接就业是指机场范围内航空公司、航空代理、地面工程、地勤服务、空中交通管理、商场、餐饮及其他特许经营单位所创造的就业岗位；间接就业是指位于机场外，与机场运营紧密关联、给机场提供产品和服务的企事业单位所创造的就业岗位；引致就业是指直接和间接从业人员需求支出引发的相关产业发展所创造的就业岗位。研究方法也同温哥华机场评价方法类似，直接就业主要通过发放问卷调研统计获取，间接就业和引致就业通过统计乘数推算而得，机场与旅游及其他重要产业之间的相关性则主要采用产业链模型并结合实地调研的手段展开研究。

报告的主要研究结论可归纳为：借助统计乘数 0.3 测算得到布里斯托尔机场间接和引致的就业岗位均为 685 个。机场与当地支柱产业之间相关性的研究结论表明，布里斯托尔机场运营与区域商业尤其是优势产业的发展的关联程度很高，约有 3500 个企业通过布里斯托尔机场开展相关商务活动，英国西南部有约 33%的企业单位对该机场有很高的使用频率。通过对空中 Airbus UK、Hewlett Packard 等当地重要企业的调查研究，发现布里斯托尔机场为这些当地企业提供了方便的沟通途径，使企业与世界的联系更加便利，布里斯托尔机场对当地企业业务的拓展具有重要的贡献。

6.4.3 案例3：休斯顿机场群

美国休斯顿机场群包括三个机场，最大的是位于休斯顿北部的布什国际机场，2004 年进行了一次社会经济效益评估。研究过程中，同样把整体社会经济效益划分为直接、间接和引致效益，其中直接效益主要包括商业航空公司、地面运输（包括停车场）、机场特许经营单位、航空货运服务供应商、机场和飞机服务供应商、支撑机场运作的政府代理机构等单位创造的效益；间接效益主要包括商品零售、餐饮（如饭店、酒吧）、住宿（如宾馆）、娱乐和休闲以及其他消费场所创造的效益；引致效益则主要是指由直接和间接就业人员在当地的需求支出所带的其他单位创造的效益。评价方法也类似，在确定与机场直接和间接效益密切关联企业与相关机构的基础上，通过发放问卷的形式对机场和相关涉及企业机构进行实地调研，进而得到计算直接间接效益的原始统计数据，然后利用投入产出表和统计乘数测算引致效益。参照评价报告的研究结果，休斯顿机场群 2004 年为当地共创造了 240 亿美元的经济增加值和 6.3 万个就业岗位。

6.4.4 案例 4：上海浦东机场

6.4.4.1 中国航空机场：行业龙头企业全方位对比

航空机场是航空运输业的一个分支，航空机场是指机场向旅客或航空公司等服务对象提供的服务活动。目前，我国航空机场龙头企业主要包括白云机场（600004）、首都机场（00694.HK）、上海机场（600009），三家企业航空机场业务全方位对比如表 6-6 所示。

表 6-6 **2020 年中国航空机场行业龙头企业全方位对比**

指标	首都机场	上海机场	白云机场
旅客吞吐量（万人次）	3451.38	3047.65	4376.81
货邮吞吐量（万吨）	121.04	368.66	175.95
航班起降架次（万驾次）	29.15	32.57	37.34
营业收入（亿元）	35.87	43.04	52.25
通航情况	通航 26 个国家和地区的 147 条航线。	截至 2017 年底，浦东机场联通全球 47 个国家和地区的 297 个通航点。	空中航线网络覆盖全球 230 多个通航点，近 80 家航空公司在机场运营。

资料来源：前瞻产业研究院．中国航空机场行业市场前瞻与投资风险分析报告［R］．2021．

上海浦东国际机场于 1999 年建成，1999 年 9 月 16 日一期工程建成通航，2005 年 3 月 17 日第二跑道正式启用，2008 年 3 月 26 日第二航站楼及第三跑道正式通航启用，2015 年 3 月 28 日第四跑道正式启用（见表 6-7）。

表 6-7 **上海浦东机场—航空机场业务布局历程**

年份	上海浦东机场
1998	上海国际机场股份有限公司成立并上市
1999	一期工程建成通航
2004	一期扩建
2006	二期工程全部结束
2008	扩建工程第二航站楼及第三跑道正式通航启用
2015	第四跑道正式通航启用
2015	三期扩建工程的主体工程卫星厅工程开建
2019	三期扩建主体工程启用

资料来源：前瞻产业研究院．中国航空机场行业市场前瞻与投资风险分析报告［R］．2021．

6.4.4.2　上海浦东机场：航空机场业务布局及运营现状

浦东机场依然是疫情期间重要入境地，作为内地最大空中口岸，2020 年出入境旅客量仍为全国第一。2020 年浦东机场共保障飞机起降 32.57 万架次，同比减少 36.37%；旅客吞吐量 3047.65 万人次，同比减少 59.98%；货邮吞吐量 368.66 万吨，同比增加 1.44%。

从 2020 年我国机场各类业务指标排名前十机场来看，上海浦东机场货邮吞吐量稳居国内第一，货邮运输优势明显（见表 6-8）。

表 6-8　2020 年我国机场各类业务指标排名前十机场

旅客吞吐量（万人次）		货邮吞吐量（万吨）		航班起降架次（万驾次）	
广州/白云	4376.04	上海/浦东	368.66	广州/白云	37.34
成都/双流	4074.15	广州/白云	175.93	上海/浦东	32.57
深圳/宝安	3791.61	深圳/宝安	139.88	深圳/宝安	32.03
重庆/江北	3493.78	北京/首都	121.04	成都/双流	31.18
北京/首都	3451.38	杭州/萧山	80.20	北京/首都	29.15
昆明/长水	3298.91	郑州/新郑	63.94	重庆/江北	27.47
上海/虹桥	3116.56	成都/双流	61.85	昆明/长水	27.44
西安/咸阳	3107.39	重庆/江北	41.12	西安/咸阳	25.57
上海/浦东	3047.65	南京/禄口	38.94	杭州/萧山	23.74
杭州/萧山	2822.43	西安/咸阳	37.63	上海/虹桥	21.94

资料来源：前瞻产业研究院. 中国航空机场行业市场前瞻与投资风险分析报告［R］. 2021.

6.4.4.3　上海浦东机场：航空机场业务经营业绩

2020 年，受新冠疫情影响，公司经营收益首次出现亏损。2020 年公司实现营业收入 43.03 亿元，同比减少 60.68%；归属于上市公司股东的净利润 -12.67 亿元，同比减少 125.18%。2021 年第一季度，公司营业收入达 8.66 亿元，净利润为 -4.36 亿元。

此外，2016~2019 年，上海机场的航空业务收入占比逐年下降，而非航空性收入占比逐年增长，从 2016 年的 49.5% 增长到 2019 年的 62.7%。到 2020 年受新冠疫情的影响，非航空性收入占比下降至 59.9%，但仍高于航空及相关服务收入（见图 6-3）。反映出上海机场的经营收入主要来源于免税店、有税零售店、餐饮等非航空性收入。

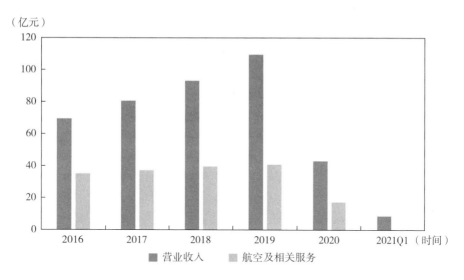

图 6-3　2016~2021 年上海国际机场股份有限公司营业收入和
航空及相关服务收入变化情况

资料来源：前瞻产业研究院．中国航空机场行业市场前瞻与投资风险分析报告［R］．2021.

本章练习题

1. 简要说明机场的公共性和外部性。

2. 直接费用和直接效益、间接费用和间接效益的概念与区别。

3. 机场的费用和效益主要包含哪些内容？

4. 什么是影子价格？

5. 国民经济的评价指标有哪些？如何计算？

6. 某投资项目正式投产运营时要购置两台机器设备，一台可在国内购得，其国内市场价格为 300 万元/台，影子价格与国内市场价格的换算系数为 1.3，另一台设备必须进口，其到岸价格为 60 万美元一台，影子汇率换算系数为 1.06，外汇牌价为 7.28 元/美元，进口设备的国内运杂费和贸易费用为 10 万元和 5 万元。试求该种产品进行生产时，两台设备的影子价格和所需设备的总成本。

7 机场设备更新的经济分析

7.1 机场设备磨损与补偿

7.1.1 机场设备的磨损

一般情况下，设备在使用一定时期之后，就会出现磨损、陈旧破损甚至报废，即使设备处于闲置状态，也会发生磨损。企业为了保持生产的正常进行，就必须对磨损设备进行补偿，以恢复设备的生产能力。依据磨损对设备作用形式的不同，设备磨损可以分为有形磨损和无形磨损两种。

7.1.1.1 有形磨损

设备的有形磨损主要是指设备在使用（或闲置）过程中，发生的实体损耗又称物质磨损，一般情况下通过外表就能测量察觉。依据其成因的不同，又可以分为以下两种形式：

第一种有形磨损，是指设备在使用（运转）过程中，由于零部件发生摩擦、振动、扭曲、疲劳等现象，而使其受到的实体损伤。一般表现为设备零部件的原始尺寸发生改变，精度降低，设备整体功能下降，累积到一定程度时甚至导致设备停止正常工作，丧失使用价值。

第二种有形磨损，是指设备在闲置过程中，由于受到自然力作用发生的锈蚀、老化变形。它与生产过程中的使用没有关系，主要是由于缺乏对设备必要的保护、保养及管理不善造成的。所以，设备并不是封存就不会发生磨损，如果闲置时间过长，同样会因零件锈蚀、部件老化丧失工作精度和工作能力，导致使用价值的下降。

设备在使用中产生的有形磨损大致有三个阶段，如图 7-1 所示。第一阶段又称初始阶段，是指新的设备在使用初期，由于零部件本身制造过程中不可避免的误差而发生摩擦、损耗，此时磨损度零部件粗糙不平的表面在短时间迅速磨去，表现出较大的磨损量。第二阶段又称正常磨损阶段，是指零部件在加工误差消去后的一个较稳定的工作时段，此时零部件的磨损趋于缓慢，基本上随时间而匀速缓慢增加。第三阶段又称剧烈磨损阶段，是指设备在使用一定时间后由于其零件磨损超过一定限度，磨损量迅速增大，导致设备精度、性能大幅下降。

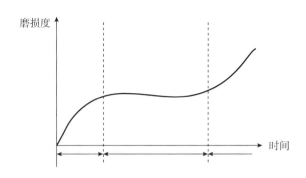

图 7-1　有形磨损曲线

资料来源：虞晓芬，龚建立，张化尧. 技术经济学概论（第五版）［M］. 北京：高等教育出版社，2018.

7.1.1.2　无形磨损

由于社会经济技术环境发生变化所导致的设备价值的下降与性能相对降低，称为设备的无形磨损。无形磨损并不表现为设备的实体损伤，而是设备价值的下降。依据其成因不同，可以分为以下两种形式：

第一种无形磨损，是指随着技术的发展，设备制造工艺不断改进、成本不断下降、劳动生产率不断提高，虽然设备本身的技术结构和经济性能没有改变，但生产相同结构设备的社会必要劳动时间减少，设备在市场上的售价相应降低，使原设备发生贬值。这种无形磨损只是设备现有价值的降低，但由于其本身的技术性能并没有受到影响，所以不影响设备的正常使用。

第二种无形磨损，是指由于科学技术的进步，不断创新出结构更先进、技术更完善、生产效率更高、使用成本更低的新设备，使原有设备相对陈旧落后，其经济效益相对降低而发生贬值。它的后果不仅是原有设备价值降低，而且会使原有设备局部或是全部丧失其使用价值。因为，虽然现有设备仍能正常使用，但其生产的产品在质量、性能等方面均不如新设备，所耗费的原材料、燃料、动力等均比新设备高，产品生产成本高于社会平均成本，从而导致产品竞争力降低，严重影响企业的发展。这就意味着必须考虑现有设备是否提前淘汰的问题。

设备往往同时存在有形磨损和无形磨损。技术发展快的行业，其设备更多地受到无形磨损的影响，而成熟行业的设备更多地受到有形磨损的影响。

7.1.2 机场设备磨损的补偿

无论是有形磨损还是无形磨损，都会引起设备价值的降低。因此，为了保证企业的正常生产及设备的稳定运行，必须对设备磨损进行补偿，一般情况下有修理、改装、更新三种基本形式。

7.1.2.1 修理

按照其对机器设备的工作内容可以将修理分为日常维护、小修、中修和大修。日常维护是指诸如设备的润滑保洁、定期检查和调整等为延长设备的使用年限、减少设备的有形损耗等所做的各项活动；小修是在设备使用过程中为保证其工作能力而进行的调整、修复或更换个别零件的修理工作；中修是进行设备部分解体的计划修理，主要是更换或修复不能用到下次技术修理的磨损零件，使规定修理的零部件基本恢复到设备出厂时的功能水平；大修是在原有实物形态上的一种局部更新，它通过对设备全部解体、修理耐久的部分、更换全部损坏的零部件等，全面消除缺陷，恢复设备的精度、零部件和整机的全部或接近全部的功能。

7.1.2.2 改装

设备的改装是指利用现代的科技成果，对设备的结构作局部的改进和技术上的革新，如增添新的、必需的零部件，以提升设备的生产功能和效率，使其赶上技术进步的步伐。

7.1.2.3 更新

更新是指对整个设备进行更换，主要有两种形式：一种是使用相同的设备去更换磨损严重、不能继续使用的旧设备；另一种是用技术更先进、效率更高、原材料消耗更少的新设备更换旧设备。

若设备使用价值的降低主要是有形磨损引起的，磨损较轻，可通过修理进行补偿；若磨损太严重无法修复，或虽能修复但精度不能保证，则通过更新进行补偿。若设备使用价值的降低主要是由无形磨损引起的，则采取现代化改装或更新方式进行补偿；若设备虽遭受无形磨损但使用价值并没有改变，则不必进行补偿。设备磨损与补偿具体如图7-2所示。

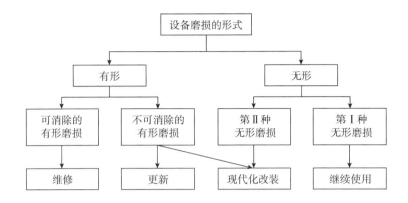

图 7-2　设备磨损的补偿

资料来源：虞晓芬，龚建立，张化尧．技术经济学概论（第五版）［M］．北京：高等教育出版社，2018.

7.2　机场设备经济寿命的确定

7.2.1　设备寿命的分类

依据研究角度的不同，设备寿命具有不同的含义，可以分为自然寿命、技术寿命、折旧寿命和经济寿命。

自然寿命又称物理寿命，即设备从投入使用开始，直到不能继续使用所延续的时间。通过保养可以适当延长设备的自然寿命，但不能从根本上避免设备的磨损。

技术寿命，指设备在开始使用后能够持续地满足使用者需要功能的时间，具体来说，即设备从开始使用到因技术落后而被淘汰的时间。它主要是与无形磨损直接联系的。

折旧寿命，指根据财会制度，按规定的设备耐用年数，将设备的原值通过折旧的形式转入产品成本，直到使设备净值接近于零的全部时间。它主要与设备折旧提取的方法有关。

经济寿命，是指从投入使用开始，到设备因继续使用不经济而被更新的时间。设备使用年限越长，每年所分摊的设备购置费（年资本费）越少。但是，随着使用年限的增加，设备的维修费或运行成本会增加。这就存在着设备使用到某一年份，其平均综合成本最低或经济效益最好。设备从开始使用到其等值年成本最低（或年盈利最高）的使用年限为设备的经济寿命。

综上可知，设备经济寿命是指从经济角度分析设备使用的最合理期限，具体来说即一台设备的年平均使用成本最低的年数。设备年平均成本一般由两部分组成：一部分是设备购置费扣除设备的残值后，在服务年限内各年的分摊值，称为平均年资金费用，随着设备使用年限的延长，这部分费用会逐渐减少；另一部分是设备的年运行费用，包括设备的维修费、材料费及能源消耗费用等，随着设备使用年限的延长，这部分的费用会逐渐增加。如图 7-3 所示，年平均总成本在某一时间会达到最低，此时对应的时间点即设备的经济寿命。

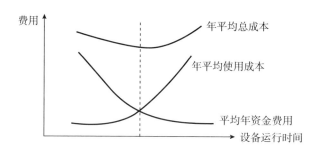

图 7-3　设备的经济寿命

资料来源：虞晓芬，龚建立，张化尧．技术经济学概论（第五版）〔M〕．北京：高等教育出版社，2018.

7.2.2　机场设备经济寿命的静态计算

如果不考虑资金的时间价值，则有：

设备资本金费用：

$$S_n = \frac{K_0 - L_n}{n} \tag{7-1}$$

设备使用费用：

$$M_n = \frac{1}{n} \sum_{t=1}^{n} M_t \tag{7-2}$$

式中，S_n 为设备使用 n 年时平均年资本金费用；M_n 为设备使用 n 年时平均年使用费用；M_t 为设备第 t 年的使用费用；K_0 为设备初始价值；L_n 为设备的残值。

综合式（7-1）、式（7-2），设备使用 n 年的平均年总费用 C_n 可用下式计算：

$$C_n = S_n + M_n = \frac{K_0 - L_n}{n} + \frac{1}{n} \sum_{t=1}^{n} M_t \qquad (7-3)$$

C_n 取最小值时，所对应的 n 即设备的经济寿命。

［例 7.1］某机场设备购置费用为 100000 元，预计寿命期为 5 年，随着使用过程中的磨损，其各年的使用费逐年增加（见表 7-1），假设不论何时更新其残值均为 5000 元，若不考虑资金时间价值，求该设备的经济寿命。

表 7-1 设备各年的使用费用   单位：元

年份	1	2	3	4	5
使用费用（M_t）	10000	15000	28000	40000	60000

解：

假设设备使用 1 年就报废，则其年平均总成本为：

$C_1 = S_1 + M_1 = K_0 - L + M_1 = 100000 - 5000 + 10000 = 105000（元）$

假设设备使用 2 年就报废，则其年平均总成本为：

$$C_2 = S_2 + M_2 = \frac{K_0 - L}{2} + \frac{M_1 + M_2}{2} = \frac{100000 - 5000}{2} + \frac{10000 + 15000}{2} = 60000（元）$$

假设设备使用 3 年就报废，则其年平均总成本为：

$$C_3 = S_3 + M_3 = \frac{K_0 - L}{3} + \frac{M_1 + M_2 + M_3}{3}$$

$$= \frac{100000 - 5000}{3} + \frac{10000 + 15000 + 28000}{3} = 49333.33（元）$$

假设设备使用 4 年就报废，则其年平均总成本为：

$$C_4 = S_4 + M_4 = \frac{K_0 - L}{4} + \frac{M_1 + M_2 + M_3 + M_4}{4}$$

$$= \frac{100000 - 5000}{4} + \frac{10000 + 15000 + 28000 + 40000}{4} = 47000（元）$$

假设设备使用 5 年就报废，则其年平均总成本为：

$$C_5 = S_5 + M_5 = \frac{K_0 - L}{5} + \frac{M_1 + M_2 + M_3 + M_4 + M_5}{5}$$

$$= \frac{100000 - 5000}{5} + \frac{10000 + 15000 + 28000 + 40000 + 60000}{5} = 49600（元）$$

以上，该设备使用 4 年时间的年平均使用费用是最低的，因此，该设备的经济寿命为 4 年。

7.2.3 机场设备经济寿命的动态计算

在技术经济分析中，为了考察投资项目的经济效果，必须对项目寿命期内不同时间发生的全部费用和全部收益进行计算和分析。在考虑资金时间价值的情况下，不同时间发生的收入或支出，其数值不能直接相加或相减，只能通过资金等值计算将它们换算到同一时间点上进行分析。资金等值就是指在考虑资金时间价值因素后，不同时点上数额不等的资金在一定利率条件下具有相等的价值。例如，现在的 100 元与一年后的 112 元，其数额并不相等，但如果年利率为 12%，则两者是等值的。因为现在的 100 元，在 12% 利率下，1 年后的本金与资金时间价值之和为 112 元。同样，1 年后的 112 元在年利率为 12% 的情况下等值于现在的 100 元。不同时点上数额不等的资金如果等值，则它们在任何相同时点上的数额必然相等。

影响资金等值的因素有三个：资金额大小、资金发生的时间和利率。它们构成现金流量的三要素。利用等值概念，将一个时点发生的资金金额换算成另一时点的等值金额，这一过程叫作资金等值计算。进行资金等值换算还需建立以下几个概念：

（1）贴现与贴现率。把将来某一时点的资金金额换算成现在时点的等值金额称为贴现或折现。贴现时所用的利率称贴现率或折现率。

（2）现值。现值是指资金"现在"的价值。需要说明的是，"现值"是一个相对的概念，一般来说，将 $t+k$ 个时点上发生的资金折现到第 t 个时点，所得的等值金额就是第 $t+k$ 个时点上资金金额在 t 时点的现值。现值用符号 P 表示。

（3）终值。终值是现值在未来时点上的等值资金，用符号 F 表示。

（4）等年值。等年值是指分期等额收支的资金值，用符号 A 表示。

技术方案的经济评价中经常会用到等值公式的换算，具体可分为如表 7-2 所示的几种。

表 7-2　等值计算公式一览表

类别	已知	求解	系数名称及符号	系数代数式	公式
一次性付系列	P	F	复利终值系数（F/P, i, n)	$(1+i)^n$	$F=P(F/P,\ i,\ n)$
	F	P	复利现值系数（P/F, i, n)	$\dfrac{1}{(1+i)^n}$	$P=F(P/F,\ i,\ n)$
等额分付系列	A	F	年金终值系数（F/A, i, n)	$\dfrac{(1+i)^n-1}{i}$	$F=A(F/A,\ i,\ n)$
	F	A	偿债基金系数（A/F, i, n)	$\dfrac{i}{(1+i)^n-1}$	$A=F(A/F,\ i,\ n)$

类别	已知	求解	系数名称及符号	系数代数式	公式
等额分付系列	A	P	年金现值系数 $(P/A, i, n)$	$\dfrac{(1+i)^n - 1}{i(1+i)^n}$	$P = A(P/A, i, n)$
	P	A	资金回收系数 $(A/P, i, n)$	$\dfrac{i(1+i)^n}{(1+i)^n - 1}$	$A = P(A/P, i, n)$

资料来源: 虞晓芬, 龚建立, 张化尧. 技术经济学概论 (第五版)［M］. 北京: 高等教育出版社, 2018.

具体而言, 如果考虑资金的时间价值, 对于设备的经济寿命, 则有:

设备资本金费用:

$$S_n = K_0\left(\frac{A}{P}, i, n\right) - L_n\left(\frac{A}{F}, i, n\right) \tag{7-4}$$

设备使用费用:

$$M_n = \left(\frac{A}{P}, i, n\right) \sum_{t=1}^{n} M_t\left(\frac{P}{F}, i, t\right) \tag{7-5}$$

式中, S_n 为设备使用 n 年时平均年资本金费用; M_n 为设备使用 n 年时平均年使用费用; M_t 为设备第 t 年的使用费用; K_0 为设备初始价值; L_n 为设备的残值; A 为等年值, 即分期等额收支的资金值; P 为本金或者现值; F 为终值, 即现值在未来时点上的等值资金; i 为折现率; 其中, $(A/P, i, n)$ 为 $\dfrac{i(1+i)^n}{(1+i)^n-1}$, 即资金回收系数; $(A/F, i, n)$ 为 $\dfrac{i}{(1+i)^n-1}$, 即偿债基金系数; $(P/F, i, t)$ 为 $\dfrac{1}{(1+i)^t}$, 即复利现值系数。

同上, 综合式 (7-4)、式 (7-5), 设备使用 n 年的平均年总费用 C_n 的计算公式为:

$$C_n = S_n + M_n = K_0\left(\frac{A}{P}, i, n\right) - L_n\left(\frac{A}{F}, i, n\right) + \left(\frac{A}{P}, i, n\right) \sum_{t=1}^{n} M_t\left(\frac{P}{F}, i, t\right) \tag{7-6}$$

C_n 取最小值时, 所对应的 n 即设备的经济寿命。

［例 7.2］资料同例［7.1］, 若考虑资金时间价值, 资金折现率为 10%, 求该设备的经济寿命。

解:

假设设备使用 1 年就报废, 则其年平均总成本为:

$$C_1 = S_1 + M_1 = K_0\left(\frac{A}{P},\ 10\%,\ 1\right) - L\left(\frac{A}{F},\ 10\%,\ 1\right) + \left(\frac{A}{P},\ i,\ n\right)M_1\left(\frac{P}{F},\ i,\ t\right)$$

$$= 100000 \times 1.1 - 5000 \times 1 + 10000 \times 1 = 115000(\text{元})$$

假设设备使用 2 年就报废，则其年平均总成本为：

$$C_2 = S_2 + M_2$$

$$= K_0\left(\frac{A}{P},\ 10\%,\ 2\right) - L\left(\frac{A}{F},\ 10\%,\ 2\right) + \left(\frac{A}{P},\ 10\%,\ 2\right)\left[M_1\left(\frac{P}{F},\ 10\%,\ 1\right) + \right.$$

$$\left. M_2\left(\frac{P}{F},\ 10\%,\ 2\right)\right]$$

$$= 100000 \times 0.5762 - 5000 \times 0.4762 + 0.5762 \times (10000 \times 0.9091 + 15000 \times 0.8264)$$

$$= 67619.81(\text{元})$$

假设设备使用 3 年就报废，则其年平均总成本为：

$$C_3 = S_3 + M_3$$

$$= K_0\left(\frac{A}{P},\ 10\%,\ 3\right) - L\left(\frac{A}{F},\ 10\%,\ 3\right) + \left(\frac{A}{P},\ 10\%,\ 3\right)\left[M_1\left(\frac{P}{F},\ 10\%,\ 1\right) + \right.$$

$$\left. M_2\left(\frac{P}{F},\ 10\%,\ 2\right) + M_3\left(\frac{P}{F},\ 10\%,\ 3\right)\right]$$

$$= 100000 \times 0.4021 - 5000 \times 0.3021 + 0.4021 \times (10000 \times 0.9091 + 15000 \times 0.8264 + 28000 \times 0.7513)$$

$$= 55798.16(\text{元})$$

假设设备使用 4 年就报废，则其年平均总成本为：

$$C_4 = S_4 + M_4$$

$$= K_0\left(\frac{A}{P},\ 10\%,\ 4\right) - L\left(\frac{A}{F},\ 10\%,\ 4\right) + \left(\frac{A}{P},\ 10\%,\ 4\right)\left[M_1\left(\frac{P}{F},\ 10\%,\ 1\right) + \right.$$

$$\left. M_2\left(\frac{P}{F},\ 10\%,\ 2\right) + M_3\left(\frac{P}{F},\ 10\%,\ 3\right) + M_4\left(\frac{P}{F},\ 10\%,\ 4\right)\right]$$

$$= 100000 \times 0.3155 - 5000 \times 0.2155 + 0.3155 \times (10000 \times 0.9091 + 15000 \times 0.8264 + 28000 \times 0.7513 + 40000 \times 0.683)$$

$$= 52508.09(\text{元})$$

假设设备使用 5 年就报废，则其年平均总成本为：

$$C_5 = S_5 + M_5$$

$$= K_0\left(\frac{A}{P},\ 10\%,\ 5\right) - L\left(\frac{A}{F},\ 10\%,\ 5\right) + \left(\frac{A}{P},\ 10\%,\ 5\right)\left[M_1\left(\frac{P}{F},\ 10\%,\ 1\right) + \right.$$

$$\left. M_2\left(\frac{P}{F},\ 10\%,\ 2\right) + M_3\left(\frac{P}{F},\ 10\%,\ 3\right) + M_4\left(\frac{P}{F},\ 10\%,\ 4\right)\right]$$

$= 100000 \times 0.2638 - 5000 \times 0.1638 + 0.2638 \times (10000 \times 0.9091 + 15000 \times 0.8264 +$

$28000 \times 0.7513 + 40000 \times 0.683 + 60000 \times 0.6209)$

$= 53813.29 (元)$

以上，该设备使用 4 年时间的年平均使用费用是最低的，因此，该设备的经济寿命为 4 年。

7.2.4　扩展阅读：飞机经济寿命的确定

设年分摊购置费用为 C_1，年分摊使用维修费用为 C_2，年分摊总费用为 C_T，用年成本法就是要找到 $\min C_T (n)$ 对应的年份，记为 n^*。根据不同情况可分为低劣化数值法和最小年费用法。

7.2.4.1　低劣化数值法

（1）不考虑时间价值情况。随着装备使用时间的增加，装备有形磨损和无形磨损加剧，使装备使用年维护费用增加。将装备使用维修费用的年平均递增额定义为装备的低劣化值 λ，则 n 年内年分摊使用维修费用为：

$$C_2 = \frac{\lambda + 2\lambda + \cdots + n\lambda}{n}$$

$$= \frac{\lambda}{n} (1 + 2 + \cdots + n)$$

$$= \frac{1+n}{2} \lambda \tag{7-7}$$

设装备的原值为 K_0，n 年后的残值为 K_L，则年分摊购置费用为：

$$C_1 = \frac{K_0 - K_L}{n} \tag{7-8}$$

年分摊总费用为：

$$C_T = C_1 + C_2 = \frac{1+n}{2} \lambda + \frac{K_0 - K_L}{n} \tag{7-9}$$

为求得 $\min C_T (n)$，令 $\dfrac{dC_T}{dn} = 0$，可得经济寿命为：

$$n^* = \sqrt{\frac{2(K_0 - K_L)}{\lambda}} \tag{7-10}$$

（2）考虑时间价值情况。在这种情况下有：

年分摊使用维修费用 C_2 为：

$$C_2 = \left[\lambda \left(\frac{P}{F}, i, 1 \right) + 2\lambda \left(\frac{P}{F}, i, 2 \right) + \cdots + n\lambda \left(\frac{P}{F}, i, n \right) \right] \left(\frac{A}{P}, i, n \right)$$

$$= \lambda \frac{i(1+i)^n}{(1+i)^n - 1} \sum_{j=1}^{n} \frac{j}{(1+i)^j} \tag{7-11}$$

年分摊购置费用 C_1 为：

$$C_1 = K_0 \left(\frac{A}{P}, i, n \right) - K_L \left(\frac{A}{F}, i, n \right) = K_0 \frac{i(1+i)^n}{(1+i)^n - 1} - K_L \frac{i}{(1+i)^n - 1} \tag{7-12}$$

年分摊总费用 C_T 为：

$$C_T = C_1 + C_2 = \lambda \frac{i(1+i)^n}{(1+i)^n - 1} \sum_{j=1}^{n} \frac{j}{(1+i)^j} + K_0 \frac{i(1+i)^n}{(1+i)^n - 1} - K_L \frac{i}{(1+i)^n - 1} \tag{7-13}$$

C_T 最小时，得到的 n 即为装备的经济寿命。

［例 7.3］ 若装备原始价值 $K_0 = 8000$ 元，预计残值 $K_L = 800$ 元，年运行成本劣化值 $\lambda = 300$ 元/年，假设年利率为 10%，求装备经济寿命。

解：

若不考虑时间价值，则：

$$n^* = \sqrt{\frac{2(K_0 - K_L)}{\lambda}} = \sqrt{\frac{2(8000 - 800)}{300}} = 6.9280(\text{年}) \approx 7(\text{年})$$

若考虑时间价值，则 n 取不同值时对应的 C_T 如表 7-3 所示，可见，当 $n = 7$ 时，出现了年费用最小值，故 $n^* = 7$ 年。也可绘制 n 取不同值时 C_T、C_1、C_2 的变化趋势图进行分析。

表 7-3　不同使用年限对应的年费用值　　　　　　单位：元

n	1	2	3	4	5	6	7*	8
C_T	8300	4671.4	3556.2	3065.7	2822.4	2700.2	2645.4	2660.0

7.2.4.2　最小年费用法

如果装备的年低劣化值不呈线性增长，则以同类型装备的统计资料为依据，分析计算其年度使用维修费用，仍进行年分摊法，采用最小年费用法来确定装备的经济寿命。费用现金流量如图 7-4 所示。

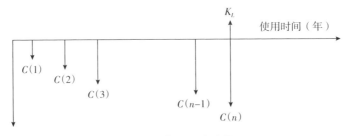

图 7-4　费用现金流量

各种参数含义与低劣化数值法相同，则可得如下结果。

（1）年分摊购置费用：

$$C_1 = K_0 \left(\frac{A}{P}, \ i, \ n \right) - K_L \left(\frac{A}{F}, \ i, \ n \right) = K_0 \frac{i(1+i)^n}{(1+i)^n - 1} - K_L \frac{i}{(1+i)^n - 1}$$

（2）年分摊使用维修费用：

$$C_2 = \left(C(1) \left(\frac{P}{F}, \ i, \ 1 \right) + C(2) \left(\frac{P}{F}, \ i, \ 2 \right) + \cdots + C(n) \left(\frac{P}{F}, \ i, \ n \right) \right) \left(\frac{A}{P}, \ i, \ n \right)$$

$$= \frac{i}{(1+i)^n - 1} \sum_{j=1}^{n} C(j)(1+i)^{n-j}$$

（3）年分摊总费用：

$$C_T = C_2 + C_2 = K_0 \frac{i(1+i)^n}{(1+i)^n - 1} - K_L \frac{i}{(1+i)^n - 1} + \frac{i}{(1+i)^n - 1} \sum_{j=1}^{n} C(j)(1+i)^{n-j}$$

C_T 最小时，得到的 n 即为装备的经济寿命。

［例 7.4］ 某型飞机购置费为 500 万元，年利率为 10%。

（1）第 1 年的使用维修费为 50 万元，第 2 年开始每年递增 5 万元，第 11 年开始每年递增 7 万元，残值为 0 元，求其经济寿命。

（2）若采用表面工程技术保持年使用维修费用 50 万元不变，自然寿命为 48 年，经济寿命能否达到 48 年，试分析之。

解：

（1）按公式分别求得 C_1、C_2、C_T 值，如表 7-4 所示，得到第一种情况的经济寿命为 16 年。

表 7-4 年使用维修费用增长时经济寿命的计算

n	1	3	5	6	8	10	12	14	15	16*	17
C_1	550.00	201.06	131.90	114.80	93.72	81.37	73.38	67.87	65.74	63.91	62.33
C_2	50.00	54.68	59.05	61.12	65.02	69.63	72.23	75.77	77.48	79.13	80.73
C_T	600.00	255.74	190.95	175.92	158.74	150.00	145.61	143.64	143.21	143.04	143.06

（2）对于第二种情况，C_1、C_2、C_T 变化情况如表 7-5 所示，C_2 为常数，C_1 是随 n 的增大而单调减小的，因此，C_T 也是随 n 的增大而单调减小的。这样，必然不存在年分摊总费用最小的使用年限，所以可认为 $n^* \to \infty$，如前文所述，飞机的经济寿命上限等于自然寿命，此时达到了一种理想的境地。此时的经济寿命随自然寿命的延长而延长。自然寿命为 48 年时经济寿命也是 48 年，这意味着装备的自然寿命能够充分发挥，不会因为提前到达经济寿命而退役。

表 7-5　年使用维修费用不变时经济寿命的计算

n	1	3	6	10	18	20	24	32	40	48*	50
C_1	550.00	201.06	114.80	81.37	60.97	58.73	55.65	52.49	51.13	50.52	50.43
C_2	50.00	50.00	50.00	50.00	50.00	50.00	50.00	50.00	50.00	50.00	50.00
C_T	600.00	251.06	164.80	131.37	110.97	108.73	105.65	102.49	101.13	100.52	100.43

7.3　机场设备更新的经济分析

设备更新，就是用新设备代替原有的旧设备完成相同的工作（或服务）。一台设备随着使用时间不断增加，由于物质磨损，其效率不断降低，运行和维修费用不断增加，产品质量不断下降，越来越不能满足生产的要求，这时原有设备就需要更新。另外，随着科学技术的迅速发展，多功能、高效率的设备不断出现，使得继续使用原有设备不够经济，这时也需要更新。更新有两种形式：

第一种是用相同的设备去更换有形磨损严重、不能继续使用或使用已不经济的旧设备，即原型更新。这类更新不具有更新技术的性质。

第二种是用较为先进、效率更高、功能更多、经济效益更好的新型设备来更换技术上不能继续使用或经济上不宜继续使用的旧设备，即新型更新。这种更新既能解决设备的损坏问题，又能解决设备技术落后、成本较高、效率低下等问题，在技术进步较快的条件下，设备更新主要采用新型更新。

这里需要指出的是，设备更新的原因往往并非是因为设备的损坏。事实上，由于经济或运营环境的改变，常常促使企业淘汰一些实质并不算旧的设备。一般而言，淘汰旧设备的原因有：

（1）现有设备已无法应付目前或与其日益增加的产品需求；

（2）出现较原有设备更有效率或者有较低的作业成本或维护成本的新设备；

（3）使用原设备的原因消失，例如消费者已不需要该设备所生产的产品；

（4）现有设备由于一次意外或使用而损坏。

7.3.1　机场设备更新的原则

在对设备更新进行经济分析时，应遵循以下几个原则：

7.3.1.1　购置或改造设备另分析其费用

不管是购置新设备，还是改造旧设备，在设备经济分析中一般只分析其费用。

通常设备更新或大修，其生产能力不变，所产生的收益相同（若生产能力变化了，可经过等同化处理，将生产能力的不同转化为费用的不同）。这样一来，设备更新方案的评价，就是在相同收益情况下对费用进行比较，这是费用型方案的分析。可以使用的经济评价方法有年成本法、现值费用法及追加投资经济效果评价法。

7.3.1.2 不同的设备，其服务寿命不同

在对设备进行更新分析时，分析期必须一致。在实际工作中，通常多采用年成本法来进行方案比较。

7.3.1.3 不考虑沉没成本

通常旧设备更新，往往未到其折旧寿命期末，账面价值和转售价值之间存在差额，故存在沉没成本，即未收回的设备价值。在购置新设备时，沉没成本是一种投资损失，但这一损失是过去决策造成的，不应计入新设备的费用中，可以在企业盈利中予以扣除，但在进行新设备购置决策中，不予考虑。例如，某设备3年前的购入价格为3万元，目前账面净值为1.5万元，现在的市场价格为1万元。在设备更新分析中，应该用1万元作为旧设备现在的投资价格。

7.3.1.4 旧设备应以目前可实现的价格与新设备的购置价格相比

在进行更新分析时，应将新旧设备放在同一位置上进行考虑。对于旧设备，应采用最新资料，看作一个以目前可实现价格购买，以剩余使用寿命为计算期的设备，从而与以现在价格购买，以使用寿命为计算期的新设备相比。这样，在更新分析中，才不至于发生失误。

[例7.5] 机器A在4年前以原始费用220000元购置，估计可以使用10年，第10年末估计净残值为20000元，年使用费为75000元，目前的售价是60000元。现在市场上同类机器B的原始费用为240000元，估计可以使用10年，第10年末的净残值为30000元，年使用费为50000元。现有两个方案：方案一继续使用机器A，方案二把机器A出售，然后购买机器B。已知基准折现率为15%，是继续使用旧设备还是购买新设备？

解：

继续使用旧设备（机器A）的平均年成本：

$AC_A = 60000 (A/P, 15\%, 6) + 75000 - 20000 (A/F, 15\%, 6)$

$\quad\quad = 60000 \times 0.2642 + 75000 - 20000 \times 0.1142$

$\quad\quad = 88568$ （元）

使用新设备（机器B）的平均年成本：

$AC_B = 240000 (A/P, 15\%, 10) + 50000 - 20000 (A/F, 15\%, 10)$

$\quad\quad = 240000 \times 0.1993 + 50000 - 30000 \times 0.0493$

$\quad\quad = 96353$ （元）

由于 $C_A < C_B$，因此应该保留使用旧设备。

7.3.2 机场设备更新的决策方法

设备更新决策实质就是确定正在使用的设备是否应该以及什么时候用更经济的设备来替代或改进现有设备。从常理来看，人们可能会因为新设备的购置费用较大，而趋向于保留现有设备，但是，新设备将带来运行费用、维修费用的减少以及产品质量的提高。因此，设备更新的关键在于使用新设备的综合收益是否高于保留旧设备的综合收益。设备更新的最佳时机应为综合收益最大的那个时点。

对一台具体设备来说，应不应该更新，应在什么时候更新，应选用什么样的设备来更新主要取决于更新的经济效果。适时更新设备，既能促进技术进步，加速经济增长，又能节约资源，提高经济效益。

[例7.6] 某公司于4年前花86000元购置了一台设备，使用寿命10年，残值为3000元，年运行费16000元。目前市场上售价为40000元，现在市场上出现了同类新型设备售价为80000元，使用寿命10年，残值5000元，年运行费只有9000元，若贴现率为5%，问是否应立即更换新设备？

解：

继续使用旧设备的年平均成本 $AC_{旧}$：

$AC_{旧} = 16000 + 40000 \times (A/P, 5\%, 6) - 3000 \times (A/F, 5\%, 6)$

$\quad\quad = 24697$（元）

立即更换为新设备的年平均成本 $AC_{新}$：

$AC_{新} = 9000 + 80000 \times (A/P, 5\%, 10) - 5000 \times (A/F, 5\%, 10)$

$\quad\quad = 18962.5$（元）

因为 $AC_{新} < AC_{旧}$，故应当立即更新旧设备。

求解这类问题时，应站在重新购置立场上建立现金流量图。否则，将导致决策失误。旧设备继续使用，相当于以市场价格买了一台旧设备，这样新旧设备的现金流量如图7-5所示。

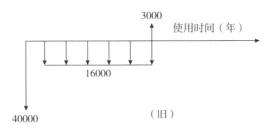

图7-5 新、旧设备的现金流量

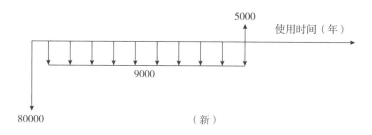

图7-5 新、旧设备的现金流量（续）

［例7.7］某项目剩余寿命为3年，其主要设备A在3年前以250000元购置，现市场上相同成色相同型号的设备价格为100000元，以后每年残值如表7-6所示，每年收益为80000元，使用成本为30000元；此时有技术性能更好的设备B面世，售价为300000元，每年收益为150000元，使用成本为50000元，每年残值如表7-6所示，项目结束后设备B也不再使用。是否应该更换设备B，如应更换，何时较为合适？（基准收益率为10%）

表7-6 各设备更新年限及残值 单位：元

使用年数	设备A残值	设备B残值
1	70000	240000
2	30000	200000
3	10000	150000

解：

方案一：马上更新，在接下去的3年时间均使用设备B，则其生产的效益为：

$$NPV_0 = -300000 + 150000(P/F, 10\%, 3) + (150000-50000)(P/A, 10\%, 3)$$
$$= -300000 + 150000 \times 0.7513 + 100000 \times 2.457$$
$$= 61395 （元）$$

方案二：如果设备A使用1年，然后更新为设备B，则生产的效益为：

$$NPV_1 = -100000 + 70000(P/F, 10\%, 1) + (80000-30000)(P/A, 10\%, 1) +$$
$$[-300000 + 200000(P/F, 10\%, 2) + (150000-50000)(P/A, 10\%, 2)] \times (P/F, 10\%, 1)$$
$$= -100000 + 70000 \times 0.909 + 50000 \times 0.9091 + (-300000 + 200000 \times 0.8264 + 100000 \times 1.7355) \times 0.9091$$
$$= 44392.25 （元）$$

方案三：如果设备 A 使用 2 年，然后更新为设备 B，则生产的效益为：

$$NPV_2 = -100000 + 30000(P/F, 10\%, 2) + (80000 - 30000)(P/A, 10\%, 2) +$$
$$[-300000 + 240000(P/F, 10\%, 1) + (150000 - 50000)(P/A, 10\%,$$
$$1)] \times (P/F, 10\%, 2)$$
$$= -100000 + 30000 \times 0.8264 + 50000 \times 1.7355 + (-300000 + 240000 \times 0.9091 +$$
$$100000 \times 0.9091) \times 0.8264$$
$$= 19082.28 （元）$$

方案四：如果设备 A 使用 3 年，即不进行更换，则生产的效益为：

$$NPV_3 = -100000 + 10000(P/F, 10\%, 3) + (80000 - 30000)(P/A, 10\%, 3)$$
$$= -100000 + 10000 \times 0.7513 + 50000 \times 2.487$$
$$= 31863 （元）$$

很明显 NPV_0 最大，则应该马上更换设备。

[例 7.8] 某设备目前的净残值为 80000 元，还能继续使用 4 年，保留使用的情况如表 7-7 所示。

表 7-7　某设备保留使用的情况　　　　　　　　　　　　　单位：元

保留使用年数	年末净残值	年使用残值
1	65000	300000
2	50000	400000
3	35000	500000
4	20000	600000

新设备的原始费用为 350000 元，经济寿命为 10 年，10 年年末的净残值为 40000 元，平均年使用费用为 5000 元，基准折现率为 10%。问旧设备是否需要更换，如需更换，何时更换为宜？

解：

设新、旧设备的平均年使用费用分别为 AAC_N 和 AAC_0，

旧设备保留 1 年：

$$AAC_0(1) = [80000 - 65000(P/F, 10\%, 1)](A/P, 10\%, 1) + 30000$$
$$= [80000 - 65000 \times 0.9091] \times 1.1 + 30000$$
$$= 52999.35 （元）$$

$AAC_N > AAC_0$，所以旧设备应该保留使用。

旧设备保留 2 年：

$$AAC_0(2) = [65000 - 50000(P/F, 10\%, 1)](A/P, 10\%, 1) + 40000$$

$$= [65000 - 50000 \times 0.9091] \times 1.1 + 40000$$

$$= 61499.5 \ (元)$$

$AAC_N < AAC_O$，所以旧设备应该更换。

可见，旧设备应该保留使用1年，于第1年年末更换。保留1~2年的每年的现金流量如图7-6所示。

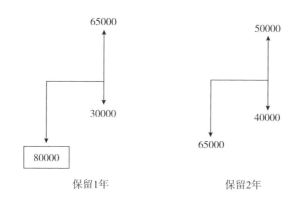

保留1年　　　　　　　　　　保留2年

图7-6　旧设备的现金流量

7.3.3　扩展阅读：设备改造更新管理制度

设备改造是指把科学技术新成果应用于企业的现有设备，通过对设备进行局部革新、改造，以改善设备性能，提高生产效率和设备的现代化水平。设备改造存在两种改造形式：改装和技术改造（也称为现代化改造）。设备的改装是指为了满足增加产量或加工要求，对设备的容量、功率、体积和形状的加大或改变，充分利用现有条件，减少新设备的购置，节省投资。例如，将设备以小拼大，以短接长，多机串连等；设备的技术改造则是指把科学技术的新成果应用于企业的现有设备，改变其落后的技术面貌，以提高产品质量和生产效率，降低消耗，提高经济效益。例如，将旧机床改造为程控、数控机床，或在旧机床上增设精密的检测装置等。

设备改造和更新，是提高企业素质、促进企业技术进步、增强企业内在的发展能力和对外界环境变化的适应能力的需要。设备改造的内容主要包括：提高设备自动化程度，实现数控化、联动化；提高设备功率、速度和扩大设备的工艺性能；提高设备零部件的可靠性、维修性；将通用设备改装成高效、专用设备；实现加工对象的自动控制；改进润滑、冷却系统；改进安全、保护装置及环境污染系统；降低设备原材料及能源消耗；使零部件通用化、系列化、标准化等。通过设备改造更新，必然会为企业的产品生产不断增加品种、提高质量、增加产量、降低消耗、节约能源、提高效率等方面带来极大的收益。企业在设备改造时必须充分考虑改造的必要性、技术上的可能性和经济上的合理性，具体应注意以下几点：

（1）设备改造必须适应生产技术发展的需要，针对设备对产品质量、数量、成本、生产安全、能源消耗和环境保护等方面的影响程度，在能够取得实际效益的前提下，有计划、有重点、有步骤地进行。

（2）必须充分考虑技术上的可能性，即设备值得改造和利用，有改善功率、提高效率的可能。改造要经过大量试验，并严格执行企业审批手续。

（3）必须充分考虑经济上的合理性。改造方案要由专业技术人员进行技术经济分析，并进行可行性研究和论证。设备改造工作一般应与大修理结合进行。

案例1　哈尔滨机场导航台设施设备更新改造工程顺利通过竣工验收

近日，哈尔滨机场导航台设施设备更新改造工程顺利通过竣工验收。更新改造导航台设施设备工程主要包括原哈尔滨机场老化的 NDB、MB 导航设备，并对导航台站机房、变电所的建筑、暖通、消防、弱电等配套设施进行改造，提高了导航设施性能。由参建、运营单位人员组成的验收组参照《运输机场专业工程竣工验收管理办法》和竣工验收检查单内容，共同审核了建设资料并现场查验了工程实体质量。验收组一致认定，本工程管理资料完整齐全，设备设施安装规范，建设内容符合设计规模及要求，各项功能满足行业标准和规范，可以通过竣工验收。

此次更新的导航设备为通用航空、空军训练的主要引导方式，哈尔滨机场在特殊情况也需要使用 NDB 进离场飞行程序，未来仍将为哈尔滨机场航空业务量的快速增长提供保障。

资料来源：中国民航网，http：//www.caacnews.com.cn/1/5/202111/t2021 1129_1335009.html。

案例2　乌海机场智能化防疫设备升级

为了进一步提高乌海机场疫情防控保障效率，做好乌海机场进港旅客疫情防控信息查验的各项工作，近日，乌海机场引进了2台自动核验健康码设备。

自动核验健康码设备放置于候机楼进港厅处，乘机到达乌海机场的旅客仅需将身份证或健康码放在设备的核验区等待3～4秒，即可完成健康码和核酸报告的自动查验。该设备的启用减少了人工录入乌海市"疫码通"导致旅客等待时间长的弊端，降低了工作人员与旅客接触感染的风险，提高了进港旅客的通行效率。同时，该设备具备语音播报提醒功能，工作人员可通过"听音"识别，确认旅客可否直接通行。此外，旅客通过扫描身份证或健康码后，信息可自动上传至乌海市社会防控组系统平台进行登记报备，确保人员流调工作有迹可循。

自动核验健康码设备的投入使用，提高了工作人员对进港航班旅客疫情防控检查的效率，同时筑牢了经机场进入乌海市"智慧防疫"的第一道防线。

资料来源：中国民航网 http：//www.caacnews.com.cn/1/5/202203/t2022 0310_1340848.html.

案例 3　乌海机场完成道口设备升级改造工作

为进一步规范机场道口设施设备，不断提高机场安全防控能力，近日，乌海机场完成道口设施设备升级改造工作。

改造前，道口检查员对车辆的检查需使用车底检查镜和车顶检查镜相结合进行，检查仅能看到车底和车顶的部分情况，不能做到检查的完整性和覆盖性。道口是人员、车辆进入飞行区的重要关卡，此次道口改造，乌海机场安装车辆检查及防冲撞系统，能够智能识别、登记进出车辆号牌，记录有效保存 90 天，并配有防冲撞设施，有效反应时间为 5 秒，水平方向冲击力达到 60 吨；车底扫描系统还可以对车底进行采集，并生成三维模型，安检员可以全方位看到车辆外表安全情况。同时，该系统带有实时报警功能，发生问题时，安检员可以第一时间掌握发生的问题，极大地提升了道口的安全防范能力。

为全力保障道口的安全运行，航空安保部制定了车底检测及防冲撞系统使用流程，将更新的设备使用流程加入到岗位作业指导书中，并对全体安检从业人员进行培训，全面提高机场航空安全保卫工作质量。

资料来源：中国民航网，http：//www.caacnews.com.cn/1/5/202007/t2020 0728_1307536.html.

案例 4　霍林河机场对塔台应急通信设备进行升级

为确保安全生产运行，提升塔台在管制指挥期间的安全裕度。近日，霍林河机场对塔台应急通信设备进行升级。

塔台应急通信设备主要是在塔台主用、备用通信设备均失效及发生自然灾害、突发事件时应急使用，是保障塔台与航空器通信畅通的最后手段。目前，塔台使用的应急通信设备为贝克电台，该电台内置电池容量小，通信时间短。随着电池老化，通信时间还会持续下降。而且由于电池容量小需要频繁充电，容易造成电池损坏。

升级后的应急通信设备外接大容量蓄电池，在不影响现有应急通信设备便携性的前提下，同时提升应急状态下电台工作的时间，确保地空通信畅通，避免发生通信中断事件。

资料来源：中国民航网，http：//www. caacnews. com. cn/1/5/202208/t2022 0826_1351817. html.

案例 5 喀什机场更新自动气象观测系统确保飞行安全

根据《民用航空气象台建设指南》要求，喀什机场在 2020 年空管气象改造工程中新增 9 套气象自动观测设备，新增气象设备于 2020 年 12 月 20 日安装调试完毕；根据《民航气象工作规则》规定，2021 年 1 月 18 日至 2 月 17 日进行为期 31 天的数据对比观测，2022 年 6 月完成数据评估报告并通过审核。

喀什机场面对航班量日益增加的挑战和对气象数据科学性、准确性的要求，气象改造工程中将 16 米×16 米常规气象观测场搬迁至东侧下滑台附近，并配置 1 套自动气象站；搬迁并更新现跑道西端风向风速仪至跑道中部；更新现有自动气象观测系统服务器及软件，新增 1 套云高仪、1 套自动气象站，1 套天气资料引接系统（MICAPS），3 套振筒式气压仪、1 套静止卫星云图接收系统和 1 套自动填图系统；同时，还引接喀什地区气象局气象信息。

新气象设备系统能够及时准确测报温度、雨量、湿度、气压、云高、能见度、风向风速、跑道视程、天气现象等与飞行有关的各种气象要素，为保证飞行安全提供科学准确的气象数据。新气象设备的应用必将为保证航空运行安全提供更好的保障。

下一步，喀什机场将开展新气象设备培训，全面提升气象服务水平和运行保障能力，保证新设备早日投入使用，确保喀什机场运行安全和高质量发展。

资料来源：中国民用航空网，https：//www. ccaonline. cn/yunshu/yshot/763 081. html.

案例 6 马来西亚航空将引进 20 架空客 A330neo 飞机用于更新其宽体飞机机队

马来西亚航空的母公司马来西亚航空集团宣布选择空客 A330 飞机用于其宽体飞机机队更新计划。该公司将引进 20 架 A330-900 飞机，其中 10 架将直接向空中客车订购，另外 10 架将向总部位于都柏林的 Avolon 航空租赁公司租赁引进。

马来西亚航空的 A330neo 飞机装备罗尔斯·罗伊斯新一代遄达 7000 发动机，采用高端的两级客舱布局，共 300 个座位，并将逐步替换其现有的 21 架 A330ceo 飞机。该公司将在其覆盖亚洲、太平洋和中东地区的航线网络上运营 A330neo 飞机。

除宽体飞机机队更新之外，空中客车与马来西亚航空集团还签署了一份在可持续性、培训、维护和空域管理方面进行更广泛研究的意向合作协议。

A330neo 是广受欢迎的 A330 宽体飞机的新一代版本。该机型采用新一代发动机、新的机翼和一系列空气动力学创新设计，可将油耗和二氧化碳排放降低25%。A330-900 可不经停直飞 7200 海里/13300 千米。

A330neo 配备了屡获殊荣的空客"飞行空间"（Airspace）客舱，为乘客提供全新水平的舒适性、氛围环境和设计，包括提供更多的个人空间、更大的头顶行李架空间、新的客舱照明系统和新一代机上娱乐系统以及全面的网络接入性。与空客所有其他机型相同，A330neo 也配备了先进的客舱空气系统，确保飞行期间的环境清洁和安全。

截至 2022 年 7 月底，A330neo 已获得来自全球 20 多家客户的超过 270 架确认订单。

资料来源：中国民用航空网，https：//www.ccaonline.cn/yunshu/yshot/763081.html.

7.4　机场设备租赁的经济分析

设备租赁是指在一定期限内，出租方按照租赁契约的规定，将设备的使用权出让给承租方，并以租金的形式收取一定的报酬，设备所有权不发生改变，仍归出租方所有。简单来说，设备租赁就是设备使用方向设备拥有方租借设备，在规定的租期内付出一定的租金以换取设备使用权的经济活动。设备租赁实质是一种融资行为，承租者获得了出租方所提供的一笔购买设备的信贷投资，租金则可看成这笔信贷的还款和付息。

设备租赁的优点在于承租人可以减少设备对资金的占用，用较少的资金获得生产急需的设备；保持企业资金良好的流动性，不易使企业的资金负债状况发生变化；有利于企业减少技术落后的风险；设备利用较为灵活，能够满足暂时性和季节性的需要等。

设备租赁的缺点在于承租方对租用设备只有使用权，不能处置设备，也不能用于担保、抵押贷款；设备租赁的总费用比购置设备费用高；长年支付租金，形成长期负债，租赁合同规定严格，毁约要赔偿损失，有一定的风险等。

近年来，随着我国经济的发展，设备租赁业务不断扩大，一些专营设备租赁业务的企业相继建立。为了充分利用设备，每个运输企业在设备的配置上，也就不一定要样样齐全，一些不经常使用，或周转率很低的设备，可以考虑采用租赁的方式加以解决。运输企业扩充设备，其目的是利用这些设备来发展生产，提高经济效益。从这个观点出发，设备是否是自有，对企业来说，并不重要，重要的是有适用的设备可供使用。所以，企业在购置设备的同时，还应考虑利用租赁来获取设备使用权的可能性和经济性，对设备租赁进行经济分析，在设备技术性能相同的条件下，需要将购置设备和租赁设备的使用成本进行比较。

7.4.1 机场设备租赁的方式

7.4.1.1 经营租赁

经营租赁是指由出租方除向承租方提供租赁物外，还承担设备的保养、维修、老化、贬值等费用以及不再续租的风险，换言之，租赁双方均可以随时通知对方在规定时间内取消或终止租约。这种租赁方式带有临时性，因而租金较高。承租者往往采用这种方式租赁技术更新较快、租期较短的设备。

经营租赁的特点是：

（1）可撤销性。经营租赁是临时性的租赁，在合理条件下，承租方可以通知出租方解除合同，出租方也可以终止提供租赁服务。

（2）期限较短。经营租赁的租期一般低于租赁物的经济寿命。

（3）非全额清偿。经营租赁的租金总额一般不足以弥补出租方的租赁成本并使其获得正常收益，出租方在租赁期满时将其再出租或在市场上出售才能收回成本。

7.4.1.2 融资租赁

融资租赁是一种融资和融物相结合的租赁方式。它是由双方明确租让的期限和付费义务，出租方按照契约提供规定的设备，然后以租金形式回收设备的全部资金。这种租赁方式要求租赁双方承担确认的租期和付费义务，不得任意终止和取消租约，其实质已经转移了与资产所有权有关的全部风险和报酬。

融资租赁以融资和对设备的长期使用为前提，租赁期相当于或超过设备的寿命期，租赁对象往往是一些贵重和大型的设备。出租方对设备的整机性能、维修保养、老化风险等不承担责任。对于承租方来说，融资租入的设备属于固定资产，可以计提折旧计入企业成本，而租赁费一般不直接列入企业成本，由企业税后支付。但租赁费中的利息和手续费可计入企业成本，作为纳税所得额中准予扣除的项目。

融资租赁的特点是：

（1）不可撤销性。这是一种不可解除的租约，在基本租期内双方均无权撤销合同。

（2）租期较长。融资租赁的基本租期一般相当于设备的经济寿命。

（3）全额清偿。在基本租期内，设备只租给一个用户使用，承租方支付租金的累计总额为设备款、利息及租赁合同的手续费之和。

7.4.2 机场设备租赁的决策方法

购买和租赁是企业获得设备的两种基本形式。租赁还是购买？最简单的方法是将租赁成本与购买成本进行比较。

这里需要说明的是，按照财务制度规定，正常成本是可以减免所得税的。在其他费用保持不变的情况下，计入成本越多，则利润总额越少，企业相应缴纳的所得税也越少。以银行借款为例，企业向银行借 10 万元的现金，假设年利率为 10%，则每年的利息为 1 万元，对于企业来说它就少了 1 万元的税前利润；若企业所得税税率为 25%，则企业可少交 0.25 万元的所得税，所以企业实际支出为 0.75 万元。即企业获得了 0.25 万元的免税收益，其借款实际成本为 1×（1-25%）= 0.75（万元）。

租赁成本包括支付的租金和在租赁设备期间为维持设备的正常状态所必须开支的生产运转费用，因为不同的租赁方式决定着这些支出是否能够全部计入成本而减免税金，所以不同的租赁方式，其计算净现金流量的方式有些不同。

经营租赁的净现金流量计算公式如下：

净现金流量(经营租赁)=销售收入-经营成本-税金及附加-租金-（销售收入-经营成本-税金及附加-租金）×所得税税率

(7-14)

融资租赁的净现金流量计算公式如下：

净现金流量(融资租赁)=销售收入-经营成本-税金及附加-租金-（销售收入-经营成本-税金及附加-折旧费-租赁费中的手续费和利息）×所得税税率 (7-15)

购买设备，其成本不仅包括设备的价格，还包括使用设备所发生的运转费和维修费。由于购买设备可以使用自有资金也可以使用贷款，而贷款利息可以计入成本而减免税金，所以，不同的购买方式其计算净现金流量的方式有些不同：

自有资金购买设备的净现金流量的计算公式如下：

净现金流量(自有资金)=销售收入-经营成本-税金及附加-（销售收入-税金及附加-经营成本-折旧费）×所得税税率 (7-16)

贷款购买设备的净现金流量的计算公式如下：

净现金流量(贷款)=销售收入-经营成本-税金及附加-利息-（销售收入-税金及附加-经营成本-折旧费-利息）×所得税税率

(7-17)

［例 7.9］A 设备每年可实现销售额 5 万元，使用成本和税金及附加共 2 万元，设备价格为 5 万元，寿命期 5 年，残值为 0，有四种投资方式，若基准收益

率为10%，所得税税率为25%，设备采用直线折旧法，应选择哪种方式？

（1）经营租赁，年租金1.5万元。

（2）融资租赁，首付50%设备价款，余额5年内每年付款0.8万元，其中包含利息和手续费0.3万元。

（3）用自有资金购买。

（4）全部用贷款购买，年利率8%，等额还款。

解：

分别计算四种方式的净年值。

（1）经营租赁。

净现金流量(经营租赁)=销售收入-经营成本-税金及附加-租金-(销售收入-经营成本-税金及附加-租金)×所得税税率

$$=5-2-1.5-(5-2-1.5)\times25\%=1.125(万元)$$

NAV(经营租赁)$=A=1.125$(万元)

（2）融资租赁。

折旧$=5\div5=1$(万元/年)

净现金流量(融资租赁)=销售收入-经营成本-税金及附加-租金-(销售收入-经营成本-税金及附加-折旧费-租赁费中的手续费和利息)×所得税税率

$$=5-2-0.8-(5-2-1-0.3)\times25\%$$
$$=1.775(万元)$$

每年净现金流量如表7-8所示。

表7-8　[例7.9]融资租赁现金流量　　　　　　　　单位：万元

年份	1	2	3	4	5
一、现金流入	**5**	**5**	**5**	**5**	**5**
销售收入	5	5	5	5	5
二、现金流出	**3.225**	**3.225**	**3.225**	**3.225**	**3.225**
经营成本和税金及附加	2	2	2	2	2
租金（余额分摊）	0.8	0.8	0.8	0.8	0.8
所得税	0.425	0.425	0.425	0.425	0.425
三、净现金流入	**1.775**	**1.775**	**1.775**	**1.775**	**1.775**

NAV(融资租赁)$=-P\times(A/P,10\%,5)+A$

$$=-2.5 \times 0.2638 + 1.775$$
$$=1.1155(万元)$$

（3）自有资金购买。

折旧 $=5 \div 5 = 1$（万元/年）

净现金流量（自有资金）＝销售收入－经营成本－税金及附加－（销售收入－税金
及附加－经营成本－折旧费）×所得税税率

$$=5-2-0-(5-2-1) \times 25\%$$
$$=2.5(万元)$$

每年净现金流量如表7-9所示。

表7-9　[例7.9]自有资金现金流量　　　　　单位：万元

年份	1	2	3	4	5
一、现金流入	**5**	**5**	**5**	**5**	**5**
销售收入	5	5	5	5	5
二、现金流出	**2.5**	**2.5**	**2.5**	**2.5**	**2.5**
经营成本和税金及附加	2	2	2	2	2
所得税	0.5	0.5	0.5	0.5	0.5
三、净现金流入	**2.5**	**2.5**	**2.5**	**2.5**	**2.5**

$$NAV(自有资金) = -P \times (A/P, 10\%, 5) + A$$
$$=-5 \times 0.2638 + 2.5$$
$$=1.181(万元)$$

（4）贷款购买。

折旧 $=5 \div 5 = 1$（万元/年）

因为是等额还款，则每年所要支付的利息都不一样，每年支付利息如表7-10
所示。

每年还款额 $=P \times (A/P, 8\%, 5)$
$$=5 \times 0.2505$$
$$=1.2525(万元)$$

表7-10　[例7.9]贷款购买还款计划　　　　　单位：万元

年份	剩余本金	每年还款额	其中：支付利息	偿还本金额
1	5	1.2525	0.4000	0.8585
2	4.1475	1.2525	0.3318	0.9207

年份	剩余本金	每年还款额	其中：支付利息	偿还本金额
3	3.2268	1.2525	0.2581	0.9944
4	2.2324	1.2525	0.1786	1.0739
5	1.1585	1.2525	0.0940	1.1585

投产后每年净现金流量如表7-11所示。

表7-11　[例7.9]投产后现金流量　　　　　单位：万元

年份	1	2	3	4	5
一、现金流入	**5**	**5**	**5**	**5**	**5**
销售收入	5	5	5	5	5
二、现金流出	**2.8000**	**2.7489**	**2.6936**	**2.6340**	**2.5705**
经营成本和税金及附加	2	2	2	2	2
利息	0.4000	0.3318	0.2581	0.1786	0.0940
所得税（3.5×25%）	0.4000	0.4171	0.4355	0.4554	0.4765
三、净现金流入	**2.2000**	**2.2511**	**2.3064**	**2.3660**	**2.4295**

$$NPV(贷款购买)=-5+2.2(P/F,10\%,1)+2.2511(P/F,10\%,2)+2.3064$$
$$(P/F,10\%,3)+2.366(P/F,10\%,4)+2.4295(P/F,$$
$$10\%,5)$$
$$=-5+2.2\times0.9091+22511\times0.8264+2.3064\times0.7513+2.366\times$$
$$0.6830+2.4295\times0.6209$$
$$=3.717(万元)$$
$$NAV(贷款购买)=NPV(贷款购买)\times(A/P,10\%,5)$$
$$=3.717\times0.2638$$
$$=0.9805(万元)$$

自有资金购买方案的净年值最大，所以选择自有资金购买方案。

案例1　天津飞机租赁领跑全国

在天津滨海国际机场，一架崭新的国产ARJ21飞机由农银金融租赁有限公司交付给中国国际航空有限公司，这是在天津东疆完成租赁的第2000架飞机。

2010~2021年，我国民航业保持高速发展，在册运输飞机从1597架增长到

4054 架，而通过天津东疆租赁交易的数量超过 1/3，天津已成为全球重要的飞机租赁聚集地之一。截至 2022 年 6 月末，天津市融资租赁公司达 1390 家，机构数量和资产规模位居全国前列，飞机租赁业务领跑全国。

天津东疆综合保税区管委会主任介绍，东疆交付的民航运输飞机涵盖波音、空客、庞巴迪、巴航工业、中国商飞等主流飞机制造商，机型超过 70 种，服务国内外 40 余家航空公司，资产价值达 6000 亿元。

"天津东疆仅用 5 年时间就实现了租赁飞机从 1000 架到 2000 架的突破，这不仅是数的积累，更是质的飞跃。"天津东疆综合保税区融资租赁局副局长介绍，在租赁飞机达到 1000 架时，东疆就更加关注飞机资产管理的相关需求，向飞机全寿命周期的资产管理创新迈进。

天津飞机租赁业探索出的"保税租赁"何以开花结果？答案就在天津自贸试验区的"试验田"中。12 年来，天津市相关部门发挥协同优势，统筹运用自贸试验区、保税区相关的政策创新，拆除制度藩篱，推动一个个"首单"应运而生。

在通关方面，天津海关助力保税租赁业务，创新"保税+租赁"监管模式，解决租赁飞机入区难、租赁标的物通关物流成本高等难题。在减税降费方面，天津东疆从 2012 年开始在全国率先试行融资租赁出口退税，此后该政策试点范围扩大至全国，是我国融资租赁业税收政策环境与国际接轨的重要标志之一。在金融创新方面，天津是全国首个开展融资租赁公司外债便利化试点地区，东疆是全国首个获批开展经营性租赁收取外币租金试点的区域。截至目前，天津东疆创造了 30 余种在岸、离岸、跨境等应用场景下的飞机租赁模式。

资料来源：周琳，商瑞．天津飞机租赁领跑全国［N/OL］．经济日报，2022 - 08 - 21（001）．DOI：10. 28425/n. cnki. njjrb. 2022. 005046.

案例 2 飞机租赁的残值研究

自 20 世纪 80 年代初我国民航首例飞机租赁业务开始以来，历时 30 多年，国内的飞机租赁业务发展迅速。根据 GE（通用电气）的研究表明，1986 年全球只有 15% 的飞机通过融资租赁的形式获得，到 2000 年，这个数字已达到 40%，时至今日，全民航平均已达到 80%，甚至更多。而据波音预测，到 2026 年中国的航空公司将需要约 2800 架飞机，新飞机总价值约 2800 亿美元，而租赁市场将达到 7500 亿元人民币（约 1000 亿美元）。其中新增支线飞机 290 架、单通道飞机 1840 架、双通道飞机 660 架、波音 747 等大型干线飞机 90 架。届时中国民航机队规模将达到 3900 架，成为仅次于美国的第二大潜在市场。

1. 飞机残值研究的重要意义

飞机残值是指飞机租赁期满时的价值，反映租赁的飞机在将来某一时刻应具有的剩余价值。

在融资租赁方式下，飞机残值表现为基本租赁结束时飞机所具有的价值。在经营租赁方式下，由于一架飞机可能经历多次租赁，残值就表现为每一次飞机租赁结束后该飞机的剩余价值。飞机残值是在特定条件下的概念，若只是针对租赁飞机而言，离开飞机租赁活动，飞机残值的定义就失去了意义。飞机残值的研究对于整个飞机租赁业务具有十分重要的意义，主要表现在以下几个方面：

（1）飞机残值影响租赁费用。租赁费用的确定是租赁业务的核心内容，而在确定租赁费用时飞机残值是重要的考虑因素之一。飞机租赁涉及资金较多，而飞机残值同样价值不菲，如果飞机得到妥善的维护和管理，在某些租赁期结束时，经过较好的市场运营，残值甚至可能等于或超过原值的50%，这部分利益对于租赁业务参与的各方都是重大的。

（2）飞机残值影响租赁决策。飞机租赁决策涉及租赁方式、租赁期限、利润分配等多个方面。飞机残值是构成现金流量的主要内容，残值的多少、处理方式都对飞机净现值以及内部收益率的高低有着重要影响，从而进一步影响租赁公司和航空公司对于飞机租赁的决策。此外，对于飞机残值的预测和租赁期结束后飞机的处理计划还直接关系到出租人与承租人经营计划和飞机退役计划的制定。

（3）飞机残值影响参与各方利益。租赁业务涉及多方利益，其中出租人和承租人是两个最重要的参与主体。对于出租人而言，由于飞机的可移动性和旧飞机交易市场的活跃，租赁期结束后的飞机具有相当的吸引力；而对于承租人而言，如果能从残值处理中分得部分利益，对于本身的财务状况、降低经营风险等都具有重要意义。除作为主要参与者的出租人和承租人外，飞机租赁市场的参与者还有飞机制造商、承担融资和保险工作的金融机构等，对于租赁期结束飞机的处理和残值的分配都高度重视。

2. 影响飞机残值的因素

飞机残值预测是一项复杂的技术，受多种因素的影响，其中很多因素又很难用准确的定量标准衡量，这也增加了残值预测的难度；但基于飞机残值对参与各方的重要性，残值预测又是一个必须要面对和解决的问题。

我们从如下几个方面来对影响飞机残值的典型因素进行分析：

（1）飞机自身的状况价格是价值的体现，任何价格的确定都不能脱离产品本身，飞机状态是决定残值的根本因素。

1）飞机原值。原值又称作历史成本，即购买飞机时付出的对价，是经过市场认可的飞机价值的表现形式，是对飞机初始状态的最佳描述。飞机原值是影响飞机残值的决定性因素，飞机经营使用过程中的折旧磨损等都是在此基础上产生的。通常情况下，飞机残值的估计，是以飞机的原值为基础作百分比计算的。

2）飞机现值。现值是对飞机将来价值的预测，反映飞机当下的状态，包括从技术维修、使用年限、规定使用寿命等方面的衡量。一架得到较好维护的飞机，在恰当的市场环境中，其价格可能不降反升。

（2）经济和市场环境任何个体的价格变化都不可避免地要受到大环境的影响，对于飞机残值的预测，必须考虑到整体经济环境的影响：

1）经济环境下的总体需求决定供给，民航客货运输量的增长会直接带动飞机需求量的增加。

2）市场环境下的相关客观因素除租赁飞机自身状况以外，决定飞机价格还有以下因素：在役飞机数量、订单储备、系列飞机成员、客户的质量和数量等。在竞争市场条件下，飞机残值要受到各种可供选择的其他飞机供应或替代工具的影响。与此同时，是否存在自由的二手飞机交易市场，需求和供给者的信息是否对称对于飞机残值的定价同样起至关重要的作用。

3）通货膨胀将掩盖资产内在价值的减少，为了观察资产的"真实价值"，必须考虑通货膨胀对飞机残值的影响，否则，飞机残值的意义将大打折扣。例如，在整个租赁期限内，若通货膨胀率持续走高，则租赁结束后飞机的实际残值将大大高于预期估计的飞机残值。

（3）政府决策与法律法规基于航空运输业涉及的巨额资金和在国民经济、战略安全等方面发挥的重要作用，各国政府都给予充分重视，而飞机的价值也深受政府决策和相关法律法规的影响。

例如，美国的减税杠杆租赁，估计残值必须满足税务部门的要求，残值不得低于飞机原值的20%；日本政府也有类似的规定。同时，对于租期结束飞机的交易税收政策影响飞机处理费用，进而对残值也产生一定影响。

3. 对于飞机残值处理的相关建议

通过上述分析，可以充分认识到飞机残值的重要性，而飞机残值的决策也是整体飞机从"租赁—经营—处理"过程中要权衡考虑的重要因素。

基于此，提出对飞机残值处理过程中应遵循如下原则：

（1）加强维护管理。保持飞机残值是对飞机租赁期结束时状态衡量的市场价格表现（除租赁开始时签订协议规定残值外），是残值处理工作的起点。飞机的零部件构成、出厂使用寿命等因素在之前都已确定，要维持较高的残值，主要取决于日常经营过程中的技术条件和维修状态。保持良好的使用和维修状况，可以延长飞机的使用寿命。一架维护较好的飞机，在经营10年之后，甚至存在升值的可能。

（2）加强飞机残值管理的专业性。作为飞机租赁业务中最重要的一环，飞机残值处理过程中对于从业人员的专业素质要求较高。规避风险、创新利润空间、税务处理等方面都不仅需要民航类的专业背景，还需要扎实系统的金融知识。另外，因其涉及金额大、环节多等特点，很难有人能够单独完成工作。综上所述，专业团队和从业经验在残值管理中显得尤为重要。虽然聘请专业的团队要付出或投入大笔的资金与精力，但与所获得的收益相比而言，还是物超所值的。

（3）做好残值保险工作。行业特性决定工作中具有不可避免的风险，如何能够有效地规避风险，减少不确定性是一项值得研究的工作。残值保险（RVI）的目的是赔偿资产的所有者由于资产预先商定的将来最小价值与将来由专门评估的公平市场价值或资产的销售所确定的未来实际价值之差所引起的损失。残值保险用来担保一架特定飞机或其他资产在将来某一特定日期的最小价值。残值保险的保险费通常情况下平均为设备成本的 0.5%～2.5%，但却可以规避大部分的残值处理风险，从而使出租人和承租人能够在租赁期开始时即有完整的租赁计划并维持政策的稳定性。

资料来源：章连标. 飞机租赁的残值研究［J］. 空运商务，2011（22）：47-48.

本章练习题

1. 什么是设备的有形磨损？什么是无形磨损？各有何特点？

2. 设备磨损的补偿形式有哪些？

3. 何谓设备的经济寿命？

4. 分别说明经营租赁和融资租赁的内涵与特征。

5. 机器 A 在 5 年前以原始费用 400000 元购置，估计可以使用 10 年，第 10 年年末估计净残值为 20000 元，年使用费为 75000 元，目前相同型号相同损耗程度的机器市场售价是 60000 元。现在市场上同类机器 B 的原始费用为 240000 元，估计可以使用 10 年，第 10 年年末的净残值为 30000 元，年使用费为 40000 元。现有两个方案：方案一继续使用机器 A，方案二把机器 A 出售，然后购买机器 B。若基准折现率为 15%，问应该选择哪个方案？

6. 某企业拥有一台 5 年前购买的设备，现在估价为 500 万元，若继续使用，预计当年使用费为 40 万元，并且今后每年使用费递增 50 万元，残值不计，折现率 10%，则设备的剩余经济寿命是多少？

7. 某厂需要一台设备，设备的购买价格（包括运输费、保险费等在内）为 180000 元，使用寿命 10 年，预计设备的净残值为 5000 元。该机器每年预估的营运费为 23000 元，可能的各种维修费用平均每年需要 3000 元。若向租赁公司以经营租赁的形式租用，每年租金为 25000 元。试问租赁和购买哪种方式对企业有利？折现率为 10%，不考虑税收。

8　飞行器租购的经济分析

一般而言，飞机的运营者使用飞机进行运营，是自己购买飞机抑或从租赁公司或是其他飞机所有者那里租赁飞机？若采用租赁方式引进飞机，是采用融资租赁或者经营租赁？这应取决于以上几种方案在经济上的比较。因此，需要对飞机租赁进行经济分析。

8.1　飞行器租购概述

8.1.1　飞行器租购的概念

飞行器租购包括飞行器的租赁和飞行器的购买。由于飞行器租赁对使用者而言可以减轻巨额资金负担，所以，现实中飞行器租赁（飞机租赁）相较飞行器购买（飞机购买）是更为通行的、更受需求方欢迎的方法。因此，本章主要介绍飞行器租赁。

8.1.1.1　飞机租赁的概念

飞机租赁是租赁的一种，作为租赁行业"皇冠上的明珠"，其是租赁的重点领域之一。目前，全球主要的租赁公司都以飞机租赁作为其唯一或者主营业务。飞机租赁指航空公司或者承租人从租赁公司或制造厂家选择一定型号与数量的飞机，并与租赁公司或出租人签订有关租赁飞机的协议。在飞机租赁期限内，飞机的法定所有者——出租人将飞机的使用权转让给承租人，承租人则按期支付租金并取得飞机的使用权，租期结束航空公司可以归还或者不归还飞机给出租人。其含义可由图 8-1[①] 简要表示。

---

① 　章连标等．民用飞机租赁［M］．北京：中国民航出版社，2005.

图 8-1　飞机租赁的含义

图 8-1 仅表示飞机租赁的基本含义，由于飞机租赁有多种不同的方式，因而其交易结构也不同，从而有多种不同的具体定义。因此，飞机租赁的交易结构图也远比图 8-1 复杂。

8.1.1.2　飞机租赁的发展状况

1960 年，美国联合航空采用杠杆租赁的方式租赁了一架喷气式飞机，现代飞机租赁开始。这是美国乃至世界上第一例飞机融资的案例，飞机租赁开始兴起。随着飞机租赁业务的继续发展，到了 20 世纪 80 年代，美国、日本以及欧洲等发达国家和地区的飞机租赁都得到迅猛发展，以美国、日本和欧洲为中心的三个主要飞机租赁市场开始形成。这三大市场的飞机租赁交易额甚至占世界飞机租赁交易额的 80% 以上。波音公司数据显示，1980 年，全球机队规模为 6037 架，其中多达 100 架为经营租赁飞机，租赁渗透率为 1.7%。2014 年，相应的全球机队规模达 20726 架，其中租赁飞机多达 8440 架，租赁渗透率为 40%。截至 2017 年底，全球商用租赁飞机达到 11517 架，较 2008 年的大约 6580 架增长了 75%，10 年复合增长率为 5.7%，租赁渗透率达 47.2%[①]。全球采用租赁形式的航空公司比例逐年上升。据《航空融资与租赁报告 2019》显示，2018 年，按机队数量排名前十的航空租赁商的机队数量为 5660 架，如表 8-1 所示。

表 8-1　2018 年按机队数量排名前十的航空租赁商

排名	租赁商	机队数量（架）	机队资产价值（亿美元）	同比增长（%）	国际评级		
					标普	惠誉	穆迪
1	GECAS	1232	247	-4	AA+	—	—
2	AerCap	1059	347	10	BBB-	BBB-	Baa3
3	Avolon	569	194	3	BB+	BB+	Ba1
4	BBAM LLC	498	209	14	—	—	—
5	Nordic Aviation Capital	474	64.7	8	—	—	—
6	SMBC Aviation Capital	421	162	3	—	A-	—
7	ICBC Leasing	385	161	13	A	A	A1
8	Dae Capital	352	106	0	—	—	—

---

① 谭向东. 飞机租赁实务（第三版）[M]. 北京：中信出版集团，2019.

排名	租赁商	机队数量（架）	机队资产价值（亿美元）	同比增长（%）	国际评级		
					标普	惠誉	穆迪
9	Air Lease Corporation	335	148	15	—	BBB	—
10	BOC Aviation	335	146	5	A−	A−	—

资料来源：谭向东. 飞机租赁实务（第三版）［M］. 中信出版集团，2019；其他来自航空融资与租赁报告 2019。

1981 年，中国国际信托投资公司采用投资减税杠杆租赁的方式，从美国引进一架波音 B747 飞机。此后，我国国内航空公司纷纷采用这一方式引进飞机，我国飞机租赁业开始发展。进入 21 世纪，我国飞机租赁业取得了快速而又迅猛的发展，尤其在 2010 年之后。截至 2007 年，我国国内航空公司租赁机队的规模为 481 架，而其中只有 26 架飞机来自中国租赁公司，租赁市场上比较活跃的中国租赁公司仅有 4 家。而到 2017 年底，我国国内航空公司租赁机队的规模为 1369 架，租赁市场上约有 20 多家比较活跃的中国租赁公司[①]。2017 年 9 月，东疆综合保税区以租赁形式引进了第 1000 架飞机。至此东疆成为全球继爱尔兰之后拥有飞机资产最多的飞机租赁聚集地。2021 年，即使受到新冠肺炎疫情的影响，东疆新增租赁飞机仍然实现了增长，超过了 170 架。2022 年 7 月 29 日，东疆综合保税区第 2000 架融资租赁飞机降落在天津滨海国际机场，至此，我国东疆综合保税区租赁飞机机队规模达 2000 架[②]。

据波音公司发布的《全球商业市场展望（2018—2037）》，未来 20 年，全球共需要 42730 架全新客机和货机才能满足市场需求，其价值约为 6.35 万亿美元。其中单通道市场将迎来最为显著的增长，其总需求量约为 31360 架新飞机，价值高达 3.5 万亿美元。宽体机市场则大约有 8070 架新飞机的需求量，总价值约为 2.5 万亿美元。全球客机的总数大约将达到 4.85 万架，此数量约是目前 2.44 万架客机的两倍。同时，由于目前金砖国家的飞机租赁业务正处于快速增长的黄金期，因此，保守预计未来 20 年，航空运输业的年平均增长率将维持在 6% 左右。其中，中国约为 6.1%，俄罗斯为 5.5%，巴西和印度则约为 5.5%[③]。历史经验表明，航空业的成长期大概为 40 年，新兴市场国家的航空业正处于上升的黄金增长期，可以带动全球飞机租赁业的进一步发展。

8.1.2 飞机租赁的特点

作为租赁的重点领域之一，飞机租赁与其他租赁相较有其自身的特点。

---

① 辜丽萍. 飞机租赁的国内外发展研究［J］. 中国工程咨询，2019（1）：52-56.

② 中国日报网：天津东疆综合保税区第 2000 架飞机成功交付.

③ 谭向东. 飞机租赁实务（第三版）［M］. 北京：中信出版集团，2019.

8.1.2.1 飞机租赁标的价格昂贵、租金高

飞机租赁的标的——飞机作为一种高技术含量、高资本密集型的产品，其价格非常昂贵。随着人类科技水平的不断进步，飞机的机载电子设备越来越先进，且制造飞机的工艺和材料也在不断改进，大量的高科技复合型材料应用于机身各个部位，使得飞机的科技含量越来越高，飞机的价格也不断上升。另外，全球飞机制造商数目较少，这也会影响飞机的价格。

目前，全球规模和生产能力比较大的飞机制造商仅有两家，即美国的波音公司和欧洲的空中客车公司。其他飞机制造商如巴西航空公司以及加拿大庞巴迪公司也能够生产客机，但其产量相较波音与空客较低，其综合实力也不强。同时，我国也在积极发展大飞机产业，我国制造的 ARJ21 支线客机已经投入商业运营，2022 年 8 月，我国国产大飞机 C919 也已经完成取证试飞。飞机制造的高技术含量和复杂程度，决定了每年的飞机产量有限，从而导致飞机市场的供不应求，飞机价格十分昂贵，主要的飞机制造商生产的飞机价格也逐年提高。据空中客车公司和波音公司网站发布的信息数据显示，1985 年一架 B737-200 型飞机的价格是 1500 万美元。而到 2004 年，一架 B737-600 型飞机的价格则接近 5000 万美元。一架 B737-800 型飞机的价格则可以达到 7800 万美元。对于同样机型的飞机，飞机的价格也是越来越高。如 1997 年，B757-200 型飞机的价格为 5500 万美元，而到 2001 年已达 7700 万美元[①]。2004 年，B737-800 型飞机的价格为 7800 万美元，2018 年，其价格则已达 10220 万美元。表 8-2 显示了 2018 年波音公司和空客公司在售机型的目录价格。

表 8-2　波音与空客公司主流机型目录价格表

制造商	机型	座位数（个）	目录价格（百万美元）
波音公司（Boeing）	737-700	126~140	85.8
	737-800	162~186	102.2
	737-900ER	180~192	108.4
	737 MAX 7	138~153	96.0
	737 MAX 8	162~178	117.1
	737 MAX 9	178~193	124.1
	737 MAX 10	188~204	129.9
	747-8	467~530	402.9
	747-8 Freighter		403.6

---

① 章连标等. 民用飞机租赁［M］. 北京：中国民航出版社，2005.

制造商	机型	座位数（个）	目录价格（百万美元）
波音公司（Boeing）	767-300ER	218~351	209.8
	767-300 Freighter		212.2
	777-200ER	301~400	295.2
	777-200LR	301~400	334.0
	777-300ER	368~451	361.5
	777 Freighter		339.2
	777-8	301~400	394.9
	777-9	368~451	425.8
	787-8	210~250	239.0
	787-9	250~290	281.6
	787-10	290~330	325.8
空中客车（Airbus）	A318	107~123	77.4
	A319	124~142	92.3
	A320	150~180	101.0
	A321	180~220	118.3
	A319neo	124~142	101.5
	A320neo	150~180	110.6
	A321neo	180~220	129.5
	A330-200	253~293	238.5
	A330-800neo	253~293	259.9
	A330-200 Freighter		241.7
	A 330-300	295~335	264.2
	A330-900neo	295~335	296.4
	A350-800	276（最大）	280.6
	A350-900	315（最大）	317.4
	A350-1000	369（最大）	366.5
	A380	550~830	445.6

资料来源：根据波音和空客网站数据整理所得①。

---

① 郭愈强．飞机租赁原理与实务操作［M］．北京：中国经济出版社，2019.

8.1.2.2 飞机租赁的租期较长

飞机作为租赁的标的物，因其自身的特点，飞机租赁的租期一般较其他租赁标的期限长。因为航空公司对于正在运营的飞机都有非常严格的使用和维护标准，飞机的使用年限通常可以长达 20 多年，客机机龄 20 年左右还可以改为货机继续使用，因此，在飞机的运营年限内，均可出租使用。一般而言，新飞机的租期往往在 8 年以上，据不同厂家的不同维护计划，新飞机的租期可能有所差异，但一般以 8 年、10 年以及 12 年为主。

8.1.2.3 飞机租赁公司实力较为雄厚

由于飞机的价格比较昂贵，飞机价值甚至可以达到上亿美元，因此，飞机租赁是资本密集型行业，规模较大的租赁公司容易实现规模效应，其在提高信用评级，以低成本获取融资资金，以优惠价格大批量订购飞机等方面具有较大的优势。因此，大多数的飞机租赁公司或者由一些实力较为雄厚的财团、银团、保险公司以及飞机制造商组成，或者与金融部门和飞机制造商有着紧密的关系，同时全球飞机租赁公司通过并购等方式不断地扩大自身的规模。由数据分析集团 Flight Global 发布的《航空融资与租赁报告 2019》数据显示，2018 年全球前 5 大飞机租赁商拥有的租赁飞机资产价值占全球的 33.94%，前 20 大飞机租赁商占比 71.23%[①]。其中，按机队数量排名前十的航空租赁商如表 8-1 所示。

8.1.2.4 飞机租赁交易结构和合同较为复杂

由于目前主要的飞机制造商大多位于美国和欧洲，而飞机的使用者则遍布全球，飞机租赁一般都为跨境交易，从而飞机租赁交易结构和租赁合同都较为复杂。具体表现在以下几个方面：第一，飞机租赁交易结构较为复杂。因为飞机租赁交易一般涉及跨境交易，涉及不同的国家和地区之间的法律适用、交易币种、外汇管制、保险、税收、语言等方面的差异，从而导致飞机租赁交易结构较为复杂。一般而言，一项飞机租赁业务的参与者包括多个主体，即为飞机制造商、航空公司、不同国家的律师与税务咨询师、银行、租赁公司以及评估公司等。从飞机租赁业务开始直到最终完成租赁，往往需要 2~3 个月的时间，业务复杂的通常需要半年或者更长时间。第二，飞机租赁的合同文本要求较高的英文水平。由于飞机制造商主要是国外企业，同时由于飞机自身的专业特点，使得飞机租赁合同文本大多以英文为主，这就对从业人员的英文阅读、理解、表达以及谈判等能力有较高的要求。第三，飞机租赁涉及的合同内容较为复杂，涉及合同种类多。由于飞机租赁一般涉及多个国家的法律法规和税务规定，其经营租赁合同中需涉及对飞机技术性的维护条款和退租条款，一般一份完整的英文飞机租赁合同通常

---

① 谭向东. 飞机租赁实务（第三版）[M]. 北京：中信出版集团，2019.

有上百页，且非航空专业从业人员很难把握。另外，飞机租赁除了签订租赁合同，还需要签订飞机买卖合同、银行贷款合同、保险权益转让合同、担保合同、机身发动机制造商保证转让合同以及保险合同等多个合同，因此，飞机租赁业务对于从业人员的综合要求较高。

8.1.3 飞机租赁的分类

根据不同的分类标准，飞机租赁有多种形式。依据租赁性质，飞机租赁可分为融资租赁和经营租赁；依据民航业的营运特点，飞机租赁可以分为干租、湿租和半干租三类；依据飞机租赁的业务模式，其可分为直接租赁、转租赁和售后回租、联合租赁和杠杆租赁等；另外，根据飞机是否跨境，飞机租赁可分为境内租赁和跨境租赁。

8.1.3.1 依据租赁性质划分

按照租赁性质，飞机租赁可分为融资租赁和经营租赁。

（1）融资租赁。

1）融资租赁的概念。融资租赁是较为常见的飞机引进方式，其以物为载体，目的在于融资并完全支付飞机的全部价值。融资租赁指出租人购买承租人选定的飞机，把飞机所有权以外的全部经营责任都转让给承租人，承租人负责飞机的维修、纳税和保险等。租期接近飞机的使用寿命，在租期内，租赁公司购买飞机的融资金额能够得到全额清偿并取得投资收益。租期结束时，承租人可以自由选择购买、续租或退租飞机，是一种具有融资、融物双重功能的飞机租赁形式。融资租赁交易结构如图 8-2 所示。

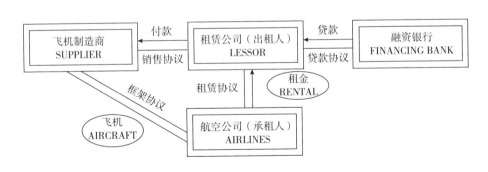

图 8-2　飞机融资租赁交易结构

资料来源：郭愈强 . 飞机租赁原理与实务操作［M］. 北京：中国经济出版社，2019.

2）融资租赁的特点。融资租赁主要具有以下几个特点：第一，涉及的当事人较多，交易结构较为复杂，需签多个协议。一项飞机的融资租赁协议至少涉及三个当事人，即出租人、承租人和飞机制造商，多个当事人构成三边甚至多边交易，交易结构较为复杂，租赁交易的多个当事人之间需签订多个协议，即购买协议、租赁协议以及贷款协议、框架协议等。第二，租期较长。融资租赁租期基本接近或等于飞机的使用寿命或折旧寿命，一般为 10~15 年不等，甚至可达 20 年。第三，由承租人指定飞机的型号、数量。出租人只负责按用户要求融资购买飞机。第四，租金需完全支付。在飞机租赁期内，租金一般按季度或半年支付，承租人支付的租金加上租赁期末飞机的购买金额足以抵偿出租人购机的成本并获得投资收益。第五，融资租赁承租人承担所租飞机在租期内运营的一切费用。飞机出租人将一切关于飞机的所有权益和风险均转让给承租人，同时，在租赁期内，未得出租人同意，只能由承租人使用飞机。第六，租赁协议不可撤销。一般而言，在租赁期内，不可随意更改或解除租赁协议。特殊情况而言，经租赁双方协商，可以终止租约。最后，租赁结束，承租人付出一定的金额获得飞机的所有权。总体而言，融资租赁的本质是，承租人以支付租金的方式，分期购买了飞机。

（2）经营租赁。

1）经营租赁的概念。经营租赁是与融资租赁的概念相对应的，一般指租赁公司购买飞机并将飞机出租给承租人，租期较短，承租人在租期内按期支付租金，租赁期届满，承租人可选择续租、退租或购买飞机等。经营租赁相较融资租赁更为灵活，是目前主要的飞机租赁方式，其交易结构如图 8-3 所示。

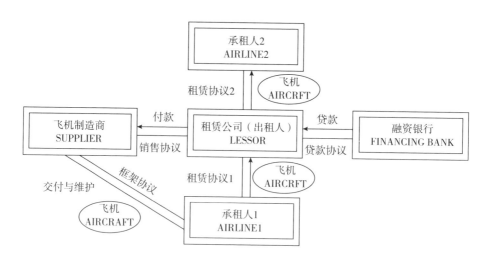

图 8-3 飞机经营租赁交易结构

资料来源：郭愈强. 飞机租赁原理与实务操作 ［M］. 北京：中国经济出版社，2019.

2）经营租赁的特点。经营租赁主要有以下几个特点：第一，经营租赁为结构简单的双边交易。飞机经营租赁交易结构较为简单，大多数是承租人（航空公司）与出租人（租赁公司）的双边交易，交易方式灵活。第二，飞机经营租赁租期较短。经营租赁租期为几个月到几年不等，租期远远小于飞机的使用寿命。第三，飞机经营租赁为不完全支付。由于飞机经营租赁的租期远低于飞机的经济寿命，所以，出租人在一次租赁中所得租金额总是低于购买飞机的支出，出租人需要通过多次出租才能收回购机时的成本和投资收益。另外，出租人在一次出租飞机中的风险也较大，因而经营租赁的租金一般较高。第四，租金一般按月或按季度支付，而且大多为先付，且在飞机交付前承租人要缴纳保证金。第五，承租人不承担飞机所有权上的一切风险。承租人不承担飞机技术落后的风险、旧飞机出售的风险以及飞机质量、使用性能、技术性能等风险和责任。但是，经营租赁的承租人需承担支付租金、租期内维修保养飞机使之达到适航性、投保、税费等责任。最后，租期结束，承租人将飞机返还给出租人。飞机经营租赁期满，承租人可以选择续租、退租或者购买飞机。经营租赁的飞机大多具有通用性，在市场上较为抢手。

8.1.3.2 依据民航业的营运特点划分

按照民航业的特点，飞机租赁可分为干租、湿租和半干租三类。

（1）干租。干租指出租人（租赁公司、航空运营人或银行）只将航空器提供给承租人（航空运营人）使用，收取租赁费用，而并不提供飞机机组服务、不承担运输过程中的各种费用、维修、保险及备件服务，这些费用和服务均由承租人自己承担。大多的飞机租赁业务都是干租业务。

（2）湿租。湿租是指由出租人（航空运营人）向承租人（航空运营人）提供航空器并至少提供一名飞行机组人员的航空租赁[①]。湿租中出租人一般为航空公司，承租人可能是另一家航空公司、旅行社或者一家物流、快递公司。湿租一般要求出租人将飞机租赁给承租人使用，且提供所需的机组人员、飞机维修和保险等，承租人则负责解决客源、航线和班次，并承担地面操作、起降费以及油费等直接运营成本。

（3）半干租[②]。半干租是指介于湿租和干租之间的飞机租赁模式，这种租赁方式由出租人提供部分服务，承租人也需承担一部分运营成本。半干租手续简单、运营方式灵活、风险小。

8.1.3.3 依据飞机租赁的业务模式划分

按照飞机租赁的业务模式，飞机租赁可分为直接租赁、转租赁、售后回租、

---

① 郭愈强. 飞机租赁原理与实务操作［M］. 北京：中国经济出版社，2019.

② 谭向东. 飞机租赁实务［M］. 北京：中信出版集团，2019.

联合租赁和杠杆租赁等。

（1）直接租赁。直接租赁是由租赁公司发挥主导作用的租赁模式。直接租赁指租赁公司直接与飞机制造商签订批量飞机购买合同，并向飞机制造商支付定金和飞机预付款，在这之后租赁公司根据飞机交付时间提前寻找承租人，并在飞机交付前与承租人签订租赁合同，待新飞机交付时，出租人直接把新飞机租赁给承租人使用。直接租赁是一种租赁公司先下单再找客户的飞机租赁业务模式。

（2）转租赁。转租赁又称分租，是指承租人与出租人达成租赁交易后，再将飞机进行出租的一种业务模式。转租赁一般涉及两个以上的出租人。转租赁中承租人具有双重身份，既是第一承租人又是第二出租人。转租赁根据主体的不同又可分为以租赁公司为主体的转租赁和航空公司为主体的转租赁两种业务模式。

以租赁公司为主体的转租赁业务模式如图8-4所示。图中租赁公司B作为出租人与航空公司签订飞机租赁协议，租赁公司B作为承租人与作为出租人的租赁公司A签订飞机租赁协议，租赁公司A从银行取得融资并从飞机制造商那里购买飞机，之后将飞机租赁给租赁公司B。

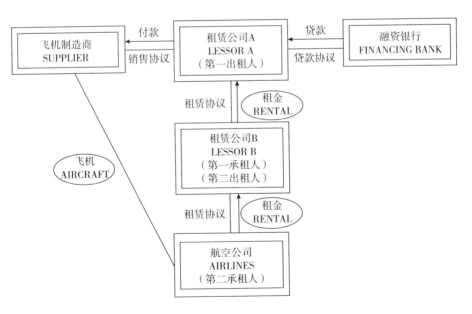

图8-4 以租赁公司为主体的飞机转租赁交易结构

资料来源：郭愈强. 飞机租赁原理与实务操作［M］. 北京：中国经济出版社，2019.

以航空公司为主体的转租赁业务模式如图 8-5 所示。这种业务模式为：租赁公司作为出租人与航空公司 A 作为承租人签订飞机租赁协议，之后，航空公司 A 根据其实际运营情况，比如运营淡季时，其又作为出租人将飞机转租给别的航空公司，例如航空公司 B。这种业务模式在实际的航空运营中比较常见。

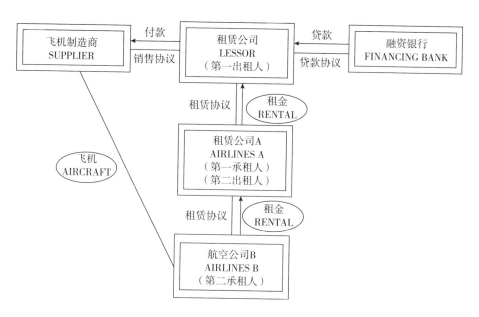

图 8-5　以航空公司为主体的飞机转租赁交易结构

资料来源：郭愈强. 飞机租赁原理与实务操作［M］. 中国经济出版社，2019.

（3）售后回租。售后回租是指航空公司将自身所拥有的飞机出售给租赁公司，然后，租赁公司作为租赁交易出租人再将飞机出租给承租人——原航空公司使用。售后回租的交易结构如图 8-6 所示。售后回租对于航空公司而言，可以满足其改善财务状况、盘活存量资产的需要，与租赁公司一起分享政府的投资减税优惠政策带来的好处，且可以相对较低的租金取得飞机使用权，将物化资本转变为货币资本。

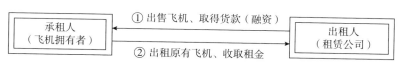

图 8-6　售后回租交易结构

售后回租具有以下几个特点：第一，售后回租的标的——飞机大多为旧飞机。第二，售后回租的租期一般较短。第三，售后回租的租金较高。由于航空公司通过售后回租将飞机的残值风险转移给出租人，因此，承租人支付的租金就相对较高。最后，售后回租可分为售后回租融资租赁和售后回租经营租赁，后者较为常见。

（4）联合租赁。联合租赁是指由两个或两个以上的出租人共同购买飞机，然后这些出租人共同与航空公司签订出租飞机的协议。在联合租赁中，承租人（航空公司）需同时向两个或两个以上出租人支付租金或者根据协议向其中一个出租人支付租金，然后再由这个出租人向另一个或一些出租人支付一部分租金。联合租赁业务交易结构如图8-7所示。联合租赁业务模式一般较为复杂，涉及多个出租人，因此多个出租人之间需要制定合理地对各方有保障的租赁方案，以使租赁顺利开展。

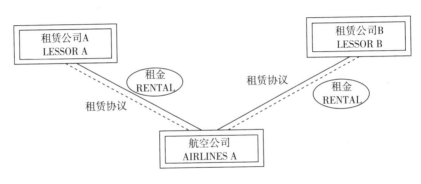

图 8-7　飞机联合租赁交易结构

资料来源：郭愈强 . 飞机租赁原理与实务操作［M］. 北京：中国经济出版社，2019.

（5）杠杆租赁。杠杆租赁于19世纪70年代在美国出现，20世纪60年代以后迅速发展。杠杆租赁适用于筹措资产价值在数百万美元以上的大型租赁项目，且可满足对使用寿命长达10~25年，甚至更长时间的资本密集型设备的融资需要，如飞机、输油管道、远洋货轮、卫星系统以及核电站等。飞机杠杆租赁即是利用资金杠杆放大资本金的使用效果，用少量的资金撬动银行或者其他金融机构资金共同参与，投资飞机租赁项目。在杠杆租赁中，出租人只需投资飞机价格的20%~40%的资金，然后将飞机做抵押并将有关权益转让，借贷其余的大部分资金，从而出租人可购买到飞机，拥有飞机的所有权，并享有税收待遇，出租人将一部分税收优惠以降低租金的方式转让给承租人，从而使承租人可以获得比其他方式更低的融资成本。

飞机租赁是国际性的业务，根据不同国家法律、监管、财会以及税收政策的不同，产生了不同种类的杠杆租赁交易结构，以下介绍几个典型国家的杠杆租赁。

1）美国杠杆租赁。虽然美国一向推崇自由贸易政策，但是在美国的法律体系中，在外资准入和运营方面，对国外投资人设置了许多门槛。如美国国内法要求航空器和船舶之类的交通行业的注册地点为美国，且其所有权人应为美国公民所控制的企业。所以，外国公司如果在美国开展飞机租赁业务，需要接受较为复杂的法律审查。因此，为规避这些规定，许多美国金融机构在美国设立信托（Owner Trust），开展飞机租赁业务。典型的美国杠杆租赁交易结构如图 8-8 所示。在典型的美国杠杆租赁交易中，信托计划作为出租人是整个飞机租赁业务的核心，股权参与人不必提供飞机的全额购买资金，大多数提供大约 20% 的资金，信托计划即出租人将飞机抵押给长期贷款人取得大约 80% 的不可追索贷款，同时将相应租金以及保险权益转让给长期贷款人，信托计划作为飞机出租人和所有权人则从飞机制造商处购买飞机，并将飞机租赁给航空公司。

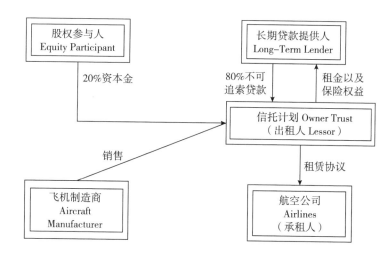

图 8-8 典型的美国杠杆租赁交易结构

资料来源：郭愈强. 飞机租赁原理与实务操作［M］. 中国经济出版社，2019.

2）日本杠杆租赁。日本杠杆租赁（税务租赁，Cross-border Japanese Leveraged Tax-based Lease，JLL），于 20 世纪 80 年代产生。当时，由于美国限制海外承租人使用美国杠杆租赁，所以，日本杠杆租赁的产生使得大量的海外租赁涌向日本，日本杠杆租赁迅速发展。日本杠杆租赁解决了当时日本贸易顺差过大的问题，租赁成功地发挥了平衡国际收支的作用。迄今为止，日本杠杆租赁仍是跨国减税杠杆租赁的主要方式，我国航空公司也较多采用日本杠杆租赁方式。日本杠杆租赁也即日本的税务租赁大致经历了三个阶段的发展。第一阶段，从1988年到1998年，日本的杠杆租赁采用加速递减折旧法进行飞机租赁。日本杠杆租赁结构与美国杠杆租赁交易结构基本相同，交易结构如图8-8所示。第二阶段，即日本经营租赁（Japanese Operating Lease，JOL）。由于日本国内税务改革，JLL模式已经不具优势，因此，日本投资者对杠杆租赁进行创新与改革，创造出新的租赁形式JOL，此种租赁方式将税收优惠在出租者和承租者之间分配。JOL交易结构如图8-9所示。第三阶段，即具有购买选择权的经营租赁（Japanese Operating Lease with Call Option，JOLCO），其交易结构模式如图8-10所示[①]。JOL和JOLCO的交易结构大致相同，主要区别在于航空公司即承租人是否有购买飞机的选择权。具体表现在以下几点：第一，JOLCO的租赁期限一般比JOL的期限长，JOLCO租赁期一般会超过10年，而JOL的租赁期一般在10年以内。第二，JOL一般用于二手飞机的售后回租，JOLCO则用于租赁新飞机。第三，JOLCO方式下，航空公司有购买权的选择，这对航空公司是有利的。

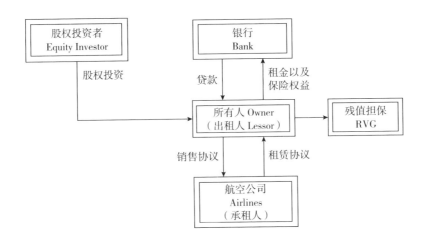

图8-9　JOL交易结构

3）法国杠杆租赁。欧洲飞机租赁发端于英国，但是却发展于法国、爱尔兰和开曼群岛。法国杠杆租赁即法国税务租赁，是一种较为流行的飞机融资租赁模式。在法国税务租赁中，作为出租人的法国特殊目的公司（SPV）投资一部分资金购买飞机，飞机的另两部分价款则由金融机构贷款和承租人首期租金

① 郭愈强. 飞机租赁原理与实务操作［M］. 北京：中国经济出版社，2019.

构成。这样的操作方式有利于缓解单一方面资金需求量的巨大压力。作为承租人的航空公司需支付租赁交易的交易费用、租赁期的租金和租赁期满后留购飞机的费用，由于法国税法规定飞机资产的直线折旧率为12.5%，飞机期末残值很低，仅占总价值的5%，甚至更低，这使航空公司租赁期末能以低成本购买飞机。

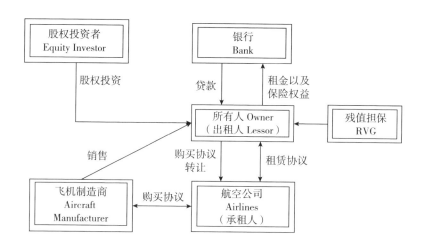

图 8-10 JOLCO 交易结构

8.1.3.4 依据飞机是否跨境划分

根据飞机是否跨境，飞机租赁可分为境内租赁和跨境租赁。

（1）境内租赁。境内飞机租赁指飞机租赁出租人和承租人在同一国家或地区的飞机租赁交易。

（2）跨境租赁。境外飞机租赁指飞机的出租人和承租人不在同一国家或地区的飞机租赁交易。境外飞机租赁的形式可以是经营租赁也可以是融资租赁。境外飞机租赁一般有两种形式，即跨国飞机租赁（Cross-border Aircraft Lease）和间接对外飞机租赁（Indirected Aircraft Lease）[1]。跨国飞机租赁指分处不同国家或地区的出租人和承租人之间开展的飞机租赁业务。由于出租人与承租人分处不同国家或地区，因此，飞机租赁业务需要考虑两个或两个以上国家的法律、税收和财会制度，并要求从事租赁业务人员具有较高的综合素质和业务水平。间接对外飞机租赁指一家租赁公司的海外法人企业在东道国经营的飞机租赁业务。无论承租人是否是东道国用户，对这家租赁公司而言都是间接对外飞机租赁。近些年

---

① 章连标. 民用飞机租赁［M］. 北京：中国民航出版社，2005.

来，间接对外租赁已成为租赁市场增长最快的租赁业务模式，这种租赁业务模式中，出租人既可以进入当地金融市场进行融资，又可以享受当地的税收优惠，所以，这种租赁模式带来的收益已经超过跨国飞机租赁。

8.1.4 飞机租赁与飞机购买的比较

对于承租人而言，租赁飞机在租期内只具有飞机的使用权，相较于购买飞机，租赁飞机对于承租人而言存在一定的优势与不足。具体如下所述：

8.1.4.1 租赁飞机的优势

对于承租人而言，租赁飞机具有很多的优点。

（1）承租人通过飞机租赁获得了资金融通。利用飞机租赁业务，承租人可按期支付一小部分租金，不需一次性支付巨额的飞机购买资金，这可使航空公司将资金投资于其他方面，如购买航材和其他设备，从而扩大运输能力，这有利于提高航空公司的资金使用效率。承租人通过飞机租赁使自己的资金筹措方式多样化。租赁融资是飞机购买传统融资之外的一种新的融资方式。经营租赁不影响承租人财务报表的资金流动比例，这是因为，在经营租赁期内，出租人拥有飞机的所有权，所以租赁的飞机不是承租人的资产，不会在承租人财务报表上表现出来，同时，租赁的飞机也不是承租人的对外负债，而是在支付租金时计入成本。融资租赁承租人通过飞机租赁可以获得飞机的优惠让款。若承租人采用融资租赁，则需将原来与飞机制造商签订的购买协议转让给飞机租赁的出租人，但是购买协议的转让一般不影响购机优惠让款，这笔优惠让款仍然属于承租人，这对承租人的生产经营有着一定的作用。另外，承租人采用售后回租方式租赁飞机可以加速固定资金的周转使用，既可以使承租人的财务状况得以改善，提高承租人资金的使用效率，同时又不影响承租人继续使用飞机。

（2）承租人通过飞机租赁可获得税务优惠。如美国、日本和欧洲的一些国家，飞机租赁与税务优惠有着密切的联系，基本上是以税款为基础的租赁，这些国家的飞机租赁公司确定的租金的高低取决于税务优惠条件。另外，我国为了鼓励飞机租赁业务的发展，在税务方面也采取了优惠政策。比如，注册在东疆保税港区，经银监会核准备案的或经商务部与国家税务总局共同认定的纳入内资融资租赁试点企业范围的 SPV 公司和租赁企业，自开业年度起营业税按照"利差纳税"，对于其他注册在东疆保税港区的 SPV 公司和租赁企业，将通过财政税收返还等方式给予资金支持，确保企业的实际税负不高于按照利差纳税的税负。《天津东疆保税港区促进航运金融产业发展鼓励办法》中规定，针对不同企业不同年度分别给予100%、80%等不同程度财政税收返还。

（3）承租人通过飞机租赁可使折旧合理化，防止飞机陈旧。由于科技发展日新月异，往往许多设备的自然寿命未到，其经济寿命已到，因此，设备需要被淘汰更新，即是设备的陈旧化风险。避免此种风险，使用租赁设备要优于购买设备。具体而言，经营租赁的承租人可以根据飞机的经济寿命在租期内退租，同时可以避免飞机残值风险。而对于融资租赁的承租人而言，虽然不能在租期内退租，但可以在租赁决策时对租赁标的进行研究与估算，将租期确定在飞机的经济寿命之内，同时还可以使飞机折旧更加合理化，从而使飞机及时更新。

（4）承租人通过飞机租赁可以简化获得飞机的时间，节省飞机交付时间。一架飞机从订购到交付一般需要3~4年，而采用飞机租赁方式，则只需要半年到一年，经营性租赁甚至更短，最短甚至一周即可交付，从而大大缩短了飞机交付期，能够使承租人及时更换飞机，更新机队，增加企业经济效益。

（5）租赁飞机使承租人经营更加灵活。与拥有飞机相比，租赁飞机使得承租人在经营策略上更加灵活。具体表现在：采用飞机租赁方式使新成立的航空公司的初始成本降低；飞机租赁使承运人最大限度地优化更新机队，提高生产效率，满足其生产经营战略的需要；承租人还可根据航空旺季和淡季合理规划机队，解决运力问题；另外，飞机租赁有利于航空公司迅速开辟新航线，占领新市场。

8.1.4.2 租赁飞机的劣势

当然，租赁飞机相较购买飞机也存在一定的不足之处，具体如下：

第一，飞机租赁业务模式相较飞机购买较为复杂，尤其是飞机租赁业务模式中的杠杆租赁，其交易结构更为复杂。第二，租赁方式下承租人对飞机的处置权被限制，从而使得承租人不能对飞机进行重大技术改造，更不能抵押或出售飞机，从而在一定范围内限制了承租人使用飞机。第三，采用融资租赁方式租赁飞机的承租人在租期内退租较为困难，必须使用一段较长时间后才可退租，否则，必须支付较高的终止值。第四，在飞机租赁中，出租人和承租人都承担较高的风险。对于出租人而言，租赁风险主要是投资风险和残值风险。对于承租人而言，租赁风险主要有政治风险、自然风险、金融风险、税务风险和残值风险等。

总之，飞机租赁相较飞机购买既具有优势也有不足，那么究竟是租赁飞机还是购买飞机，应取决于承租人的经营策略和科学的评估。

8.2 飞行器租购价格构成及估算

8.2.1 飞行器租购价格构成

根据飞机运营的方式与特点，飞行器租购价格主要包括运营收入与运营成本（其中包含租购成本）。

8.2.1.1 运营收入

飞机租购的运营收入是指飞机承租人或所有者在使用某架飞机的租期内从该飞机获得的收入总和。飞机的运营收入一般包括运输旅客收入、运输货邮收入以及运输超重行李收入。用公式表示如下：

$$DOR = R_P + R_{FM} + R_B \tag{8-1}$$

式中，DOR 为飞机的运营总收入；R_P 为运输旅客收入；R_{FM} 为运输货邮收入；R_B 为运输超重行李收入。

8.2.1.2 运营成本

运营成本指在某架飞机的租赁期内，该飞机营运所需支付的各项费用的总和。承租人在日常的机队运营中，一般将飞机的运营成本分为直接运营成本和间接运营成本。用公式表示如下：

$$TOC = DOC + IOC \tag{8-2}$$

式中，TOC 为飞机的航线运营总成本；DOC 为飞机的直接运营成本；IOC 为飞机的间接运营成本。

（1）直接运营成本。直接运营成本能够直接而又清晰地反映飞机本身的优劣与设计特点，对于承租人或航空公司引入飞机的决策具有重要的参考价值。根据中国市场的情况，直接运营成本主要包括所有权成本和现金运营成本。其中所有权成本又包括飞机折旧费用、保险费用、利息或租金等[①]。现金成本则包含燃油成本、维修成本、机场收费、地面服务费、飞行机组费用以及导航费等。用公式表示如下：

$$DOC = C_O + C_C \tag{8-3}$$

$$C_O = C_D + C_I + C_{III} \tag{8-4}$$

$$C_C = C_F + C_M + AF + GHC + FCC + NC \tag{8-5}$$

---

① 参考刘沐林. 基于动态规划的航空公司机队更新决策研究［D］. 中国民用航空飞行学院，2019；林文进等. 国产支线飞机航线运营经济性分析框架［J］. 民用飞机设计与研究，2019（4）.

式中，C_O 为飞机的所有权成本；C_C 为飞机的现金运营成本；C_D 为飞机的折旧费用；C_I 为贷款的利息或飞机的租金；C_{HI} 为飞机的保险费用；C_F 为飞机的燃油成本；C_M 为飞机的维修成本；AF 为机场收费；GHC 为地面服务费；FCC 为飞机的机组费用；NC 则为导航费用。

（2）间接运营成本。间接运营成本主要取决于航空公司的运营环境和营销模式，其与机队的运行关系不大。同一款机型的飞机在不同航空公司的运营下，可能产生不同的收益和成本。间接运营成本主要指除机组外的人工成本、飞行员引进成本、资产折旧、差旅、培训、制服费、场所租金以及财务费用等[①]。不同航空公司的定位和运营模式不同，间接运营成本存在很大差异。

8.2.2　飞行器租购价格估算

由前所述，可以对飞机租赁价格的各组成部分进行计算。具体计算方法和计算过程如下：

8.2.2.1　运营收入的估算

由式（8-1）可知，飞机的运营收入一般包括运输旅客收入、运输货邮收入以及运输超重行李收入，以下进行详细的阐述。

（1）运输旅客收入。运输旅客收入即是飞机运输旅客所获得的收入，其受飞机机型所拥有的座位数、潜在边际收益、航线年均航班次数等的影响。其中潜在的边际收益表示飞机潜在的收益。用公式表示如下：

$$R_P = S_M \times PLF \times (1+R_{PM}) \times [P_{FF} \times R_{FF} + F_D \times (1-R_{FF})] \times NFY \times (1+IP)^t \quad (8-6)$$

$$R_{PM} = CCI \times E_M \times E_O \quad (8-7)$$

式中，S_M 为机型最大可用座位数；PLF 为航线客座率；R_{PM} 为潜在边际收益；P_{FF} 为全程票价；R_{FF} 为售出的全价票占全部售出票的比例；F_D 为折扣票价；NFY 为航线年平均航班次数；IP 为票价年均增长率；CCI 为单位成本对当地客流的影响；E_M 为航班频率对当地客流的影响；E_O 为当地客流水平[②]。

（2）运输货邮收入。运输货邮收入则是飞机运输货邮所获得的收入，其与货邮运价、货邮重量以及货邮、行李运价年均增长率有关。

$$R_{FM} = PFM \times FW \times NFY \times (1+IB)^t \quad (8-8)$$

式中，PFM 为货邮的运价；FW 为年均航班货邮的重量；IB 则为货邮、行李的运价年平均增长率。

（3）运输超重行李收入。运输超重行李收入指旅客行李超过规定的免费托运限额之外的由飞机运送所获得的收入。其与行李运价、年平均航班行李重量、

---

①②　参考林文进等．国产支线飞机航线运营经济性分析框架［J］．民用飞机设计与研究，2019（4）：21-30.

超重行李占行李重量的比例以及行李运价的年平均增长率有关。用公式表示如下：

$$R_B = P_L \times W_L \times RE_L \times NFY \times (1+IB)^t \qquad (8-9)$$

式中，P_L 为行李运价；W_L 为年平均航班行李重量；RE_L 则为超重行李占行李重量的比例[①]。

8.2.2.2 运营成本的估算

由式（8-2）可知，飞机的运营成本一般包含直接运营成本和间接运营成本。以下将对它们进行详细的介绍与估算。

（1）直接运营成本的估算。

由式（8-3）可知，飞机的直接运营成本主要包括所有权成本和现金运营成本。

1）飞机所有权成本的估算[②]。由式（8-4）可知，飞机的所有权成本取决于飞机每年的折旧成本、净利息费用与飞机每年的保险费。进一步地，飞机的折旧成本取决于飞机投资总额、残值率和折旧年限。飞机的净利息费用即是飞机的年贷款利息。飞机的保险费则取决于保险费率和飞机价格。三个费用公式分别表示如下：

$$C_D = I_T \times \frac{1-V_R}{P_D} \qquad (8-10)$$

$$C_I = I_A \qquad (8-11)$$

$$I_A = \frac{I_T \times F \times (PN) \times \left(\dfrac{IR}{PN}\right)}{1 - \dfrac{1}{\left(1+\dfrac{IR}{PN}\right)^{(PN \times LP)}} - \dfrac{1}{(PN \times LP)}} \qquad (8-12)$$

$$C_{HI} = I_R \times P_A \qquad (8-13)$$

式（8-10）中，C_D 为折旧成本；I_T 为投资的总额（单位为美元）；V_R 为飞机残值率；P_D 则为折旧年限。

式（8-11）中，C_I 为利息费用；I_A 为贷款利息。飞机的贷款利息取决于贷款比例、贷款年利率、还贷年限以及每年的还款次数。在式（8-12）中，F 为贷款比例；PN 为每年还款次数；IR 为贷款年利率；LP 则是还贷的年限。

航空保险的承保范围包括三部分，机身险、旅客法定责任险以及第三责任险。飞机的年保险费用取决于保险费率和飞机的价格，如式（8-13）所示。式中，

---

①② 林文进等. 国产支线飞机航线运营经济性分析框架［J］. 民用飞机设计与研究, 2019（4）: 21-30.

C_{HI} 为飞机年保险费；I_R 为保险费率；P_A 则为飞机的价格（单位为美元）。

2）飞机现金运营成本的估算。由式（8-5）可知，飞机现金成本的组成部分为：燃油成本、维修成本、机场收费、地面服务费、飞行机组费用以及导航费等，以下详细进行每一部分的估算。

第一，燃油成本的估算。飞机的运行离不开燃油，燃油为飞机提供航行能力，燃油费用在飞机直接运营成本中占据了非常大的比例。很多时候，国际上燃油价格的波动和飞机的燃油量会直接影响航空公司的产出与收益。随着航空科技的发展，飞机制造商通过改进机翼、襟翼、发动机部件、降低飞机飞行阻力等方面，不断地提升飞机的燃油效率。而飞机自身的使用状况也直接影响着其燃油效率，飞机随着机龄的增长，维修次数的增加，飞机燃油效率将大大下降。小时燃油成本由燃油价格与飞机当前的燃油效率决定。用公式表示如下：

$$C_F = P_F \times W \tag{8-14}$$

式中，C_F 为飞机的航空燃油成本；P_F 为燃油价格；W 则为飞机小时耗油量。

第二，维修成本的估算[①]。飞机的维修成本费用可分为飞机直接维修成本和飞机间接维修成本。按照飞机系统划分，直接维修成本分为飞机机体维修成本与飞机发动机系统维修成本，由人工时费和材料费组成。而飞机间接维修成本与航空公司和维修公司的运营、管理密切相关。除了上述计划性维修，飞机可能会突发出现不同程度的故障损坏，这种具有突发性和偶然性的维修属于非计划性维修。而非计划的维修工时费和材料费可能会达到计划维修的 2 倍，深度维修甚至会达到或超过 3 倍。因此可根据历史数据计算非计划维修费用与计划维修费用的比例，通过该比例预估非计划维修成本。而实际上，预估飞机的维修成本难度很大，所以在测算新机型的维修成本时，一般通过竞争机型的数据进行对比计算。下面分别给出三部分维修费用的计算模型。

$$MC = MC_a + MC_e + MC_f \tag{8-15}$$

$$MC_a = MCL_a + MCC_a \tag{8-16}$$

$$MC_e = N_e \times (MCL_e + MCC_e) \times \frac{FH+1.3}{FH+0.25} \tag{8-17}$$

$$MC_f^{t+1} = MC_f^t \times \alpha^{t+1} \tag{8-18}$$

$$\alpha^{t+1} = \alpha^0 \times (1+\varphi)^t \tag{8-19}$$

式中，MC 为飞机的维修成本；MC_a 为机体的维修成本；MC_e 为发动机的维修成本；MC_f 为预估维修成本；MCL_a 为飞机的机体维修劳务费用；MCC_a 为

[①] 参考刘沐林．基于动态规划的航空公司机队更新决策研究［D］．中国民用航空飞行学院，2019；林文进等．国产支线飞机航线运营经济性分析框架［J］．民用飞机设计与研究，2019（4）．

飞机的机体维修材料费用；N_e 为每架飞机的发动机数量；MCL_e 为发动机的维修劳务费用；MCC_e 为发动机的维修材料费用；FH 为空中时间； MC_f^{t+1} 为飞机在第 $t+1$ 年时的非计划维修成本； MC_f^{t} 为飞机在第 t 年的非计划维修成本；α^{t+1} 为飞机在第 $t+1$ 年时的增长因子；α^0 为增长初始因子；φ 为年增长率。

第三，机场收费。大多数的机场收费是依据飞机的最大起飞重量收取的。依据机场类别的不同，收费标准有所差异。本书的机场收费、地面服务费用以及导航费用依据我国国内航空公司内地航班各项机场收费标准进行估算。

第四，地面服务费用。飞机的直接运营成本中的地面服务费包括：配载、通信、集装设备管理以及旅客与行李服务费；客梯、装卸货物以及地面运输服务费；过站服务费；飞机例行检查和放行费。这些费用一般依据飞机最大荷载或者飞机客座数进行收费。

第五，飞行机组费用[①]。现代的民用运输机一般至少配备 2 名驾驶员，新冠肺炎疫情发生以来，有些航空公司的航班一般配备 3 名驾驶员。这里估算机组费用时，按照 3 名驾驶员进行估算。那么，飞行机组费用即包含机组的工资（含福利和补贴）以及飞行机组每年的复训成本，如式（8-20）所示。

$$FCC = \frac{n_F \times (S_1 + S_2 + S_3 + FC)}{U} \tag{8-20}$$

式中，FCC 为飞行机组费用；n_F 为一架飞机所需要配备的机组数量；$S_1 \sim S_3$ 为机长与副机长的年薪；FC 为年飞行机组复训成本；U 为飞机有效年利用率（轮档小时/年）。

第六，导航费用。导航费包含航路费用和进近指挥费，按照飞机重量和航线距离进行收费。记飞机的导航费用为 NC。

（2）间接运营成本的估算[②]。由上文所述，不同航空公司的定位和运营模式不同，间接运营成本存在很大差异，为了简便计算，使模型具有更好的通用性，将承租人（航空公司）的间接运营成本分摊到每一个旅客身上。即：

$$IOC = \sum_l f_l \times ioc \tag{8-21}$$

式中，f_l 为航空公司在 l 航线上的预计客运量（人）；ioc 为航空公司 t 年时为每个旅客花费的间接运营成本（元/人）。

① 林文进等 . 国产支线飞机航线运营经济性分析框架 [J] . 民用飞机设计与研究，2019（4）.
② 刘沐林 . 基于动态规划的航空公司机队更新决策研究 [D] . 中国民用航空飞行学院，2019（1）.

8.3 飞行器租购的决策方法

8.3.1 飞行器租购的决策

飞行器购买和租赁是航空公司或飞行器使用者获得飞行器的两种基本形式，究竟是购买或者租赁，主要是将飞行器的租赁成本与购买成本进行比较。

在飞机租赁中，对承租人而言，飞机的租赁成本不仅仅包含支付给出租人的租金，它还包括承租人运营飞机的费用和成本以及所得税等。飞机租赁的净现金流量计算公式如下[①]：

净现金流量=运营收入-运营成本-租赁费用-销售税金及附加-所得税

$$(8-22)$$

所得税=税率×（运营收入-运营成本-租赁费用）

而在相同条件下购买飞机的方案的净现金流量为：

净现金流量=运营收入-运营成本-飞机购买费用+

残值-销售税金及附加-所得税　　　　　(8-23)

所得税=税率×（运营收入-运营成本-折旧费用）

注意：根据设备租购的净现金流量计算公式，以上净现金流量计算中的飞机运营成本中不包含租赁成本或者购买成本，一般而言，在估计飞机的运营成本时，要将飞机的租购成本单独计算并计入运营成本。

航空公司在进行飞机租赁的决策时，究竟采用购买飞机抑或租赁飞机，主要取决于租购的净现金流量的比较，若租赁的净现金流量大于购买飞机的净现金流量，那么就选择租赁飞机，反之，则选择购买飞机。

8.3.2 飞行器租购决策例子

由式（8-22）和式（8-23）可知，当采用直线折旧时，租赁费高于折旧费，因此所付税金较少，有利于飞机承租人（飞机使用者），如例［8.1］所示。

［例8.1］某航空公司需要某种机型的飞机，其购置费为8000万美元，计划使用10年，10年末的残值为3000万美元。这种机型的飞机也可租到，每年的租赁费用为850万美元。飞机每年的运营费用为960万美元（不包含飞机租赁费

---

① 吴添祖等. 技术经济学概论（第3版）［M］. 北京：高等教育出版社，2010.

用）。所得税率为33%，采用直线折旧。试问该航空公司的租购方案是什么？（航空公司要求的基准收益率为10%）。

解：若航空公司采用购买方案，则其年折旧费为：

（飞机购买费用−飞机10年末残值）÷10＝（8000−5000）÷10＝500（万美元）

这500万美元的折旧费用需计入总成本，租赁方案中每年租赁费850万美元也需计入总成本，由于租购的运营收入和运营费用都相同，因此租赁方案的应税利润比购买方案的应税利润少（850−500）＝350万美元，前者所得税少付33%×350＝115.5（万美元）。

飞机租购方案的现金流量如图8-11所示。

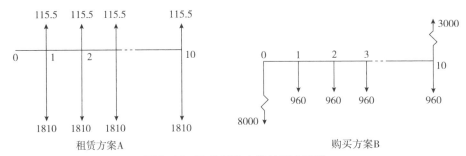

图8-11　飞机租购方案的现金流量

按平均年度费用比较：

$AAC(10\%)_A = (960+850) - 115.5 = 1694.5（万美元）$

$AAC(10\%)_B = (8000-3000)\left(\dfrac{A}{P}, 10\%, 10\right) + 3000 \times 0.10 + 960 = 2074（万美元）$

$AAC(10\%)_A < AAC(10\%)_B$

所以，从航空公司视角，应该采用租赁方案。

8.4　飞行器租购案例

8.4.1　案例1：飞机退租转购买案例[①]

某航空集团境内航空公司采用经营租赁方式，引进A319飞机4架，租期8

---

① 谭向东.飞机租赁实务（第三版）[M].北京：中信出版社，2019.

年。在租赁过程中，原出租人将 4 架飞机分成两个资产包分别转卖给境外、境内两家租赁公司。境外租赁公司的 2 架飞机顺利退租，境内租赁公司的 2 架飞机退租时，航空公司与租赁公司因技术问题重大争议无法完成退租，且该飞机在航空集团内多家公司有运营历史，在飞机调配、发动机更换等问题上存在违约事实，强行退租成本过高，且通过仲裁或法律诉讼胜诉的可能性较小，因此，航空公司从战略发展和投资需求角度，最终由退租转为购买，但也造成较大的经济损失。

8.4.1.1　案例基本情况

某航空集团境内航空公司采用经营租赁方式，引进 A319 飞机 4 架（B-001、B-002、B-003、B-004），由集团旗下 A 航空公司和 B 航空公司以共同承租人的名义与 X 租赁公司签署租赁合同，飞机于 2006～2007 年陆续交付，租期 8 年，根据运营要求，此 4 架飞机均转到集团旗下 C 航空公司运营。

在租赁过程中，X 租赁公司将 4 架 A319 飞机中的前两架飞机（B-001、B-002）资产包转卖给了国外 Y 租赁公司，飞机最终于 2015 年 2 月 13 日完成退租，共计耗时 6 个月，平均每架飞机支出约 1300 万美元（包括退租定检费用、合同内约定的维修补偿金、退租延误期间租金、不满足合同要求产生的赔偿款等）；而后两架飞机（B-003、B-004）资产包于 2012 年被转卖给了国内 Z 租赁公司，其中 B-003 飞机协议约定租赁到期时间为 2015 年 1 月 12 日，B-004 飞机协议规定退租时间为 2015 年 10 月 16 日。

B-003 飞机在该航空集团运营期间，在飞机调配、发动机更换等问题上未获得出租人书面同意，违反了合同相关规定，存在违约事实。退租过程中，C 航空公司与 Z 租赁公司就发动机、起落架等技术问题产生重大争议，该飞机从 2014 年 11 月开始停场，耗时近 1 年仍未能完成退租；B-004 飞机由于批文到期，同时又没有有效的租赁合同，因此飞机从 2015 年 10 月也开始停场。

8.4.1.2　双方争议问题

（1）B-003 退租争议。

1）起落架剩余寿命是否满足合同约定退租条件。在 B-003 飞机退租过程中，C 航空公司与 Z 租赁公司存在最大的争议是起落架的剩余寿命是否满足退租条件。结合租赁合同文本及已完成的 Y 租赁公司两架 A319 飞机退租的情况，C 航空公司认为，起落架仅需满足剩余寿命不低于 4000 循环、18 个月即可。而 Z 租赁公司认为，起落架属于机身的一部分，需要满足空客最新维修计划文件（MPD）的要求，即剩余寿命不低于 4000 循环、24 个月。双方就起落架剩余寿命的条款理解存在 6 个月的差异。

2）发动机。左发动机翻修时存在 CDR（原厂批准修理），属行业内通行做法，出租人不接受；右发动机使用超过 13000 循环，出租人认为剩余寿命不满足 4000 循环的合同要求，但无法提供直接证据。

3）其他技术细节。上述问题在同一文本合同下的 B-001、B-002 飞机上也同样存在，但在 C 航空公司与出租人 Y 租赁公司进行退租时，对方并未提出异议。B-003 飞机退租时 Z 租赁公司提出异议，并且拒绝一切形式的补偿，坚持要求 C 航空公司对起落架、发动机进行大修。

（2）C 航空公司违约情况。

1）在租赁协议中，承租人为 A 航空公司和 B 航空公司，但实际运营人为 C 航空公司，内部转租协议未取得出租人书面认可。

2）租赁期间有 1 台发动机未征得出租人书面同意，安装在集团内部 D 航空公司飞机上使用。

3）因存在纠纷，自原租赁截止期 2015 年 1 月 12 日后所有租金未支付。

8.4.1.3 项目解决方案

结合承租人与出租人在租赁标的退租存在争议的现实情况，C 航空公司基于投资目的要求购买此两架飞机。两架飞机于 2016 年 4 月完成购买意向书谈判，根据当时 Acsend、AVTAS、IBA 三家专业评估机构给出两架飞机平均全寿命价格为××××万美元，实际成交价格为××××万美元，低于平均全寿命价格 450 万美元，但 C 航空公司意向书保证金于 2016 年 9 月才完成支付，飞机购买合同随后才得以签署。两架飞机最终于 2017 年 1 月完成产权交割并重新投入运营（B-003 累计停场 24 个月，B-004 累计停场 14 个月，租金损失共计××××万美元，租金罚款及罚息等通过谈判免除）。此外，在飞机退租过程中，还有一些用于飞机状态恢复的退租支出，无法估算损失。

8.4.1.4 总结

此次 A319 飞机退租事件致使 C 航空公司遭受了巨大的经济损失，究其原因，一方面是 C 航空公司合同违约行为的客观存在，另一方面是 X 租赁公司飞机资产交易的接手方 Z 租赁公司对 A319 这种机型再处置的能力差，同时还是内部费用分摊争议和退租、续租及购买等决定反复及付款不及时等种种因素，导致耗时更长。因此，为了避免此类事件再次发生，航空公司作为承租人，在租赁合同中要对出租人飞机资产交易尽量设置限制条件，同时也需要完善和提高租赁飞机工程管理体系及法律意识和文件，最后对重大争议解决和执行需要有更加有力的管理和控制。

8.4.2 案例 2：A 航空公司机队运营成本分析

基于以上航空公司飞机运营成本的计算模型，本节以一小型航空公司为对象，选择该航空公司目前运营的一条航线——广州到昆明航线，同时选择该航空公司目前运营的几种机型，计算航空公司不同机型的总运营成本①。

8.4.2.1 广州—昆明航线客运量预测分析

参考 A 航空公司基地城市，选择该公司执飞的广州—昆明的航线。该航空公司运营的机型有 4 种，飞机数量为 7 架。在实践中，该航空公司的航线网络包含多条航线，航班结构包括城市对之间的直飞、航班串飞以及航班经停等，除此之外，该航空公司可能也会与其他的航空公司进行航班的共享，所以，该航空公司的航线网络和执飞方式都较为复杂，进而对该公司进行实际的计算和分析的工作量是比较大的。鉴于这些原因，假设仅考虑 1 条直飞航线，且这条直飞航线由一架飞机运营，且不考虑航班共享的情况。

首先，计算预测得出 A 航空公司的航线客运量。方法为：先收集本航线的全国旅客运输量数据和 A 航空公司占有的市场份额，之后结合 A 航空公司的市场份额，预测出 A 航空公司本航线的客运量，具体如表 8-3 所示。

表 8-3　时间序列的计算结果

斜直线编号	斜直线公式	与曲线图相较得到的时间序列
斜直线 1	$y = 65000x + 210000$	4.74, 5.17, 13.64, 14.14
斜直线 2	$y = 65000x + 255000$	4.06, 5.61, 9.86, 10.19, 12.87, 14.44
斜直线 3	$y = 65000x + 305000$	1.94, 2.24, 3.44, 9.41, 10.82, 12.14, 14.77
斜直线 4	$y = 65000x + 350000$	1.68, 7.12, 9.01, 16.85

（1）阈值预测。收集 1999~2016 年广州—昆明航线的客运量数据，以时间为自变量，客运量为因变量，画出曲线图，并根据曲线图的起伏波动和走势变化选取了 4 条覆盖曲线图的斜直线（见图 8-12），计算每条斜直线与曲线图的横坐标，即时间序列，如表 8-3 和图 8-12 所示。

（2）时间序列预测。上一步得到了四组时间序列，接下来基于 GM（1，1）模型，用 MATLAB 编程，并逐一计算出每条斜直线对应的预测公式，得到预测的时间序列，即下一个或几个出现在该条斜直线上的时间点，并对每个 GM（1，1）进行精度检验，经计算，各预测公式符合精度检验，认为预测值可靠。然后利用四个预测公式得到四组预测的时间序列，结果如表 8-4 所示。

---

① 案例源自刘沐林．基于动态规划的航空公司机队更新决策研究［D］．中国民用航空飞行学院，2019；案例截取文章中的一条航线进行呈现。

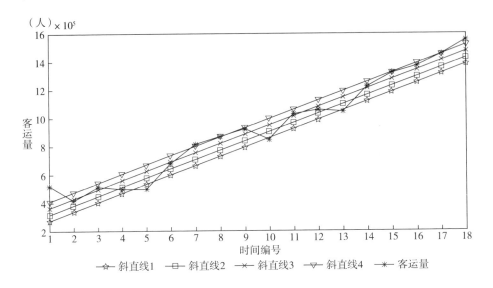

图 8-12 1999~2016 年广州—昆明全国客运量曲线

表 8-4 时间序列的计算结果

斜直线编号	预测的时间序列
斜直线 1	4.74，7.39，10.58，15.15，21.69
斜直线 2	4.06，7.04，8.49，10.25，12.36，14.91，17.99，21.7
斜直线 3	2.24，5.23，6.50，8，07，10，02，12，44，15.45，19.18，23.82
斜直线 4	1.68，5.99，9.65，15.55

（3）预测值计算。将上一步得到的预测值从小到大排列，计算出第一步中每个整时间点对应的阈值，则得到未来年份客运量的预测值。采用此种方法，预测得出广州—昆明航线 1999~2023 年全国客运量。如图 8-13 所示，预测值和实际值无论是波动幅度抑或是走向趋势都基本一致。这证明运用灰色拓扑法对广州—昆明航线的客运量进行预测是较为准确的。

8.4.2.2 飞机成本计算与分析

对广州—昆明航线上运营的机型成本进行分析计算。首先明确该航线的运营参数，即航线距离、市场份额、客座率、航班频次、运营机型、飞机机龄，具体数据如表 8-5 所示。

（1）飞机直接运营成本计算。基于以上的航线运营数据，首先计算各机型的直接运营成本，这部分成本占据总机队更新成本的绝大部分。表 8-6 和表 8-7 为四种机型飞机的基本参数和运营条件。

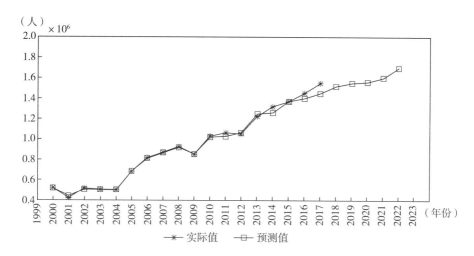

图 8-13　1999~2023 年广州—昆明全国客运量预测值与实际值曲线

表 8-5　航线运营参数

航线	市场份额	客座率	机型	机龄
广州—昆明	2.03%	83.70%	A320	7
	飞机引进方式	航班频率（班/周）	航线距离（千米）	—
广州—昆明	经营租赁	7	1357	—

表 8-6　737-800、A319、A320、A321 飞机基本参数

设计参数　　机型	737-800	A319	A320	A321
座位数（座）	162	124	150	185
飞机价格（万美元）	7800	7100	8000	9300
最大起飞重量（吨）	79	64	73.5	89
最大商载（吨）	20	13.2	16.6	21.2
发动机型号	CFM56-7B	CFM56-5B	CFM56-5B	CFM56-7B
压气机级数	18	19	19	19
发动机台数（台）	2	2	2	2
发动机净重（千克）	2600	2600	2600	2600
海平面推力（吨）	11.97	11.97	11.97	11.97
函道比	5.1	5.1	5.1	5.1
总压比	35	35	35	35

表 8-7 飞机运营条件

经济性参数	数值	经济性参数	数值
机体备件价格	6%飞机价格	折旧年限（年）	18
发动机价格	20%飞机价格	年利用率（小时/年）	3500
美元汇率	6.7	维修劳务费率（美元/工时）	26
非计划维修增长率	1.38	燃油费（美元/千克）	0.9
第一年非计划维修成本	25	租售比	1∶216

计算广州—昆明航线，机龄为 7 年的 A320 的运营成本。如表 8-8 所示，为 A320 机型飞机随机龄而变化的燃油效率（资料来源：A 航空公司生产年报），并参照表 8-6 与表 8-7 的数据、广州—昆明航线的客运量预测值以及航线运营数据，利用本章第三节介绍的成本运算公式，计算直接运营成本。

表 8-8 A320 燃油效率

机龄（年）	0	1	2	3	4	5	6	7
燃油效率（千克/轮档小时）	1460	1440	1420	1400	1400	1410	1430	1470
机龄（年）	8	9	10	11	12	13	14	15
燃油效率（千克/轮档小时）	1510	1530	1590	1630	1670	1710	1750	1790

根据上文分析，在飞机的引进、运营和退役的整个生命周期过程中，有两大部分成本。一部分是与机龄相关的成本，另一部分是与机龄无关或无太大关系的成本。与飞机机龄相关的成本直接决定着航空公司飞机更新的决策，即航空公司是直接引入新飞机还是继续使用机龄较高的已完成折旧计提的旧飞机。与机龄无关的直接运营成本却与机型和航线运营环境存在较大的关系（见表 8-9）。

表 8-9 A320 与机龄无关的直接运营成本　　　　　　单位：美元/年

成本项目	成本
保险费	546000
机场收费	545127
地面服务费	19440
导航费	37954
机组费	768358
餐饮费	191904

计算的数据结果显示，直接运营成本中的维修成本费用、燃油成本费用、租金与机龄存在较大的相关关系。表8-10为15年间A320飞机的维修成本费用、燃油成本费用估算值以及总直接运营成本。

表8-10　A320的相关成本计算

机龄（年）	0	1	2	3	4	5	6	7
维修成本（万美元）	158	168	181	199	224	258	306	371
燃油成本（万美元）	460	454	447	441	441	444	450	463
租金（万美元）	390	351	316	284	256	230	207	187
总直接运营成本（万美元）	1219	1183	1155	1135	1131	1143	1174	1232
机龄（年）	8	9	10	11	12	13	14	15
维修成本（万美元）	462	587	759	997	1326	1779	2404	3267
燃油成本（万美元）	476	488	501	513	526	539	551	564
租金（万美元）	168	151	136	122	110	991	892	803
总直接运营成本（万美元）	1316	1437	1607	1844	2173	2627	3256	4122

（2）飞机总运营成本计算。由上文可知，飞机的总运营成本等于飞机的直接运营成本与间接运营成本之和。间接运营成本与航空公司的运营环境和发展战略有关，具体而言，间接运营成本包括旅客服务、票务、销售及促销、综合、行政管理费用以及其他成本等。因此，不同的航空公司的间接运营成本不同。基于全球航空公司的实际间接运营成本，为简化计算，本节假设A航空公司的间接运营成本占总运营成本的15%。表8-11为航空公司A320的间接运营成本和总运营成本。A航空公司引入这架飞机的方式为经营租赁，其更新成本即为A航空公司提前退租所应赔付的违约金。假设A航空公司提前1~2年退租所需赔付的违约金是700万美元；提前3~6年退租所需赔付1400万美元。

表8-11　A320的间接运营成本与总运营成本

机龄（年）	0	1	2	3	4	5	6	7
间接运营成本（万美元）	215	208	203	200	199	201	207	217
总运营成本（万美元）	1433	1391	1358	1335	1331	1345	1381	1449
机龄（年）	8	9	10	11	12	13	14	15
间接运营成本（万美元）	232	253	283	325	382	462	573	726
总运营成本（万美元）	1548	1690	1890	2168	2555	3090	3828	4848

（3）飞机成本分析。将飞机的各项成本，即总运营成本、维修成本、燃油成本以及租金刻画到同一张图中，如图 8-14 所示。图中显示，维修成本、燃油成本与飞机残值三者都与飞机的机龄存在直接相关关系。

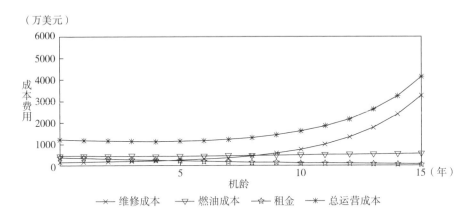

图 8-14　A320 随机龄而变化的成本

具体分析，飞机的维修成本与飞机机龄呈现指数关系，机龄越大，飞机维修成本越高。显而易见，随着飞机机龄的增长，飞机的机身和发动机大修的可能性越大，大修次数也将越多。与此同时，由于飞机长时间的设备磨损，飞机各部件损坏的频率越来越快，从而使得非计划维修的成本加大，飞机机龄越大，随着飞机维修次数的增加，飞机维修的费用将出现成倍的增长，维修成本指数级增长。因为飞机的维修成本占据飞机总运营成本的一大部分，所以，飞机的总运营成本的变动趋势与维修成本的变动趋势一致，这里不再分析。

如图 8-15 所示，燃油成本随着飞机机龄的增长呈现先下降后上升的趋势。这是因为，飞机交付使用度过设备磨损期之后，飞机燃油效率将增加，从而燃油成本出现轻微下降，之后燃油效率平稳，后期随着机龄的增加，飞机的设备性能出现衰退，燃油效率下降，从而燃油成本上升。

如图 8-16 所示，A320 飞机的租金随着机龄的增加而下降，这是因为，飞机的机龄越大，性能就越差，从而维修频率越高、价值越低，所以租金也将越低。如在中国的飞机租赁市场上，新飞机和二手飞机的租金就不同。数据显示，一架新的波音 737-800 飞机的月租金是 30 万~35 万美元，而同型号的二手飞机的月租金只有 20 多万美元。

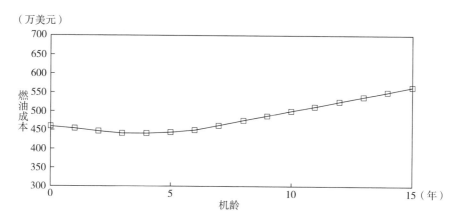

图 8-15　A320 的燃油成本

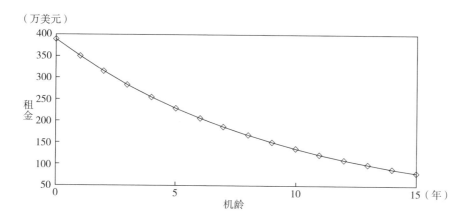

图 8-16　A320 的租金成本

本章练习题

1. 简述飞机融资租赁和经营租赁的联系与区别。

2. 简述世界飞机杠杆租赁业务的发展历程。

3. 简述天津东疆飞机租赁的发展历程和其创新的飞机租赁模式。

4. 比较飞机租赁与飞机购买的优缺点。

5. 简述飞机运营收入与运营成本。

6. 简述飞机运营成本的构成及每个组成部分的影响因素。

7. 某航空公司需要某种机型的飞机，其购置费为 7800 万美元，计划使用 10 年，10 年末的残值为 2700 万美元。这种机型的飞机也可租到，每年的租赁费用为 750 万美元。飞机每年的运营费用为 960 万美元（不包含飞机租赁费用）。所得税率为 33%，采用直线折旧。试问该航空公司的租购方案是什么？（航空公司要求的基准收益率为 10%）

9 价值工程

价值工程是一门现代管理技术，融技术和经济分析于一体，在新技术工艺改进、新产品开发等方面具有独特的作用。价值工程自产生以来就应用于各个行业，推动产品新工艺的改进和新产品的开发。随着价值工程在行业发展中越发重要，人们也日益关注价值工程在相应行业领域的应用。价值工程在航空运输领域的直接应用较少，但价值工程应用于航空运输领域有助于推动航空技术的发展。因此，本章拟以价值工程在航空运输领域的推广应用为目标，重点介绍价值工程的基本概念与特点、基本工作程序、功能分析与评价以及价值工程方案的创造与实施等方面的内容。

9.1 价值工程的基本原理

9.1.1 价值工程的产生和发展

9.1.1.1 价值工程的产生

价值工程是一种降低成本、提高效益的新兴科学管理技术。价值工程是由麦尔斯（L. D. Miles）于工作中总结出的实践经验理论。第二次世界大战期间，美国的军事工业迅速发展，同时由于战争，美国出现了资源短缺、物价飞涨和原材料供不应求的问题，因此，如何合理利用有效的资源以及解决原材料短缺问题越发迫切。当时，美国通用电气公司的采购工作是由工程师麦尔斯负责。麦尔斯的采购工作常常受困于物资短缺，所需要的材料往往无法按时采购，因此，经过调查研究，他在采购实践中想出这样一个办法，当采购不到所需要的材料时，可尝试用其他具有同样功能的代用材料来代替，同时做到降低成本。当时的"石棉板事件"就是一个典型案例①。当时，通用电气公司的生产需要大量的耐火材料——石棉板，但是，石棉板在一段时间内脱销，产品供不应求，石棉板的价格也比较昂贵，麦尔斯常常无法按时采购到石棉板。他经过调查发现，当时通用电气使用石棉板主要在于防止汽车表面喷涂中的涂料漏撒在地板上而引起火灾，那么，如果可以找到一种具有同样功能、价格比较低的代用材料，就可以解决这一棘手问题。因此，麦尔斯经过调查，考虑用不燃纸来代替。不燃纸既可以达到防止油漆污染地板的作用，既便宜数量又多，经过试验和试用，美国消防部门通过了这一代用材料，从而解决了通用电气公司石棉板的燃眉之急。

之后，受"石棉板事件"的启发，通用电气公司成立了专门部门，从事保证产品质量前提下降低产品成本的科学方法的研究。1945~1952 年，麦尔斯领导的团队对功能分析与成本之间的关系进行研究，并提出在产品设计中仅仅考虑降低成本是不够的，必须综合考虑成本、产品使用价值、安全可靠性，以及美观度等因素。团队部门经过四五年的实践和研究，从而总结出一套科学的方法，即价值工程理论。麦尔斯于 1947 年在《美国机械工程师》杂志上公开发表题为《价值分析程序》的论文，价值分析方法正式产生。1952 年，通用电气公司正式成立了价值分析小组。价值分析后来又被称为价值工程。

此后，在实践和研究过程中，价值工程理论不断地得到丰富和发展。1959 年，麦尔斯协助创办了美国价值工程协会（SAVE）并担任首届主席。1961 年，麦尔斯正式出版《价值分析和价值工程技术》一书，该书出版后被翻译成十几种文字。

9.1.1.2　价值工程的发展与应用

（1）价值工程在美国的发展与应用。随着价值工程理论的发展，价值工程理论由最初的价值分析理论发展成为系统的价值工程科学方法体系。例如，白里威（Charles W. Bytheway）于 1965 年在美国价值工程师协会年会上提出功能分析系统技术的理论，即 FAST（Function Analysis System Technique）②。这一理论强调功能的系统研究，即功能系统图的建立和分析，这些价值工程理论的发展使功能分析系统更加完善与科学，推动了价值工程理论的发展。

价值工程理论的发展推动了价值工程的应用，而价值工程的应用又进一步推动价值工程理论的发展。由于价值工程理论在通用电气公司的示范性效应，美国一些政府部门、公共领域以及私人企业开始推广价值工程方法。

1954 年，美国海军舰船局将价值分析命名为价值工程，并将价值工程理论应用于其供应链分析。之后，随着美国海军舰船局与民间造船机构日益增多的合

---

①②　吴添祖等. 技术经济学概论（第三版）[M]. 北京：高等教育出版社，2010.

作，价值工程逐步从海军扩散到民间公司。之后，价值工程理论逐渐在美国国防部系统中推广应用。1961 年，美国国防部开始逐步推行价值工程，其在 20 世纪 60 年代编制了一系列价值工程的军用标准。其中，《价值工程规划要求》、《价值工程手册》、5000-1 指令和《定费用设计》的颁布和执行，大大推动了价值工程的应用推广。

同时，美国政府公共领域和私人企业也在进行价值工程理论的应用推广。20 世纪 70 年代以来，美国国会和参议院先后通过了在公共领域中应用价值工程的条款，并呼吁政府各部门大力实行价值工程。如 20 世纪 90 年代，克林顿执政期间，政府立法推广价值工程，其规定所有公共部门中 2500 万美元以上的投资项目必须应用价值工程。

另外，价值工程也在美国的研究机构和大学中得以研究和应用。美国的高等教育包括 MBA 教育将价值工程纳入其中。总之，随着价值工程理论的发展，价值工程的应用为美国各界带来了良好的经济效益。

（2）价值工程在日本的发展与应用。在价值工程的国别发展和应用中，除了在美国得以迅速发展，价值工程在日本和欧洲国家也得以推广应用。日本于 20 世纪 50 年代开始引进价值工程理论，并在日本的应用和推广较为成功。日本的价值工程理论的研究和应用主体主要是企业和学者。1965 年，日本成立了日本价值工程学会（SJVE）。日本企业引进、消化吸收价值工程理论，并将价值工程与工业工程、全面质量管理等管理技术结合，并加以应用，取得了较好的效果。同时，日本学者深入研究价值工程理论，并对价值工程技法的创造做出了特殊的贡献，从而使得日本拥有丰富的价值工程著述。据 1983 年和 1984 年两次价值工程全国大会的调查，价值工程的推广大大降低了日本企业的成本，1983 年，56% 的企业降低了成本，1984 年这一比例则为 60%。同时 1983 年平均每位价值工程专家降低的生产成本为 0.38 亿日元，1984 年的数据则为 1 亿日元/人。

（3）价值工程在欧洲的发展与应用。欧洲国家较早开始应用价值工程。英国首先于 20 世纪 60 年代开始将价值工程应用于制造业。鉴于英国当时已有完善的工料测量师体系负责建设工程项目的成本节约问题，英国的价值工程应用不同于美国以成本为导向的价值工程，英国拓宽了价值工程的时间和研究内容的范围，将价值工程由设计、施工阶段向前延伸到项目决策阶段、向后延伸到项目的运营阶段，研究内容包括对项目功能和项目目标的分析、评价和论证。20 世纪 70~80 年代，欧洲国家开始推广应用价值工程。在政府和行业协会的大力支持下，这些国家和地区结合本国工业特色制定各自的价值工程标准。如原联邦德国工程师协会于 1970 年制订了《价值分析——概念与方法描述》（VDI2801）及《价值分析——对比计算》（VDI2802）；1973 年，原联邦德国颁布了价值工程国家标准《价值分析——概念、方法》（DIN69910）；1983年，其补充制订了国家标准第三部分《价值分析——工作计划》（DIN69910）。

据各国估算，应用价值工程后，工业部门的成本可以降低数十个百分点。如有关德国价值工程的统计显示，在保持产品功能不变前提下，工业部门的成本可以降低20%~25%。

（4）价值工程在中国的发展与应用。我国推广和应用价值工程理论较晚，20世纪70年代末，我国引入价值工程理论。1987年，价值工程国家标准——《价值工程基本术语和一般工程程序》（GB8223—87）的颁布进一步促进了价值工程的应用和研究，标志着价值工程在我国的正式推广，为价值工程在我国的发展和应用奠定了良好的基础。之后，1988年5月，我国成立了价值工程的全国性学术团体——中国企业管理协会价值工程研究会。1998年12月召开全国首届价值工程代表大会。2001年4月，成立北京价值工程协会，这些都进一步促进了价值工程在我国的应用与发展。

在我国，价值工程最初的应用主要集中于制造业，1982年才开始应用于建设工程项目。经过多年的应用和发展，价值工程为我国带来了良好的经济效益。如通过价值工程方法的应用，北京"鸟巢"节约造价3亿多元，上海浦东机场一期工程节约13亿元人民币，香港地铁公司将军澳线节约14.2亿港元等。

总之，价值工程理论经过多年的发展，其应用已不仅仅局限于产品的设计和改进，价值工程的作用使得其应用的领域日益扩大，价值工程的应用推广主体由早期的工程师队伍扩展到如今诸多领域的管理者。价值工程领域如今应用于产品设计、开发与改进、研发与生产流程管理、项目管理以及其他流程管理改进中。同时，关于价值工程的应用行业，目前已经推广到工业、建筑业、交通运输、邮电通信、旅游、医疗卫生以及农业、贸易、金融、保险、税收和服务等行业。

9.1.2　价值工程的概念

9.1.2.1　价值工程的概念

中华人民共和国国家标准《价值工程基本术语和一般工作程序》对价值工程的含义进行了界定。价值工程（VE）是指通过各相关领域的协作，对所研究对象的功能与费用进行系统分析，不断创新，旨在提高所研究对象价值的思想方法和管理技术。也即价值工程是以最低寿命周期费用，可靠地实现使用者所需功能，着重于功能价值分析的有组织的活动。

对价值工程的定义进行进一步分析，可以得出价值工程包含以下内容：

（1）价值工程是一项有组织的集体协作活动。价值工程活动遵循系统性、逻辑性原则，价值工程的组织者必须协调组织单位产、供、销、用等各方面人员，如设计人员、生产人员、销售人员、人事人员、财务管理人员以及各级领导人员等，充分发挥各级人员的智慧和积极性，依靠集体智慧开展有组织的活动。

（2）价值工程的目的在于可靠地实现使用者所需功能。一方面，价值工程的核心在于功能分析。功能分析是价值工程区分于其他成本分析和质量管控活动的不同之处。价值工程强调对产品或劳务进行功能分析，只有进行了准确合理的功能分析才能给予产品或劳务恰当的功能定位，从而推动价值工程应用的开展。功能即是产品或劳务满足用户要求的某种属性。用户购买产品就是购买的某种功能。另一方面，这里的功能价值分析不仅仅强调提高产品的功能，还要求降低产品或劳务的成本、提高产品或劳务的价值。因此，功能价值分析需要从产品的功能和成本两方面考虑，从而实现功能价值分析。

（3）价值工程追求最低寿命周期费用。这里寿命周期费用一般指制造商制造成本与用户的使用成本之和，因此，价值工程所追求的最低寿命周期费用不是指制造成本最低，是资源消耗最低的体现。

9.1.2.2 价值工程相关概念

（1）功能。功能是指产品或劳务满足用户要求的某种属性。具体而言，产品的功能是指产品或劳务的效用、用途以及能力等，也即产品的使用价值。对某种产品或劳务功能的要求并非越高越好，视用户的要求而定。价值工程追求的是用户需求的必要功能，即以最小成本追求用户所需的功能，合理利用社会资源。

价值工程的研究对象一般有几种不同的功能，为了便于功能分析，需要对功能进行分类，一般可有四种不同的分类方法。第一，按功能的重要程度，将功能分为基本功能和辅助功能[①]。第二，按用户的要求，将功能分为必要功能和不必要功能[②]。第三，产品的用途，将功能分为使用功能和品位功能。第四，按照功能的程度，将功能分为不足功能和过剩功能。

（2）寿命周期费用。寿命周期费用也即寿命周期成本（Life Cycle Cost），是指产品或劳务在其经济寿命周期中所花费的全部费用[③]。它包括生产费用、使用费用以及使用过程中的残值费用。即：

$$C = C_1 + C_2 + C_3 \qquad (9-1)$$

式中，C 为寿命周期费用；C_1 为生产费用；C_2 为使用费用；C_3 为残值费用。残值收入为负，清理费用为正。一般在工程价值分析中，残值费用较小，因此，为分析方便，此处将残值费用省略，所以，式（9-1）可变为：

$$C = C_1 + C_2 \qquad (9-2)$$

式（9-2）中各字母表示同式（9-1）。

---

①② 吴添祖等. 技术经济学概论第三版［M］. 北京：高等教育出版社，2010.

③ 祝爱民等. 技术经济学（第2版）［M］. 北京：机械工业出版社，2017.

一般而言，产品的功能（质量）越好，生产制造产品的费用就越高，但产品在使用过程中的费用却越低，也即产品的功能（质量）与产品生产费用之间呈正向变化，而与产品使用费用呈负向变化，因此，产品的寿命周期费用呈 U 型变化（见图 9-1）。价值工程的目的就在于以最小的寿命周期费用可靠地实现使用者所需的功能，也即在达到使用者所需功能时，使得产品寿命周期费用最低。

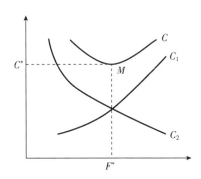

图 9-1　功能与寿命周期费用

图 9-1 显示，在产品功能（质量）为 F^* 时，产品寿命周期费用达到最低点 M，产品质量低于或高于 F^*，产品的寿命周期成本都高于最低点。价值工程追求的就是产品寿命周期的最低点，当然，图中 M 点只是一个理想化状态，在实践中，产品寿命周期成本一般不易达到 M 点，但是，通过价值工程活动，可以使产品寿命周期成本不断地接近 M 点。

（3）价值。价值工程中的价值是一个相对的概念，是指研究对象所具有的功能与取得该项功能的寿命周期成本之比，即功能与费用之间的比值，可用公式表示为[①]：

$$V = \frac{F}{C} \tag{9-3}$$

式中，V 为产品价值；F 为产品的功能；C 为产品的寿命周期成本。

价值工程中的价值概念是一个相对的概念。产品的生产和使用即为生产过程和消费过程。而顾客在消费某个产品时，一般会将所支付的费用与所获得的该产品的功能进行比较，即"值不值"，也即产品价值如何。消费者购买某一个产品是为了获得某一特殊功能。例如，人们购买手机，并不是为了获得手机本身，而是因为手机有通信、娱乐以及办公等功能，因而在消费者心目中比较的是所支付

① 虞晓芬等. 技术经济学概论（第五版）［M］. 北京：高等教育出版社，2018.

的费用与所获得的功能是否匹配。如果功能较好，所支付费用也不高，就是消费者认为的"值"也即"合算"，反之，则是"不值"。

根据式（9-3），价值的大小取决于功能和费用。在成本不变的情况下，价值与功能成正比，即功能越大，价值就越大；反之亦然。而在功能不变的情况下，价值与费用成本成反比，即成本越低，价值就越大；反之亦然。

9.1.3 价值工程的特点

价值工程是一种以提高产品或劳务价值为目的的思想方法和管理技术，它具有如下的特点：

第一，价值工程以使用者的功能需求为出发点。由价值工程概念可知，价值工程的目的在于可靠地实现使用者所需功能。

第二，价值工程以研究对象的功能分析为核心。价值工程强调产品的功能，重点在于对产品功能的研究。功能分析是价值工程区分于其他成本分析和质量管控活动的不同之处。

第三，价值工程是一项致力于提高对象价值的创造性活动。价值工程将确保产品功能和降低成本作为一个整体同时来考虑，以便创造出总体价值最高的产品。同时，价值工程强调不断改革和创新，产生新想法和发现新途径，获得新方案，创造新的功能载体，从而达到产品的工艺创新和技术创新，简化产品结构，节约原材料，提高经济效应。

第四，价值工程是一项有组织、有计划的活动。价值工程致力于提高产品的价值，而提高产品的价值涉及的领域比较广泛，它可涉及产品的设计、生产、原材料的采购以及产品的销售等多个过程。为此，必须组织协调各方面的人力资源，依靠集体的智慧和力量，发挥各种人员的积极性和创造性，有计划、有组织地开展价值工程活动。

9.1.4 提高价值的途径

价值工程的实质是为了提高研究对象的价值。根据价值的含义，价值的提高主要取决于功能和成本两个因素，因此，提高研究对象的价值一般有以下五种途径[①]。

第一，在提高研究对象功能的同时，降低成本。提高研究对象的功能，同时降低产品成本，从而价值得以提升。

第二，在保持成本不变的前提下，提高研究对象功能。产品成本不变，提高

---

① 虞晓芬等．技术经济学概论（第五版）［M］．北京：高等教育出版社，2018.

产品功能，从而提升产品价值。

第三，在保持研究对象功能不变的前提下，降低产品成本。产品功能不变，降低产品成本可以达到提升产品价值的目的。

第四，功能提高幅度大于产品成本提高幅度。功能提高幅度大于产品增加幅度，从而产品价值得以提升。

第五，功能下降幅度低于产品成本下降幅度。产品功能和成本都下降，但是产品成本下降幅度大于研究对象功能的下降幅度，从而保证产品价值提升。

以上五种提高价值的途径如表 9-1 所示。

表 9-1　产品价值提高的途径

项目 提高途径	产品功能 F	产品成本 C	产品价值
1	↑	↓	↑↑
2	↑	→	↑
3	→	↓	↑
4	↑↑	↑	↑
5	↓	↓↓	↑

9.2　价值工程的基本内容

价值工程的基本内容可概括为"功能""信息""创造"六字，价值工程首先要详细了解用户所需要的产品功能，然后对有关产品的大量信息进行调查研究，并掌握比较完善的产品信息，从而对产品按照用户所需功能进行创造性改进，进而实现研究对象功能。

9.2.1　价值工程的工作程序

价值工程是不断提出问题和解决问题的过程。一般而言，价值工程围绕以下七个问题的提出、明确以及解决而逐步展开。这七个问题具体为：①价值工程的研究对象是什么？②价值工程研究对象的用途是什么？③价值工程研究对象的成本是多少？④价值工程研究对象的价值是多少？⑤有无其他方法可以实现同样的功能？⑥新方案的成本是多少？⑦新方案能满足对象功能要求吗？

围绕以上七个价值工程的问题，具体采取不同的价值分析方法，从而进行价值工程分析。一般而言，可以将价值工程的开展归纳为四个具体的阶段，即价值工程准备阶段、价值工程功能分析阶段、价值工程方案创造阶段以及价值工程方案实施阶段[①]。每一个阶段解决不同的问题，从而最终达到价值工程分析的目的。

9.2.1.1　价值工程准备阶段

价值工程准备阶段也即提出问题阶段。在此阶段，所要做的工作如下：

第一，确定项目和项目目标。根据用户所需要达到的目标，针对用户在生产经营过程中所迫切需要解决的问题选择确定的价值工程项目，确定项目的目标。

第二，构建价值工程活动团队。由团队负责人组织，协调组织负责设计、生产、采购以及产品销售等人员参加价值工程团队，并根据价值工程项目的需要进行相应的培训。

第三，制定价值工程分析计划。根据项目内容，制定包括价值工程内容、程序、时间以及资金的详细安排计划。

9.2.1.2　价值工程功能分析阶段

这一阶段和后文价值工程方案创造阶段是价值工程的基本阶段。是价值工程的重点所在。价值工程功能分析包括功能分析和功能评价两个具体的分析阶段。

（1）功能分析阶段。根据价值工程准备阶段提出的问题，功能分析阶段主要有以下四个步骤：①选择价值工程对象；②对价值工程对象进行调研，收集与项目有关的信息与情报；③对价值工程研究对象的功能进行定义，明确用户所需研究对象的功能；④对研究对象的功能进行进一步的分析与整理。具体如表9-2所示。

表 9-2　价值工程的工作程序

决策一般程序	价值工程工作程序		主要内容和要求	所解决的问题
	基本阶段	详细步骤		
分析	价值工程准备阶段	价值工程准备	（1）确定项目和项目目标	
			（2）构建价值工程活动团队	
			（3）制定价值工程分析计划	
	价值工程功能分析阶段	功能分析	（1）选择价值工程对象	价值工程的研究对象是什么？
			（2）调研价值工程对象，收集情报	
			（3）定义对象功能	价值工程研究对象的用途是什么？
			（4）整理研究对象的功能	

① 虞晓芬等. 技术经济学概论（第五版）［M］. 北京：高等教育出版社，2018.

决策一般程序	价值工程工作程序		主要内容和要求	所解决的问题
	基本阶段	详细步骤		
分析	价值工程功能分析阶段	功能评价	（1）功能成本分析计算功能目前成本	价值工程研究对象的成本是多少？
			（2）计算功能的价值或价值系数	价值工程研究对象的价值是多少？
			（3）根据功能价值系数确定功能改进对象	
综合	价值工程方案创造阶段	方案的创造	提出多种价值方案	有无其他方法可以实现同样的功能？
评价		方案的评价	（1）对提出的价值方案进行初选，剔除不能满足用户需求、成本过高方案	新方案的成本是多少？
			（2）完善选定方案	
			（3）评价选定方案	新方案能满足对象功能要求吗？
			（4）制定提案书并上报提案	
行动	价值工程方案实施阶段	方案的实施	对选定最优方案进行试验，并不断改进	

（2）功能评价阶段。承接功能分析阶段，功能评价阶段主要有以下三个步骤：①对功能成本进行分析，确定功能成本的现状，同时计算功能的目标成本；②计算功能的价值或价值系数，对功能进行评价；③根据上一步骤计算得出的功能价值系数确定功能改进对象。具体如表9-2所示。

9.2.1.3 价值工程方案创造阶段

价值工程方案创造阶段是价值工程的重点之一。价值工程方案创造主要包括价值工程方案的创造与评价两个阶段。

（1）价值工程方案的创造。在这一步骤，价值工程团队分工合作，根据价值工程活动原则，充分发挥团队精神和创新精神，展开充分的研究与探讨，从而提出多种价值工程方案。

（2）价值工程方案的评价。关于价值工程方案的评价，有如下四个步骤：①对于上一步骤中提出的价值工程方案进行初选，根据功能和产品寿命周期成本分析，剔除不能满足用户所需功能和成本过高的方案。②完善初选选定的方案，并对确定的方案进一步开展调研。③从技术和经济两个方面对选定的方案进行详细的评价，从而优中选优，确定最优方案。④根据上一步骤选定的方案制定提案书并上报提案。具体如表 9-2 所示。

9.2.1.4　价值工程方案实施阶段

实践是检验真理的唯一标准。在价值工程的最后，还需要对第三阶段选定的最优方案进行试验。若经过实践的检验，该方案可以达到预期的功能和价值目标，则可将此方案正式确定为正式方案，从而进入方案实施阶段。在方案实施过程中根据实际情况和目标情况对方案进行不断的改进。方案实施完成后，要及时对方案和方案实施过程进行总结、评价以及验收。

9.2.2　价值工程的对象选择和信息收集

准确合理地选择价值工程的研究对象是开展价值工程活动的基本环节，而信息的收集则是确保价值工程顺利开展的必要保障。

9.2.2.1　价值工程的对象选择

选择价值工程活动的对象是开展价值工程活动的第一步，是非常重要和关键的步骤。

价值工程对象的选择过程就是收缩研究范围、明确研究目标、确定主攻方向的过程。在日常生产中，一个企业往往生产和销售多种产品，而一种产品一般又由许多的零部件组成，如果将构成产品和服务的所有环节都作为价值工程的改善对象，往往要花费大量的人力、物力和财力，经济上不合算。因此，为了节省资金、提高效率，只能根据实际情况，合理选择价值工程的对象。

（1）价值工程对象选择的原则。价值工程对象选择的一般原则是以提高劳动生产率、降低成本和提高价值为目的。一般选择的价值工程对象既有改进的必要，又有改进的可能。具体而言，价值工程对象的选择一般遵循以下三个原则：

首先，从设计方面考虑。价值工程的对象应选择结构复杂、体积或重量大、性能差、技术落后、能源能耗高、原材料消耗大或是稀有、贵重的奇缺产品。

其次，从产品或服务的生产销售方面考虑。在生产方面，价值工程的对象应选择产量大、工序烦琐、工艺复杂、工装落后、返修率高、废品率高、质量难以保证的产品。在销售方面，应选择用户意见大、退货索赔多、竞争力差、销售量下降或市场占有率低的产品作为价值工程的对象。

最后，要着重从产品或服务的成本方面考虑。应选择成本高、利润低的产品或在成本构成中比重大的产品作为价值工程的对象。

（2）价值工程对象选择的方法。

1）经验分析法。经验分析法是一种定性分析方法，亦称因素分析法[①]。也

---

① 祝爱民等．技术经济学（第2版）［M］．北京：机械工业出版社，2017.

即凭借经验分析因素的一种简便易行的分析方法。具体而言，价值工程项目团队人员根据研究对象所涉及的因素，凭借自身的理论和实践知识以及经验对实际情况进行定性分析和主观判定，从而确定价值工程研究对象。

使用经验分析法选择研究对象时，对价值工程团队人员有一定的要求。需要选择那些熟悉价值工程研究项目、知识和实践经验丰富、技术过硬、对生产有充分了解的人员。另外，在选择研究对象时，要充分发挥团队的作用，集中集体的智慧，结合各方面的意见。

采用经验分析法选择价值工程研究对象有其优缺点。经验分析法的优点是：这种方法操作起来简便易行，且因为其综合了各方面的因素进行考虑，因此，考虑问题比较全面，选择研究对象比较准确。尤其是时间要求比较紧迫的项目，运用此方法选择研究对象更为合适。不足之处是：此种方法一般是纯定性分析，缺乏定量的因素，如果价值工程人员缺乏经验时，此种方法选择的对象不精确。总之，经验分析方法凭借价值工程团队人员的个人知识和经验，分析项目所涉因素确定研究对象，这种方法可用于研究对象的初选阶段。

2）百分比法。百分比法又称费用比重分析法，这一方法将各个对象所花费的某种费用占该种费用总额的百分比作为依据，从而根据百分比大小选择价值工程研究对象。具体而言，某一对象占费用总额的百分比大，相对而言，该对象就比较重要，可以作为价值工程的研究对象；反之则淘汰。

百分比法是一种定量选择价值工程研究对象的方法，操作简便易行，但是此方法只基于一个指标分析确定价值工程的研究对象，没有对对象进行综合分析，有失偏颇。因此，百分比法可以和经验分析法结合使用。

3）价值系数法。价值系数法又称强制确定法[1]，是一种定量分析方法。具体操作为：先计算零配件的功能重要度系数和成本系数，然后将二者相比得出的系数即为价值系数，之后再根据价值系数的大小判定价值工程的研究对象，具体选择价值系数小的零配件作为价值工程活动的对象。价值系数法具体操作步骤如下：

首先，计算功能重要度系数。一般通过对零配件功能进行打分来得出功能重要度系数。常用的功能打分方法主要包括强制打分法（0~1 评分法或 0~4 评分法）、逻辑评分法、环比评分法（DARE 方法）等。这里介绍两种方法，即 0~1 评分法和 DARE 方法。

0~1 打分法的具体做法为：邀请 5~15 名对产品零配件熟悉的人员对零配件进行评价。第一步，请这些人员按照零配件功能相对重要程度对零配件一一对比

---

① 虞晓芬等．技术经济学概论（第五版）［M］．北京：高等教育出版社，2018．

打分，相对重要的打分为 1，相对不重要的打分为 0，如表 9-3 所示。需要注意的是，对于分析的对象，自己和自己相比不得分，在表中用"×"表示。

第二步，把累计各个零配件的得分除以零配件的总得分，得出各零配件的功能重要度系数。具体计算公式如下：

$$W = \frac{某零配件功能重要度得分}{总得分} \tag{9-4}$$

式中，W 表示各零配件的功能重要度系数。

第三步，计算某零配件的功能重要度系数均值。具体公式为：

$$\overline{W} = \frac{\sum_{i=1}^{k} W_i}{k} \tag{9-5}$$

式中，$\overline{W}$ 为该零配件的功能重要度系数均值；W_i 表示第 i 名参评人对该零配件的功能重要度系数的评价；k 为参加产品功能评价的人数。式（9-5）表示根据 5~15 人中每名参加评价的人员选择该零配件的功能重要度系数 W_i，计算出该零配件的功能重要度系数均值 $\overline{W}$。

表 9-3 0~1 打分法评分表

零配件	A	B	C	D	E	总分	功能重要度系数
A	×	1	0	1	1	3	0.3
B	0	×	0	1	1	2	0.2
C	1	1	×	1	1	4	0.4
D	0	0	0	×	0	0	0
E	0	0	0	1	×	1	0.1
合计						10	1.0

DARE 方法又称为比率法或倍数确定法。它以产品或方案的功能比率为依据，进行评价打分的方法。具体操作过程如下：

第一步，将被比较的产品或方案的功能按一定的顺序排列，如表 9-4 所示。第二步，将功能进行两两比较，得出暂定重要性系数。如 A 比 B，A 的功能重要性是 B 的两倍，则 A/B 的暂定重要性系数为 2.0；B 与 C 相较，B 的功能重要性是 C 的一半，则 B/C 的暂定重要度系数为 0.5，同理可得 C/D、D/E 的暂定重要度系数。第三步，令最后一个功能重要性得分为 1，如表 9-4 中 E，推导出 D 的修正值为 1.5，同理，由下而上得出修正后的功能得分。由 DARE 方法的操作过程可知，功能的排列顺序不同，功能系数的得分就不同，从而产生的结果也不同，因此，采用此方法应反复排列计算才能得出最后结论。

表 9-4　DARE 法计算表

功能	暂定重要性系数	修正后得分	功能系数
A	2.0（A/B）	4.50	0.33
B	0.5（B/C）	2.25	0.16
C	3.0（C/D）	4.50	0.33
D	1.5（D/E）	1.50	0.11
E		1.00	0.07
合计		13.75	1.00

其次，计算成本系数。成本系数是指每个零配件的实际成本占产品成本的比重，计算公式如下：

$$成本系数 = \frac{零配件实际成本}{产品总成本} \tag{9-6}$$

根据式（9-6）计算得出 A-E 零配件的成本系数如表 9-5 第四列成本系数所示。

最后，计算各个零配件的价值系数，并根据价值系数对零配件进行排序。零配件的价值系数指某零配件的功能重要度系数与该零配件的成本系数之比，其计算公式如下：

$$V = \frac{零配件功能重要度系数}{该零配件成本系数} \tag{9-7}$$

式中，V 为某一零配件的价值系数。例子中根据式（9-7）计算出的价值系数如表 9-5 第五列所示（这里零配件的重要功能度系数采用 0~1 打分法的评价结果）。最终计算出的零配件的价值系数可能有以下几种情况：第一，$V=0$，这说明该零配件不重要，可以取消或合并（表 9-5 中零配件 D）。第二，$0<V<1$，这表明该零配件成本相对于功能过高，有改进的潜力，该零配件是价值工程活动重点研究的对象。第三，$V=1$，这表明该零配件价值高，功能与成本相匹配，一般无须改进，不应该被选作价值工程活动的对象。第四，$V>1$，这表明该零配件功能重要度系数偏高或者成本过低，应当对其进行调查分析，查明原因，或者剔除其多余功能抑或增加其成本。

之后，根据计算得出的各零配件的价值系数对零配件进行价值工程排序，排序结果如表 9-5 第六列所示。

表 9-5　零配件成本系数和价值系数计算

零配件	功能重要度系数	零配件实际成本（元）	成本系数	价值系数	价值工程对象选择顺序
A	0.3	8.0	0.53	0.57	1
B	0.2	2.4	0.16	1.25	4
C	0.4	2.0	0.13	3.08	3
D	0	0.8	0.05	0	
E	0.1	1.8	0.12	0.83	2
合计	1.0	15.0	1.0		

4）ABC 分析法。ABC 分析方法又称成本比重分析法或帕累托分配律法。此方法的原则在于将占比成本较大的产品或零部件作为价值工程活动的研究对象。

1879 年，意大利经济学家帕累托通过研究资本主义社会国民财富分配状况，发现少数 20% 的人口拥有多数 80% 的社会财富。之后，这一理论逐渐被运用到经济学和社会学中，被称为"帕累托原则"，也即"二八原理"或"80/20 原则"。后来，人们把帕累托法则引用到成本分析和库存管理中，提出了 ABC 分类法。

ABC 分类法中，把产品的零部件划分为 A、B、C 三类。将零部件数量占零部件总数的 10% 左右、而成本占总成本的 60%~70% 的零部件划为 A 类；B 类零部件则为数量占零部件总数的 20% 左右、成本占总成本的 20% 左右的零部件；将零部件数量占零部件总数的 70% 左右、而其成本只占总成本的 10% 左右的零部件划为 C 类。之后，根据数量成本分布的这一规律，选择价值工程活动的研究对象。在价值工程活动中，一般选择 A 类产品或零部件作为研究对象。若企业有条件，也可选择 A、B 两类产品作为价值分析的对象，如表 9-6 所示。

表 9-6　ABC 分类法研究对象选择

费用比重 \ 构成要素		产品				管理设施		生活设施		总计
		A	B	C	D	E	F	G	H	
消耗费用	金额（元）	3000	2500	1000	500	700	300	1000	500	9500
	比重（%）	31.6	26.2	10.5	5.3	7.4	3.2	10.5	5.3	100
对象选择顺序		1	2	3	6	5	8	4	7	

总之，作为一种选择价值工程活动对象的定量分析方法，ABC 分类方法有其优缺点。ABC 分类法的优点主要体现在对复杂产品的零配件作对象选择时，运用此方法能够准确地进行主次分类，从而使价值活动团队可以抓住"关键的少数"，从而提高效率。ABC 分类法的缺点在于可能会遗漏或推后成本和功能比重

不一致的产品，从而使得价值工程活动对象选择准确度降低。一般而言，产品的成本比重和功能比重大致相当，但是，在实际经济生活中，由于成本在零部件或各要素之间分配不合理，用户认为重要的功能没有足够的成本去充分地实现，抑或某些产品或零部件无须花费较多的成本就能得到，所以，在这些情况下，运用 ABC 分类法进行价值工程活动的对象选择就会得出不准确的结论。为克服 ABC 分类法的这一缺点，需要运用其他方法综合评价，比如因素分析法或者强制决定法等。

9.2.2.2　价值工程的信息收集

价值工程的信息又称为情报，是指在价值工程活动中所需的有关技术和经济方面的知识和信息，它是进行价值工程活动的信息基础，并贯穿于价值工程活动全过程。如在功能分析阶段，对价值工程对象进行调研，收集与项目有关的信息与情报。在功能评价阶段，分析功能成本，确定最低成本方案的信息与资料。在价值工程方案创造阶段，为了选择最优方案，也需要收集大量的信息和资料。信息资料收集越完善，对价值工程对象的研究与分析就越透彻，对象改进的可能性就越大，从而可以提高价值。因此，从一定意义上而言，价值工程成果的大小取决于能否按时、按质、按量收集到必要的信息资料。

（1）信息资料收集的原则。

1）目的性。价值工程活动在进行信息资料收集时必须要根据价值工程活动的研究对象，明确信息资料收集的目的，有计划地收集与活动对象有关的资料。

2）及时性。信息资料的时效性很强，信息情报不及时就失去了它们本身的价值。因此，在价值工程活动的行动和决策之前和过程中要及时地收集情报，从而高效地开展价值工程活动。

3）可靠性。准确、可靠的信息资料是价值工程活动成功开展的基础，信息资料不可靠可能会导致价值工程活动的失败。可靠性要求做到以下三点：第一，信息资料的来源必须可靠。第二，对原始资料加工整理所采取的技术方法和手段必须科学合理，务必要求准确可靠。第三，尽可能广泛地收集相关的信息资料。

（2）信息资料收集的内容。一般而言，价值工程活动所需信息资料内容较为广泛，对某一研究对象而言，价值工程活动所需信息资料一般涉及产品的开发研制、生产、使用以及报废的全过程，主要包括预测、实验、生产以及销售等多方面。研究对象不同，所需的信息资料也有差别。对于一般工业企业的产品价值分析来说，应收集的资料包括如下几个方面[①]：

1）用户方面的资料。价值工程活动的出发点是满足用户对产品功能和成本

---

① 虞晓芬等．技术经济学概论（第五版）［M］．北京：高等教育出版社，2018.

的要求，价值工程活动是否有效的首要环节就在于企业能否准确了解用户的要求。用户方面的信息资料主要包括用户对产品的功能要求、产品的使用目的、使用条件、使用中故障情况及使用是否合理等。

2）技术方面资料。主要是本企业和国内外生产同类产品的技术资料。包括产品设计特点、加工工艺、设备、材料、技术、次品率、废品率、成品率以及产品优缺点和存在的问题等。

3）经济方面资料。主要包括三个类别的信息资料：第一，有关同类产品的信息资料。包括同类产品的价格、成本及构成情况、价格指数和有关定额等。第二，有关市场的信息资料。包括市场需求、同行竞争以及竞争对手的经济分析资料、生产资料和质量统计资料等。第三，政府和有关部门的经济政策、法规以及条例等方面的资料。

4）本企业的基本资料。包括本企业的经营方针、经营目标、生产能力及限制条件、销售情况等。

（3）信息资料收集的步骤。信息资料的收集可以按照如下步骤开展：

1）确定信息资料收集的目的。

2）制定信息资料收集的计划。

3）收集信息资料并进行初步整理。

4）进一步整理分析甄别信息资料，获得有效的情报。

5）建立信息资料查询方法。

9.2.3 价值工程的功能分析和评价

产品或劳务的功能分析是价值工程分析的基础与核心。功能分析通过分析产品信息资料，准确地对产品的功能进行定义，并对产品功能进行整理。研究成本与功能之间的关系，从而正确合理地对产品功能进行评价，从而使用户以最小的成本实现必要的功能。

9.2.3.1 价值工程的功能分析

功能分析是指对价值工程对象的总体及其组成部分的功能进行研究和分析，确认必要功能，补充不足功能，剔除不必要功能，建立并绘制功能系统图的过程。其目的在于准确掌握使用者要求的功能及其水平。功能分析包括功能定义与功能整理两个具体步骤，即通过"功能定义"与"功能整理"两个步骤，从定性的角度，分别回答"价值工程的研究对象是什么"与"价值工程研究对象的用途是什么"，从而准确掌握用户的功能要求。

（1）功能定义。功能定义是通过产品实物形象，将隐藏在产品结构背后的本质——揭示出来，从而从定性的角度解决"对象有哪些功能"这个问题。价值工程的对象一般可划分为许多构成要素，各构成要素相互作用完成一定的功能。为此，在给功能下定义时，首先要明确对象整体的功能定义；其次再自上而下逐级地明确各构成要素的功能定义。

1）功能的分类①。产品功能有多种方式的分类，按照不同的分类标准，产品功能有不同的类别。第一，按照功能的重要程度，可将功能分为基本功能与辅助功能。基本功能是产品或零部件最为基础的用途，是产品赖以存在的条件。例如，民用飞机中货机的基本功能是运送货物，手表的基本功能是指示时间，电视机的基本功能是显示图像。相对于基本功能，辅助功能是指为完成基本功能所必备的功能。例如，手表的防水功能能够使人们在游泳中看清时间。对于产品而言，基本功能是不变的，辅助功能是可变的，可加以添加的。因此，生产者千方百计地保护基本功能，并添加辅助功能，以增强产品的竞争力。第二，按照用户对产品的要求，产品功能分为必要功能和非必要功能。必要功能和非必要功能并没有明确的界定，它是相对于用户的需求而言的。价值工程的目的就在于保证和强化产品的必要功能，发现和剔除产品的非必要功能，从而使得产品功能和成本相匹配。第三，按照功能的性质，产品功能可分为使用功能和美学功能。使用功能与产品的使用价值相联系。产品的使用功能是指产品在使用过程中所提供的功能，是产品的实际用途。产品使用功能一般是用户关心的焦点，一般用产品的内在指标表示，如产品的使用寿命、维修性以及自动化程度等。美学功能，是指产品的外观表现，比如产品的颜色、尺寸、形状等方面。美学功能与用户使用无关，但能吸引用户，给用户以美的享受。在产品使用功能与价格相当的条件下，产品的美学功能便变得比较重要，它常常成为影响产品销路的重要因素。

2）功能定义的要求。第一，对产品功能定义要简洁明确。通常使用一个动词和一个名词表示产品功能的定义。例如，电线的功能用动词"传导"和名词"电流"组合成"传导电流"。当然，产品功能定义并不严格局限于这个框架形式内，可添加修饰语修饰。第二，对产品功能定义必须以事实为依据。定义产品功能时，必须在广泛深入分析所收集的信息资料的基础上进行，必须实事求是，不能凭空捏造产品的功能。第三，对产品功能定义应尽可能定量化。也即尽可能使用量化的语言对功能进行定义。若在功能定义中加入量化的概念，评价功能时就有了量的依据，从而更准确地进行功能评价，更好地实现价值工程活动的目标。

（2）功能整理。功能整理是用系统观点将已经定义的功能加以系统化，找出各局部功能相互之间的逻辑关系，并用图表形式表达，以明确产品的功能系

① 祝爱民等．技术经济学（第2版）［M］．北京：机械工业出版社，2017.

统，从而为功能评价和方案构思提供依据。因此，功能整理的过程就是建立功能系统图的过程。

一般而言，产品是由许多的零件组成的，这些组成产品的零件又往往不仅仅具有一个功能，而是具备多个功能，这多个功能一般同时发生作用。产品越精密越复杂，产品零件功能数量就越多，功能之间的关系也就越复杂。而价值分析的关键就在于在从这些纷繁复杂的功能中把握产品必要的功能。为了达到这一目的，就需要进行功能整理。在功能整理中，对定义过的产品功能，要识别出哪些是产品的基本功能，哪些功能是辅助功能，哪些是产品的必要功能，哪些是不必要功能，以便在价值工程活动中设计更合理的方案。

1）功能系统图①。图9-2为功能系统图。功能系统图有如下三个特点：第一，功能按照不同的层次分为不同的级别，功能是逐级得以实现的。图9-2中0级、1级、2级、3级。第二，不同级别的功能之间的关系通过上下位功能的位置表现出来。图9-2中，F_1 是 F_0 的下位功能，F_0 是 F_1 的上位功能；F_1 是 F_{11} 的上位功能，F_{11} 则是 F_1 的下位功能；F_{11}、F_{12}、F_{13} 则是同位功能。第三，可以将产品全部功能划分为不同的功能域，某项功能和它的全部分支属于一个功能域。图9-2中，F_1 和 F_{11}、F_{12}、F_{13} 就是一个功能域。

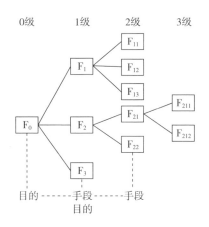

图9-2　功能系统

2）功能整理的方法。功能整理的主要任务就是建立功能系统图。因此，功能整理的方法也就是绘制功能系统图的方法。主要有两种功能整理的方法，即由手段寻求目的的方法与由目的寻求手段的方法。

---

① 傅家骥、仝允桓. 工业技术经济学（第三版）[M]. 北京：清华大学出版社，1996.

由手段寻求目的的方法。由手段寻求目的的功能整理方法主要适用于比较简单的现有产品。零部件功能属于手段功能。由手段寻求目的就是由零部件功能开始向目的功能追寻，进而建立整个系统图。其步骤如下：第一，编制功能卡片。第二，选出基本功能或必要功能。第三，明确各功能之间的关系。明确上位功能和下位功能，形成全部的功能域。

而对于复杂产品而言，由于其零部件较多，从零部件功能开始进行功能整理实际难度较大，不可行。另外，对于正处于设计阶段的产品，从零部件开始也不可行。那么，这些情况可以采用由目的到手段的功能整理方法。这种方法与从手段到目的是相反的，它主要从 0 级功能开始，向下追寻手段功能。例如，货运飞机的功能是"运载货物"，这是 0 级功能。然后追寻"运载货物"的手段功能。运载货物从原理上至少应有两个手段，即提供货舱和移动货舱。这里对移动货舱进行分级功能整理。若要实现"移动货舱"的功能，则需要能够飞行的手段——飞机起落架和机翼，还要驱动设施——航空发动机或航空发动机加推进器，且进一步把货机机舱和飞行手段组合起来。再往下追寻，即重点整理"驱动飞行设施"这一功能。如此逐级向下，即勾勒出货运飞机的功能系统图，然后根据实际信息资料进行修改和补充，如图 9-3 所示。功能系统图的复杂程度可根据实际产品和实际需要而定。不同的系统图复杂程度不同，精细的可追寻到最小的零部件，简要的只到大部件，如发动机。也可将小的零部件单独拿出来细化，进一步进行功能整理。

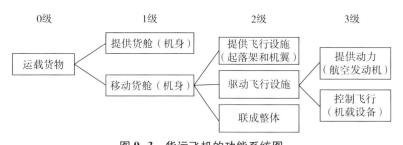

图 9-3　货运飞机的功能系统图

9.2.3.2　价值工程的功能评价

（1）功能评价的含义。功能评价是整个价值工程活动的中心环节。功能定义和功能整理只对功能系统和其范围进行了阐释，并没有确定从何处入手去改善产品功能，而功能评价可以解决这个问题[①]。功能评价，是指在功能分析的基础

---

① 吴添祖等. 技术经济学概论（第三版）［M］. 北京：高等教育出版社，2010.

上，根据功能系统图，在同一级的各功能之间，运用一定的科学方法，计算并比较各功能价值的大小，从而寻找功能与成本在量上不匹配的具体改进目标的过程。

（2）功能评价的步骤。进行功能评价的一般步骤如下[①]：①计算对象功能的目前成本 C。②确定对象的功能评价 F。③计算和分析对象的功能价值系数 V。④计算成本改进期望值。⑤根据对象价值的高低及成本降低期望值的大小，确定改进的重点对象及优先次序。如图 9-4 所示。

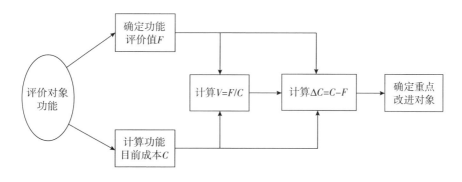

图 9-4　功能评价程序

1）计算对象功能的目前成本 C。对象功能的目前成本不是通常意义上产品零部件的成本。因为一个产品零部件往往具备多种功能，而一种功能有时要通过多个零部件才能实现。因此，对象功能的目前成本的计算，需要采取相应的方法将零部件成本转移分配到功能中去。具体计算步骤为：首先，将各零部件对实现各项功能所起作用的比重分配到各项功能上。其次，将功能分配到的成本相加即得出各功能的目前成本。

零部件对实现功能所起作用的比重的确定有两种方法。一种是可请价值工程团队人员中经验丰富的专家集体研究确定；另一种是可采用评分方法确定。具体如例题所示。

例如，某产品具有 F_1、F_2、F_3、F_4 四项功能，这四项功能可由三种零部件实现，每种零部件的功能目前成本计算如表 9-7 所示。

2）确定对象的功能评价 F。功能评价值是依据功能系统图，预测得出对象对应于功能的成本。一般常用功能打分法来确定对象的功能评价值。常用的功能打分法主要有强制打分法 0~1 评分法、多比例评分法等。强制打分法 0~1 评分

---

① 吴添祖等 . 技术经济学概论（第三版）［M］. 北京：高等教育出版社，2010.

法在前文已进行过详细介绍，在此不再赘述。由于使用 0~1 评分法评分时，功能得分只有 0 分和 1 分，比较单一，不能准确反映功能之间的真实差别，所以出现了多比例评分法。多比例评分法常用的有 0~4 评分法和 1~9 评分法，这里使用 0~4 评分法。

表 9-7　功能的目前成本计算

| 产品零部件 | | 功能 | | | |
零部件名称	零部件成本（元）	F_1	F_2	F_3	F_4
		比重（%） 成本（元）	比重（%） 成本（元）	比重（%） 成本（元）	比重（%） 成本（元）
X	501	35.6 178.4		32.7 163.8	31.7 158.8
Y	260		80 208		20 52
Z	646	55 355.3	13.5 87.2		31.5 203.5
目前成本合计	1417	533.7	295.2	163.8	414.3

0~4 评分法相较 0~1 评分法，打分标准有所改进。当对评价对象进行一比一评价打分时，有四种情形。一是非常重要的或者极难实现的功能得 4 分，最不重要或者极易实现的功能得 0 分；二是比较重要或者实现难度较大的功能得 3 分，不太重要或实现难度不太大的功能得 1 分；三是两个功能重要程度一样或者实现难度相同时各得 2 分；四是自身与自身对比不得分。具体计算过程如下：首先，将对象的零部件或功能单元排列在表中。其次，依据功能的重要程度或者实现难度对比打分。再次，打分完毕后，再将每一对象的得分之和与全部对象得分之和相比，即得出该对象的功能重要度系数 F_i。最后，将对象的目标成本按照所求得的功能重要度系数分配给各功能区，得出该功能区的目标成本，即是功能评价值。计算对象的功能评价系数的公式如下：

$$F_i = \frac{f_i}{\sum f_i} \tag{9-8}$$

式中，F_i 为功能重要度系数（功能评价系数）；f_i 为单个对象功能得分之和；$\sum f_i$ 则为全部对象功能得分总和。

这里仍沿用前例，某产品有 4 个主要功能，对这四项功能运用 0~4 评分法计算产品功能评价系数，如表 9-8 所示。

表 9-8　功能评价系数计算

功能	F_1	F_2	F_3	F_4	得分	功能评价系数
F_1	×	3	4	4	11	0.458
F_2	1	×	3	3	7	0.292
F_3	0	1	×	0	1	0.042
F_4	0	1	4	×	5	0.208
合计					24	1

之后，依据如下公式计算对象的功能评价值：

$$F = F_i \times C_g \tag{9-9}$$

式中，F 为对象的功能评价值；F_i 为对象的功能重要度系数；C_g 为产品的目标成本。

这里对目标成本的计算进行介绍。产品目标成本的确定有如下的方法：第一，可以参照同行业的先进水平或本企业历史最好情况，这种方法适用于具有同类可比性的产品或零部件。第二，可根据市场竞争需要确定。第三，对于新产品而言，一般是在成本核算的基础上确定产品的目标成本。在实际的价值工程活动中，要根据对象的具体情况选择适用的方法进行产品目标成本的估计与确定。目标成本确定既要满足最优性，又需要满足现实性，即必须是经过努力可以达到的目标成本。

依据式（9-9）将例子中对象的功能评价值计算，如表9-9所示。

表 9-9　功能评价值计算

评价对象	目前成本	功能重要度系数	功能评价值
F_1	533.7	0.458	0.458×1000＝458（元）
F_2	295.2	0.292	0.292×1000＝292（元）
F_3	163.8	0.042	0.042×1000＝42（元）
F_4	414.3	0.208	0.208×1000＝208（元）
合计	1417	1	1000（目标成本）

3）计算和分析对象的功能价值系数。价值评价是通过计算和分析对象的价值，分析功能与成本的合理匹配程度。其表达式为：

$$V = \frac{F}{C} \tag{9-10}$$

式中，V 为对象价值；F 为对象的功能评价系数；C 为对象功能的目前成本。

根据式（9-10）计算例子中对象的价值，如表9-10中第五列所示。

表 9-10　功能评价值计算

评价对象	目前成本 ①	功能重要度系数②	功能评价值 ③=②×1000	价值系数 ④=③/①	成本降低系数值①-③	改善次序
F_1	533.7	0.458	458	0.858	75.7	3
F_2	295.2	0.292	292	0.989	3.2	
F_3	163.8	0.042	42	0.256	121.8	2
F_4	414.3	0.208	208	0.502	206.3	1
合计	1417	1	1000		488	

4）成本评价。成本评价是通过核算和确定对象的实际成本与功能评价值，分析和测算成本降低期望值，从而排列出改进对象优先次序。其表达式为：

$$\Delta C = C - F \tag{9-11}$$

式中，ΔC 为成本降低期望值；C 为产品的寿命周期成本；F 为产品的功能。

根据式（9-11）计算例子中对象的成本降低期望值，如表9-10第六列所示。

5）确定价值工程改进的重点对象。选择哪一对象作为价值工程重点改进的对象，考虑的主要因素在于功能价值系数和成本降低期望值的大小。主要有以下三种情况：第一，当价值系数等于或趋近于1时，功能目前成本与功能目标成本相等或者接近相等。这表明，功能目前成本较为合理，价值最大，无须改进，如 F_2。第二，当价值系数 V 小于1时，功能目前成本大于功能评价值，说明功能目前成本偏大，需改进，且是重点改进的对象，如 F_4。第三，当价值系数大于1时，表明功能目前成本小于功能评价值，这表明功能现实成本较小。其原因可能是功能不足，无法满足用户的需求。也有可能是具有重要功能的零部件成本分配不足。另外，也有可能为功能评价值不准确，以目前成本就可实现用户所需功能，目前成本最优，无须再对功能或功能域进行改进。

在选择价值工程重点改进对象时，必须将成本降低期望值和功能价值系数结合起来考虑，即选择价值系数较低、成本降低期望值较大的功能或功能域作为重点改进的对象。如 F_3 和 F_4 比较时，虽然 F_3 的价值系数较低，但 F_4 的成本降低期望值明显大得多，因此，将 F_4 排在 F_3 之前。也即当 ΔC 大于零时，ΔC 的数值较大者为优先改进的对象。

9.3 方案的创造与实施

通过功能分析和功能评价，对价值工程对象整体及其各功能的功能价值进行了分析计算和评价，选出了价值低且成本改善期望大的作为重点改进对象。它的实现就要通过方案创新与评价来进行。

9.3.1 方案的创造

9.3.1.1 方案创造的含义

方案创造，是指从提高对象的功能价值出发，针对应改进具体目标，依据已建立的功能系统图和功能目标成本，通过创造性的思维活动，提出各种不同的实现功能方案的过程。方案创造是价值工程活动成败的关键，主要依赖于创造能力和创造思维。只有充分发挥人类的创造能力，利用创造性思维，才能创造出优秀的方案，因此，为了能创造出优秀的方案，应提倡解放思想、勇于创新，提倡群策群力、发挥各类专业人才的特长，提倡以功能为核心、力争从功能出发考虑问题。

9.3.1.2 方案创造的方法

在价值工程活动中，常用的方案创造方法有以下几种：

（1）头脑风暴法。头脑风暴法（Brain-storming，BS）是由美国创造学家A. F. 奥斯本于 1939 年首次提出，1953 年正式发表的一种激发性思维方法。[1] 头脑风暴（Brain-storming）最早是精神病理学上的用语，指精神病患者的精神错乱状态，现在指无限制地自由联想和讨论，其目的在于产生新想法。

在方案创造中，头脑风暴法是一种开会创造方法的方法。头脑风暴法参与人员不宜过多，一般以 5~10 人为宜。会议由一名熟悉研究对象，擅长启发思考的人主持。会议按照以下四条原则进行：一是会议欢迎参与人员畅所欲言，自由发表自己的意见。二是希望参与人员多多提出方案。三是会议主持人和参加人员对所有提出的方案不加任何评论。四是要求参与人员结合别人的意见提出自己的设想。

（2）德尔菲法[2]。德尔菲法又称专家信函调查法，此方法是通过信件将所需要解决的问题单独发送至相关的专家手中进行意见的咨询；之后，回收全部的专

① 吴添祖等. 技术经济学概论（第三版）［M］. 北京：高等教育出版社，2010.
② 祝爱民等. 技术经济学（第 2 版）［M］. 北京：机械工业出版社，2017.

家意见，再进行综合；然后将整理后的综合意见再反馈给各位专家，进行第二轮的意见征询；专家结合意见反馈内容修改自己原有的意见；然后再汇总整理。如此进行多轮专家意见征询与反馈，直至取得比较一致的预测结果。德尔菲法的优点是专家之间不见面，能够排除权威、资历、关系以及多数意见等的影响，有利于创造性地提出方案，但是，该方法历时较长，效率较低。

（3）哥顿法。哥顿法又称为抽象提前法，是美国的哥顿（Gordon）提出的一种方法。此法是以会议的方式提出价值工程活动改进方案①。通常由一些具有不同背景的人员参会。会议前将所要研究解决的问题抽象化，会议设一名主持人，会议的具体目的只有主持人知晓。会议时，主持人将抽象化的问题提出，这种操作主要是为了使参与者开阔思路、进行思想的碰撞，从而提出优秀的方案。主持人根据会议的进行情况，逐步明确会议主题，经过参会者的讨论，力争取得一致意见，提出正式方案。

9.3.2　方案的制定和选择

9.3.2.1　方案的具体化

在方案创造阶段，一般会提出多种方案，方案提出之后，为进一步获得技术可行、经济合理以及能够满足用户多样化需求的新方案与新产品，必须先对提出的新方案进行初步整理和评价，去掉一部分希望不大、价值较低的方案，留下少数可行的方案，再进一步考虑，把方案具体化，这样又可以出现很多具体的方案。

方案具体化的内容包括各组成部分的具体结构和零件设计、选用的材料和外购配件、加工方法、工艺装配方法、大致的检验手段和方式以及运输库存方法等。同时还需考虑新方案所采用的新材料、新工艺、新结构以及新方案对功能的实现程度如何等。

9.3.2.2　方案的制定与选择

方案主要是通过评价来进行选择确定的。评价分为概略评价（即初步评价）和详细评价两个步骤②。

（1）方案的概略评价。方案的概率评价是指对方案创造阶段提出的许多设想进行粗略的评价，从而筛选出有价值的想法，进行方案的具体化。方案的概略评价是方案制定和选择的第一步。概略评价一般可采用定性分析方法对方案进行粗略的筛选，舍弃明显不合理的方案。概略评价要求时效性，即要尽快挑选出有价值的想法，以便有效利用时间。

---

①② 吴添祖等．技术经济学概论（第三版）［M］．北京：高等教育出版社，2010.

（2）方案的详细评价。方案的详细评价是指通过详细的调查研究和技术以及经济分析，对经过方案初步评价所保留的方案进行进一步的甄选，从而选出最佳方案。与初步的概略评价相比，方案的详细评价涉及内容范围更为广泛，所使用的方法更为复杂，对方案的甄选过程要求更为严格。详细评价一般包括技术评价、经济评价和社会评价。

1）技术评价。技术可行性评价是主要评价方案实现必要功能的程度，或改进方案的功能对用户的满足程度。技术可行性评价力求把技术指标定量化，以便进行比较选择。技术可行性可以从以下几个方面进行评价：功能的实现程度（性能、质量等）、可靠性、可维修性、操作性、安全性、协调性、环境评价等。技术性系数用 X 表示，其计算公式为：

$$X = \frac{\sum P_i}{nP_{\max}} \tag{9-12}$$

式中，P_i 为各方案满足功能的评分值；$P_{\max}$ 为满足功能的最高分值；n 为需满足的功能数。

理想方案是技术型系数为 1，一般 $X>0.8$，则该方案为较好的方案；$X<0.6$，则该方案不可行。

2）经济评价。一个方案的优劣不仅取决于其技术性能，还取决于其经济性。方案的经济评价从成本与利润两方面进行综合考虑，主要评价指标为成本指标，如费用的节约。同时，也要考虑与经济效果有关的其他指标，如对公众或企业产生的效益、市场情况、销路以及竞争企业和竞争产品的情况等。经济性系数用 Y 表示，其公式为：

$$Y = \frac{H_i}{H} \tag{9-13}$$

式中，H_i 为方案目标成本；H 为新方案制造成本。

理想方案是经济性系数为 1，一般 $X>0.7$，则该方案为较好的方案；$X<0.5$，则该方案不可行，应舍弃。

3）社会评价。社会评价是指方案的社会效果的评价。社会评价主要包括方案是否符合国家规划；方案实施资源利用是否合理；方案实施是否达到国家关于环境保护颁布的有关规定；方案实施是否符合其他国家、社会要求。进行方案社会评价时，不仅有价值工程活动团队的人参与，往往还走访调查，邀请有关部门的工作人员和利益相关者参与评价。

无论是方案的粗略评价还是方案的详细评价，都是通过采用一定的方法进行评价的。方案的评价方法大致可分为以下两大类。

（1）定性评价法。又称为优缺点评价法，是根据评价项目详细列出各个方案的优缺点，分析其所存在的缺点能否克服，在比较的基础上选出最优方案的一种方法。

（2）定量评分法。定量评分法有许多具体操作方法，下面介绍两种：

1）加权评分法。此方法主要是将功能、成本等各项因素，根据不同的要求进行加权计算，权数根据它在产品中所处的地位确定，从而算出综合分数，然后，与各方案的寿命周期费用进行综合比较分析，最后，选出最优的方案。

2）加法评分法与乘法评分法。首先，对各种方案所能够达到的各项功能要求的程度进行打分，这里采用十分制或百分制。其次，将每个方案的功能分加总或相乘，比较各方案的总分，根据总分决定方案是否保留或舍弃。最后，对保留的方案进行成本比较，以确定最优方案。

9.3.3 方案的实施和效果评价

9.3.3.1 方案实施

选出最佳方案后，为确保质量和为以后的审批提供依据，需进行试验，试验通过后可以作为正式提案。

在提案时，为使提案能被接受而实施，也为了减少实施中的压力或障碍，进行价值工程活动的主要人员要将原产品的技术经济指标、用户要求、存在的问题、提高价值的必要性、预计达到的目的等做出具体说明，并附上功能分析、改进依据、试验数据、图纸、方案评价及预计方案实施后的效果评价等有关资料，报主管部门审批。提案审批通过后，即可实施。

在实施过程中，价值工程活动小组要积极参与，跟踪检查，并与提案接受者进行良好合作，取得他们的信任和协助，及时掌握具体情况，及时采取措施解决出现的问题，以保证方案实施顺利进行。

9.3.3.2 价值工程效果评价

方案实施完成后，需要进行总结、评价和验收。价值工程效果的评价一般包括技术效果评价、经济效果评价和社会效果评价[①]。

（1）技术效果评价。技术效果评价指方案效果的评价可以按照规定的技术指标进行评价。技术指标如产品质量指标、寿命指标、安全指标等达到的程度。采用这些指标进行评价时应尽量采用定量评价。

（2）经济效果评价。经济效果评价主要是根据需要，计算方案实施对能源、原材料消耗、劳动生产率、利润等指标的效果。一般应重点计算三项效果指标。

---

① 虞晓芬等．技术经济学概论（第五版）［M］．北京：高等教育出版社，2018.

1）投资效率（投资倍数）。

$$B = \frac{(C-F)Q-R}{R} \tag{9-14}$$

式中，B 为投资效率，也即价值工程活动效果；C 为改进前的单位成本；F 为改进后的单位成本；Q 为年产量；R 为价值工程活动经费。

2）成本降低率。价值工程活动方案实施后的成本降低率为价值工程活动实施后单件成本降低额与价值工程前单件成本之比，公式为：

$$成本降低率 = \frac{VE\ 后单件成本降低额}{VE\ 前单价成本} \tag{9-15}$$

成本降低率越大，表明此价值工程活动方案效果越好。

（3）社会效果评价。方案实施的社会效果评价，如是否填补了国内外科学技术或品种发展的空白；是否节约了能源、贵重金属以及稀缺物资等；是否降低了用户购买成本；是否防止或减少了污染公害；是否改善环境等效果的评价。

9.3.3.3　价值工程的总结

价值工程工作全部结束后，要进行总结。总结的内容包括：是否如期达到计划的目标；与国内外同类产品相比还存在哪些差距，为什么存在这些差距；价值工程活动过程中所制定的活动计划、工作方法、人员组织与安排以及时间安排进度等存在哪些优缺点；有哪些经验值得推广以及哪些方法需要改进等。

9.4　价值工程案例

9.4.1　价值工程案例：价值工程在 21 钻手表技术改造中的应用①

上海某手表制造厂主要生产 21 钻半自动手表。其生产的手表质量较好，但是外观形象较差，因此，手表始终处于中低档，市场竞争力较弱。为了扩大其市场份额，增强手表的市场竞争力，进一步获得利润，该厂决策层决定运用价值工程原理对 21 钻手表进行功能价值分析，针对手表存在的缺点，确定改进的方案，降低成本，提高手表的价值。

9.4.1.1　价值工程步骤

在保证 21 钻手表功能不改变的前提下，此处计划运用价值工程方法将 21 钻手表的成本由 1178 元每只降低至 858 元每只。运用价值工程的具体步骤如下：

---

① 吴添祖等．技术经济学概论（第三版）［M］．北京：高等教育出版社，2010.

（1）根据具体产品21钻手表的具体情况，分析各零部件的功能，建立功能系统图。

（2）确定价值工程活动的重点研究对象。具体为：第一，邀请9位该产品的设计专家、技术人员以及成本核算人员，采用0~4评分法对手表各零部件功能进行打分，从而计算得出各零部件的功能重要度系数。第二，运用目标成本和功能重要度系数计算功能评价值。第三，将功能评价值除以目前成本，计算各零部件的价值系数，从而确定价值工程的研究对象。

（3）将目标成本按照各零部件功能的重要度系数进行分配，确定各零部件的成本降低期望值。

（4）进行方案创造，并对方案进行技术、经济以及社会评价，甄选出最优方案。

9.4.1.2 价值工程功能定义和整理

确定价值工程的研究对象，首要的即是对21钻手表的功能进行定义和整理，构建功能系统图。功能定义就是对21钻手表及其零部件的所具有的功能本质进行归纳与阐述，并构建功能系统图如图9-5所示。

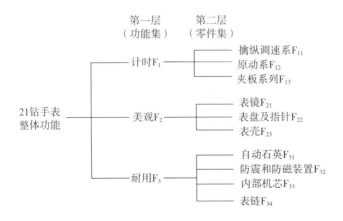

图9-5 21钻手表及零部件功能系统

9.4.1.3 价值工程研究对象的确定

（1）确定功能重要度系数。确定功能重要度系数的方法很多，在前面章节已做详细说明，本案例采用0~4评分法评价各零部件的功能重要度系数。首先由评定小组的9名人员各自对零部件的功能进行评价和打分，功能评分情况如表9-11所示。分析该表，功能 F_{33}（手表内部机芯）、F_{31}（自动石英）、F_{32}（防震和防磁装置）以及 F_{22}（表盘及指针）的功能重要度系数较大，这说明这些零部件在手表功能中占有重要的地位。

表 9-11 21 钻手表功能重要度系数

功能	功能专家打分										合计得分	功能重要度系数
	F_{11}	F_{12}	F_{13}	F_{21}	F_{22}	F_{23}	F_{31}	F_{32}	F_{33}	F_{34}		
F_{11}	0	3	2	1	1	2	1	1	1	2	14	0.078
F_{12}	1	0	1	1	2	2	1	2	1	1	12	0.067
F_{13}	2	3	0	3	2	2	1	1	1	2	17	0.094
F_{21}	3	3	1	0	1	1	1	1	1	1	13	0.072
F_{22}	3	2	2	3	0	3	2	2	1	2	20	0.111
F_{23}	2	2	2	3	1	0	2	2	1	2	17	0.094
F_{31}	3	3	3	3	2	2	0	2	1	2	21	0.117
F_{32}	3	2	3	2	2	2	2	0	2	2	21	0.117
F_{33}	3	3	3	3	3	3	3	2	0	32	26	0.144
F_{34}	2	3	2	3	2	2	2	2	1	0	19	0.106
合计											180	1

（2）确定功能目前成本。根据上文功能目前成本的计算步骤，首先，将手表各零部件对实现各项功能所起作用的比重分配到各项功能上。其次，将功能分配到的成本相加即得出各功能的目前成本。如表 9-12 第 2 列所示。

表 9-12 21 钻手表功能评价值计算

评价对象	目前成本①	功能重要度系数②	功能评价值③＝②×858	价值系数④＝③/①	成本降低系数值①-③	改善次序
F_{11}	122.5	0.078	66.924	0.546	55.576	4
F_{12}	58.9	0.067	57.486	0.976	1.414	
F_{13}	155.5	0.094	80.652	0.519	74.848	2
F_{21}	136.6	0.072	61.776	0.452	74.824	3
F_{22}	82.5	0.111	95.238	1.154	-12.738	
F_{23}	43.6	0.094	80.652	1.850	-37.052	
F_{31}	67.1	0.117	100.386	1.496	-33.286	
F_{32}	256.8	0.117	100.386	0.391	156.414	1
F_{33}	116.6	0.144	123.552	1.060	-6.952	

续表

评价对象	目前成本①	功能重要度系数②	功能评价值③=②×858	价值系数④=③/①	成本降低系数值①-③	改善次序
F_{34}	137.8	0.106	90.948	0.660	46.852	5
合计	1178	1	858		320	

（3）确定手表的功能评价。将上一步计算的功能重要度系数乘以手表目标成本858，得出各功能评价值，如表9-12第4列所示。

（4）计算手表的功能价值系数与成本评价。根据式（9-10）计算手表的功能价值系数，如表9-12第5列所示。根据式（9-11）计算手表的各功能成本降低期望值，如表9-12中第6列所示。然后，根据各功能价值系数与成本降低期望值进行成本评价，确定各功能改善的优先次序，如表9-12中第7列所示。

9.4.1.4 方案的创造与评价

（1）方案创造。创造的方案应具备创新性，且针对性较强，操作起来方便易行，同时经济上要求可行。基于此，价值工程活动团队对上一步所确定的价值工程活动的五项功能进行了详细的技术与经济分析。考虑到各项功能之间的独立与相互联系性，因此，价值工程活动团队从21钻手表的原理切入，分别对功能 F_{11}、F_{13}、F_{21}、F_{32} 以及 F_{34} 进行改善。对 F_{11}（擒纵调速器）的改进为，用一组齿轮组成的传动系推动擒纵调速工作，再用离合杆控制传动系统转速，以增强擒纵调速器计时的准确性。对 F_{13}（夹板系）的改进为，校正手表机芯中对称和非对称传动结构布局，在设计中则采用镀金层加强对位钉孔和轴承孔张力度。对 F_{21}（表镜）的改进为，采用塑胶表面或石英玻璃表面喷涂以加强表镜的耐磨性。对 F_{32}（方针和防磁装置）采取的改进方法为，在底盖上安装密封垫或表框等措施增强抗震防磁性。对 F_{34}（表链）采取的改进措施为，采用带扣装置或带钩装置以增强表链的韧度。总之，为了在增强手表功能前提下，降低手表的成本，VE活动小组确定两套方案以供进一步的比较选择，如表9-13所示。

表9-13 VE活动方案创造

价值工程对象	方案一	方案二
擒纵调速系 F_{11}	离合杆等	离合杆簧等
夹板系 F_{13}	镀金层 2μm	镀金层 3~5μm
表镜 F_{21}	塑胶表面	石英玻璃表面
防震和防磁装置 F_{32}	密封塑垫等	表框加密封垫等

价值工程对象	方案一	方案二
表链 F_{34}	无钛合金	实心钢链
预计减少成本合计	412.7	400.7

（2）方案评价。方案创造之后，为了确定最优方案，价值工程活动小组对两套方案进行了技术、经济、社会以及综合评价。

1）技术评价。采用直接打分法对方案进行技术评价。首先，确定评价项目，即确定工艺供求性、技术应用性、手表计时准确性以及手表耐用性作为技术评价的项目。其次，计算各方案的直接评价值，评价值越接近 1，则方案越理想，技术评价值结果如表 9-14 所示，可知方案一是较为理想的方案。

表 9-14　方案技术评价

方案	评价结果与得分								总得分	技术评价值
	工艺供求性		技术应用性		计时准确性		耐用性			
方案一	高	8.5	高	9.5	高	9.2	高	8.8	36.0	0.90
方案二	高	9.3	中	8.4	高	9.1	中	6.9	33.7	0.84
理想方案	理性	10	理想	10	理想	10	理想	10	40	1.00

2）经济评价。本书的经济评价主要采用两个方案的预计年平均增加利润幅度和年平均节约寿命周期成本幅度两项指标进行综合分析评价。由于两个方案的年平均增加额大致相当，因此，采用寿命周期成本的减少幅度进行评价，减少幅度较大的方案为理想方案。经济评价结果如表 9-15 所示。由表可知，方案一比方案二预计平均每只手表节约寿命周期成本为 12 元，故确定方案一为最优方案。

表 9-15　方案的经济评价

评价项目	方案一	方案二	方案比较
预计平均每只表增加的利润（元） （增加利润/原利润）×100%	70.7 6.8%	69.7 6.1%	1
预计平均每只手表节约寿命周期成本（元） （减少成本/原成本）×100%	412.7 35.3%	400.7 26.2%	12
综合得分	85	75	

3）综合评价。采用加权平均法对方案进行技术、经济与社会综合评价，评价结果如表 9-16 所示。由表知，方案一得分高于方案二，所以确定方案一为最优方案。

表 9-16　方案综合评价

方案	技术评价		经济评价		社会评价		合计得分
	得分	权数（0.4）	得分	权数（0.5）	得分	权数（0.1）	
方案一	90	36	85	42.5	95	9.5	88.0
方案二	84	33.7	75	37.5	80	8.0	79.2
理想方案	100	40	100	50	100	10	100

9.4.1.5　方案的实施

确定方案之后，价值工程活动小组首先进行生产试验，试验结果符合价值工程小组设定的实验结果评价标准，实验成功。其次，价值工程活动小组向主管部门正式提出 21 钻手表的价值工程改进方案。

方案征得主管部门的同意和批准后正式进入生产阶段。在生产阶段，价值工程活动小组需要根据生产中新出现的问题和手表的实际生产实践对局部功能进行调整，并进行技术跟踪，提出新的改进措施，最大限度地提高 21 钻手表的功能和产品价值。比如，在擒纵调速系上，采用配套工艺技术以改进擒纵系列的保险结构，增强其保险作用，包括增强保险圆头和叉头钉、喇叭口与圆盘钉的保险作用。为了使保险装置工作满足功能要求，实施叉瓦式擒纵机构的结构，以稳定振动周期与节拍对照。针对夹板系，使夹板系列工艺向高精确度、综合性以及参数优化的方向发展，针对对称与非对称传动结构布局，并在设计中对位钉孔和轴承孔合理布局。对于表链的改善，在现有材料的基础上，使用贵金属、皮或合成带，并在带耳上装上两个隐蔽的孔眼，使用双轴杆或带耳用一个保险环连接，以确保表链的耐用性。

经过价值工程方案实施后，21 钻手表除了功能增强，它的市场竞争力也有所提升，且成本降低不少，每只手表大约可节省成本 410 元，也即，通过对 21 钻手表关键零部件的价值工程活动，手表的功能增强，成本减少了 35% 左右，若每年年产量为 5 万只手表，则价值工程活动预计可以节约 2050 万元左右。

9.4.2　价值工程案例：航空发动机的寿命成本分析①

价值工程追求最低寿命周期费用。寿命周期费用作为价值工程的核心概念，

---

① 李屹辉 . 军用航空发动机全寿命费用分析研究［D］. 北京航空航天大学，2000.

在价值工程活动中发挥着至关重要的作用。这里就航空发动机的寿命成本案例进一步说明产品的寿命周期费用。

20 世纪 60 年代中期，美国国防部提出了全寿命周期成本的概念，其后，产品或系统的全寿命周期成本估算模型和方法获得了广泛的关注。国外情况显示，这些研究主要集中于美国的一些研究单位和机构，比如兰德公司、美国国防分析研究所以及美国航空航天学会等。

美国兰德公司分析了历史上的多种航空发动机相关数据，从而提出了航空发动机的寿命周期成本分析模型，为进行军用发动机的系统决策提供了技术支持。其主要运用参数估计方法估计航空发动机的寿命周期成本和寿命效益，使得设计人员在项目初期就能够进行相关的分析。对于航空发动机而言，寿命周期成本指政府或者其他机构在项目的全寿命周期内所花费的全部支出。而全寿命周期一般包括产品的研制、生产和维护以及弃置三个阶段。

9.4.2.1 完成时间模型

在产品研制阶段，为衡量航空发动机的技术性能，兰德公司提出了完成时间（Time of Accomplishment，TOA）模型。其主要研究新研制发动机的技术水平与技术工艺的趋势之间的差距，以判定发动机是否符合技术发展的需要。兰德公司构建的 TOA 模型如下：

$$TOA = a + b \times THRWGT + c \times TEMP - d \times SFC \tag{9-16}$$

式中，TOA 为航空发动机研制预测完成时间；F_W 为涡轮发动机的推重比；T_3^* 为涡轮发动机的进口温度；SFC 为涡轮发动机的耗油率。b、c、d 均大于零。涡轮发动机的推重比、进口温度与耗油率是在涡轮发动机研制中最为显著的三个特性，每一个系数的正负与技术的概念相一致。随着技术的进步，预计推重比和涡轮进口温度增加；这表明随着时间推移，其值越大，技术上越难以实现。而随着技术的进步，预期耗油率减少；表明随着时间推移，耗油率越小，越难以在技术上实现。

兰德公司采用美国 29 种涡喷、涡扇发动机的数据基于式（9-16）进行研究，建立航空发动机的完成时间模型如下：

$$T_{A29} = 46.918 + 8.728 \times F_W + 0.046 \times T_3^* - 31.264 \times SFC \tag{9-17}$$

式中，T_{A29} 为以 1942 年第三季度为原点计算所得的季度数，F_W、T_3^*、SFC 含义如上文所述。

在实践中，一般计算出 ΔTOA 表示预测的研究完成时间与实际的研制完成时间之差，以衡量涡轮发动机的技术先进性。ΔTOA 计算公式如下：

$$\Delta TOA = TOA - TOA^* \tag{9-18}$$

式中，TOA 为预测的研究完成时间；TOA^* 为实际的研制完成时间。如果

$\Delta TOA>0$，表明这种发动机领先于技术水平，研制工作提前了，是先进的发动机。如果 $\Delta TOA<0$，则表明这种发动机落后于技术水平，研制工作拖延了，是保守的发动机。过于先进和保守的发动机都会影响发动机的研制和列装，同时也可能影响到费用的估算。因此，决策时，即需要将 ΔTOA 限定在一定的范围之内，在这个确定的范围内，进行性能、进度和成本的权衡折中。

在确定估算费用模型前，需推导出代表技术进步的指标 TOA，利用 TOA、ΔTOA 以及费用数据确定发展和采购成本模型，从而将发动机计划的发展和采购成本量化。

9.4.2.2 发动机寿命期各阶段的成本估算模型

兰德公司构建了发动机寿命周期各阶段的成本模型，将各阶段主要费用成本项目作为航空发动机总体性能的函数。然后，基于美国军用发动机的实际数据进行多元回归分析，从而得出一系列费用成本项目的表达式。

（1）航空发动机研制成本估算模型。航空发动机的研制成本包括从发动机开始论证研究，到发动机被批准授权设计定型所耗费的全部成本。其主要包括设计成本、材料及附件成本、试验成本、试验件加工成本、专用工艺装备成本、专用测试仪器设备购置成本、样品样机购置成本、不可预见费以及管理费等。

我国发动机的研制费用包括：①设计资料费用，主要包括资料费和计算机费用等。②发动机整机制造费用，主要包括材料费（金属、非金属材料、外购铸锻件等），加工工时费，工装、非标费用（按30%计入，其余70%生产后逐年摊销），技术攻关费（新工艺、新材料试验攻关等），成品、附件采购费。以上各项费用需对应试制批发动机台数，费用计算一般按10~20台考虑。主要用于完成设计定型前的全部发动机试验，如标准台、飞行台、高空试验、各种特种试车、定型试车和寿命试车以及发动机性能试飞。③试验件（包括备份件）制造费。④试验费（包括各部件及系统附件的补充试验等）。⑤整机调试及各项试车费。⑥补充部分研制条件所需费用。⑦所有参加研制人员（包括后勤人员）工资、奖金及劳动保护费等。⑧管理费。⑨不可预见费：不可预见费一般按前八项费用之和的3%计算。以上费用数据源自设计、生产单位。

航空发动机研制成本费用受影响发动机质量性能的产品质量量度、占用的发展时间以及计划所需追加的技术的份量等的影响，因此，航空发动机预测研制成本估算模型如下：

$$DEVCOST=a+b\times THRMAX+c\times MACH+d\times DEVTIME+e\times \Delta TOA \tag{9-19}$$

式中，$DEVCOST$ 为预测的航空发动机的研制成本；$THRMAX$ 为推力；$MACH$ 为马赫数；$DEVTIME$ 为占用的发展时间；ΔTOA 同上，为计划所需追加技术的份量。

一般而言，根据理论和实践经验，式（9-19）中，推力、马赫数、占用的发展时间以及所需追加技术的份量的系数都为正，也即发动机推力越大，发展费用越高；发动机使用的环境越苛刻，发展费用越高；发展计划的周期越长，费用越高；计划的技术范围之外需要追加的时间越长，费用越高。

（2）航空发动机采购成本估算模型。航空发动机的采购成本包括生产费用和初始备件、安装以及初始培训费等。其中，生产费用主要由生产企业生产成本决定。根据实践情况，目前我国航空工业成本项目主要划分为原材料（包括外购成件）、燃油和动力、生产工人工资和福利费、车间经费、企业管理费以及专用经费等。

1）生产成本模型。在生产中，由于"熟练曲线"的影响，单件产品的生产成本与批量产品的单位成本费用并不完全相同。即受"熟练曲线"的影响，批量产品的单位成本费用一般要小于单件产品的生产成本。如图9-6所示，飞机制造业的熟练曲线为80%，即生产数量翻一番，生产单件产品的劳动量下降到原来的80%，所以，批量越大，生产成本下降越多。

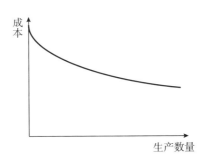

图 9-6　熟练曲线

航空发动机的生产成本主要受发动机推力、发动机质量性能、发动机涡轮进口温度、马赫数以及发动机计划所需追加的技术份量的影响，同时，受熟练曲线的影响，第一台和批量生产的单台发动机的成本也不一样，因此，建立如下两个计量模型以分别衡量航空发动机的单台和批量生产成本。

生产第一台发动机的成本模型为：

$$\ln KPUSP = a + b \times \ln THRMAX + c \times \ln T_3^* + d \times \ln MACH + e \times TOA \tag{9-20}$$

累计生产到第 M 台发动机的单台平均生产成本为：

$$\ln KPUSP = a + b \times \ln THRMAX + c \times \ln T_3^* + d \times \ln MACH + e \times \ln M \tag{9-21}$$

式中，$KPUSP$ 为发动机单台生产成本。e 表示发动机生产熟练指数值。M 表示生产"熟练曲线"的影响。其他变量含义同上文。

2）采购成本估算模型。

首批采购单价估算模型为：

$$CPUSP = a + b \times THRMAX - c \times SFC + d \times F_W + e \times TEMP \qquad (9-22)$$

批量采购单价估算模型为：

$$CPUSP = a + b \times THRMAX + c \times F_W + d \times TEMP + e \times MBTO \qquad (9-23)$$

式中，$CPUSP$ 为采购成本；$MBTO$ 为最大翻修寿命；其他变量含义同上文。比较两式，由于批量采购中耗油率大小对单价的影响相对较小，所以批量采购单价估算模型中将耗油率删掉。另外，在批量采购单价模型中引入 $MBTO$ 最大翻修寿命，即将部件改进费用反弹到采购费用中。部件改进需要的投资越多，最大翻修寿命和平均翻修寿命越长，则反映到采购费用中的采购单价也越高。

（3）航空发动机使用保障费用估算模型。在兰德公司构建的航空发动机的寿命周期成本中，航空发动机的使用保障费用的数据源自美国军方使用单位。使用保障费用反映发动机使用保障阶段的全部费用，主要包括发动机飞行基地费用、发动机修理工厂费用、备用发动机费用、燃油消耗费用以及其他费用。

而在我国，维修工作主要包括外场维护和工厂翻修两部分。外场维护又称航空维护，一般是在基地维修车间进行的发动机中小修。工厂翻修一般又称航空修理，是指发动机进承制厂或大修厂所进行的修理。

1）内场修理费用。据翻修厂的成本核算制度，发动机整机翻修费用主要包括劳动工时、零件费和管理费等。发动机翻修次数不同，翻修费用成本也不同。

翻修费用与发动机销售单价和物理尺寸有关，发动机单价越高、尺寸越大，翻修费用越高。另外，发动机生产熟练程度和技术水平也影响翻修费用。据此，建立一次翻修费用预测模型如下：

$$\ln SOHC = a + b \times \ln THRMAX + c \times \ln CPUSP \qquad (9-24)$$

式中，$SOHC$ 为翻修单价，其余变量含义同上。模型中加入采购成本变量，反映了生产熟练程度和技术水平对翻修费用的影响。

发动机在十几年的寿命周期内一般的返修次数多达 3～6 次，因此，发动机的内场修理费用则为首次翻修单价的几倍。在航空发动机寿命的早期翻修费用较低，而在寿命后期，由于老旧发动机的零件需要频繁地报废和更换，翻修费用较高。所以要从发动机整个寿命周期考虑内场修理费用。航空发动机内场修理费用包括发动机整机翻修、用于整机翻修的可修复性零件的修理费、消耗性零件费、改型费以及运费等。基于此，构建内场修理总费用预测模型如下：

$$\ln DCEFHR = a - b^* \times \ln ABTO + c^* \times \ln CPUSP + d^* \times OPSPAN \qquad (9-25)$$

式中，$DCEFHR$ 为单位飞行时间修理工厂费用；$ABTO$ 为平均翻修寿命；$OPSPAN$ 为发动机使用时间间隔。

2）外场维护费用。影响发动机外场维护费用的因素与内场修理费用大致相似，所以，构建发动机外场维护费用如下：

$$\ln BMCEFHC = a - b^* \times \ln MBTO + c^* \times \ln CPUSP + d^* \times OPSPAN \tag{9-26}$$

式中，$BMCEFHC$ 为单位飞行时间外场费用；$MBTO$ 为最大翻修寿命；其他变量同上。最大翻修寿命对发动机外场维护费用有所影响，延长翻修寿命可以有效地降低外场费用，所以，$MBTO$ 系数为负。发动机服役时间越长，外场维修费越高。发动机越贵，基地维修费越高。另外，模型也间接反映了生产熟练程度和技术水平的影响，他们是通过单台生产成本模型和假定的生产熟练指数和发动机采购量来影响采购单价的。

3）备份发动机总费用。备份发动机总费用即是保管费用。据规定，备份发动机占已装用发动机的 25%~50%，至少占武器系统总采购费的 20%。一般估算方法为：首先，计算给定计划的全部发动机的总采购费用，其次，按照安装发动机和备用发动机各自的采购台数所占比例确定各自采购费用。

4）燃油消耗费用。发动机燃油消耗费用受到发动机的性能参数、飞机担负的任务类型等的影响。基于此，构建如下估算模型：

$$CCyl = a + b^* \times THRMAX - c^* \times SFC - d^* \times F_W - e^* \times Range \tag{9-27}$$

式中，$CCyl$ 为油料消耗费用；$Range$ 为飞机航程；其他变量同上文。

5）其他费用。

除发动机的内场修理费用和外场维护费用外，发动机全寿命成本也受到其他一些费用的影响。这些费用主要有：运输、地面支援设备、管理培训费用、设施费用等，这些费用经过估算，大约是发动机全寿命周期成本的 5%。

总之，发动机全寿命成本包括总研制费用、总采购费用和总使用维修费用及退役处理费用，即发动机全寿命成本是以上费用成本之和。

以上模型主要依据美国军用发动机的历史情况进行分析。在我国航空发动机的研制工程实践中，可结合我国航空发动机的实际情况，借鉴该模型框架对发动机的全寿命周期成本进行分析，对发动机进行成本和性能的权衡，进一步提升发动机的性能，同时保持合理的发动机拥有成本，达到性能和效益的最优化决策。

本章练习题

1. 简述价值工程的目标和核心。

2. 价值工程的工作步骤和阶段分别为哪些？

3. 提高价值的途径有哪些？最理想的方法是什么？

4. ABC 法中 A、B、C 的含义各是什么？

5. 简述功能整理的方法。

6. 简述方案评价的方法。

7. 价值工程中功能评价的步骤有哪些?

8. 功能价值系数的计算中,$V=F/C$,分别说明 $V=1$、$V>1$、$V<1$ 的含义。

9. 在 X 开发公司的某幢公寓建设工程中,造价工程师采用价值工程的方法对该工程的设计方案和编制的施工方案进行了全面的技术经济评价,取得了良好的经济效益和社会效益。共有四个设计方案,分别为方案 A、方案 B、方案 C 和方案 D,经有关专家对上述四个方案根据评价指标 $F_1 \sim F_5$ 进行技术经济分析和论证,得出如下资料。

功能重要性评分

方案功能	F_1	F_2	F_3	F_4	F_5
F_1	×	4	2	3	1
F_2	0	×	1	0	
F_3	2	3	×	3	3
F_4	1	4	1	×	1
F_5	3	7	1	3	×

方案功能评分及单方造价

方案功能	方案功能得分			
	A	B	C	D
F_1	9	10	9	8
F_2	10	10	8	9
F_3	9	9	10	9
F_4	8	8	8	7
F_5	9	7	9	6
单方造价(元/平方米)	1420	1230	1150	1360

(1)计算功能重要性系数。

(2)计算功能系数、成本系数、价值系数并选择最优设计方案。

10 航空项目可持续发展评价

本章是航空项目可行性研究内容的继续与深化，着重站在社会的角度、站在未来的角度，审视航空运输、航空机场等过程中对资源的消耗与节约、对环境的破坏与保护以及给社会带来的影响，旨在确保经济效益的同时，提高资源配置效率，防止项目开发恶性后果的出现，促进社会可持续发展目标的实现。本章的学习重点为可持续发展的概念与内涵，建设项目可持续发展评价的原则，建设项目资源、环境、社会可持续发展的评价内容与方法。

10.1　可持续发展的概念与内涵

10.1.1　可持续发展的提出

1972 年，联合国在瑞典首都斯德哥尔摩召开第一次人类环境大会，号召全球各国重视环境保护问题。会议发表的《人类环境宣言》表示，为了当代人和后代人的发展，应摒弃自工业革命以来把单纯追求经济总量的增长作为衡量发展唯一标志的传统发展观，实现经济、社会、资源、环境、科技与人口之间的协调发展。此次会议便是可持续发展的起点。

1980 年，国际自然与自然资源保护同盟联合会在《世界自然资源保护大纲》中提出："必须研究自然的、社会的、生态的、经济的以及利用自然资源过程中的基本关系，以确保全球的可持续发展。"同年，由联合国环境规划署、国际自然与自然资源保护同盟联合会和世界自然基金会联合发表的《世界自然保护战略：为了可持续发展，保护生存的资源》一书中，第一次提出"可持续发展"术语。①

---

① 余谋昌．生态文明与可持续发展［J］．绿色中国，2019（4）：61-63.

10.1.2 可持续发展的概念

1980 年国际自然保护同盟的《世界自然资源保护大纲》首次提出"可持续发展"概念："必须研究自然的、社会的、生态的、经济的以及利用自然资源过程中的基本关系，以确保全球的可持续发展。"1981 年，美国学者布朗所著的《建设一个可持续发展的社会》一书，提出通过控制人口增长、保护资源基础和开发再生能源，实现可持续发展。1987 年世界环境与发展委员会在《我们共同的未来》报告中，首次对可持续发展进行了概念界定，即"既能满足当代人的需要，又不对后代人满足其需要的能力构成危害的发展"，并系统阐述了可持续发展的思想。

1992 年 6 月，在巴西里约热内卢召开的第二届"世界环境与发展大会"上，通过了《里约热内卢环境与发展宣言》《21 世纪议程》等一系列纲领性文件，推动可持续发展从理论探讨走向全球实践。

随着《21 世纪议程》的发表，世界各国也分别针对各自的国情特点，对可持续发展理论体系作进一步调整、补充与扩展。1994 年我国通过了《中国 21 世纪议程》，该议程概括了可持续发展理论体系的四个分系统：可持续发展总体战略、社会可持续发展、经济可持续发展、资源与环境的合理利用与保护，确立了中国的可持续发展战略，提出了中国可持续发展的战略框架。

联合国在 2016 年 1 月 1 日正式启动了《2030 年可持续发展议程》，呼吁全球各国采取相应行动在未来 15 年内为实现其中的 17 项可持续发展目标而努力，该议程内的可持续发展目标述及全球发达国家和发展中国家人民的需求，并指出这些发展目标要惠及到每一个人，绝不会落下任何一个人。这份议程从社会、经济和环境这三个层面对全球可持续发展提出了新的要求与目标，同时将采取执行手段，包括财政资源技术转让与开发等。在 17 项可持续发展目标中，其中目标 8 的具体内容为促进民航的持久、包容和可持续的经济增长，充分促进生产性就业和保证民航从业者的工作的优质性，目标 12 的具体内容为采用可持续的消费和生产模式，这两个目标都对全球民航的可持续发展提出了要求，同时民航业也亟须为民航可持续发展做出努力。①

10.1.3 可持续发展的内涵

可持续发展概念被提出以来，不同领域的学者从不同角度阐述了其内涵。例如，首先提出"持续性"一词的生态学家，注重可持续发展的自然可持续性，

---

① 于思扬. 国际民航组织推动全球民航业可持续发展的政策［D］. 外交学院，2020.

即"生态持续性"，强调自然资源及其开发利用程序间的平衡。1991 年，国际生态学联合会和国际生物科学联合会联合举办了关于可持续发展问题专题研讨会，会议认为可持续发展是"保护和加强环境系统的生产和更新能力"。世界自然保护同盟、联合国环境规划署和世界野生生物基金会的观点认为，可持续发展是生存于不超出维持生态系统涵容能力的情况下，提高人类的生活质量，它注重社会属性上的可持续。还有一些从经济科技、空间等角度给出的定义。但是，随着人们对可持续发展的理论和实践研究，越来越多的专家开始用系统的观点来看待可持续发展这一命题，认为应该将这些属性结合在一起，形成统一的发展概念，即人类能动地调控"生态—社会—经济"三维复合系统，在不超越资源与环境承载能力的条件下，促进经济持续发展，保持资源永续利用，不断全面地提高生活质量，既满足当代人的需求，又不损害后代人满足其需求的能力。在 1989 年 5 月举行的第 15 届联合国环境署理事会通过的《关于可持续发展的声明》中阐明了可持续发展应包括以下三个方面的内涵：

（1）经济可持续发展。传统意义上的经济发展只强调经济增长，而在可持续发展过程中，不仅鼓励经济增长，同时更追求质量的改善，促进生活水平、教育和医疗条件、机会均等性等经济质量的提高。

（2）社会可持续发展。可持续发展的最终落脚点是全人类社会，即创造美好的生存环境，改善人类生活质量，提高健康水平。因而社会属性的可持续发展强调人类的生产活动方式和社会生活方式应当保障人们平等、自由、民主、无暴力的社会环境，促进人类社会的全面进步。

（3）生态可持续发展。可持续发展从自然属性上表现为生态和环境的可持续，即要寻求以一种最佳的生态运行系统，使自然资产的耗竭速度低于资源的再生速度，从而保护和加强环境系统的生产和更新能力。正如世界银行在 1992 年度在《世界银行发展报告》中指出："可持续发展是建立在成本效益比较和审核的经济分析基础上的发展和环境政策，从而增加福利和提高可持续水平。"①

10.2 航空建设项目可持续发展评价概述

航空建设项目从规划设计、组织实施、生产运营直至报废拆除，一般经历几十年甚至上百年，航空建设项目在生命周期内与环境诸要素进行着复杂的物质、

---

① 虞晓芬，龚建立，张化尧．技术经济学概论（第五版）［M］．北京：高等教育出版社，2018.

能量和信息交换，对区域内经济和社会发展、生态环境以及资源利用都产生着巨大的影响，是造成全球性资源短缺、环境污染、生态破坏的主要因素。实践证明，单纯从经济效益角度考察航空建设项目的可行性，往往带来严重的社会和生态问题，可能是"杀鸡取卵""寅吃卯粮"，既影响项目本身的可持续运行，又给社会发展、生态环境带来不可估量的损失，应从可持续发展角度综合考虑航空建设项目的可行性。

航空建设项目可持续发展是航空业可持续发展的微观基础。航空建设项目可持续发展评价是可持续发展战略在航空运输、航空机场建设、航空工业建设等项目上的具体实施，对于保证并促进航空业的可持续发展战略具有重要作用。通过航空项目可持续评价，有利于增强全局观点与长远的持续发展观点，注意全面考虑航空项目对经济与社会协调发展的贡献，减少投资的短期行为与盲目建设；可以将有限的资源配置到更好的项目中去，提高资源配置效率；可以防止项目开发恶性后果的出现，有利于促进国家社会绿色发展目标的实现。[①]

10.2.1 航空建设项目可持续发展评价的含义

随着航空业的蓬勃发展，航空运输在承担运输重任的同时，与环境、社会及企业经济利益的矛盾也日益突出，机场经济增长与运输需求增长难以平衡，陆侧交通日益复杂和无序，航空噪声扰民等社会和环境问题凸显。生态环境脆弱、空气质量差、能源消耗过度等环境矛盾及社会矛盾的日益加剧将制约航空业的发展。航空业减排是全球范围内面临的低碳转型难题，国际能源署（IEA）的报告显示，航空业还没有走上实现净零排放之路。从 2013 年到 2019 年，全球民航运输业碳排放量已超过国际民航组织预测数值的 70%。气候行动追踪组织（Climate Action Tracker，CAT）将航空业的碳中和发展目标进展评为"严重不足"。CAT 公布的数据显示，2019 年国际航空业总计排放了超过 6 亿吨二氧化碳，约占全球温室气体排放量的 1.2%。本部分将从机场建设项目可持续、航空运输可持续与航空产业可持续发展三个方面描述航空建设项目可持续发展。[②]

10.2.1.1 机场建设项目可持续的含义

2010 年，机场合作研究计划（Airport Cooperative Research Program，ACRP）提出机场可持续发展应贯穿于机场管理的全部过程且能够保护环境和自然资源的发展。美国联邦航空局（Federal Aviation Administration，FAA）明确提出，机场可持续发展"首先要保护环境，节约资源，其次要确保社会进步，保障利益相关

① 朱东恺. 项目可持续发展影响评价初探 [J]. 中国人口·资源与环境，2004（2）：40-42.
② 王晨. "十四五"航空业将纳入碳市场 可持续航空燃料仍是最大难题 [N]. 21 世纪经济报道，2022-01-20（006）.

者的需求，同时要保持机场高速、稳定的经济增长与就业"。机场可持续发展指导联盟（The Sustainable Aviation Guidance Alliance）在其研究报告中指出，机场运行者应在充分考虑机场的特殊属性及社区性的基础上，从经济增长—环境引领—社会承担三维视角下，进行机场的可持续发展规划及实践。国际机场协会—北美机场可持续发展委员会（The Airport Council International-North America's Airport Sustainability Committee）提出，机场可持续发展是一种整合了经济可行、操作高效、资源节约及社会责任担当的整体性战略层面的机场管理理念。① 中国民用航空"十三五"规划中指出绿色机场是指机场在全生命周期内能够实现资源节约、环境友好并适航、服务人性化、按需有序发展、能与周边区域协同发展。尽管这些机场可持续发展的定义各不相同，而且可持续发展的概念也会随着社会环境不断变化发展，但总体而言，机场可持续发展是在确保经济社会效益的情况下，降低机场发展对环境影响，提升运行效率。②

10.2.1.2 航空运输可持续的含义

航空运输的发展一方面给社会创造了可观的效益，航空运输的技术越来越复杂，公众的需求也越来越高；另一方面，随着空中运输的发展，大量废热、废气和污染粒子排放到空中，给空气造成污染，此外，随着航空运输业的不断发展，飞机产生的噪声成为城市噪声污染的最主要来源之一。经初步调查，机场在年旅客吞吐量超过100万人次后就会产生比较明显的航空器噪声影响问题。飞机不仅在低空飞行和起落时产生噪声，超音速飞机在飞行速度超过音速时还会产生很强的声爆，危险系数很大，而且噪声作用的范围达到数十千米。为了避免飞机噪声对人们正常生活的影响，机场一般需要建在远离城市和居民点的地方，飞行航线也避开大城市上空，但随着城市的不断扩张，机场对城市的污染也越来越突出。③

就航空运输而言，要获得可持续的发展，按照经济可持续、社会可持续和生态可持续三方面内容的分析，一是要求航空公司经济上保持持续的盈利能力；二是所有航空运输业成员公正平等地参与全球航空运输系统的发展；三是资源上通过技术水平的提高、装备的改进及管理的现代化，节约使用各种资源，降低成本，支持更大的运输需求。航空运输应将对社会贡献的进步确定为第一目标和最终目标。因此，社会资源、航空公司及公共利益的协调一致，是航空运输持续发展的基础和关键。

---

① 陈建国，薛秀凤，方丁，吕峰，陈佳佳. 机场可持续发展规划框架与评价体系研究 [J]. 上海空港（第20辑），2015：7-12.
② 王九禾. 机场可持续发展能力评价及影响机理分析 [D]. 南京航空航天大学，2020.
③ 万青. 航空运输可持续发展理论的分析和应用 [J]. 无锡职业技术学院学报，2004（1）：45-47.

要建立可持续的航空运输体系，需要做到以下三点:①

第一，航空运输业的服务延伸。我国不少货运航空公司承接的业务比较独立，仅仅是完成货物运输任务，收取运输费用。这种服务的方式容易受到局限，甚至在时间要求不高的情况下，失去和其他运输方式竞争的优势。如果从产业链的层面着眼，那么货运航空公司就会重视运输前后的服务延伸，如仓储、配送、包装等。这些延伸服务不会存在严重的技术制约，还可推进与贸易、物流等行业的对接，是航空运输业可持续发展的首要任务。

第二，航空运输业的资源整合。我国航空运输业目前不仅市场占据范围有限，资源利用不充分，而且货运航空公司之间还存在恶性竞争的风险。但是从产业链的布局角度来看，各大货运航空公司可以分配和利用的资源是十分广阔的，入主产业链的发展可避免公司视野的局限，拓宽服务领域，并发挥市场机制调节资源配置。

第三，航空运输业的服务创新。创新是任何行业发展所必需的，国际上知名的 UPS、联邦快递在中国的成功经营就说明了服务创新的重要。而且服务创新有助于带动货运航空公司集中挖掘本公司的竞争优势，完善服务，改变抢占"地盘"式的恶性竞争局面。

10.2.1.3 航空产业可持续的含义

航空制造业作为国家的战略性产业，拥有强大的技术、资金、设施和人才优势，它具有国家安全性和经济性两重属性，是一个国家现代化的重要工业和技术基础，也是一国国民经济发展和科学技术现代化的重要力量，在国防建设和国民经济发展中具有影响全局的重要作用。航空制造业企业，它具有竞争残酷性、双赢性、风险性、市场多变性、发展前瞻性等特点，而且它们之间的竞争在很大程度上是技术的竞争，也可以说技术创新是航空制造业企业可持续发展的核心竞争力。

全球环境变得日益复杂，航空产业的发展也面临着严峻的环境要求。气候的变化尤为显著，航空工业发展需要适应变化的气候，通过技术创新提升发展水平，降低恶劣气候带来的不良影响。因此，航空产业发展需要利用技术对气候的变化情况进行监测，保证未来乘坐飞机时能够在全球范围内得到完善的安全保护。同时，考虑气候对全球范围内的资源和能源产生影响，所以航空产业发展也需要开发能够有效储存更多能量的设备。

航空运输行动小组（ATAG）于 2020 年 9 月发布了全球航空业应对气候变化的《2050 路线图》（*The Waypoint* 2050），分析了全球航空业应对气候挑战可能采取的技术创新主要包括飞机和推进系统两大方面针对提高燃料效率和减少排放这

---

① 蔡旭. 论我国航空运输业的可持续发展［J］. 现代经济信息，2010（14）：172.

两个途径，提出了五种未来技术方案。这也是目前主要研究机构和企业正在研究的技术方案：现役或即将服役飞机使用传统燃料或可持续航空燃料；进化技术（2035 年前下一代飞机最有前景的技术），沿用传统的飞机结构，只在一些技术点上进行改进，例如，GF 发动机、高增压比发动机、超高涵道比发动机、使用轻质复合材料、主动减载、结构健康监测、机载燃料电池和先进电传飞控系统等，使用传统燃料或可持续航空燃料；机体革命，飞行构型配置的革命，包括翼身融合、盒式机翼等，使用传统燃料或可持续航空燃料；推进系统革命，如电推进、混合电推进、氢能、开式转子发动机等，预计 2035~2040 年可用于 100 座以下使用电池系统的飞机和使用混合动力系统的大型飞机；激进技术，实现 100~200 座的窄体飞机的零排放存在巨大挑战，包括认证测试困难、航空公司态度谨慎、更高的基础设施要求、成本以及公众信任等。此外还需重点关注电动飞机和氢能飞机的前景。

对航空航天产业而言，制造环节一直以来都是产业运营的首要关切。航空制造业必须可持续发展已是全球共识。为了确保全球航空业的持久健康发展，已经并且还将持续发布一系列诸如《巴黎协定》的节能减排政策和措施，欧洲甚至已经发布了《欧洲气候法》草案，以确保协调平衡各国、各行业的发展步伐，中国也明确发布了碳中和目标，承担起节能减排的责任。航空业是节能减排的关键领域，而航空业的节能减排目标需要各国的通力合作方能达成，特别是航空制造相关企业。此外，对于可持续航空发展是众望所归的，可持续航空燃料未来将是航空业面临的关键挑战之一，并已经引起各国政府的关注。例如，2020 年法国宣布计划到 2025 年用可持续航空燃料取代 2% 的石化燃料，到 2030 年提高到 5%，到 2050 年提高到 50%。[①]

10.2.2 航空建设项目可持续发展评价的原则

10.2.2.1 短期利益与长期利益相结合的原则

要实现航空建设项目的可持续发展，就必须处理好短期利益与长远利益的关系。短期利益主要体现为近期内便可获得或实现的效益，长远利益主要体现为长期稳定和盈利增长，两者是对立统一关系。有时，短期利益与长期利益是统一的，短期利益是长期利益的基础，长期利益寓于短期利益之中，短期利益是长期利益的阶段性实现形式。但有时，短期利益与长期利益又是相互对立的关系。在可持续发展评价中要求重视长期利益，不能只顾眼前利益而损害后代人满足其需求的条件，当然，也不能一味追求长期利益而不顾当前的利益，否则项目也难以

---

① 廖忠权. 未来航空可持续发展之路 [J]. 航空动力，2021（1）：10-15.

为继。在进行项目可持续发展评价的同时，应将短期利益与长期利益结合起来。

10.2.2.2 经济效益、生态效益与社会效益相结合的原则

经济效益是指一个项目通过生产、销售产品所获得的一定的利润回报。生态效益是指生态环境中诸物质要素，在满足人类社会生产和生活过程中所发挥的作用，它关系到人类生存发展的根本利益和长远利益。在劳动者耗费的劳动量和科技水平一定的条件下，生态环境提供的物质要素质量好、数量多，既可产生好的生态效益又可产生较高的经济效益。而经济效益则是生态效益得以改善的重要社会环境和外部条件。社会效益的解释是"各种经济活动及科学技术、教育、文学、艺术等在社会上产生的非经济性效果和利益"，包括项目对就业、社会安全、当地经济发展、生态环境等的贡献，生态效益是形成社会效益的客观自然基础与重要组成部分。所以，在对项目作可持续发展评价时，必须高度重视经济效益、生态效益、社会效益的统一，正确处理好三者的关系。

10.2.2.3 定性评价与定量评价相结合的原则

项目可持续评价涉及的因素多种多样，比较复杂，有的可以定量计算，如资源消耗对当地经济发展的贡献等，但不少因素不能或难以定量计算，如解决就业带来的效应、周边居民对项目的看法与态度、对生态环境的影响、对社会稳定安全、生活质量的影响等，一般不能以一定的公式进行效益的定量计算。因此，定性分析在可持续评价中占有十分重要的地位。在可持续发展评价中，要坚持定量与定性相结合的原则。

10.2.2.4 静态评价与动态评价相结合的原则

静态评价是指项目建设对现有系统的现状产生的影响评价，包括对当前环境、经济社会带来的影响，反映了项目现实的影响。动态评价就是要考察系统发展的趋势，分析系统结构的稳定性及缓冲能力和应变能力，以掌握可持续发展系统的运行规律，提前进行系统控制与防范。静态评价和动态评价相结合，能从纵横两方面综合反映项目可持续发展系统的全貌。

10.2.2.5 保证评价方案的可比性

实现可持续发展目标的多个方案之间要有可比性和一致性，包括满足需要的可比性、成本的可比性、价格指标的可比性和效率的可比性等可比性原则。评价时不能以点概面。个别功能的突出或方案的新内容多，只能说明其单方面的优点，不能代替其他方面的好坏。可比性的另一方面内涵是指对于某个标准，必须能够对方案做出比较，不能比较的方案当然谈不上评价，但实际上有很多问题我们是不能做出比较或者不容易做出比较的，对这点必须有所认识。[①]

---

① 杨晴. 新能源技术经济学［M］. 北京：中国水利水电出版社，2018.

10.2.3 航空建设项目可持续发展评价的内容

可持续发展理论通常认为可持续发展包括经济、社会和环境三个维度。Bartle 提出交通可持续发展包括环境、经济、财政和社会四个方面，Rebecca 认为这四个维度同样适用于航空可持续发展。其中，环境是指考虑航空所带来的噪声、大气污染、二氧化碳排放等环境影响；经济是指实现物质资产和自然资本的最高收益；财政是指航空业能够实现长久的收支平衡；社会是指航空业的发展能够提高人们的生活水平和生活质量，并减少贫困人口。结合机场建设项目、航空运输和航空产业可持续发展的定义研究可以发现，航空建设项目可持续发展的经济维度即意味着经济运行效率的提高。国际航空运输协会（International Air Transport Association，IATA）指出提升效率是促进航空可持续发展的重要手段。因此，航空建设项目可持续发展的经济维度为技术运行的可行性维度。而航空建设项目可持续发展的财政维度则意味着航空项目在经济运营方面能够保证收支平衡。此外，航空建设项目可持续发展的环境和社会维度与交通可持续发展中的环境和社会维度的内涵一致。综上所述，将机场可持续发展的维度分为经济、社会、生态环境和技术四个方面，也就是将航空建设项目可持续发展能力评价指标分为经济、环境、社会和技术指标。①

10.2.3.1 经济维度

对于航空建设而言，经济发展是可持续发展的根本。一个亏本的项目最后不可能提供一流的服务，因此经济发展是根本。经济绩效着重考察企业在经济方面的发展，表示航空建设项目在一定时期内为利益相关者创造的经济财富，经济系统包含生产指标、财政表现以及人力资源情况。

10.2.3.2 社会维度

社会维度的评价是评价航空机场建设等项目对人类社会发展的作用、意义和贡献，是指最大限度地利用有限的资源满足社会上人们日益增长的物质文化需求，也称外部间接经济效益，包括人的自由与公平、人类文化和卫生条件的改善等方面。对项目进行社会效益评价，其目的是为了分析项目在取得经济效益的过程中社会目标的实现程度。

10.2.3.3 生态环境维度

环境效益评价是以建立资源的可持续利用和良好的生态环境为目的，分析整个生命支撑系统和生态系统的完整性及生物的多样性，评价自然资源，尤其是可再生资源的可持续利用程度；对资源破坏和环境污染所产生的各种影响进行衡量

---

① 王九禾. 机场可持续发展能力评价及影响机理分析［D］. 南京航空航天大学，2020.

或计量。如果某项技术的应用可能带来严重的生态环境问题，即使经济效益和技术效益再好，也是不可取的。

由于人类的生活和生产活动必然会引起环境发生各种各样的变化，这些变化对人类的继续生存和社会的持续发展的作用是不相同的。因此，环境效益评价需要从自然、经济、人文等多种角度对人类活动可能导致的环境变化进行综合评估和衡量。环境效益有正效益、直接效益和间接效益之分，其货币计量值可按环境保护措施实行前、后环境的不利影响指标（或环境状况指标）的差值来计算，并将其值纳入社会经济发展的指标体系之中。

10.2.3.4 技术运行维度

建设项目的投资收益越高，说明项目所蕴含的科学技术本身就是较为先进的，并且是不断发展的。

10.2.4 可持续评价方法

自可持续发展概念被提出以来，国内外学者便开始思考并提出多种可持续发展评价方法，最常用的为综合性指标评价方法。综合性指标根据是否采用既定的分类指标，大致可分为概念类的指标体系和个性化指标评价方法，本部分将对常用评价方法的原理内容进行分析，明确方法的适用范围及条件。[①]

10.2.4.1 概念类的指标体系

概念类的指标体系法就是将可持续发展理念融入经济、社会、环境等发展维度中，由不同利益相关者参与框架、指标体系的制定及设计，并形成一些具有较高普适性的指标体系，用来进行特定系统、地区或者国家之间的比较。可持续发展研究对象较多，研究内容也较为复杂，因此，有关可持续发展的描述性研究还处于初级阶段，现阶段有关描述性方法的研究主要有生态承载、经济货币、社会福利和系统结构四个方向（樊重俊等，2015）。

（1）生态承载类描述。生态承载类描述以确定人类活动是否处在生态承载力之内，研究生态系统与经济系统的关系。如生态足迹指数、环境可持续性指数、能值分析、自然资本指数等。

（2）经济货币类描述。经济货币类描述性通过自然、人力、社会和人造资本来描述财富、可持续发展能力的变化发展，常用的有绿色 GDP、可持续经济福利指数（Index of Sustainable Economic Welfare，ISEW）、真实发展指数（Genuine Progress Indicator，GPI）等。

（3）社会福利类描述。社会福利类描述主要是指生活质量和社会福利的提

---

① 李琳丹. 机场可持续发展评价方法研究［D］. 中国民用航空飞行学院，2019.

升，例如联合国开发计划署标志性指标人文发展指数（Human Development Index，HDI）。

（4）系统结构类描述。系统结构类描述是指运用系统工程理论方法创建层次指标体系，基于综合评价方法运算相关指数，例如可持续性的"晴雨表模型"。

10.2.4.2　个性化的指标体系

由研究人员和专家制定框架和指标体系，可根据研究内容及目标将经济、环境、社会、资源等各个子系统囊括、综合、浓缩为想要提取的关键信息，同时可将错综复杂的信息加以简化供管理者做出更为精准的决策。常用的方法有专家评分法、层次分析法、主成分及因子分析法、模糊综合评判法等。

（1）专家评分法。专家评分法是由参与人员进行评分等方式做出定量评价，其建立在定性与定量分析基础上，是一种出现时间较早，应用范围较广的评价方法，其结果存在一定的主观倾向性。因此，参与评分人员知识储备以及实践经验越丰富，评价结果的准确度也就越高。其方法步骤为选择评价指标，根据指标制定评价等级并用分值表示出来，接下来根据评价内容及对象分析各项指标具体分值，结合乘法评分、加法评分等方法求出总分值。

专家评分方法原理简单，其计算过程也简单易懂，有较强的主观性，针对无法获取数据或不易获取数据的指标也有较好的解决办法，但评价结果的准确性及客观性有待提高。

（2）层次分析法。层次分析法由美国著名运筹学家萨蒂提出，该方法在定性与定量分析基础上，将与决策相关内容分解为目标层、准则层、方案层等层次，通过整理综合分散的专家意见，将专家经验判断模型化、集中化、数量化的多目标决策分析方法。

层次分析法能处理传统最优化技术无法着手的实际问题，针对半定性、半定量指标也是较好的解决方法，同时层次分析法能综合考虑到定性与定量指标，针对大量指标能避免赋权混乱和失误，但实践运用中无法避免的是评价过程的随机性和评价结果的主观不确定性。层次分析法需要建立判断矩阵，但涉及的实际工作量较大，判断矩阵建立的客观性存在困难，因此，评价结果准确度不高。但任何事物都是发展变化的，层次分析法经过发展也衍生出了模糊层次分析法、灰色层次分析法、可拓模糊层次分析法、改进层次分析法等，其中改进、可拓、模糊层次分析法是针对判断矩阵不易确定问题，通过改进判断标度构造更优判断矩阵，灰色层次分析法则是将灰色系统理论贯穿于整个评价过程。

层次分析法是系统评价的好方法，也是较为简单实用的决策方法，对定量数据信息没有绝对要求，但不足之处是不能为决策者提供新方案，当定量数据较少，定性指标较多时，所得结果主观性较强，不易使人信服，指标数据过多时，权重确定较为困难，工作量也较大。

（3）主成分及因子分析法。主成分及因子分析法是基于多元分析中的降维思想，将综合指标通过降维转化为几个代表指标以降低变量复杂程度，通过降维可以将指标之间存在的信息重叠简化浓缩为几个变量，可以减少指标选择，减轻计算工作量。

主成分及因子分析究其本质是在做差异分析，但这种差异本身仅仅是数据的数值差异，并不能构成对事物的价值判断，而评价的核心是通过各种方法来定量化度量不同方案个体的价值高低差异，并不是简单的数学上的数值差异。此外，评价过程中会存在某种程度上的信息丢失，因而无法作为精确的定量化评价方法。

（4）模糊综合评判法。模糊综合评判法是一种以模糊推理为主的定量结合定性、精确与非精确相统一的评判方法，自 20 世纪 80 年代起，该方法一经提出，因为其简单实用的特点在工农业生产及国民经济建设等方面迅速风靡，并取得了大量研究成果。

模糊综合评判法的应用范围涉及社会生活的各个方面，能对中介过度状态运用概念清晰、界限模糊的思想加以描述。模糊综合评判法利用模糊统计方法和隶属函数可将定性指标定量化描述，解决了判断模糊不确定等矛盾，但针对指标信息重看问题及隶属函数的确定等还存在一些不足，同时指标权重的确定问题也带有一定的人为主观态度。

10.3 航空建设项目可持续发展评价指标体系的构建

10.3.1 评价指标体系

对航空建设项目进行可持续发展评价，必须首先要根据可持续发展评价的内容和原则，结合不同航空建设项目的特点来设立评价的指标。所谓指标，一般是指一个数量概念，即是用一定的数量概念来综合反映可持续评价的某一方面目标，这个数量概念可以是绝对数，也可以是相对数或平均数。不同的指标有它各自所反映的社会现象中的某一个特定的范围。

一个航空建设项目所包含的内容是相当广泛的，而且这个系统处于一定的环境当中，受多种因素影响，因而无法用一个数值准确地反映项目的优劣。为了具体计算和全面度量项目开发方案的优劣，常常针对不同的项目设置和运用一系列的指标，从不同方面来综合反映项目可持续性的优劣，包括项目可持续发展目标所涉及的所有方面。由于系统目标通常是多元、多层次、多时序的，因此评价指标体系往往也具有多元、多层次、多时序的特点。但这些指标并不是杂乱无章的，而是一个有机的整体。即使对定性问题也应有恰当的评价指标或者规范化的描述，以保证评价不出现片面性。这些相互联系、相互补充，从各个不同的方面、不同范围、不同层次来全面衡量、评价航空建设项目可持续发展的一整套指标称为航空建设项目可持续发展评价指标体系。一个完整的指标体系一般包括总指标、分指标和具体指标三个层次，也可分为四个层次，具体需要根据评价的问题来构建相应的指标体系。总指标是系统开发的目的指向，既是核心，也是灵魂；分指标和具体指标是为系统评价而设置的评价体系。其中具体指标大都是可量化的，从而为下一步指标研究提供了依据。

10.3.2　评价指标体系构建的原则

构建评价指标体系是一项很复杂的工作，不同的能源系统有不同的评价指标，同一系统由于所处的环境条件不同往往也可以从不同的方面来考察。因而，能源系统评价指标体系的建立是一项主观性较强的工作，应着重从以下原则来把握。①

（1）要保证指标的科学性。指标体系是建立在一定的科学理论基础之上的，每个指标的内涵和外延都应该明确，能够度量和反映评价对象的主体特征、发展趋势和主要问题。

（2）要有严密的逻辑性、层次性。指标体系的设置要能反映评价系统内各因素之间及各因素与系统目标之间的客观关系，为分析各种因素之间的影响，就要系统地设计一整套考察指标，为能反映这一系列的关系，就要有严密的逻辑性和层次性。

（3）要保证指标的独立性。系统的状态可以用多个指标来描述，但这些指标之间往往存在信息交叉，在构建指标体系过程中，应该在诸多交叉信息中通过科学的剔除，选择具有代表性和独立性较强的指标参与评价过程，提高评价的准确性和科学性。

（4）确保指标数量得当。指标数量越多，则方案之间的差异越明显，越有利于判断和评价，但指标类别的确定和指标重要程度的排序越困难，因而歪曲方案本质特性的可能性也就越大，所以，在保证能反映系统的主要特征和功能的前提下，应尽可能地精简评价指标的数量。经验表明，指标大类最好不超过 5 个，总的评价指标数以不超过 20 个为宜。

---

① 杨晴 . 新能源技术经济学［M］. 北京：中国水利水电出版社，2018.

（5）要有可操作性。指标体系的设计在实践中要有可操作性，能解决实际问题。能源系统的情况复杂多变，不同的时空条件导致差异较大，因而如何从实际出发，既能进行全面、准确的衡量，又可使指标的获取具有可能性，易于量化，便于操作，是十分重要的。

（6）要与特定的评价对象和评价要求相结合。各个生产部门有其不同的特点和评价要求。

10.3.3 评价指标体系的构成

研究航空建设项目可持续发展评价指标体系的构成，就是要明确在不同的航空建设项目的评价指标体系中应包括哪些指标，各项指标的实质和内容是什么，以及它们的内在联系和在整个指标体系中所占比重等。一般来说，航空项目可持续发展评价指标体系构建应根据可持续发展评价的主要内容来筛选指标，对应于主要内容，可持续发展指标评价体系应主要包括经济效益、社会效益、生态环境效益和技术效益四个方面的分指标。[①]

10.3.3.1 经济效益指标

项目可持续发展的经济效益是指建设项目具备达到预期目标的盈利能力，充分考虑自然资源、社会资源的真实成本并优化资源配置，能够推动项目所在地区经济的发展，符合宏观经济发展的效率与效益，并倡导改变传统的生产和消费模式，实现经济的可持续发展。经济效益指标主要包括两个分目标，即项目内部经济效益的可持续性以及宏观经济发展的效率与效益。具体如表10-1所示。

表10-1 经济效益指标体系

一级指标	二级指标	三级指标
经济效益	项目经济效益	盈利能力
		清偿能力
		财务生存能力
		潜在风险
	宏观经济效益	宏观盈利能力
		宏观经济效率

资料来源：杨晴. 新能源技术经济学［M］. 北京：中国水利水电出版社，2018.

（1）项目内部经济效益的可持续性。能源项目内部经济效益的可持续性是指建设项目在一定的风险系数下能够如期完成投资收益，具备预定的盈利能力、

---

① 杨晴. 新能源技术经济学［M］. 北京：中国水利水电出版社，2018.

债务清偿能力、财务生存能力。

（2）宏观经济发展的效率与效益。航空建设项目对宏观经济的影响分析是从全民经济的整体出发，综合分析其影响的各方面，包括对国民经济总量的增长、产业结构的调整、劳动就业结构的变化、自然资源的开发、生产力的布局等多方面的综合评价，大型的航空建设项目就其自身来说是一个系统，但是从宏观经济的全局角度来分析，不难理解其又是宏观经济这个大系统中的一个子系统。一个子系统的产生和发展对于大系统的内部结构和运行机制都会产生影响。因此，对于航空建设项目的宏观经济可持续发展方面，需要从资源的合理配置以及社会经济可持续发展的原则出发，在此采用影子价格、社会折现率等国民经济的评价参数，从国民经济全局的角度出发，考察航空建设项目的宏观经济发展的效率与效益，以鉴定其经济的可持续发展。

10.3.3.2 社会效益指标

社会效益指标可以分为项目对社会环境产生的效益、对区域发展产生的效益和对项目所在区域居民产生的效益。具体如表 10-2 所示。

表 10-2　社会效益指标体系

一级指标	二级指标	三级指标
社会收益	社会环境效益	对社会文化及教育产生的效益
		对社会环境产生的效益
		对政治及社会安全产生的效益
		对城市和地区形象产生的效益
	区域发展效益	对区域资源开发利用产生的效益
		对当地技术水平产生的效益
		对完善城市基础设施产生的效益
	区域居民效益	对社会人口产生的效益
		对生活质量产生的效益
		对居民收入就业产生的效益
		对弱势群体产生的效益
		对人际关系产生的效益

资料来源：杨晴. 新能源技术经济学［M］. 北京：中国水利水电出版社，2018.

（1）对社会环境产生的效益。对社会环境产生的效益主要是指项目对社会文化、社会政治、城市和地区形象产生的效益等。文化是社会的意识形态以及与其相适应的文化制度和组织机构，而每一社会都有和自身社会形态相适应的社会文化，并随着社会物质生产的发展变化而不断演变。优越的社会文化不仅可以提高人民群众的生活质量，满足广大人民群众的文化需求，还可以促进人的全面发展，在追求物质享受的同时，精神也得到相应的陶冶。社会安全是保证发展的前提，稳定才有发展。能源项目对社会文化的影响主要在于全民节能减排意识的提升，对可持续发展的认可，以及从自我做起建设美好家园的道德规范。因此，建设项目的可持续发展必然需要分析建设项目对社会文化、社会安全、城市和地区形象所产生的效益。

（2）对区域发展产生的效益。当建设项目的生命周期较长，则对区域发展产生效益的时间也较长、影响也较大。因此，建设项目需要与区域发展的规划相一致，促进区域的健康协调发展。主要包括对区域资源开发利用产生的效益、完善城市基础设施产生的效益、对当地技术水平提升的效益等。

（3）对项目所在区域居民产生的效益。项目可持续发展主要考虑对当代居民以及后代产生的综合影响。主要包括对人口产生的效益、对生活质量产生的效益、对居民收入就业产生的效益。

10.3.3.3　生态环境效益指标

航空建设项目主要会对环境、生态质量等方面产生影响。因此，建设项目可持续发展的生态环境效益指标主要包括生态环境性能提升性、生态环境负荷削减性和生态环境和谐共处性三个方面。具体如表 10-3 所示。

表 10-3　生态环境效益指标体系

一级指标	二级指标	三级指标
生态环境效益	生态环境性能提升性	项目生态环境质量影响的削减性
		项目服务与功能的增加
	生态环境负荷削减性	对外部环境负荷的降低
		能源的节约
		资源的节约
	生态环境和谐共处性	与外部环境保持融洽
		与外部环境实现资源共享

资料来源：杨晴．新能源技术经济学［M］．北京：中国水利水电出版社，2018.

（1）生态环境性能提升性。生态环境性能的提升主要包括项目生态环境质量的影响减少和项目服务与功能的增加两个方面。其中，项目生态环境质量的增加是指从项目内部、外部环境在舒适、健康、洁净、生态多样性和交通的匹配性等多个方面来综合评价项目的生态环境的可持续性。项目服务与功能的增加主要包括：项目的配套服务的便捷与共享性、项目的功能完备并能满足项目日常需求性、项目在环境设计上体现的创新性。

（2）生态环境负荷削减性。主要指通过各种措施降低项目对环境、生态造成的影响，包括对外部环境负荷的削减，即减少对外部环境的污染；能源的节约，即减少能源的浪费；资源的节约，即减少资源的浪费。

（3）生态环境和谐共处性。主要包括：与外部环境保持融洽，即项目与外部环境的景观协调性和项目对未来环境变化的适应性与可更新性；与外部环境实现资源共享，项目对外部环境的绿色输出，即项目的建立对项目周边环境产生的效益和外部环境对项目产生的绿色效益等。

10.3.3.4 技术效益指标

能源建设项目可持续发展的技术指标主要包括五个方面，即技术适应性、技术可靠性、技术安全性、技术清洁性和技术可扩展性。具体如表 10-4 所示。①技术适应性指标主要包括技术满足预定的功能需求，且功能实现过程中要持续稳定。②技术可靠性是指建设项目在规定的时间内，在一定的条件下完成规定功能的能力或可能性，主要包括技术的持久性、技术的可维修性和技术设计的可靠性等指标。③技术在项目建设和运行过程中的安全性，必须要评价三个方面的内容，即在建设项目全生命周期内，技术对人员的安全性；技术在工程结构方面必须体现安全性，避免在结构上出现技术性失误；机械设备在操作过程中必须体现安全性。④技术清洁性指标主要是指通过技术手段的应用，使项目自身低能耗、少污染，避免广泛应用的技术在使用过程中出现高能耗、高污染和浪费资源的情况，主要包括项目自身节约资源的能力和项目环保技术的应用两个方面。⑤技术可扩展性指标是指通过技术的使用，考虑项目的更新改造能力，其是否方便更新以及是否适合进一步开发等。

表 10-4 技术效益指标体系

一级指标	二级指标	三级指标
技术效益指标	技术适应性	满足预定的功能需求
		持续稳定的实现过程
	技术可靠性	技术的持久性
		技术的可维修性
		技术设计的可靠性
	技术安全性	建设过程中的安全性
		运行过程中的安全性
	技术清洁性	项目自身节约资源的能力
		环保技术的应用

一级指标	二级指标	三级指标
技术效益指标	技术可扩展性	更新的便捷性
		未来开发的可能性

资料来源：杨晴. 新能源技术经济学［M］. 北京：中国水利水电出版社，2018.

10.3.4 评价指标体系的应用

航空建设项目包括航空机场建设项目、航空运输业建设项目和航空工业（制造业）建设项目等。本部分基于前文的指标体系的基本内容，结合各项目的特点，选取航空机场建设项目和航空运输业建立可持续发展评价指标体系。[①]

10.3.4.1 机场可持续发展评价指标体系

机场可持续发展指在机场系统的全寿命周期内，以高效率地利用资源、低限度地影响环境的方式，建造合理环境负荷下的安全、健康、高效及舒适的工作与活动空间，促进人与自然、发展与环境、建设与保护、经济增长与社会进步相协调的机场体系，因而评价指标体系可以从机场经济效益、社会、生态环境、技术等方面进行综合评价。

（1）经济效益类指标。机场建设的可持续发展需要机场能够实现其经济效益，满足机场未来发展的基本经济需求。健全的经济指标体系便于机场自查自省自身经济发展优劣。机场系统指标不仅包括客运类指标以及该机场的货运类指标，还应将主营业务收入类指标外的投资规划包含其中，合理有效利用金融资源，加强企业合作、国际合作与区域经济共同发展，促进机场经济健康稳定发展。经过分析，主要包括总收入、总成本、净利润总额、财务风险等。机场未来的总收入主要包括航空性收入、货运服务收入、系统设备使用收入、代理服务收入、租赁收入、贵宾服务收入、能源转供收入、其他收入等。机场运营总成本包括运行成本、人工成本、摊销成本、燃料动力成本、经营成本、办公经费、税金支出、财务费用、其他业务支出、其他支出等。机场财务风险主要包括债务风险、现金流风险、盈利能力风险、投资风险。主要可选取航空性收入（即预期旅客吞吐量、货邮吞吐量、飞机起飞架次等）、非航空性收入、净资产收益率、总资产报酬率、加权平均净资产收益率、投资合作、地区 GDP 增速、就业人数等。

（2）社会效益类指标。机场是国民经济的重要基础设施，它不仅可以促进经济的发展，推动产业结构优化升级，拉动旅游、外贸、现代服务业等相关产业

① 陈建国，薛秀凤，方丁，吕峰，陈佳佳. 机场可持续发展规划框架与评价体系研究［J］. 上海空港（第20辑），2015：7-12.

的发展，还可以加强国际交流，促进社会融合，构建完备的社会公共服务和应急救援体系。美国于 1977 年开始对民航运输业的经济效益进行评估，随后很多国家都开展了类似的研究。国际民航组织（International Civil Aviation Organization，ICAO）于 2007 年颁布了 292 号文件，建议各国采用投入产出分析法来分析民航业对当地经济社会的贡献。社会系统分为区域发展、社会服务。其中，区域发展划分为直接经济效益、间接经济效益、非经济效益。社会服务主要可以考虑机场的就业贡献、社区关系和地区形象增益方面。

（3）生态环境效益类。机场的生态环境主要包括机场的资源能源的消耗和生态环境的状况。机场能源消耗主要包括电、天然气、汽油柴油，其中电和天然气是主要消耗能源。按照总体划分原则，能耗指标分为综合能耗总量、综合能耗同比增加率、单位综合能耗、单位综合能耗同比变化率、单位面积综合能耗、单位面积综合能耗同比变化率、万起降吨位综合能耗、万起降吨位综合能耗同比增长率。土地资源是不可再生的稀缺资源，节约用地事关国计民生和社会稳定。上海机场曾提出"通过选址而不占或少占良田，减少拆迁，通过合理规划而集约利用、节省土地"是机场可持续发展"资源节约"的重要内容。土地资源系统指标主要包括单位占地面积旅客吞吐量、单位占地面积货邮吞吐量、单位占地面积飞机起降架次、单位占地面积起降吨位、单位占地面积机位数、单位占地面积近机位数。这六个指标分别从表征机场总体客运能力的年旅客吞吐量、表征机场总体货运能力的年货运吞吐量、表征跑道运输能力的起降架次和表征机坪运输能力的机位（包括近机位）数量等方面来衡量对应的土地占地要求，进而评价机场土地使用的集约程度。另外，生态环境的指标测度机场也包括所在生态环境污染或改善程度的大气污染、废水、噪声、固废、环境保护等。

（4）技术效益类。机场可持续发展需要技术创新，以及新能源技术的投入。即在环境保护、资源节约中采用的绿色方法、创新技术以实现环境的最优保护及资源的最大利用。该类指标是利用新能源、新技术实现环境系统健康可持续发展的创新类指标，也是衡量机场环境可持续发展的重要内容。同时，实现机场可持续发展的首要前提是要保障机场自身安全运行，将旅客、行李、货物安全送达目的地，做好机场的技术安全保障工作，建立系统完善的防灾设施，降低安全事故的发生。在安全保障的基础上，不断提高机场运营效率，保障机场放行正常。此类指标包括技术清洁程度（新能源技术采用占比）、项目的可维修性（即维修技术）、技术的安全性等。

根据上述分析，构建如表 10-5 所示的机场建设可持续发展评价指标体系。而相应权重的计算可采用层次分析法、熵权法、模糊综合评判模型法等。

表 10-5　机场建设可持续发展评价指标体系

机场建设可持续 发展评价指标体系	经济效益	旅客吞吐量
		货邮吞吐量
		飞机起降架次
		营业收入
		加权平均净资产收益
		投资合作
		地区 GDP 增速
		运行、人工、摊销等成本
	社会效益	直接经济收益
		间接经济收益
		就业贡献
		社区关系
	生态环境效益	机场能源消耗
		土地资源消耗
		三废排放
	技术效益	技术清洁程度
		技术的可维修性
		技术的安全性
		技术持续使用能力

　　机场是一个复杂的系统，涉及经济、社会、环境及其自身建设运营发展的各个方面，其包含的指标数量繁多，从中选取合理的指标以构建可持续发展指标体系是一项繁杂的工作，同时要求研究专家具有较深的行业背景。机场可持续发展指标体系的构建为后续机场可持续发展评价研究提供了方向，也为可持续发展机场建设提供了参考。

　　10.3.4.2　航空运输业可持续发展评价

　　航空运输业是交通运输行业的重要组成部分，在促进经济繁荣和国际贸易中发挥着重要的作用。

　　航空运输业绿色发展概括为在保证航空安全和运输质量的前提下，以提高能源利用效率为核心，以节约燃油、减少排放为重心，以科技创新为动力，优化产业结构，夯实工作基础，通过政府管控与行业内部控制，加强国际合作与交流，实现航空运输业向资源节约型、环境友好型航空运输系统发展。

　　根据航空运输业可持续发展的含义，结合前文有关可持续发展评价的内容，本部分从航空运输的经济、社会、生态环境、技术等方面进行综合评价。

（1）经济效益评价。航空运输业是指运用大型及中型飞机、支线飞机或直升机等空中运输工具，以商业利益为目的，进行的旅客或货物运输，因运输距离的不同可分为国内航线和国际航线。因而衡量航空运输业的主要经济效益的指标有：固定资产投入、全行业营业收入、全行业营业利润、旅客运输周转量、旅客运输量、航线数量、航空公司数量、起飞机场数量、综合运输体系中民航旅客运输周转量比重等。

（2）社会效益评价。航空运输的社会效益主要在于：一方面，航空运输的安全、快捷、高效特点快速提高了本区域内企业的国内国际竞争水平，航空运输利用区域内企业集群和产业集群效应，创新经济模式，形成临空经济，有效提升区域内的企业国内国际竞争力。另一方面，根据国际航空行动协会的实际测算，民航运输业的原发和诱发影响，为社会提供了众多就业岗位，并最终影响促进GDP的提升。因而，可以从一个地区的产业结构升级、相关行业的新增就业人数、航空运输业占GDP的比重来衡量。

（3）生态环境效益评价。随着经济全球化的不断发展，贸易运输的需求量激增，在促进航空运输业发展的同时，航空运输业自身存在的噪声污染、空气污染等环境负外部性问题日益显现，增加了航空运输业的外部成本，对社会经济的可持续发展产生影响。航空运输业对环境的影响，主要有以下几个方面：航空排放、航空噪声、航空废水、航空废弃物。航空运输的生态环境效益可以从减排能力与资源集约能力两方面考虑。其中，减排能力包括单位航线里程客货运输量、固体废弃物处理率、污水处理率、机场噪声污染状况、临时航线年起飞架次占年总架次比重；资源集约能力包括单位运输周转量、燃油消耗量、机场用水强度、机场用电强度、机场占地规模和清洁能源利用情况。

（4）技术效益评价。航空运输的可持续发展需要节能环保技术的支撑，新技术的运用在提高能源利用效率的同时，还能够大大降低对资源、环境造成的负面影响。目前，行业内部对节能环保技术的投入和开发仍显不足，新技术在实际生产中的推广应用也存在较大阻力，新技术的稳定性以及环境友好性有待检验。因而，本部分将搜集民航客机成果立项数量、新技术新产品开发与推广、民航科教系统投资占固定投资总额比重以及科研人员占从业人员比重来衡量航空运输业的技术创新能力。

根据上述分析，构建如表10-6所示的航空运输可持续发展评价指标体系。而相应的权重的计算可采用层次分析法、熵权法、模糊综合评判模型法等。

表 10-6 航空运输可持续发展评价指标体系

航空运输可持续发展评价指标体系	经济效益	固定资产投入
		全行业营业收入
		全行业营业利润
		旅客运输周转量
		航线数量
		航空公司数量
		起飞机场数量
		综合运输体系中民航旅客运输周转量比重
	社会效益	地区产业结构升级
		相关行业新增就业人数
		航空运输占 GDP 比重
	生态环境效益	每百万小时重大事故率 C5
		单位航线里程客货运输量
		固体废弃物处理率
		污水处理率
		机场噪声污染状况
		临时航线年起飞架次占年总架次比重
		单位运输周转量的燃油消耗量
		机场用水强度
		机场用电强度
		机场占地规模
		清洁能源利用占能源消耗总量比重
	技术效益	民航科技成果立项
		新技术新产品开发与推广
		民航科教系统投资占固定资产投资总额比重
		科研人员占从业人员比重

10.4 案例

10.4.1 案例 1：减少碳排放，普惠推进可持续航空发展①

从 21 世纪初开始，普惠用了近 20 年开发了一款革命性产品 GTF，其在结构

---

① 任旼．减少碳排放，普惠推进可持续航空发展［N］．中国航空报，2021-09-28（007）．

上不断进行性能和设计上的优化和提升，从而实现整体降低碳排放的目标。

普惠公司首席商务官瑞克·德尤鲁、普惠中国总裁范佑勋对普惠发动机技术的优势展开分享时称，GTF 发动机可实现燃油经济性质的飞跃，普惠在过去 20 年投资了 100 亿美元开发 GTF 系列发动机，在节省燃油、降低噪声和环境的可持续性等方面实现了很大提升。如今为 A320neo 飞机提供动力的 GTF 是唯一采用全新设计的在役发动机，现已拥有超过 5 年的服役经验。

GTF 发动机自 2016 年投入服役以来，已为航空公司节省了 5 亿加以上的燃油，减少了 500 多万公吨的二氧化碳排放。目前，由 GTF 发动机提供动力的飞机已交付 1000 多架，有 10000 多个订单及承诺。范佑勋指出，GTF 发动机是这新一代单通道或者是支线客机上面唯一革命性的产品，而且这个革命性的产品在过去投入市场和服役的过程中，不断证明了其可靠性和技术的成熟度。"所以，我们也希望在机队不断扩大和增长的过程中，GTF 能够给市场节省更多的燃油，减少更多噪声，节省更多二氧化碳排放。"

瑞克·德尤鲁表示，普惠 GTF 发动机帮助航空公司实现载客量与航线的增长，同时，也成为帮助它们减少环境影响的关键因素。GTF 的产品系列只是一场改变的开端，它将成为长远技术革命的平台。普惠还将不断研发新的材料和新的结构设计，使产品实现进一步提升。瑞克·德尤鲁说："在疫情期间，大家知道整个航空业受到了重创，在整个重创的过程中，普惠很好地利用了这个窗口期来提升 GTF 产品的可靠性。这其实也得到了航空公司的认证。举例来说，在全球范围内，疫情时期 GTF 机队往往是最后一批才停飞的飞机，与此同时，GTF 提供动力的飞机也通常是最早复飞的机队。这也能论证 GTF 发动机提升的性能、友好的经济性和可靠性给客户带来的价值体现。"

10.4.2 案例 2：可持续航空燃料供应问题难解①

全球银行及金融服务机构法国巴黎银行 BNP Paribas Bank 的研究结果显示，航空运输业的碳排放有三大主要来源，其中飞机航空燃油燃烧约占总排放量的 79%。燃油造成的排放是航空业排放最大的来源，也是减排潜力最高的部分。

虽然可以通过研发新材料帮助飞机减重、提升发动机燃油效率、乘机无纸化、为飞行员提供节油奖金等方式促进航空活动过程中的减排，但这些方式能够做出的减排贡献依旧有限。进行航空业可持续能源替代的必要性和紧迫性可见一斑。在能源方面，目前广泛研究的替代方案有电动化、氢能化、太阳能及可持续航空燃料（SAF）等方式。但从技术层面来看，实际上电动化、氢能化、太阳能

---

① 王晨 . "十四五"航空业将纳入碳市场 可持续航空燃料仍是最大难题［N］. 21 世纪经济报道，2022-01-20（006）.

等方式，难以在近几十年的全球应对气候变化关键期内取得重大进展并提供有效帮助。例如，电动化方案的"减排悖论"，此前电动化方面最大的问题是电池组能效的压缩程度，但这样一来电池组的重量就成了一个难题。这有可能形成一个悖论。为了减排需要飞机减轻重量，但是为了替代化石能源，飞机又要携带相当有分量的电池组飞行，由此节省下来的能源和消耗在重力对冲上的能源，是否能够达到减排的预期目的还有待讨论。而且电池组的安全性也存在隐患，它是易燃易爆的。

因此，包括欧盟在内的国家和地区都将 SAF 看作航空业能否实现行业减排突破的关键。欧盟曾发布预测结果，到 2050 年 SAF 的使用和抵消对减排的贡献将达到 75%。

可持续航空燃料（SAF）具有与常规喷气发动机所用燃料煤油几乎相同的特性，主要分为可持续航空生物燃料和可持续航空合成燃料。而目前可持续航空生物燃料商业化生产的唯一途径就是加入氢酯和脂肪酸（HEFA），也就是使用食用油、废油和脂肪提炼成可持续航空燃料。

中国民航大学助理研究员吕继兴（2022）认为，目前 SAF 的原材料大致可以分为动植物油脂、木质纤维素以及乙醇或糖类，原理就是将生物质中的碳经过一系列制备过程生成航空煤油中的主要成分。"从 2011 年开始有过几次试飞，也有过一些商业载客运行。但更多时候 SAF 并未形成大范围应用，主要就是供给的问题。"

目前，国内只有少数厂商在进行 SAF 的自主生产，主要是因为价格过高。SAF 的生产需要投入大量技术研发与相应的原料，目前其价格远高于开采石油炼化制备航油，相对高出 2~3 倍。"所谓 2~3 倍是航空煤油在每吨 7000~8000 元时的情况，也就是说 SAF 的价格在 1.5 万~2.5 万元人民币/吨，而目前传统航煤价格大约是 5000 元/吨。"

大量利用生物油脂生产 SAF 有可能会产生农业方面的供应隐忧，如果对我国所有的航班燃油都进行大规模替换的话，可能需求量比全国的食用油消耗总量还高。短期来看，在现阶段全球农业农作物歉收等现象之下，如果大批量推广 SAF 生产应用需要消耗很多谷物。这样，除去生产成本问题，反而还会推高大宗农产品价格。

本章练习题

1. 试分析推动航空项目可持续发展的意义。
2. 试构建航空港区的生态环境评价指标体系。
3. 利用可持续分析方法，试评价我国某个机场可持续发展的程度。
4. 案例分析题：

东航"可持续飞行"主题航班顺利启航

2023年5月17日，东方航空公司（以下简称东航）"可持续飞行"主题航班MU5473（上海虹桥—成都天府）顺利启航，用实际行动打造绿色航迹，传递"节能减碳，绿色飞行"的可持续发展理念，探索"可持续飞行"的更多可能。

本次主题航班采用可持续航空燃料（SAF），以废弃的动植物油脂、油料、使用过的食用油、城市生活垃圾和农林废弃物为原料，相较于传统的化石燃料，SAF从原材料收集到最终用户使用的整个过程中产生的碳排量最高可减少85%。

作为首飞主题航班，MU5473上海虹桥至成都天府航班还将绿色元素延伸至航程的各个环节。旅客乘机时，专属工作人员手持绿色宣传牌，引导旅客登机；在飞机平飞后，乘务人员通过广播、IPAD电子宣传资料向旅客介绍此次活动的背景、意义和理念，向旅客赠阅《东航2022年度企业社会责任暨ESG报告》，让旅客了解更多航空可持续发展最佳实践、东航绿色飞行新成效；旅客抵达目的地后还将额外获1000点"东方万里行"积分奖励及对应电子勋章一枚。此外，旅客还可以在线参与绿色任务，如"按需用餐""取消托运行李""使用电子发票"等，抵消个人碳排放，践行绿色理念。

东航"可持续飞行"主题航班机上用品基本采用周转类制品，餐车及餐盘使用轻质材质；经济舱热食采用环保餐盒，餐具使用可降解材质；机上诸如热饮杯、各类纸巾、打包袋等均使用再生纸或竹浆纸。航班餐食以植物肉或全素食代替传统肉制品，减少畜牧业所带来的碳排放。

东航多年来一直坚持致力于民航业可持续发展的实践，积极探索节能减碳的创新解决方案。2021年10月12日，东航在国内首度执飞全生命周期碳中和航班，从油田到高空的整个航油生命周期抹去"碳足迹"。数据显示，2022年，东航共执行航班优化项目5345班次，节约燃油消耗2468吨，减少碳排放超过17万吨。

结合上述案例，试分析：

（1）东航采用了哪些措施来实现"可持续飞行"？

（2）如何对实施的"可持续飞行"进行效果评价？

11 航空需求预测

11.1 民用航空运输需求预测

11.1.1 航空运输需求的概念

航空运输需求是一个特定的概念，它和航空运输需要有着密切的联系，但航空运输需求并不等于航空运输需要。航空运输需求是指航空运输产品的购买者在一定时期内和在一定的价格水平下愿意并能够购买产品的数量。航空运输需求的这一定义表明，航空运输需求是航空运输需要和购买能力的有机统一①。因此，要进一步了解航空运输需求，必须具体了解航空运输需要和购买者的支付能力这两个基本概念。

此外，航空公司研究航空运输市场需求时，必须区分航空运输总需求和市场对个别航空公司的需求。航空运输总需求是在一定时期内全社会所形成的航空运输总需求，它与市场对个别航空公司的需求之间的区别主要表现在：航空运输总需求的增加，不一定所有航空公司的需求都增加，相反，航空运输总需求的减少，也不一定所有航空公司的需求都减少，其中的关键在于航空公司的个体的竞争能力的强弱②；另外，航空运输总需求的价格弹性相对于个体航空公司的需求价格弹性要低，比如一旦哪个航空公司提高运价，需求者就会选择别的航空公司。因此，航空公司在研究航空运输市场需求时，不仅要全面研究航空运输市场需求的形成、变化和特点，以更好地了解本企业所处的市场环境，更要研究本公司自身所能赢得的市场份额，只有这样才能真正地抓住市场需求分析的实质③。

---

① ② 汪芸. 我国航空客运市场需求分析及营销策略研究［D］. 南京航空航天大学，2012.
③ 刘娟，陆璐. 专家建言助力临空经济起飞［N］. 大庆日报，2008-11-26（B01）.

11.1.2 航空运输需求量的预测

航空运输需求量预测是航空运输需求量分析中的一项重要内容，在与航空运输有关的各项经济分析、研究和决策中，航空运输需求量预测往往是一项基础性的重要工作，真正做好航空运输需求量预测也是难度相当大的工作。

航空运输需求量预测的头绪很多，范围很广，根据预测的目的、角度和其他特性，可以把航空运输需求量预测分为不同的类别。比如按照预测的对象，可首先分为货邮运输需求量预测和旅客运输需求量预测。比如按照预测期间的长短，还可以分为短期预测、中期预测和长期预测。假如以年作为预测的时间单位，一般 1~5 年可称为短期预测，5~10 年为中期预测，10 年以上则属于长期预测。另外，有时根据需要还要做一年内各季度、月甚至旬的运量预测。比如按照预测的层次，又可分为全国航空运输需求量的预测、各家航空公司运输需求量的预测和某条航线上航空运输需求量的预测。

对航空运输需求量进行经济预测，主要有定量预测、定性预测和综合预测三类方法。

11.1.2.1 定量预测方法

（1）从时间序列的角度对运量进行预测①。在经济发展过程中，经济变量遵循的发展规律常常表现出延续性，很多运输需求变化呈现较强的趋势性。因此可以采用时间数列趋势外推的方法对运量进行预测，即根据运量从过去到现在的运动变化规律，推测未来运量。这种方法的主要优点是需要数据少、简便，只要所研究的运量时间数列其趋势没有大的波动，预测效果较好。

这类方法的缺点是无法反映出运量变化的原因，对于由于影响运量变化的外部因素变化，如调整经济政策和发展速度而引起的运输需求的变动无法反映。时间序列趋势外推的方法很多，其关键是趋势的识别与拟合是否准确。常用的方法有：①移动平均法；②指数平滑法；③月度比例系数法；④鲍克斯—詹金斯法（Box-Jenkins 法）；⑤普查法（Census 法）；⑥随机时间序列预测模型（其中包括 ARMA 自回归移动平均模型、AR 自回归模型和 MA 移动平均模型）。

移动平均法是借助移动平均数修匀资料数据的变动，以描述其趋势的方法。用该种方法修匀原始时间数列比较客观，也比较容易从中看出变动趋势。但数列两端的值无法进行修匀计算，因此每一次移动平均数都会使数列变短，影响更进一步的观察。

指数平滑法也称作时间数列的指数平滑法，它也是通过修匀历史数据中的随

---

① 谢小山. 基于遗传算法和 BP 神经网络的铁路客运量预测研究［D］. 西南交通大学，2010.

机成分去预测未来。但它所用的修匀方法与移动平均法不同，它引入了人为确定的系数，可以体现不同时期因素在预测中所占的权数。根据原始数列分布的情况，可以分别建立线性指数平滑方程（二次平滑）或非线性指数平滑方程（三次平滑）。指数平滑法应用比较广泛。

月度比例系数法的基本思路是运量的月度波动具有一定的循环特征和规律性。因此，可以通过这种规律性的把握去预测未来月份的客货运量。

鲍克斯—詹金斯法，也称为自回归分析方法。它是通过分析时间数列的不同自相关系数来选择适当的预测模型。当时间数列内的数值在某一固定间隔期具有较高的相关时，就可以应用自回归模型进行预测。

普查法是由美国商业部普查局开发的，其基础是对移动平均之比的典型分解方法。经过大量计算，将时间数列分解成趋势、循环、季节及不规则变动四项，用于预测。

随机时间序列预测模型是把时间序列作为随机变量的序列加以处理，认为时间序列是依赖时间 t 的一组变量，其中，单个时间序列值的出现具有不确定性，但整个时间序列却具有固有的统计规律性。研究这些规律，并进行简化，可以建立时间序列模型，也可用于预测。对于平稳序列，主要有三类模型，即自回归移动平均（Auto Regressive Moving Average）模型，简称 ARMA 模型；自回归模型（Auto Regressive）简称 AR 模型；移动平均（MovingAver-age）模型，简称 MA 模型。对于非平稳时间序列，需用差分法使原序列平稳化。建立随机时间序列模型一般需要较深的数学知识和较多的历史统计数据，方法较复杂，但由于它在短期预测方面有较强的精度，因而得到广泛应用。

（2）从影响因素入手对运量进行预测。在经济发展过程中，经济变量之间不是孤立的，而是存在着相互依存的关系。影响航空运输需求的主要因素在本章第一节和第二节中已经谈过。但具体的预测目标类型、范围是不同的，必须细致地分析其最主要的影响因素，设法将其用量化指标反映出来。通过对过去和现在的指标数据进行分析研究，可以找出运输需求与相关经济量的关系，用于对运量进行预测。

这类预测方法在数据量足够多的情况下，常可获得较好的精度，并可以提供运量变化原因方面的信息。其缺点是自变量、外生变量指标未来值的选择，本身就带有预测性，影响预测的准确程度。

常用的这类预测方法有：①回归预测（包括一元线性回归预测、一元非线性回归预测、多元线性回归预测和逐步回归分析预测等）；②经济计量模型；③投入产出模型；④产值系数法；⑤产运系数法；⑥比重法等。

回归预测的方法是回归分析。经济变量之间的关系经常表现为非确定性的相关关系。研究两个变量之间的关系称为一元回归，研究两个以上变量之间的关系则称为多元回归。在分析时，选择一个因素作为因变量，其余视为自变量。回归分析就是确定自变量与因变量之间关系形式的分析方法。它是要确定一个合适的数学模式，来近似地表达变量之间的平均变化关系。如果因变量在表达式中表现为自变量的一次函数，称为线性回归方程，否则称为非线性回归方程式。回归预测可以考虑多种可能对运量产生影响的因素。

经济计量模型由一组联立方程组成。应用经济计量模型进行预测正是通过拟定的方程式表达社会经济活动中各种变量及它们之间的关系，而后再联立求解这些方程得出关键变量的预测值。对于像运量变化这样较复杂的经济现象，单一方程模型往往不能很好地描述和预测。应用多个方程组成的联立方程模型即经济计量模型进行分析预测，效果较好。

投入产出模型是应用比较广泛的经济模型，它可以反映在区域性的经济及其市场中，所有商品与服务在产业间或区域间的各种流动情况。利用区域间客货的O-D流资料，以投入产出原理建立模型，可以对区域间运量进行预测。

产值系数法是根据预测期国民经济的总量指标和确定的每单位产值所引起的货运量或客运量去预测总运量的方法。

产运系数法是根据某种货物的运量随其生产总量发生变化的规律性，预测货运量的方法。

比重法是在总运量已用某种方法预测出，进而估算其中部分运量的方法。

产值系数法、产运系数法和比重法一般称为传统预测方法，使用起来比较简单，在某些情况下也能够达到预测要求。

11.1.2.2 定性预测方法

经济现象的发展变化是错综复杂的，不可能准确地对全部复杂关系做出定量描述。在应用数理方法预测的同时，运用预测者的经验，综合考虑多种影响因素，分析经济活动的特点和构成，并对运量进行预测，这类方法在历史资料很少、预测期较长的情况下，可以与其他预测方式结合使用。

这类预测方法主要有：①运输市场调查法；②德尔菲法；③类推法。

运输市场调查法是通过一定的方法，对运输需求的情况进行搜集、记录、整理和分析，在此基础上对运量进行预测。

德尔菲法也称为专家调查法，是在专家个人判断和专家会议的基础上发展起来的一种定性预测方法。它以预先选定的专家作为征询意见的对象，预测小组以匿名的方式函询征求专家意见，将收集到的意见汇总整理，再作为参考资料发给每个专家，供其分析、判断、提出新的论证，如此多次反复，专家意见逐步趋于一致，讨论的可靠性也随之增多。这一方法在运量的远期限预测中效果较好。

类推法是应用经济现象间相似性的发展规律，通过找出先导事件进行预测。先导事件可以是历史上发生过的同类事件，也可以是国外或其他地区发生过的同类事件，还可以是其他领域发生过的同类事件。这一方法在运量预测中也可以使用。

11.1.2.3 综合预测方法

综合预测方法是把定性预测方法与定量预测方法相互结合加以运用的一种方法。这种方法主要是综合了定性和定量方法各自的优点，使之互为补充，相互验证，取长补短。因为任何一种预测方法均有其特定的适用范围和具体的适用条件，因而可以说都有一定程度的局限性，没有也不可能找到一种万能的方法来进行航空运输需求量预测，因而将多种方法结合起来加以运用往往是十分必要的。综合预测方法有利于从不同角度引入更多的相关因素，以便全面分析航空运输需求量变化的规律性，并且可以对各种不同的预测结果进行比较分析，找出并消除各种不确定性因素，因而综合预测方法的利用，更有利于提高预测结果的可靠性和准确程度①。

社会经济运动是有规律的，但人对这一规律的认识能力在当前是有限的，因此预测误差是不可避免的。经济科学不可能像自然科学那样，通过实验逐一找出每个因素的单独影响，所以经济规律比自然规律更难把握。

11.1.3 航空燃料的需求

在整个 20 世纪 70 年代和 80 年代初期，美国航空公司的燃料成本随着世界石油价格的上升而迅速提高。例如，在 1971 年，燃料成本占全部运营成本的 12.4%，而到 1980 年，燃料在运营成本中的份额上升到 30%。就如我们会预计到的那样，在这一期间，航空公司使用的燃料数量随着价格的上升而减少。因而，以吨英里数（1 吨英里是 1 吨乘客、行李或货物运输 1 英里的缩写）衡量，航空产业的产出增长了 29.6%，而消费的航空燃料只提高了 8.8%。在 20 世纪 80 年代后期，随着石油价格的下降，航空燃料在运营成本中的份额也下降了，但它仍旧占相当大的比重，在 20 世纪 90 年代初，它超过 15%。

了解航空燃料的需求对炼油厂经理是很重要的，因为他们必须决定生产多少航空燃料；它对航空公司经理也同样重要，因为他们必须计划在燃料价格上升时购买多少燃料以及成本将会如何变化。

燃料成本上升对航空公司的影响取决于航空公司选择，它们或者是通过减少重量（携带较少的备用油）和飞得较慢（减少制动和提高发动机效率）来削减

① 苏凌. 基于径向基函数神经网络的港口吞吐量预测研究［D］. 上海海事大学，2006.

燃料的使用，或者是将较高的成本通过价格转移给乘客。因而，对航空燃料需求的价格弹性取决于保存燃料的能力和旅行的供给和需求弹性。

为了衡量航空燃料的短期需求弹性，我们用航空公司在其国内航线网络内所有市场所使用的燃料加仑数作为燃料的需求量。航空燃料的价格以每加仑美元数衡量。对需求的统计分析必须考虑价格以外的其他因素，这些因素可以解释为什么某些厂商会比另一些厂商需要更多的燃料。第一个因素是某些航空公司使用燃料利用效率高的喷气机，而另一些公司没有使用。第二个因素是航程的长度。航程越短，每英里航行所消耗的燃料就越多。这两个因素都包括在统计分析中，该统计分析说明燃料的需求数量与价格的关系。表 11-1 显示了某些短期价格弹性。

表 11-1　航空燃料需求的短期价格弹性

航空公司	弹性	航空公司	弹性
美国	-0.06	布拉尼夫	-0.10
大陆	-0.09	三角	-0.15
东部	-0.07	全国	-0.03
西北	-0.07	泛美	0.00
TWA	-0.10	联合	-0.10

航空公司关于航空燃料价格弹性的值在 0（泛美）～-0.15（三角）范围内。总的来看，航空燃料作为航空飞行生产的投入品，对它需求的弹性是非常低的。这并不令人意外，在短期内，对航空燃料没有好的替代品。然而，需求的长期弹性要高些，因为航空公司最终能够引入能源效率更高的飞机。

图 11-1 显示了航空公司对航空燃料的短期和长期需求。短期需求曲线 MRP_{SR} 比长期需求曲线 MRP_{LR} 的弹性要低得多，因为在燃料价格上升时要用新的、燃料利用效率更高的飞机取代其他飞机需要时间。

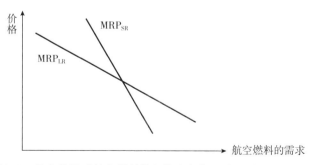

图 11-1　航空公司对航空燃料的短期和长期需求・航空燃料的数量

航空公司对航空燃料的短期需求比长期需求弹性小得多。在短期内，当燃料价格上涨时，航空公司不能大幅减少燃料消费。然而，长期来看，航空公司可以开辟更长、更有效利用燃料的航线，并且把更多的、能更有效使用燃料的飞机投入运营。

11.2 航空货运需求

11.2.1 航空货物运输的特点

航空货物运输是指通过航空器，把货物从一地运往另一地的空中交通运输。广义的航空货物运输包括货物运输、邮件运输和航空快递等①。

与现代运输方式中的其他四种运输方式（铁路运输、公路运输、水路运输和管道运输）相比，航空货运的特点主要是迅速、安全和简便。

11.2.1.1 迅速

随着先进机型的不断引进，运输速度也不断提高。现在常用的现代喷气式飞机，其时速可达900多千米，比海轮快20~30倍，比火车快7~12倍。所以航空运输适用于那些对时间性要求较高的货物。

11.2.1.2 安全

现代运输飞机在10000米以上的高空飞行，不受低空气流影响，减少了运输中的碰撞损坏。另外航空运输各部门实行严格的货物交接制度，运输的中间环节少，所以货物中途遗失、被盗的可能性较小，减少了货损货差。

11.2.1.3 简便

随着机型的增大，飞机的货舱大多可采取集装设备装卸货物。对于使用集装箱装运的货物，可适当地简化包装，快捷的装卸与交付，通畅的托运渠道，为货主提供了简便的货运服务。

当然，航空货运也存在着较多的缺点，如成本高、运价高、载量小、货舱容积小等②。这些缺点在一定程度上限制了航空货物运输的发展。另外，航空货物运输与航空客运相比，还具有以下一些特点：

货物运输通常是在夜间进行，而旅客运输常常是在白天。货物是被动的，即它必须通过人工搬运、装卸，而旅客自己可以在机场四处走动，自己上下飞机。

---

① 汪芸. 我国航空客运市场需求分析及营销策略研究［D］. 南京航空航天大学，2012.
② 鲁永峰. 航空货运定价机制与等级舱位控制研究［D］. 北京交通大学，2014.

旅客不喜欢中转航线，也不喜欢转换航班，但货物托运人和收货人却不在乎航班的变更以及中途转机，他们只要求货物能在预定的时间到达就可以了。不同货物在重量和体积方面有很大的差异，而旅客在这些方面则是基本一致的。旅客愿意乘坐较新的飞机，而且关心飞机的座舱布局和清洁，而运送货物却可以不考虑这些问题，可以用更老旧的飞机运送。

11.2.2　航空货物运输需求的特性

在航空货物运输市场上，顾客即货主最基本的需求就是实现货物空间上的位移，由于空运货物的特点，货主还有货物运输时效、安全性等方面的需求。一般来说，航空货物运输需求具有多重的价格需求弹性。

在航空货物运输市场中，根据货主对运输时效的要求进行细分，可以将所有的运输需求分为三类：紧急运输需求、高时效运输需求和一般时效运输需求，各种运输需求与运价之间的曲线如图 11-2、图 11-3 和图 11-4 所示，图中 P 代表运价，Q 代表需求①。

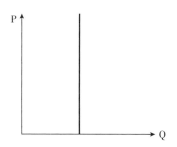

图 11-2　紧急运输货物的需求曲线

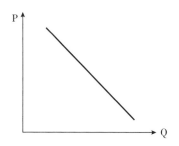

图 11-3　高时效运输货物的需求曲线

---

① 尹菀. 中国航空货运业的营销方案研究 ［D］. 武汉理工大学，2005.

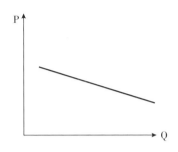

图 11-4　一般时效运输货物的需求曲线

紧急运输需求的对象往往是顾客所急需的用于生产经营或其他方面的货物，顾客为了及时将货运到，往往采用空运的方式，因为他们顾及的是运输时效而非价格，在这个细分市场上，需求的价格弹性几乎等于 0，即无论运价如何改变，其对空运的需求都是固定不变的，所以需求曲线上是一条垂直于横轴的直线。

高时效运输需求的对象基本上是一些易腐的鲜活类货物或一些流行款式的服装、流行唱片或者新闻报纸等，这一类货物的货主往往看重空运带来的价值足以弥补运费上的支出，这个市场上虽然有其他运输方式的竞争，但空运仍占有绝对优势地位。因此，其需求价格弹性较低，其需求曲线比较陡峭[①]。

一般时效运输需求的对象则是普通货物，由于高额的运价，大部分普通货物不会选择航空运输方式，但是随着航空运力的不断增加以致出现运力过剩，市场竞争不断加剧，航空运输业利润水平下降，迫使航空公司越来越重视普通货物的运输，在此类市场上，需求价格弹性比较大，需求曲线形状比较平缓。

11.2.3　航空货物运输需求具有方向性

需求的方向性体现在两点之间的航线上，从始发地到目的地的去程和从目的地返回始发地的返程的货物的空运需求是有差异的。造成这种差异的主要原因有两点：

（1）航空货运与客运不同，旅客出行到达目的地之后一般会回到始发地，而货物运输一般是单向的，即到达目的地之后不再返回。

（2）航线端点上两地的经济发展水平不同，导致两地的航空货物运输需求产生差异。

中国国内各个地区经济发展非常不平衡，往返程的航班的运载需求有明显的差别。例如，深圳至成都航线往返货运量的差异比较大，每一年从深圳运往成

---

① 尹菀. 中国航空货运业的营销方案研究［D］. 武汉理工大学，2005.

都的货物都比运回深圳的货物多 30% 以上。有时货物运输需求还会呈现单向性，即去程的航班可能满载，而返程的航班则几乎空舱而归，这使得企业在经营某条航线时，必须要考虑航线上各点城市的经济状况，制定差异化的营销策略，以保证企业运力资源不被浪费。

11.2.4 航空货物运输需求的时间特性

航空货物运输需求的时间特性即航空货物运输的周期性和季节性，是航空货运需求的一个重要特征。如航空客运市场上，农历春节和十一黄金周都是旅客需求的高峰期，年年如此，其需求具有明显的周期性，航空货运的周期性虽然没有客运那么明显，但还是有规律可循，如某地土特产丰收的季节可能就是该地区航空货运的高峰期。此外，在客运淡季，航空公司为保证盈利可能会通过增加配载降低价格等方式刺激货运需求，以及提高货运上的收益，这也使得某段时间的需求呈现一定周期性[1]。另外，在特定的季节，通过空运的货物的品种也呈现一定规律，如鲜活类货物在不同的季节就有变化。

11.2.5 航空货物运输需求的影响因素

影响航空货运需求的主要因素有：经济发展的速度和水平、对外经济贸易、高新技术产业的发展、技术环境、竞争环境和现代物流业的兴起等。

11.2.5.1 经济发展的速度和水平

在影响航空货运需求的诸多因素中，经济发展的速度和水平无疑是决定性的。自改革开放以来，我国航空货运的持续发展就是依靠和伴随我国经济的发展而实现的，而且航空货运需求的增长速度高于 GDP 的增长速度[2]。为了从定量分析的角度来说明经济发展与航空货运需求之间的关系，本书通过测算我国航空货邮周转量、国内航线航空货邮周转量和国际航线航空货邮周转量对 GDP 的弹性系数着手进行研究，期望能够寻找出它们之间相关性的规律。

由表 11-2 和表 11-3 可以看出，1991~2005 年，我国航空货邮周转量、国内航线航空货邮周转量和国际航线航空货邮周转量基本上与 GDP 保持同步波动。通过计算弹性系数的平均值可知，在过去的 15 年间，我国 GDP 每增长 1 个百分点，我国航空货邮周转量平均增长 1.71 个百分点，国内航线航空货邮周转量平均增长 1.63 个百分点，国际航线航空货邮周转量平均增长 1.83 个百分点。

① 尹菀 . 中国航空货运业的营销方案研究 [D] . 武汉理工大学，2005.
② 陈林 . 2013~2016 年我国上市航空公司主要运营风险量化分析 [J] . 民航管理，2017（6）：34-38.

表 11-2 我国航空货邮周转量对 GDP 的弹性系数

年份	GDP（亿元）	居民消费价格指数（%）（1978＝100）	缩减后的GDP（亿元）	缩减后的GDP 年增长率（%）	货邮周转量（万吨千米）	年增长率（%）	对 GDP弹性系数
1990	18547.9	216.40	8571.1183		81824		
1991	21617.8	223.80	9659.4281	12.697407	100955	23.380671	1.8413737
1992	26638.1	238.10	11187.778	15.822367	134240	32.970135	2.0837675
1993	34634.4	273.10	12681.948	13.355375	166139	23.762664	1.7792584
1994	46759.4	339.00	13793.333	8.7635222	185766	11.813602	1.3480427
1995	58478.1	396.90	14733.711	6.8176264	222981	20.033268	2.938452
1996	67884.6	429.90	15790.789	7.1745487	249325	11.81446	1.6467181
1997	74462.6	441.90	16850.554	6.7112916	291024	16.724757	2.4920325
1998	78345.2	438.40	17870.712	6.0541465	334505	14.940692	2.4678445
1999	82067.5	432.20	18988.316	6.2538299	423427	26.58316	4.2507008
2000	89403.6	434.00	20599.908	8.4872838	502683	18.717748	2.2053873
2001	95933.3	437.00	21952.7	6.5669828	437150	−13.03665	−1.98518
2002	105172.3	433.50	24261.2	10.515788	515515	17.926341	1.7047074
2003	116898.4	438.70	26646.547	9.831942	578976	12.310214	1.2520633
2004	159878.3	455.80	35076.415	31.635876	718036	24.018267	0.7592098
2005	182320.6	464.00	39293.233	12.021803	788954	9.8766636	0.8215626
对 GDP 弹性系数的平均值							1.7070627

表 11-3 我国国内航线货邮周转量和国际航线货邮周转量对 GDP 的弹性系数

年份	缩减后的GDP 年增长率（%）	国内航线货邮周转量			国际航线货邮周转量		
		国内航线货邮周转量（万吨千米）	年增长率（%）	对 GDP弹性系数	国际航线货邮周转量（万吨千米）	年增长率（%）	对 GDP弹性系数
1990		37995			43829		
1991	12.697407	45530	19.831557	1.5618588	55425	26.457368	2.0836828
1992	15.822367	58628	28.767845	1.8181758	75612	36.422192	2.3019433
1993	13.355375	71617	22.154943	1.6588784	94522	25.009258	1.8725987
1994	8.7635222	87672	22.417862	2.5580881	98094	3.7790144	0.431221
1995	6.8176264	107086	22.1439	3.2480366	115895	18.14688	2.6617592
1996	7.1745487	135135	26.192966	3.6508173	114190	−1.471159	−0.205053
1997	6.7112916	134892	−0.17982	−0.026794	156132	36.730011	5.4728677
1998	6.0541465	154006	14.169854	2.3405206	180499	15.606666	2.5778474
1999	6.2538299	182233	18.328507	2.9307651	241194	33.626225	5.3769011

年份	缩减后的GDP年增长率（%）	国内航线货邮周转量			国际航线货邮周转量		
		国内航线货邮周转量（万吨千米）	年增长率（%）	对GDP弹性系数	国际航线货邮周转量（万吨千米）	年增长率（%）	对GDP弹性系数
2000	8.4872838	211133	15.858818	1.8685387	291550	20.8778	2.4598918
2001	6.5669828	196090	−7.124893	−1.084957	241060	−17.31778	−2.637099
2002	10.515788	232451	18.543016	1.7633502	283064	17.424708	1.6570045
2003	9.831942	243156	4.6052716	0.468399	335820	18.637481	1.8956053
2004	31.635876	299243	23.066262	0.7291172	418793	24.707581	0.7809988
2005	12.021803	336504	12.451753	1.0357642	452450	8.0366673	0.6685076
		对GDP弹性系数的平均值		1.634704	对GDP弹性系数的平均值		1.8265785

值得一提的是，2001年我国航空货邮周转量、国内航线航空货邮周转量和国际航线航空货邮周转量的值比2000年相应的值小，主要是由于美国"9·11"事件导致的。此外，为了保持数据的一致性，国内航线航空货邮周转量均包括香港和澳门航线的航空货邮周转量（其数据根据航空货邮周转量减去国际航线航空货邮周转量而得到）。

未来，我国经济仍将保持较快增长态势，使经济实力进一步增强。这为航空运输包括货物运输的发展提供了良好的外部环境。从前面的分析可以看出，航空货运量随着GDP的增长而增长，并且高于GDP的增长速度。因此，随着国家经济的发展，航空货运也将取得更大的发展。

11.2.5.2 对外经济贸易

航空货运是国际贸易的副产品，而国际贸易又受到全球经济增长情况的制约。据估计，世界经济每增长1%，国际贸易增长将会达到2%，同时发生的还有航空货运业务的更快增长。因此可以说，世界经济增长可以推动国际贸易增长，进而带动航空货运业务的增长，而且即使较小幅度的世界经济增长也会在较大程度上推动航空货运业务的发展。

我国持续改革开放，今后将会在更大范围内、更深程度上参与经济全球化进程，这必将推动我国对外贸易的发展。国家对外贸易的发展，尤其是高新技术产品和高附加值产品在进出口商品中含量的增加，将对我国航空货运特别是国际航空货运提出更大的需求。从表11-4和图11-5、图11-6可以看出，我国航空货邮周转量和国际航线货邮周转量与商品进出口总额的相关程度非常明显，进出口总额的高速增长期，同时也是航空货运的高速增长期，而进出口总额增长缓慢时，航空货运也处于低速增长。

表 11-4　1990~2005 年货邮周转量年增长率与进出口总额年增长率的数值

年份	进出口总额（亿元）	年增长率（%）	货邮周转量（万吨千米）	年增长率（%）	国际航线货邮周转量（万吨千米）	年增长率（%）
1990	5560.1		81824		43829	
1991	7225.8	29.95809	100955	23.380671	55425	26.457368
1992	9119.6	26.20886	134240	32.970135	75612	36.422192
1993	11271	23.59095	166139	23.762664	94522	25.009258
1994	20381.9	80.83489	185766	11.813602	98094	3.7790144
1995	23499.9	15.29789	222981	20.033268	115895	18.14688
1996	24133.8	2.697458	249325	11.81446	114190	−1.471159
1997	26967.2	11.74038	291024	16.724757	156132	36.730011
1998	26849.7	−0.43571	334505	14.940692	180499	15.606666
1999	29896.2	11.3465	423427	26.58316	241194	33.626225
2000	39273.2	31.36519	502683	18.717748	291550	20.8778
2001	42183.6	7.410652	437150	−13.03665	241060	−17.31778
2002	51378.2	21.79662	515515	17.926341	283064	17.424708
2003	70483.5	37.18562	578976	12.310214	335820	18.637481
2004	95539.1	35.54818	718036	24.018267	418793	24.707581
2005	116921.8	22.3811	788954	9.8766636	452450	8.0366673

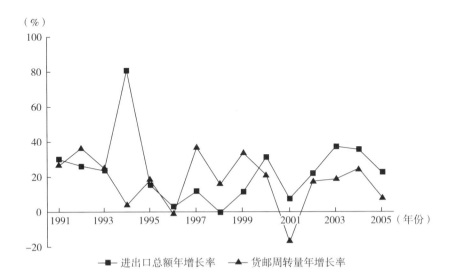

图 11-5　1991~2005 年货邮周转量年增长率与进出口总额年增长率

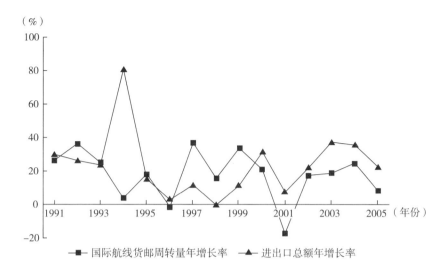

图 11-6　1991~2005 年国际航线货邮周转量年增长率与进出口总额年增长率

11.2.5.3　高新技术产业的发展

我国已经进入必须通过结构调整才能促进经济发展的阶段。"十五"期间国家就已经把结构调整作为主线，以提高国民经济的整体素质和国际竞争力、实现可持续发展为目标，积极主动、全方位对经济结构进行战略性调整①。先后建设了一批重大高技术工程，主要包括高速宽带信息网、深亚微米集成电路、生物技术工程、新型涡扇喷七支线客机、新型运载火箭等。促进数字化电子产品、新型显示器件、光电子材料与器件、现代中药、卫星应用等高技术的产业化，支持各行各业发展高新技术产品②。

由于高新技术产品附加值高，对运输成本的消化能力强，随着经济结构调整取得新进展，高新技术产品和高附加值产品将会进一步增多，从而扩大我国航空运输的货源，并且航空运输会取代部分陆路和海洋货运，并引起市场份额方面的变化。从长期趋势看，航空货运在高新技术产品市场中将会占有越来越多的市场份额。

11.2.5.4　技术环境

航空货运在现代运输方式中，以货物的高时效性和安全性赢得了越来越多的市场份额，随着科技的发展，各种高新技术被不断运用到航空货运业当中。航空

---

①　左学金，刘煜松. 对加快转变经济增长方式的几点认识［J］. 毛泽东邓小平理论研究，2005（12）：5-11.

②　中华人民共和国国民经济和社会发展第十个五年计划纲要［J］. 浙江政报，2001（11）：4-22.

货运信息系统 CCS（Cargo Community System）的建设拓展了航空货运的延伸服务，加速了航空货运融入现代物流的供应链的一体化运作，强有力地刺激了经济社会对航空货运的需求①。

我国民航计算机信息管理中心在建设计算机旅客订座系统的基础上于 20 世纪 90 年代初开发了货运计算机系统，目前已经拥有虹桥、深圳、广州白云机场和厦门航空公司，东航云南分公司以及东航西北分公司等一批用户，而中国国际航空公司以及中国东方航空公司则租用了总部设在伦敦的 SITA 货运系统，中国南方航空公司自己独立开发了"唐翼"网上货运系统，在实际运用中也起到了良好效果。

11.2.5.5 竞争环境

市场竞争无处不在，航空货运业的竞争来自两个部分，一部分来自行业外部，即空运与其他运输方式的竞争，另一部分则是行业内部的竞争，即同业者之间的竞争。

（1）与其他运输方式的竞争。尽管航空货运有速度快、安全系数高等优点，但是其缺点也十分明显，首先，由于经营成本高，特别是航油成本高导致航空货运的运价远远高于其他运输方式；其次，由于航空货运主要由客机腹舱运力完成，其发展规模有限；再次，机场一般距离市区较远，这使得货物上机前的陆运距离较大，增加了运输时间，而运输业是替代性很强的行业，火车不断提速以及高速公路网络的逐渐完善，航空货运的速度优势在不断减弱，特别是在中长途运输中，铁路货运的优势日渐增强；最后，由于航空货运整体过程中必须要经过一定距离的陆上运输，这也降低了货物的安全系数。这些因素都可能使得航空货运的竞争优势有所降低，减弱经济社会对航空货运的需求②。

（2）行业内部的竞争。大型航空公司一般都是跨地区经营，在机场发达的城市往往会有多家航空公司驻扎，在经营的航线上也势必有重复，随着空运市场规模的不断扩大，航空公司之间的竞争也越来越激烈。国内市场主要体现在三大航空公司即中国航空集团公司、中国东方航空集团公司和中国南方航空集团公司之间，三大航空公司实力相当，为了占取更多的市场份额，各大航空公司纷纷在价格及服务上实行差异化经营，在经济发达地区，各航空公司的市场争夺非常激烈③。

11.2.5.6 现代物流业的兴起

航空货运是现代供应链中的重要一环，现代物流业离开航空货运是无法茁壮成长的。进入 20 世纪 90 年代，传统物流已逐渐开始向现代物流转变。运输合理

---

①②③　尹菀．中国航空货运业的营销方案研究［D］．武汉理工大学，2005.

化、仓储自动化、包装标准化、装卸机械化、配送一体化、信息管理网络化等都有了进一步的发展。当今全球现代物流呈现了新的发展趋势，概括地说，主要体现在四个方面，即专业化与系统化、以信息技术为支撑的高技术化、全球一体化以及电子商务与服务的整合①。

现代物流的发展也给我国的航空业带来了很大的发展机遇。航空货运的快捷、方便、安全以及门到门的服务延伸，与其他运输方式的衔接条件，正好适应了现代物流服务的要求。发展现代航空物流业应加强与其他交通运输业的联系，共同研究建立健全畅通、安全、便捷的现代综合运输体系，在综合运输体系中航空与铁路、水运、公路不仅是竞争关系，更重要的是协作、联运的关系，通过联合协作，可以发挥各自优势；优化资源配置，提高综合运输效率。降低社会运输综合成本，提高满足社会各方面多层次、多样化的需求，促进交通运输和整个物流的长远发展②。此外，国际国内环境等也会影响航空货物运输的需求。

11.3 航空客运需求分析

11.3.1 航空旅客运输需求的特性

航空运输需求与其他商品的需求相比有共同性，但是也有其特殊性。一般来说，航空运输需求具有以下几种特性：

11.3.1.1 引申性需求

所谓引申性需求是指大部分旅客对航空运输的需求是为了完成某些目的而进行航空飞行，并非纯粹为了飞行而搭乘飞机。通常根据旅客搭乘目的不同，可将航空旅行分为公商务旅行与休闲旅行两种③。公商务旅客主要包括因从事商务活动而乘机的公司员工和因公出差的政府机关人员。休闲旅客包括外出旅游度假和探亲访友的旅客。还有的旅客乘机的目的可能是为寻找工作或求学等。在实际的旅客分类中，要注意有的旅客乘机的目的可能并不单一，而是上述目的的综合。根据中国民航管理干部学院航空运输市场研究所 2006 年的研究报告，2006 年我国国内航空的休闲旅客的比例已与公商务旅客的比例相当。

---

① 门晓伟. 抓住机遇，加快我国现代物流的发展 [J]. 中国民用航空，2001（7）：32-37.
② 赵阳. 民航企业深化改革之我见 [J]. 辽宁经济，2005（10）：19-20.
③ 汪芸. 我国航空客运市场需求分析及营销策略研究 [D]. 南京航空航天大学，2012.

11.3.1.2　需求多变性

旅客对于航空运输的需求，随着时间与季节不同而有很大的差异。以公商务旅客而言，其在时间的需求上有较大的变动性，通常对当日最早与最晚的班机需求较高，以衔接商务处理的时间，但公商务旅客在季节需求上无明显的差异；相反，休闲旅客则在季节需求上有较大的差异，但在时间需求上则无明显差异。另外，在一天中的某些时刻或一周中的某些日期会出现需求的高峰与低谷，在一年中的某些月份也会出现淡季或旺季。此外，以同一航线而言，随着时间或季节的不同，客运需求亦会出现方向性的差异，这种现象尤以农历春节前后和十一黄金周前后最为显著。由于航空运输需求具有多变性，使得航空公司在运营上更显得困难，需考虑以哪一种旅客的需求为主和高峰需求的满足，但是满足高峰时刻的需求，会使民航业者做过度的设备投资，以至于造成在高峰时间以外的大部分时间内，设施、设备和人力资源等的利用率过低。

11.3.1.3　需求不确定性

航空运输业为旅客提供预先订座的服务，但旅客可能因临时状况改变而取消班机搭乘，或者旅客进行了重复订座，即旅客订座但不旅行（No-show）；或者一些没有事先订座的旅客会直接赶到机场要求乘机（Go-show），从而造成航空运输需求的高度不确定性。为此，航空公司通常采取超订的方式，也就是接受旅客的预订座位数超过飞机实际所能提供的座位数，以减少需求不确定性所带来的损失。航空公司旅客超订是航空公司收益管理的重要优化手段之一，是航空公司减少座位虚耗，提高客座利用率的有效手段。

11.3.1.4　多重的需求价格弹性

需求价格弹性指的是机票价格改变时，旅客对航空运输需求的改变程度。由于旅客本身特性的不同，其对航空运输的需求价格弹性各有差异，具体说明如下：公商务旅客考虑的是飞机的快速所带来的时间的经济效益，因此其不太在乎机票价格的高低，需求价格弹性也较低；而休闲旅客主要考虑的是旅行的预算而非时间的经济效益，因此休闲旅客的需求价格弹性较高[1]。

11.3.1.5　需求与旅程距离存在正相关的关系

航空运输需求的大小与旅程距离的长短存在正相关的关系。旅程距离越长，飞机较其他运输工具的优越特性就越显著，其他运输工具自然就较难与之竞争，因此旅客对航空运输的需求就越大[2]；反之，旅程距离愈短，其他运输工具如铁路和公路对航空运输的替代性就会相对提高，造成旅客对航空运输需求的减少。

11.3.1.6　需求控制的有限性

航空公司通过管理并不能完全控制影响需求的相关要素。不可控制的要素包

---

①②　汪芸．我国航空客运市场需求分析及营销策略研究［D］．南京航空航天大学，2012.

括人们的收入水平、国家的总体经济状况、人口数量及结构、旅游业的发展情况、经济体制和经济政策、替代品的服务和价格、突发事件等。这些因素对航空运输需求的影响很大，但是航空公司自身是很难控制的。

11.3.1.7 总需求与市场份额的双重性

有些因素会吸引人们出行时选择航空运输方式，而另一些因素却是吸引人们选择不同的航空公司。例如，飞行速度的快速提高、航班的舒适性以及人们收入的普遍提高会对航空运输需求产生很大的促进作用。而优质的服务包括机上供应的餐点、饮料等会对旅客选择航空公司产生影响，但是，很少有旅客会仅仅为了享受机上的餐饮而去乘坐飞机。当航空公司提高服务质量时，是想从与之竞争的航空公司手中争夺更多的客源，从而占有更多的市场份额。

航班时刻安排也会产生以下两方面的影响：一是特殊的航班时刻安排可能导致人们选择乘坐飞机而不是选择其他运输方式，从而增加了航空运输市场的总需求；二是很多的航班时刻安排则是为了与其他航空公司争夺旅客，满足旅客对航空运输时间的要求，即旅客本来就是选择航空运输方式，但通过航班时刻进行比较来选择航空公司。

许多航空公司的宣传都力图反映出高质量产品（服务）的内容来促进航空运输需求的增加。但是，一家航空公司进行这样的广告宣传所产生的市场效果，可能会由多家航空公司共同分享，即产生了正的外部性。

11.3.2 航空旅客运输需求的影响因素

由于有些因素不仅影响航空国际旅客运输的需求，而且影响航空国内旅客运输的需求，而有些因素则仅仅影响航空国际旅客运输的需求或者航空国内旅客运输的需求，因此，本书将影响航空国际旅客运输需求和航空国内旅客运输需求的主要因素放在一起进行分析。

11.3.2.1 政治形势

航空旅客运输是国际关系的晴雨表，若两国（或地区）关系密切，贸易发达，政治、文化等交往频繁，航空旅客运输需求将趋于繁荣，反之则航空旅客运输需求较小。特别值得注意的是，航空运输始终被纳入两国（或地区）双边或多边协议的总体框架之内，关于两国（或地区）通航地点、航权和班次数量的谈判与两国（或地区）间的政治关系有着千丝万缕的关系，并直接影响到航空旅客运输需求总量的变化。目前，我国政治形势稳定，社会主义市场经济体制基本确立，可以预见中国将会在未来相当长的一段时间内保持这种政治稳定的良好局面。

11.3.2.2 经济发展的速度和水平

经济发展速度和水平是影响航空旅客运输需求的首要因素。经济发展水平对公商务和休闲两类旅客都有影响。因为，经济发展水平影响到企业商业活动的活跃程度，从而影响到公商务旅客出行的频率；同时，经济发展水平影响到国民的收入水平和生活方式，进而影响到对旅行的需求。经济发展水平通常用国内生产总值（GDP）来代表①。

为了从定量分析的角度来说明经济发展与航空客运需求之间的关系，本书通过测算我国航空旅客周转量、国内航线航空旅客周转量和国际航线航空旅客周转量对 GDP 的弹性系数着手进行研究，期望能够寻找出它们之间相关性的规律。

由表 11-5 和表 11-6 可以看出，从 1990 年到 2005 年，我国航空旅客周转量、国内航线航空旅客周转量和国际航线航空旅客周转量基本上与 GDP 保持同步波动。通过计算弹性系数的平均值可知，在过去的 15 年间，我国 GDP 每增长 1 个百分点，我国航空旅客周转量平均增长 1.48 个百分点，国内航线航空旅客周转量平均增长 1.47 个百分点，国际航线航空旅客周转量平均增长 1.56 个百分点。

表 11-5　我国航空旅客周转量对 GDP 的弹性系数

年份	GDP（亿元）	居民消费价格指数（%）（1978＝100）	缩减后的GDP（亿元）	缩减后的GDP年增长率（%）	旅客周转量		
					旅客周转量（万人千米）	年增长率（%）	对 GDP弹性系数
1990	18547.9	216.40	8571.1183		2304798		
1991	21617.8	223.80	9659.4281	12.697407	3013185	30.735318	2.420598
1992	26638.1	238.10	11187.778	15.822367	4061204	34.781104	2.1982238
1993	34634.4	273.10	12681.948	13.355375	4776045	17.601701	1.3179488
1994	46759.4	339.00	13793.333	8.7635222	5515802	15.488903	1.767429
1995	58478.1	396.90	14733.711	6.8176264	6813036	23.518502	3.4496613
1996	67884.6	429.90	15790.789	7.1745487	7478419	9.7663215	1.3612454
1997	74462.6	441.90	16850.554	6.7112916	7735168	3.4331989	0.5115556
1998	78345.2	438.40	17870.712	6.0541465	8002444	3.4553354	0.5707387
1999	82067.5	432.20	18988.316	6.2538299	8572818	7.1274975	1.1397012
2000	89403.6	434.00	20599.908	8.4872838	9705437	13.211747	1.5566519
2001	95933.3	437.00	21952.7	6.5669828	10913539	12.447683	1.895495
2002	105172.3	433.50	24261.2	10.515788	12687011	16.250201	1.5453147
2003	116898.4	438.70	26646.547	9.831942	12631853	−0.43476	−0.044219

---

① 汪芸．我国航空客运市场需求分析及营销策略研究［D］．南京航空航天大学，2012.

年份	GDP（亿元）	居民消费价格指数（%）（1978＝100）	缩减后的GDP（亿元）	缩减后的GDP年增长率（%）	旅客周转量		
					旅客周转量（万人千米）	年增长率（%）	对GDP弹性系数
2004	159878.3	455.80	35076.415	31.635876	17822791	41.094034	1.2989694
2005	182320.6	464.00	39293.233	12.021803	20449288	14.736732	1.2258337
对GDP弹性系数的平均值							1.4810098

表 11-6 我国国内航线旅客周转量和国际航线旅客周转量对 GDP 的弹性系数

年份	缩减后的GDP年增长率(%)	国内航线旅客周转量			国际航线旅客周转量		
		国内航线旅客周转量(万人千米)	年增长率（%）	对GDP弹性系数	国际航线旅客周转量(万人千米)	年增长率（%）	对GDP弹性系数
1990		1787888			516910		
1991	12.697407	2368538	32.476867	2.5577558	644647	24.711652	1.9461968
1992	15.822367	3265867	37.885354	2.3944175	795337	23.375584	1.4773759
1993	13.355375	3913625	19.834182	1.4851085	862420	8.4345378	0.6315463
1994	8.7635222	4547673	16.201041	1.8486906	968129	12.257253	1.3986674
1995	6.8176264	5663326	24.532393	3.5983774	1149710	18.755868	2.7510848
1996	7.1745487	6116710	8.0056137	1.1158352	1361709	18.439346	2.5701053
1997	6.7112916	6099669	-0.278597	-0.041512	1635499	20.106352	2.995899
1998	6.0541465	6247778	2.4281482	0.4010719	1754666	7.2862778	1.2035186
1999	6.2538299	6516728	4.3047304	0.6883351	2056090	17.178426	2.7468649
2000	8.4872838	7377283	13.205323	1.5558951	2328154	13.232106	1.5590507
2001	6.5669828	8463034	14.717492	2.2411345	2450505	5.2552795	0.8002579
2002	10.515788	9719834	14.850466	1.4122068	2967177	21.084307	2.0050146
2003	9.831942	10148311	4.4082749	0.4483626	2483542	-16.2995	-1.657811
2004	31.635876	13841737	36.39449	1.1504183	3981054	60.29743	1.9059826
2005	12.021803	15925225	15.052215	1.2520763	4524063	13.63983	1.134591
		对GDP弹性系数的平均值		1.4738783	对GDP弹性系数的平均值		1.5645563

为了保持数据的一致性，国内航线航空旅客周转量均包括香港和澳门航线的航空旅客周转量（其数据根据航空旅客周转量减去国际航线航空旅客周转量而得到）。我国经济仍将保持良好的增长态势，使经济实力进一步增强。这为航空运输包括旅客运输的发展提供了良好的外部环境。从前面的分析可以看出，航空客

运量随着 GDP 的增长而增长，并且高于 GDP 的增长速度。因此，随着国家经济的发展，航空客运也将取得更大的发展。

11.3.2.3 人均可支配收入

在航空旅客运输需求中，除了生产性和工作性运输需求，其他很大的部分就是生活性运输需求，如探亲、访友、旅游、看病和外出休养等所产生的运输需求[①]。这些需求受到人们收入水平的制约，会随着人们收入水平的提高而增加。随着我国居民收入的增加，人们出行乘坐飞机将成为一种正常的选择而不是一种奢侈或享受，这将极大地促进自费空运市场的发展[②]。随着我国航空旅客运输量大幅稳定增长，其中人均可支配收入的大幅度提高起了很重要的作用。

11.3.2.4 人口数量及结构

人口数量变化必然会引起航空旅客运输需求的变化。从一般意义上讲，人口密集的国家或地区，航空旅客运输需求就高；人口稀疏的国家或地区，航空旅客运输需求就低。人口数量增加时，航空旅客运输需求就相应增加。另外，人口结构对航空旅客运输需求也产生影响[③]。人口的结构指人口的就业情况、从事的行业分布情况、年龄构成等，这些因素和居民收入往往直接相关，对于一个地区的空运自费市场起很大的影响，并且这一方面的影响作用比人口数量变化的影响更加突出。因此，分析不同人口在总人口中所占的比重及其变化，对分析航空旅客运输需求来说，有极为重要的意义。

11.3.2.5 旅游业发展情况

随着社会经济的发展，特别是人民生活水平的提高，旅游需求在整个生活需求中的比重将会越来越高。运输业是旅游业的上游产业，对于国外游客来说，航空运输是他们的首选出行方式，对于国内游客选择航空运输的比例也很大，因此航空旅游市场是航空旅客运输市场的重要组成部分；特别是对我国这样一个旅游资源丰富的地区，更要把航空旅游市场作为航空旅客运输市场的重要组成部分进行调查和分析。目前，中国已经成为世界第五大旅游国家。据世界旅游组织预测，到 2010 年，中国旅游业平均增长速度可望达到 10%~11%，旅游总收入将占到 GDP 总量的 8%，成为国民经济的支柱产业，到 2020 年，中国将成为全球最多人前往的旅游胜地，成为世界上最大的旅游国家。旅游业的蓬勃发展无疑将带动交通等相关产业的发展，也为航空旅客运输提供了更为广阔的市场空间[④]。

11.3.2.6 航空运价水平的高低

运价在影响航空旅客运输需求方面的作用是显而易见的。旅客运价水平的高

---

① 汪芸. 我国航空客运市场需求分析及营销策略研究 [D]. 南京航空航天大学，2012.
② 张蓉. 对中国建设银行在民用航空运输业营销策略的研究 [D]. 西南财经大学，2003.
③ 朱晓海. 通道客运交通需求分析 [D]. 西南交通大学，2007.
④ 谈云开. 北方航空公司客运市场营销战略研究 [D]. 大连理工大学，2003.

低，对生产性旅客来说，运价水平变动所引起的运费支付，也要进入到企业的生产成本中去，对企业的经济活动效果直接产生影响；对消费性旅客来说，运价水平高低直接影响他们的生活开支。如果在运输需求满足方面的开支过大，在收入既定时，必然会影响他们在其他生活需求方面的满足。因此，在运价提高时，旅客运输需求自然会减少；相反，运价降低时，旅客运输需求会有一定的提高①。另外，运价水平对个别运输企业的市场占有率来说，影响作用是很大的。

11.3.2.7 替代品

航空运输与其他运输相互配合组成完整的国民经济运输体系，它们各具优势，有相互配合的一面，但也存在着竞争的一面②。根据经济学理论，替代品的价格应该成为一个影响因素。对于航空运输业来说，铁路等替代品的价格和速度的变化对其有一定的影响。尤其高速铁路的开通对航空运输业提出了挑战。从长远来看，1000千米距离之内的客运，应以铁路、公路为主，在1000~2500千米的距离上，高速铁路和航空运输相互竞争，在2500千米以上的距离空运占有明显优势，但在各个领域中仍然存在着对市场的争夺。例如，北京到广州的2300千米的运输线上，如果航空延误过多或票价过高，加上铁路提速，航空运输有可能把部分旅客市场让给铁路③。

11.3.2.8 航空安全状况

按照马尔萨斯人类需求理论，安全是人类的第一需求，社会公众特别是新闻媒体对航空安全的关注以及航空安全事故中很小的幸存概率，都使航空安全成为影响航空旅客运输需求的最主要因素之一。

安全是民航永恒的主题。航空安全状况对于航空客运市场的影响是不言而喻的，空难事故在人们内心造成的恐惧阴影很长时间都会挥之不去。回顾历史，几乎每一次的空难事故都将对航空公司的客源造成灾难性的影响④。

2001年9月11日，美国发生了震惊全球的"9·11"恐怖事件。事件发生后美国各航空公司因旅客骤减，航班减少逾20%，客座率下降20个百分点，据国际航空运输协会估计，美国"9·11"事件发生后一周，世界航空运输业有4000架飞机停飞，减少收入100亿美元，额外增加支出100亿美元。

2002年4~5月，中国民航接连发生了两起重大空难事故（国航4·17空难和北航5·7空难），这两起空难事故对国内航空运输业造成的影响相当明显，5月、6月、7月中国民航国内航线客运输量增长率比上年同期急剧下降了9.4个百分点，作为潜在责任单位的国航和北航，其客座率和旅客运输量的下降幅度更

①　朱晓海．通道客运交通需求分析［D］．西南交通大学，2007.

②③　张蓉．对中国建设银行在民用航空运输业营销策略的研究［D］．西南财经大学，2003.

④　梁喜胜．东方航空西北公司客运市场营销策略研究［D］．西北大学，2005.

是惊人。以北航为例，5 月、6 月的平均客座率分别比上年同期下降了 19% 和 22%，两月共减少飞行 2948 小时，减少运输周转量 3003 万吨/千米，减少运输收入 2 亿元。同时，还出现了大量旅客拒绝乘坐麦道飞机的现象，给北航的生产经营带来了巨大困难。连续发生的空难事故对旅客心理造成了严重的负面影响，引发了旅客对航空运输的恐惧心理，减少了乘机次数，使得航空公司的平均客座率大幅下滑，经济效益受到了严重影响。但从历史情况看，空难事故带给航空运输业的负面影响通常是短期的，会随着安全形势的好转和旅客恐惧心理的淡化而逐步消除，但这一过程给航空公司经营带来的影响和损失将是巨大和难以弥补的[①]。

这里的航空安全还存在另一种含义即人们出行的安全性。2003 年的"非典"疫情就对我国的航空旅客运输产生了巨大的影响，致使全年旅客运输周转量增长率较上年下降了 16.7%，旅客运输量增长率较上年下降了 12.3%。

此外，经济全球化进程、民用航空系统的发展状况和国家政策等都会对航空旅客运输需求产生影响。一个国家的对外开放程度的提高会直接导致本国与相关国家之间的政治、经济、文化交往的增多，从而为航空旅客运输带来大量的客源。

11.4 通用航空技术需求预测

11.4.1 现阶段通用航空技术需求

通用航空技术是指非军事和非商业的民用航空活动，下面是通用航空技术的主要需求：

（1）安全性：通用航空技术需要具备高度安全性，确保飞行在所有气象条件下都是安全的。这需要使用高质量的飞行器材和系统，建立高效的飞行计划和管理提高安全性。

（2）费用效益：通用航空应具有适当的运营费用和技术成本，并具有高可靠性和高使用效率。这需要使用高效的航空器材和系统，维修和保养成本低，以及降低剩余价值损失率等措施。

（3）环保性：通用航空应考虑环境保护，减少对环境的损害。为减少能源消耗和碳排放，需要使用高效的发动机和动力设备等技术，采用新型燃料和排放

---

① 梁喜胜. 东方航空西北公司客运市场营销策略研究［D］. 西北大学，2005.

控制技术等措施。

（4）信息化：通用航空需要实现信息化管理，提高机场、飞行器材、航空指挥和地面支援服务的信息化程度和智能化水平。这需要使用先进的数字技术，例如，航空控制中心、人工智能、边缘计算、大数据等。

（5）自动化：通用航空需要实现自动化程度的提升，减少飞行员的负担并提高安全性。机器人、自动导航和驾驶、自动飞行等自动化技术是实现这一目标的关键。

（6）通信技术：通用航空需要更强的通信和协同技术，使机组成员、地面人员、飞机与空中交通管理系统之间的通信更加高效和安全。即使在偏远地区和恶劣气象条件下，通用航空技术也应保持超强的通信能力。

综上所述，通用航空技术需要不断提升，以适应日益变化的市场需求。技术的不断发展和升级将有助于通用航空的更快普及的推广和应用。

11.4.2　未来通用航空技术需求

随着科技的不断进步和社会的快速发展，通用航空面临着新的技术需求和挑战。以下是未来通用航空技术的主要需求：

（1）电动和燃料电池技术：未来通用航空需求更为节能环保的技术，电动和燃料电池技术可以有效减少对环境的污染和降低运营成本。

（2）自动化和智能化技术：未来通用航空需要更加先进的自动化和智能化技术。例如，自主飞行、无人机技术、智能驾驶等，这些技术将大幅提高安全性和运营效率。

（3）空域管理和智能交通：未来通用航空面临着空域管理和智能交通的挑战。因此，需要建立更加先进的空中交通管理系统，支持机器人协同飞行、自动导航和智能交通等。

（4）高速飞行和超音速技术：未来通用航空需要面对高速、超音速技术的挑战。随着空中交通量的增加，未来通用航空需求更快、更高效和更安全的高速、超音速技术。

（5）网络安全和数据保护：随着通用航空的数字化和信息化加速发展，未来通用航空需要面临更加严峻的网络安全和数据保护挑战。需要建立更加安全可靠的网络空间，保护通用航空的信息安全。

（6）机载智能技术：通用航空需要使用机载智能技术和机器人技术，以更好地完成飞行任务和实现机舱内的自动化技术。

（7）航空电子技术：通用航空需要全面使用航空电子技术，以更好地控制飞机，去除人为错误因素和提高飞机的安全性能。

（8）遥感和通信技术：通用航空需要使用遥感和通信技术，以更好地掌握航线信息和天气状况，提高通信可靠性和通信效率。

综上所述，未来的通用航空技术需求将更加高度自动化、智能化、节能环保和安全可靠。它将是一个高度创新和变革的领域，伴随着人们对航空出行更高的期望和要求，通用航空将在未来迎接更多挑战和机遇。未来通用航空技术的需求在研发复杂、多学科和前瞻性技术方面具有很强的挑战性。通用航空需要与广大的研究机构、技术企业和航空公司合作，开展全面的研究和改进，迎接更加智能化、高效化和环保型的未来通用航空技术。

11.4.3 低空通用航空技术需求

11.4.3.1 低空通用航空发展现状

低空空域为通用航空的作业区，不管工业飞行、农业飞行、空中旅游等，都运行于低空空域，低空空域的开放将对通用航空的发展起到很大的促进作用。低空空域的开放可以促成通用航空产业链的形成，从传统的农林服务、抢险救灾、航拍业务向多元化业务发展，如提供空中游览观光、培养飞行员、教学飞行、飞行表演、空中跳伞等可持续发展项目。

随着我国经济的快速发展，低空空域飞行活动的需求越来越大，开展飞行活动的项目越来越多样，涉及经济社会生活的各个方面；覆盖范围较多，依据不同飞行项目覆盖不同区域；使用的航空器包含固定翼飞机、直升机和轻型航空器（见表11-7）。

表 11-7　低空通用航空飞行需求

需求主体	飞行项目	覆盖范围	使用航空器
通用航空	农、林、渔业（飞播、护林灭火、农林化、植草）	山区、林区和大面积耕种的农场地区	固定翼；直升机
	工业（石油、物探、航空摄影、电力、管道巡视、建筑、遥感测绘、科学试验、人工影响天气）	覆盖范围内低空空域，包括城市上空	固定翼；直升机
	教育训练	适合飞行训练的通用机场	固定翼；直升机
	旅游观光	适合飞行的旅游景点	以直升机为主，兼有动力伞、三角翼
	航空俱乐部体验飞行	通用航空上空	以直升机为主，兼有动力伞、三角翼

需求主体	飞行项目	覆盖范围	使用航空器
通用航空	应急救援飞行	不确定区域（城市、山区、高原、海上）	以直升机为主，兼有固定翼、动力伞
	航空爱好者的个人飞行	不确定区域（城市、山区、高原、海上）	以直升机为主，兼有固定翼、动力伞
	体育飞行运动项目	可开展体育飞行的地区	动力伞、三角翼、滑翔机、热气球
警用航空	治安巡逻、抓捕任务	主要城市上空	以直升机为主
军队训练	部队日常训练	部队机场上空	固定翼；直升机

资料来源：胥郁，李向新. 通用航空概论 [M]. 北京：化学工业出版社，2018.

通用航空是低空空域的主要使用者，其飞行活动具有使用的空域随意性大，飞行作业项目多样化，使用机型较多，飞行时间不确定等基本特征。截至 2015 年底，全行业完成通用航空作业飞行 73.2 万小时。各类飞行使用的空域时间分别表现为：工业、飞行训练和其他飞行不分季节，只要天气允许就可飞行；农林业飞行季节性强，主要集中在 4~10 月；应急救援是全天候飞行，有时也在恶劣的气象条件下飞行。

2011 年，中国国家空域技术重点实验室公布的研究报告表明，中国目前实际可用空域面积为 998.50 万平方千米。其中，民航日常使用空域面积 319.53 万平方千米，占 32%；军航日常使用空域面积 234.72 万平方千米，占 23.51%。此外，临时航线占用空域面积约为 54.97 万平方千米，占 5.51%。还有部分空域未被有效利用，主要集中在我国西部人烟稀少地区。

通用航空活动的高度范围比较广泛，一般集中在相对高度 3000 米以下的低空空域，尤其是相对高度 600 米以下的低空空域占绝大多数。例如，我国农林类航空作业飞行高度一般在相对高度 15~300 米；航空摄影、物探、遥感等飞行主要在标准气压高度 3000~7000 米，有时也达到 9000 米；航空运动、训练及旅游观光飞行一般在高度 1500 米以下；跳伞飞行通常在 2400 米以下；广告飞行一般在相对高度 3000 米以下。

长期以来，我国实行严格的空域管理体制，低空空域不开放已经成为制约我国通用航空产业发展的瓶颈。通用航空公司飞行作业点多面广、任务流动分散、单机作业等行业迫切希望得到各方面的关注。根据现在的管理措施，运行中每个环节都要经过民航局和空军的双重审批，空域管制又捆住了通用航空的手脚，这些已然成为通用航空发展滞后的重要原因。天空开放是通用航空大发展的前提。

空域使用要最大化，限制要最小化，是航空发达国家所遵循的一条空域开发和使用的原则，也应成为我国空域管理和使用的目标。

若未来全面推开低空空域管理改革，将加速推进通用航空产业发展，通用航空基础设施如通用机场、地面飞行服务站、空管系统等有望迎来建设热潮，并带动通用航空制造、运营、维修、培训等各环节发展，相关产业链公司也有望直接受益。

11.4.3.2 低空通用航空未来需求

（1）通用航空经常性作业项目缺口巨大。通用航空作业具备机动灵活、快速高效的特点，在社会公共服务领域中有着地面机械和人工作业无法比拟的优越性和不可替代性。随着我国经济的发展，低空空域飞行活动日益增加，通用航空市场对各项飞行作业的需求极大，而目前通用航空的供给情况却与巨大需求极不匹配，有很大缺口。

例如，我国是一个农业大国，农业是经济发展、社会安定和国家自立的基础。农业航空的快速发展对加快我国农业现代化具有举足轻重的作用。然而，在农业作业领域也应该看到存在巨大的缺口。截至 2009 年，我国拥有 20.89 亿亩农田，每年使用飞机进行农业作业仅有 4000 多万亩，其中进行病虫害防治面积 1000 多万亩，小麦叶面施肥 2000 多万亩。仅有农业飞机不足 200 架，可执行任务的飞机为 72.8%，在我国耕地中采用飞机作业的仅占耕地面积的 2.6%，而美国、俄罗斯等国则高达 40%～50%。

中华人民共和国成立初期，我国通用航空作业的主要领域就是农药喷洒、空中播种、空中施肥、飞播造林、森林防护等农林领域，但自 2010 年以来，我国通用航空农林业作业飞行小时数复合增长率为 6.6%，处于低速增长状态。以 2012 年为例，通用航空农林化飞行主要集中于黑龙江（11394 小时）、山东（2648 小时）、青海（1286 小时），我国东南部、南部和西南地区的农林作业较少。航空护林作业主要分布于黑龙江（2571 小时）、内蒙古（1750 小时）、新疆（1206 小时）等地区。但是，从市场份额来看，农林化飞行作业主要分布于 12 家企业：就援基地家通用航空企业，其中大部分企业位于东北地区；航空护林作业分布于 23 家企业，其中作业量最大的为新疆通用航空有限责任公司（1233 小时，13.4%）。2013 年，我国通用航空农业作业完成 3.41 万小时，比上年（2012 年）增长 7.0%，占全年通用航空飞行小时数的 6.0%。尽管通用航空农林作业飞行已经发展了近 60 年，但规模一直很小，增长缓慢。农林作业受到地域的限制，区域性非常突出。比如 2013 年，北大荒通用航空公司农业作业飞行 6600 小时，东北通用航空公司 2500 小时，新疆通用航空有限责任公司 3000 小时，三家公司占全国农业作业飞行的 36%。

（2）通用航空服务于社会应急救援和公益飞行能力严重不足。随着科学技术的发展，抢险救援工作在西方已有半个世纪的时间，成为继银行、邮电、保险之后的第四大产业。为了适应这一形势的变化，将中国的抢险救援工作发展成为科技产业，已经成为社会发展的必然趋势。

2008 年 1 月，中国华东、华南及西南地区遭受了 50 年一遇的特大暴风雪灾。此次雪灾强度大，波及范围广，损失惨重，有 21 个省 7786 万人不同程度受灾。南北交通大动脉京广线中断达 5 天之久。大量的乡村公路无法通行。供电系统破坏严重，最多时有 17 个省停电。雪灾还造成通信中断，直接经济损失达 5690 多万元。鉴于通用航空器机动灵活的运行特点，特别是直升机能够垂直起降，具有其他交通工具无法比拟的优势，2 月 2 日 13 时，空军某部派出 6 架直升机分赴四川宜宾长宁县地震灾区和达州万源雪灾区空投 5500 床棉被。2 月 3 日 15 时，空军某部两架直升机成功向车田乡空投食品和御寒棉衣。与此同时，还有一架直升机执行供电网络的紧急抢修任务。2 月 12 日，电力部门特地租用直升机开始对一些高山峻岭和无人区的受灾线路进行特别巡视，以收集准确的电网受损数据，为大规模电网抢修打下基础。

在雪灾中，通用航空发挥出了难以替代的救援作用，直升机也在这次暴风雪救援飞行活动中初露锋芒。但是，纵观年初抗击暴风雪灾的全局，传统的地面作业方式仍占主流，通用航空的运输和作业活动在救灾总体活动中所占的比例较小。

2008 年"5·12"汶川大地震，直升机成为此次抗震救灾的"攻坚部队"。在民航直升机抗震救灾指挥部四川广汉机场，震后的第三天便集结了中国民航 6 家通用航空公司 11 种机型的 30 架直升机，成为我国航空史上最快最大规模的调机。据指挥部统计数据，截至 5 月 29 日晚，30 架民航直升机共执行飞行救援任务 523 架次，运入各类救援物资 139.5 吨、运送各类专家 347 人进灾区，接出伤员和灾民 1296 人，为抗震救灾提供了有力支撑，充分体现了民航直升机在这次救灾中的战斗力。

救灾期间由于直升机机型布局不合理，对直升机的指挥协调不到位，在两个多月的时间里，平均每天每架直升机执行任务不到两次。使得通用航空在重大社会需求面前难以发挥特有的作用。通用航空在应急救援中凸显出机队实力较弱、专业飞机、人员严重不足；救援基地、起降场地严重缺乏，保障能力差等缺陷。

综上所述，通用航空在抗灾救援方面表现突出，发挥了重要作用，为争取救援时间、减少受灾人员、降低经济损失提供了有力保障。但同时也暴露了不少问题，通用航空在抗灾应急救援中的重要作用没有有效地发挥出来。

除在通用航空经常性作业项目及通用航空服务（如社会应急救援和公益飞

行）两个方面对低空空域有极大的需求外，公务飞行、私人飞行、飞行员执照培训飞行、观光游览飞行等项目发展较快，飞行量逐年递增，同样需要更为广阔的低空空域飞行空间。

11.4.4　低空通用航空领域的改革

自 2010 年 8 月国务院、中央军委印发《关于深化我国低空空域管理改革的意见》以来，充分拉开了开发低空资源、促进通用航空发展的序幕，空管系统综合各类航空用户需求，充分考虑地域因素和通用航空飞行特点，划设 122 个管制空域、63 个监视区域、69 个报告区域和 12 条低空目视航线进行低空空域分类管理，不断深化改革试点，并明确了通信要求、飞行类型和责任义务，初步探索形成一整套新的低空空域管理模式和制度机制。最初试点的有广州、长春、西安三地。随后湖南、湖北、广西与内蒙古东部也进行试点。在改革政策引领带动下，近年来我国通用航空快速发展，飞行量年增长率均在两位数以上，截至 2015 年底，通用航空企业达到 281 家，各型通用航空器 1874 架，建设国家级航空产业基地 10 个、地方航空产业园 26 个，通用航空已成为国民经济新的增长点。

11.4.4.1　沈阳管制区低空改革

2008 年 3 月，国家空管委批准了低空空域管理改革试点方案，确定在长春、广州飞行管制分区先行组织改革试点。2010 年 8 月，国务院、中央军委下发《关于深化我国低空空域管理改革的意见》，对低空空域管理改革做出进一步的部署要求。沈阳管制区根据上述文件进行了改革工作。

（1）把握地域特点、科学划设低空空域针对辖区特点，依据三类低空空域划设标准文件进行了改革工作。按照"边论证、边规划、边调整"的方法，统筹考虑各方面情况，在全区分类划设了 3 类 73 个低空空域和 25 条低空专用航线。

1）管制空域（34 个），在军民航飞行密集地区和机场起降地带等飞行矛盾突出的区域划设的空间。

2）监视空域（24 个），为最大限度满足通用航空空域需求，在与军民航飞行矛盾相对民用机较小的区域划设的空间。

3）报告空域（15 个），通用航空自主飞行使用的主要空域，也是改革试点工作的主要探索方向。充分考虑通用航空用户的实际需求，为农化、护林等飞行量大且作业区域相对集中的通用航空飞行，提供了更为广阔的自主飞行空间。

4）通用航空专用航线（25 条），解决辖区内通用航空转场飞行航线距离长、中途加降机场多与军民航其他飞行之间矛盾突出的问题。

（2）着眼运行需要，全力夯实安全基础。

1）建立服务保障体系按照上级明确的低空空域服务保障体系建设标准，依托现行空管机构，建立了区域、分区、飞行服务站三级通用航空管理服务保障体系。其中，区域、分区依托现有军民航相应航管中心建立；通用航空飞行服务站依托现有军民航机场和指定的通用机场、临时起降点、通用航空企业、地方政府建立，主要负责提供飞行计划申报、航行情报发布、气象咨询等服务。

2）制定完善规则标准如制定《沈阳飞行管制区低空空域管理改革试点实施细则》等相关运行安全措施。

3）组织签订通用航空飞行安全责任书按年度召集区内和到区内作业的所有通用航空单位（用户）签订飞行安全责任书，明确各通用航空单位的工作职责、目标要求和安全责任，强化各通用航空单位（用户）的安全意识、章法意识和责任意识。

4）精心组织开展业务集训和考核组织骨干力量认真编写低空空域管理改革扩大试点教育培训资料，精心准备三维多媒体教育宣讲片。

11.4.4.2　海南省低空空域改革

海南地区的飞行管制工作由南航部队飞行管制部门统一组织实施，军民航分别指挥航路外和航路内的航空器。由于长期以来空域、航线、航路规划不尽合理，以及空军飞行训练任务繁重，对空警戒任务多，军民航管制协调机制滞后，飞行调配手段单一，管制指挥"各自为政"等原因，海南地区低空空域资源无法得到充分利用，限制了通用航空的发展，通用航空的发展比较滞后。2009年12月，《国务院关于推进海南国际旅游岛建设发展的若干意见》（以下简称《若干意见》）的正式印发，标志着海南国际旅游岛建设上升为国家战略。为全面贯彻落实好《若干意见》精神，海南省委、省政府于2010年4月组织编制了《海南国际旅游岛建设发展规划纲要》，其中提出：推进低空空域开放，扶持建设民用航空器驾驶员学校，积极发展通用航空产业。2011年1月28日，海南低空空域管理改革试飞活动在海口市启动，本次试飞活动从28日起，以海口为起点，飞行范围涉及三亚、文昌、琼海等多个市县，历时近两个月。这是迄今为止中国最大规模的一次低空空域管理改革试飞活动，也标志着海南低空空域管理改革试点工作正式拉开序幕。随着海南低空空域改革的推进，海南游览观光飞行、直升机空中摆渡飞行、飞行员教学飞行、空中应急救援飞行、飞行表演、空中跳伞等领域迎来了广阔的发展空间。

11.4.4.3　广东省低空空域改革

广东省通用航空事业得到较快发展，通用航空专业运营服务能力突出，通用航空运营保障体系建设较快，基本构建了通用航空全价值产业链体系。截至2012年底，共有22个民用机场，其中运输机场6个（广州、深圳、珠海、湛江、梅州、揭阳）；通用机场及起降点13个，其中颁证通用机场有6个（深圳南头、珠海九洲、湛江坡头、湛江新塘、阳江合山、云浮罗定），临时起降点 7 个。深圳、珠海机场分别建立了公务机和通用航空运营保障基地，满足通用航空运营服务的需要。

2011 年，广东作为全国试点之一开始探索低空开放，珠海成为广东的首批试点，率先解禁低空。在 2012 年第九届珠海航展上，全国首个通用航空飞行服务站——珠海通用航空飞行服务站挂牌成立，该服务站旨在专门为珠海及周边地区的通用航空器飞行提供从飞行计划、航空情报、航空气象、飞行情报、告警到协助救援等一揽子服务，探索从硬件和配套上缓解私人飞机"买得起，起飞难"问题。

2014 年 6 月 26 日，由珠海市航空产业园管委会主办，珠海航空城发展集团有限公司、珠海机场集团公司、珠海航空城通用航空飞行服务有限公司（珠海通用航空飞行服务站）承办的珠海—阳江—罗定目视转场飞行航线开通仪式在中航通用飞机有限责任公司华南基地举行。爱飞客航空俱乐部有限公司的西锐 SR20 飞机（B-9769 号）开始执飞珠海—阳江—罗定低空航线转场飞行，并安全着陆珠海金湾机场，标志着我国首条低空航线正式开通。

珠海—阳江—罗定低空航线的划设是国家低空空域管理改革的重要举措，是珠海市航空产业园争取到的国家项目。作为全国首条低空航线，珠海—阳江—罗定航线的开通引领了国内开展低空空域改革试点的先试先行，对我国低空空域改革具有重要意义，同时为珠海通用航空产业的发展提供了坚实的基础和保障。

11.4.4.4　湖北省、湖南省低空空域改革

湖北省在 2009 年就审定通过了《湖北省临空经济和通用航空产业发展专项规划（2009—2020 年）》，并出台了一系列引导和帮扶措施，积极争取国家赋予湖北省低空空域开放试点，加紧开展低空空域管理改革，为湖北省通用航空发展争取更加宽松的空域使用环境。

2012 年 5 月，湖南省通用航空产业发展座谈会在株洲召开。会议透露，国家正式将湖南纳入全国低空开放试点省份，长株潭地区将成为中国重要的直升机研发与生产基地。湖南已启动编制通用航空产业发展规划。长沙黄花机场西北角筹划建一个 405 亩的通用航空基地，全部建成后可供几十架私人飞机停放。

本章练习题

1. 请简述航空运输需求量的预测中，从时间序列的角度对运量进行预测的优缺点。

2. 请绘制并解释紧急运输需求曲线。

3. 航空货物运输需求的影响因素有哪些。

4. 简述航空旅客运输需求的特性及影响因素。

参考文献

［1］Chaug-Ing Hsu, Hui-Chieh Li, Su-Miao Liu, Ching-Cheng Chao. Aircraft replacement scheduling: A dynamic programming approach ［J］. Transportation Research, 2011（47）: 41-60.

［2］Chen D P, Chu XN, Yang X Y, et al. PSS solution evaluation considering sustainability under hybrid uncertain environments ［J］. Expert Systems with Applications, 2015, 42（8）: 5822-5838.

［3］Impact of livelihood diversification of rural households on their ecological footprint in agro-pastoral areas of northern China ［A］//. HAO Haiguang; ZHANG Jiping; LI Xiubin; ZHANG Huiyuan; ZHANG Qiang. Journal of Arid Land, 2015.

［4］Kenneth E. Marks, H. Garrison Massey, Brent D. Bradley. An Appraisal of Models Used in Life Cycle Cost Estimation for USAF Aircraft Systems ［R］. A Project Air Force report prepared for the United States Air Force, The Rand Corporation, R-2287-AF, 1978.

［5］MassoudBazargan, Joseph Hartman. Aircraft replacement strategy: Model and analysis ［J］. Journal of Air Transport Management, 2012（25）: 26-29.

［6］Office of the Secretary of Defense, USA. Cost as an independent variable, CAIV templates-for official use only ［S］. Washington D. C: Department of Defense, U. S. 2002.

［7］［法］克里斯蒂安·施密特. 经济学思想中的不确定性 ［M］. 北京: 人民出版社, 2020.

［8］［美］弗兰克·H. 奈特. 风险、不确定性与利润 ［M］. 北京: 商务印书馆, 2017.

［9］［美］卡萨达, 林赛. 航空大都市: 我们未来的生活方式 ［M］. 郑州: 河南科学技术出版社, 2013.

［10］［挪威］泰耶·阿文, 罗格尔·弗拉格, ［意大利］皮耶罗·巴拉尔

蒂，恩里科·齐奥．风险评估中的不确定性：通过概率和非概率方法表征和处理不确定性［M］．林焱辉主译．北京：国防工业出版社，2020.

［11］艾洪舟，何鑫，刘全义，等．通用航空山区救援安全航迹规划模型［J］．安全与环境学报，2023，23（2）：506-514.

［12］蔡旭．论我国航空运输业的可持续发展［J］．现代经济信息，2010（14）：172.

［13］曹允春，罗雨．空港型国家物流枢纽承载城市航空物流关联程度及其网络结构研究［J］．技术经济，2020，39（8）：174-182+190.

［14］陈华，汪风波，马军杰．未来机场管理系列研究（四）"数智"赋能下面向未来的浦东机场绿色机场建设路径思考［J］．上海质量，2022（2）：21-25.

［15］陈建国，薛秀凤，方丁，吕峰，陈佳佳．机场可持续发展规划框架与评价体系研究［J］．上海空港，2015（20）：7-12.

［16］陈莉萍．经济政策不确定性与企业风险承担研究［M］．沈阳：东北财经大学出版社，2023.

［17］陈林．2013~2016年我国上市航空公司主要运营风险量化分析［J］．民航管理，2017（6）：34-38.

［18］陈能幸，伍坚庭．对当前加快我国通用航空产业发展的思考［J］．空运商务，2020（3）：55-56.

［19］陈萍．航空经济发展的金融需求分析——基于"供给领先"和"需求跟随"的金融发展理论［J］．金融理论与实践，2015（1）：63-67.

［20］陈琪，王兆林．临空经济及其可持续发展：文献研究综述［J］．郑州航空工业管理学院学报，2016，34（6）：8-12.

［21］陈文玲．基于通用航空发展现状的通用航空产业体系研究［J］．经济研究导刊，2019（5）：44-49.

［22］陈希琳，许亚岚．临空经济区建设需推进"港产城"一体化——访中国民航大学临空经济研究中心主任曹允春［J］．经济，2020（10）：32-34.

［23］丁伟怀．飞机维护教学软件在教学中的应用［J］．西安航空职业技术高等专科学院学报，2005，23（3）．

［24］杜秀梅，孙华平，王海军．通航产业发展模式探索［J］．开放导报，2019（4）：97-100.

［25］范方超．我国航空运输业绿色发展研究［D］．大连海事大学，2014.

［26］方勇，王璞．技术经济学（第2版）［M］．北京：机械工业出版社，2018.

［27］冯登艳．航空经济发展的金融支持与创新研究［M］．北京：社会科学文献出版社，2018.

［28］傅家骥，仝允桓．工业技术经济学（第三版）［M］．北京：清华大学出版社，1996.

［29］高启明．"十三五"时期我国通用航空产业转型面临的挑战与发展思路［J］．经济纵横，2016（2）：29-34.

［30］高友才，何戗．临空经济对区域经济发展影响研究［J］．经济经纬，2020，37（4）：20-27.

［31］高友才，何戗．临空经济视角下中国航空运输业发展对策研究［J］．中州学刊，2020（6）：33-38.

［32］高友才，汤凯．临空经济与供给侧结构性改革——作用机理和改革指向［J］．经济管理，2017，39（10）：20-32.

［33］高友才，汤凯．临空经济与区域经济阶段性耦合发展研究［J］．经济体制改革，2017（6）：66-72.

［34］耿明斋，张大卫．论航空经济［J］．河南大学学报（社会科学版），2017，57（3）：31-39.

［35］谷倩倩．航空公司飞行安全风险管理技术研究［D］．南京航空航天大学，2018.

［36］郭金瑞，张秀文．重视项目管理 做好项目前期工作［J］．农业科技管理，2005（4）：62-64.

［37］郭其龙．东航云南公司昆明至巴黎航线后评估研究［D］．云南大学，2018.

［38］郭昕曜，马菽婧，杨婷，等．通用航空应急救援能力的影响机制分析［J］．民航学报，2022，6（6）：18-22.

［39］郭愈强．飞机租赁原理与实务操作［M］．北京：中国经济出版社，2019.

［40］韩春阳，王宁．航空故障预测与健康管理技术［J］．电子世界，2015，475（13）：184-186.

［41］韩景倜．航空装备寿命周期费用与经济分析［M］．北京：国防工业出版社，2008.

［42］韩明明．航空经济发展对城市形态影响研究——以郑州航空经济为例［J］．现代商业，2017（5）：30-31.

［43］何蕾，刘敏．临空经济与航空产业集群互动发展的效率分析［J］．企业改革与管理，2017（8）：193+220.

［44］河南省金融学会课题组，金鹏辉．航空经济：基于不同发展阶段金融需求及其演进规律——以郑州航空港经济综合实验区为例［J］．金融理论与实践，2016（8）：18-25．

［45］胡艳芳．河南省航空经济智库建设研究［D］．郑州航空工业管理学院，2017．

［46］黄和平．基于生态效率的江西省循环经济发展模式［J］．生态学报，2015（9）：2894-2901．

［47］黄敬宝．外部性理论的演进及其启示［J］．生产力研究，2006（7）：22-24．

［48］黄可．广州白云国际机场航空物流竞争力研究［D］．广东外语外贸大学，2019．

［49］黄文乐．白云机场航空物流发展战略研究［D］．广东工业大学，2012．

［50］姬晓婷．航空主题论坛：AR/VR深入航空培训实战［N］．中国电子报，2022-12-09（005）．

［51］贾品荣．航空金融论——技术经济视角［M］．北京：经济科学出版社，2015．

［52］姜伟华，李智超，戴垚宇，等．面向连续短途运输需求的通用机场布局优化［J］．航空计算技术，2023，53（4）：33-37．

［53］金真，孙兆刚，杨震．郑州建设国际航空物流中心的推进策略［J］．区域经济评论，2018（1）：72-77．

［54］隽志才．运输技术经济学［M］．北京：人民交通出版社，2007．

［55］康敏旸，王姝，徐国靖．未来航空电子信息技术发展需求分析［J］．航空电子技术，2021，52（1）：21-26．

［56］蓝信昀．京津冀发展临空经济的国际借鉴和对策研究［D］．首都经济贸易大学，2018．

［57］李标．经济不确定性对宏微观经济的冲击效应研究［M］．武汉：武汉大学出版社，2022．

［58］李加．临空经济的形成路径研究［D］．河南大学，2020．

［59］李琳丹．机场可持续发展评价方法研究［D］．中国民用航空飞行学院，2019．

［60］李敏波．循环经济模式下东莞市餐饮垃圾处理及效益分析［D］．华中农业大学，2008．

［61］李鹏，马鸿鑫，王秀娟．产业链视角下我国通航企业融资困境与对策

［J］．西南金融，2019（6）：90-96.

［62］李为．城市轨道交通项目国民经济评价方法与参数研究［D］．西南交通大学，2007.

［63］李伟伟，易平涛，郭亚军．混合评价信息的随机转化方法和应用［J］．控制与决策，2014，29（4）：753-758.

［64］李星新，郝建平，叶飞，赵征凡．虚拟维修训练的基本问题与技术体系研究［J］．微计算机信息，2010，26（6）：30-32.

［65］李养民．论世界航空运输经济的可持续性发展［J］．民航管理，2013（11）：39-42.

［66］李屹晖．军用航空发动机全寿命费用分析研究［D］．北京航空航天大学，2000.

［67］李臻．民航发动机全寿命周期机队维修策略优化方法研究［D］．哈尔滨工业大学，2019.

［68］梁喜胜．东方航空西北公司客运市场营销策略研究［D］．西北大学，2005.

［69］廖烈勇．上林县拉约庄精准扶贫示范点建设项目全过程管理研究［D］．广西大学，2016.

［70］廖忠权．未来航空可持续发展之路［J］．航空动力，2021（1）：10-15.

［71］林文进，任和，彭奇云．国产支线飞机航线运营经济性分析框架［J］．民用飞机设计与研究，2019（4）：21-30.

［72］刘玢妤．全国政协常委王昌顺：发展可持续航空燃料产业加速民航脱碳［N］．中国交通报，2022-03-09（002）.

［73］刘宏石．我国航空运输可持续发展的策略研究［D］．武汉理工大学，2003.

［74］刘剑良．浅谈项目可行性研究与项目评估的关系［J］．才智，2008（2）：224.

［75］刘娟，陆璐．专家建言助力临空经济起飞［N］．大庆日报，2008-11-26（B01）.

［76］刘沐林．基于动态规划的航空公司机队更新决策研究［D］．中国民用航空飞行学院，2019.

［77］刘生龙，胡鞍钢．基础设施的外部性在中国的检验：1988-2007［J］．经济研究，2010，45（3）：4-15.

［78］刘晓东等．装备技术经济分析［M］．北京：国防工业出版社，2017.

［79］鲁永峰．航空货运定价机制与等级舱位控制研究［D］．北京交通大学，2014.

［80］吕依琳．航空港区产业生态化评价指标体系构建［D］．郑州大学，2020.

［81］门晓伟．抓住机遇，加快我国现代物流的发展［J］．中国民用航空，2001（7）：32-37.

［82］孟秀琴．浅谈我国项目投资的可行性研究［J］．经济师，2008（6）：67+69.

［83］牛文元．中国可持续发展的理论与实践［J］．中国科学院院刊，2012，27（3）：280-289.

［84］齐治平．GZBY 国际物流有限公司发展战略研究［D］．华东交通大学，2021.

［85］冉旭，吴丹，陈炳德，等．最佳估算加不确定性分析方法及其应用研究［J］．核动力工程，2013，34（3）：120-123.

［86］任旼．减少碳排放，普惠推进可持续航空发展［N］．中国航空报，2021-09-28（007）.

［87］宋丹戎．核工程项目经济分析实证研究［D］．四川大学，2003.

［88］苏凌．基于径向基函数神经网络的港口吞吐量预测研究［D］．上海海事大学，2006.

［89］孙淑芬．民航运输机场社会经济效益评价研究［D］．天津大学，2012.

［90］孙怡．ZY 集团 CNG 加气站投资项目评价［D］．电子科技大学，2008.

［91］孙越．水利建设项目后评价研究［D］．山西财经大学，2009.

［92］谈云开．北方航空公司客运市场营销战略研究［D］．大连理工大学，2003.

［93］谭向东．飞机租赁实务（第三版）［M］．北京：中信出版社，2019.

［94］谭云涛，郭波．基于 CAIV 的航空发动机性能与费用的综合权衡模型框架［J］．航空动力学报，2007（8）：1309-1314.

［95］唐琮沅，张明玉．我国机场企业航空物流发展战略研究［J］．中国流通经济，2006（3）：12-15.

［96］唐丹．产能建设项目的经济后评价［J］．油气田地面工程，2012，31（6）：72.

［97］田利军，于剑．我国绿色民航发展评价指标体系研究——基于 PSR 模型的分析［J］．价格理论与实践，2018（10）：141-144.

［98］万举，郝爱民．航空经济理论与实践［M］．北京：经济管理出版社，2023．

［99］万青．航空运输可持续发展理论的分析和应用［J］．无锡职业技术学院学报，2004（1）：45-47．

［100］汪芸．我国航空客运市场需求分析及营销策略研究［D］．南京航空航天大学，2012．

［101］王白瑞．中国农业发展银行商业性中长期贷款项目评估［D］．内蒙古大学，2012．

［102］王斌．海外油气并购项目后评价分析建议［J］．合作经济与科技，2013（13）：35-37．

［103］王晨．"十四五"航空业将纳入碳市场 可持续航空燃料仍是最大难题［N］．21世纪经济报道，2022-01-20（006）．

［104］王钢林，武哲．可持续发展与中国航空工业［J］．北京航空航天大学学报（社会科学版），2003（4）：33-36+41．

［105］王国军，马倩．构建中国通用航空保险制度的路径研究［J］．北京航空航天大学学报（社会科学版），2022，35（5）：139-152．

［106］王剑雨．民航机场社会经济效益分析及其评价方法研究［D］．暨南大学，2007．

［107］王九禾．机场可持续发展能力评价及影响机理分析［D］．南京航空航天大学，2020．

［108］王磊．锡林浩特市二环路建设项目技术经济分析研究［D］．吉林大学，2012．

［109］王鹏．广州国际航空物流产业发展战略研究［D］．广东工业大学，2018．

［110］王翔宇．可持续航空燃料发展展望［J］．航空动力，2022（2）：24-28．

［111］王扬．宏观因素对项目可行性研究与项目评估影响的研究分析［D］．山东科技大学，2004．

［112］王云访．机场的公共性定位对机场业发展的影响［J］．民航管理，2009（8）：45-47．

［113］魏保平，王宗利．关于绿色机场建设评价体系的研究［J］．智能城市，2021，7（15）：1-3．

［114］魏高乐，张利宁，魏志文．探寻航空工业可持续发展的未来［J］．中小企业管理与科技（中旬刊），2019（12）：51-52．

［115］吴聪．基于可持续发展的绿色机场评价体系研究［D］．北京林业大学，2013．

［116］吴涛，李林．我国加快支线机场建设的现实意义［J］．改革与开放，2011（4）：70．

［117］吴涛．浅谈我国机场陆侧建筑的项目融资方式［J］．空运商务，2012（19）：46-48．

［118］吴添祖，虞晓芬，龚建立．技术经济学概论（第三版）［M］．北京：高等教育出版社，2010．

［119］吴伟林．广州市白云机场航空物流发展策略研究［D］．石河子大学，2015．

［120］谢小山．基于遗传算法和BP神经网络的铁路客运量预测研究［D］．西南交通大学，2010．

［121］胥郁，李向新．通用航空概论［M］．北京：化学工业出版社，2018．

［122］许红军，李帅锋，吴慧玲．航空公司飞行员培训体系优化研究［J］．民航管理，2017，321（7）：41-46．

［123］闫书丽，刘思峰，方志耕，等．区间灰数群决策中决策者和属性权重确定方法［J］．系统工程理论与实践，2014，34（9）：2372-2378．

［124］严海峰，王树宗．虚拟维修技术在军械保障训练中的应用［J］．海军工程大学学报，2000（3）．

［125］杨晴．新能源技术经济学［M］．北京：中国水利水电出版社，2018．

［126］杨琼．浅谈虚拟维修训练将是未来航空培训的主要手段［J］．企业导报，2012，225（17）：277．

［127］杨如意．基于HTML5的交互式航空维修培训［J］．航空维修与工程，2022，371（5）：107-108．

［128］杨涛，杨育，薛承梦，等．考虑客户需求偏好的产品创新设计方案多属性决策评价［J］．计算及集成制造系统，2015，21（2）：417-426．

［129］尹菀．中国航空货运业的营销方案研究［D］．武汉理工大学，2005．

［130］尹秀珍．突发公共卫生事件下广州白云机场公共服务模式的优化路径［J］．中国航班，2021（21）：4-6．

［131］于明哲．经济政策不确定性、系统性金融风险与宏观经济运行［M］．北京：中国民航出版社，2022．

［132］于思扬．国际民航组织推动全球民航业可持续发展的政策［D］．外

交学院，2020.

［133］余谋昌．生态文明与可持续发展［J］．绿色中国，2019（4）：61-63.

［134］虞晓芬，龚建立，张化尧．技术经济学［M］．北京：高等教育出版社，2018.

［135］虞晓芬，龚建立，张化尧．技术经济学概论（第五版）［M］．北京：高等教育出版社，2018.

［136］元小佩．我国通用航空市场发展前瞻——以 Z 省直升机驾驶技术专业为例［J］．武汉交通职业学院学报，2023，25（3）：126-129.

［137］袁象．航运技术经济学［M］．上海：格致出版社，上海人民出版社，2010.

［138］张宏志．某移动分公司 GSM 网基站系统工程项目可行性研究［D］．北京邮电大学，2009.

［139］张婧文．基于循环经济的中国航空工业可持续发展战略研究［J］．科学管理研究，2011，29（6）：76-79.

［140］张蓉．对中国建设银行在民用航空运输业营销策略的研究［D］．西南财经大学，2003.

［141］张晓娣．生态效率变动的产业及要素推动：基于投入产出和系统优化模型［J］．自然资源学报，2015（5）：748-760.

［142］章连标等．民用飞机租赁［M］．北京：中国民航出版社，2005.

［143］赵阳．民航企业深化改革之我见［J］．辽宁经济，2005（10）：19-20.

［144］中华人民共和国国民经济和社会发展第十个五年计划纲要［J］．浙江政报，2001（11）：4-22.

［145］周欢，王坚强，王丹丹．基于 Hurwicz 的概率不确定的灰色随机多准则决策方法［J］．控制与决策，2015，30（3）：556-560.

［146］朱晓海．通道客运交通需求分析［D］．西南交通大学，2007.

［147］朱亚群．地产项目社会影响分析的理论研究综述［J］．企业导报，2011（2）：112.

［148］祝爱民，侯强，于丽娟．技术经济学（第二版）［M］．北京：机械工业出版社，2017.

［149］左学金，刘熀松．对加快转变经济增长方式的几点认识［J］．毛泽东邓小平理论研究，2005（12）：5-11.